圖解

知識論

黃鼎元／著

五南圖書出版公司 印行

前言

　　知識論是一門認識人如何認識外在世界的學問。這句對知識論的描述雖然拗口，卻能讓我們知道知識論這門學問的研究內容：人具有認識能力，但這種認識能力究竟是如何運作的？所以我們是在已經具備認識能力的前提下，反思與研究我們究竟如何進行認識的過程。這就是一開頭那句「認識人如何認識外在世界」的意思。

　　讀者或許或問：人類的認識能力不是與心理學相關嗎？或更進一步，人的認識能力在當代腦神經科學的研究已突飛猛進，那為何我們還需要透過哲學來理解人類的認識能力？當代心理學與腦神經科學確實開展前所未有的新局，但在一些人類求知的問題上這些當代科學並未能給予讓人滿意的答案，例如像是普遍觀念、靈魂問題、甚或超自然經驗這一類的疑惑。固然我們可以用最簡單的科學方式解釋，如「普遍觀念就是大家接受的某物」、「沒有靈魂存在」或「超自然經驗都只是一種心理運作機制而已」。然而這樣的答案可能過於武斷，也不一定能獲得足夠的科學證明（或許有一天我們真能透過科學研究找到這些答案的證實）。為此，過往哲學家們的理解雖然不一定符合今日科學發展，但在邏輯推論、思維訓練方面，能提供我們對這些問題發展軌跡的觀察，也能讓我們透過這些過往歷史的發展，理解當代一些跨領域議題，例如哲學殭屍或他人心思等問題。

　　基於上述立場，本書採取概論式的說明，以廣泛的角度討論知識論內的重要議題。全書共分為十章：

第一章〈知識論是什麼？〉：本章對知識論進行概略介紹及說明，提出關於知識成立條件的討論內容。

第二至第六章：這五章以西洋哲學史為基礎，討論古典哲學與知識論相關的立場及議題。第二章討論普遍觀念；第三章討論實在論立場（實在論立場亦為本書撰寫立場）；第四章討論懷疑主義發展歷程，此章亦說明懷疑主義在當代的研究與實踐；第五章討論理性主義與經

驗主義的爭議；第六章討論德國觀念論。這五章將哲學史上關於知識論探討的幾個立場或議題進行主題式的研究。

第七至第八章：這兩章討論在自己以外的存在如何認知或被認知。第七章討論在個人心思以外的其他存在者，甚至包括天使與外星人，具有如何的認識能力。第八章則從哲學史的角度討論人類作為理性存有者是否能認識超越的世界。

第九至第十章：這兩章討論真理的問題。第九章討論社會與知識間建構的關係，第十章則從不同的立場說明關於真理的論點。

對於本書的內容，作者應該多說一點關於背景的問題。作者撰寫本書的知識論背景為中世紀士林哲學實在論的背景，然而在台灣（甚至兩岸三地）知識論的研究卻是以英美分析學派為背景的知識論系統。為能讓（不具哲學背景的）讀者在最短時間內理解此學科相關內容，除哲學史的部分外，作者並不多強調某個議題所屬的學派背景，以免讀者混淆。雖然作者盡量避免對議題的強調，但細心的讀者仍會發現作者在書中大量使用亞里斯多德、多瑪斯·阿奎那與郎尼根這三位哲學家的思想為討論基礎，此點與作者背景有關。上述三者中，郎尼根可能是讀者相較性不熟悉的一位：這位哲學家於1984年離世，至今還不到40年，國內或許研究較少，但作者在攻讀學位時卻從這位哲學家的著作中獲益良多。

本書的完成要感謝過往曾經教導過我的諸位師長，以及許多授課過程中同學的討論及建議。特別感謝五南出版社多位編輯，包括前任主編的陳姿穎小姐，與現任副總編的黃惠娟小姐、范郡庭小姐的鼎力協助，尤其在表格繪製與版面編排等繁複的出版作業，五南出版社的多位編輯提供許多寶貴意見；若文中有文字錯漏之處，當由作者自行負責。最後，仍然感謝上帝，讓我能有機會可以研究與撰寫。

黃鼎元

2020.10.1 於台北

本書目錄

前言

第 3 章 實在論

第 4 章 懷疑主義

第 **5** 章　先天觀念：理性主義與經驗主義的爭論

第 **8** 章　對超越世界的認識如何可能？

延伸閱讀

第 **1** 章

知識論是什麼？

●●●●●●●●●●●●●●●●●●●●●●●●●●● 章節體系架構

UNIT 1.1
知識論一詞的意義

「知識論」為哲學的一個科目，這個中文字詞既可指稱英文的Epistemology，亦可稱呼另一個英文名詞Theory of Knowing。不論中文名詞或指稱的英文詞彙，其作用都在研究人如何認知的過程。

一、知識論的內容

當代提到人類的認知，常與醫學或心理彼此關聯。這些研究目的之一在於釐清人類究竟如何產生對外在世界認識的過程，或認識世界的可能性究竟為何。這些問題在過往哲學發展歷程中相同重要，所以在最基本意義上我們可以說知識論的目的在解釋與理解知識，並嘗試有效地進行關於知識的理論建構。知識論的工作正是思考知識的性質與認知能力的內容。或許有人會提出質疑，當代認知科學與醫學應已足夠提供答案，為何哲學還需要加以討論？就哲學立場來說，人總是想詢問自己究竟能知道什麼，且想知道自己所知真假為何。因此知識論與其說是一套系統，不如說是一個歷程，一個人認識與詢問自己能認識什麼的歷程。

本書具有一個基本預設：當我們說「S知道P」時，是表達對正確事物之認知，且P代表一個事實能為我們所把握／認知的。雖然從哲學的角度來說，確實有哲學家主張我們無法認識外在事物，但本書的立場為我們確實具有能力可以認識外在世界。

二、基本問題

根據前述對知識論內容的概略說明，我們可以說知識論涉及四個基本面向。這四個面向可以透過四個問題提出：

Q1什麼是知識？這個問題包括我們具有什麼樣的認知能力？我們的認知能力如何將概念或經驗轉化為知識？甚至知識的成立就主體而言需要具備如何的條件？

Q2知識是否存在？這個問題包括知識成立的客觀條件為何？若以較為哲學專業的說法，我們可以問一知識的成立是否具有justification或verification？（我們將在後面討論這兩個字詞的意義與內容。）

Q3如果知識存在，其以如何形式存在？此處的存在方式並非傳遞或儲存的物理條件，而是指其以如何的方式被認知或傳遞（此問題乃Q2的延伸）。此問題亦涉及我們所具有對於概念的認知，這些概念（或是觀念）與外在世界的對應關係為何？

Q4誰擁有知識或解釋權力？我們擁有知識，但當我們在問真與假時，其作為真與假的條件為何？誰決定了我們擁有的知識內容或項目？誰有權力解釋知識的內容？此處延伸出社會知識學與社會符號學的問題。

上述Q1-Q4其實都在問同一個問題：什麼特徵／條件能使知識成為知識？我們在本書其餘各章節將從不同面向回答上述四個問題。

知識論的基本概念

學者們對「知識論」或「知識」的定義

學者	定義
Louis P. Pojman	對知識與信念之本質、來源與有效性的研究。（*What Can We Know: An Introduction of Konwledge.*）
王臣瑞	知識論的拉丁文為*epistemologia*，由希臘文*episteme*與*logos*所組成，前者指學問或知識，後者指理性或道理，合在一起是研究知識的道理。（《知識論：心靈與存有》）
Jacques Maritain	為研究第一哲學，我們須先研究人類思想對存在的關係，此即為知識論＝批判學的作用，因這門學科的任務在判斷知識本身。（《哲學概論》）
Peter A. Angeles	1.關於某些事物的認識；2.由於實際經驗而熟悉或認識某些事物；3.存留於意識中以某種方式被確認為真的事物。（《哲學辭典》，此處僅列舉其中三項定義）
C. I. Louis	對呈現出之事物的覺察與對此覺察的說明，或是對意義的把握與對此把握的陳述。知識具有四項要求：1.對真或事實的理解與信念；2.對認識以外之對象的肯定；3.具有證據或理由；4.具有確實性。（《對知識和評價的分析》）

總結：知識論Epistemology一詞來自希臘文，意思是「知識」；另一名詞Theory of Knowing，強調認識的理論內容。兩詞共同指向此學科為對人類認識能力的討論。從而引發以下諸多問題

問題	從問題引發的問題
Q1 什麼是知識？	我們具有什麼樣的認知能力？ 我們的認知能力如何將概念或經驗轉化為知識？ 知識的成立就主體而言需要具備如何的條件？
Q2 知識是否存在？	知識成立的客觀條件為何？某一知識的成立是否具有justification或verification？
Q3 如果存在其如何存在？	如果確實具有知識，那麼知識會以如何的方式／形式存在？ 我們對於概念的認知狀況為何？這些概念（或是觀念）與外在世界的對應關係為何？ 延伸問題為：知識的存在方式具有如何的傳遞或儲存的條件，而能使其被認知或傳遞？
Q4 誰擁有知識或解釋權力？	知識作為真與假的條件為何？ 誰決定了我們擁有的知識內容或項目？ 誰有權力解釋知識的內容？

UNIT **1.2**
經驗與行動

美國哲學家C. I. Lewis認為，知識論的討論有時會與語詞的意義及陳述彼此關聯，甚至影響對行動者本身抉擇行動。語詞的意義及陳述我們將在後文加以討論。或許讀者或許會感到奇怪，為何一本討論知識論的著作將會花篇幅特別討論語詞使用的問題。這是因為知識的陳述與理解透過語詞的表達，所以有時確實需要理解哲學一般意義下對語句的分析，如此就與語詞、意義及行動產生關連。

一、知識論與行動的關係

按C. I. Lewis所言，如果知識帶來能貫徹的意義，並指導（主體）行動，那麼「知道」就是為行動而準備。在此前提，行動將帶來意義與評價。當知道能指導行動時表明認識主體需要對對象加以判斷，並透過證實之工作指導主體爾後的工作內容——這謂謂「證實」是把某個本來是問題的對象放置於經驗的檢驗下，透過經驗知識加以驗證。

經驗知識／來自經驗的知識具有工具作用，讓人能在認識中經由發問過渡到認識對象的認知過程。因此認識的作用在於把握可被行動實現價值所限定的未來。為此，經驗的知識在認識論當中應該帶有效益與實用的價值：因為這正是我們可透過恰當行動控制並判斷未來經驗的性質。這導致知識論能與行動有關，因為行動前，一個人會基於認知而判斷或深思熟慮，此處不論判斷或深思熟慮都帶有對知識的評價，且回返至經驗內容，並影響到身體運作。

二、知識的成立

所以C. I. Lewis認為，若我們要在經驗中指導行動，則知識作為前提必然成立。知識的成立有賴以下條件：

1. 需要要求知識是一種有所肯定的心理狀態，亦即除了心中已經驗或知道的對象外，還意味其他不同對象的存在。

2. 需要要求某個信念的真實性，以參照此信念所擁有的內容可被證實其正確與否。但作為信念或知識內容，不可能透過主體本身擁有的心理素質加以驗證，而是必需透過其他某個條件（或是信念或是做為證據的某個X）加以證明。

3. 任何信念除非有第二點所提到的其他條件加以支持，或能提出具有充分理由的根據，否則不能算作知識。

C. I. Lewis提出的總結是：現代的知識已從過往純粹將知識的內容作為靜態研究對象的前提，轉變為具有可被行動的實踐。只不過，不論是行動態度或純粹的靜態研究對象，我們越是確信我們所知道的，我們就越無法明白我們在知識中透過語詞所指稱的內容是什麼。為此，我們在知識論所能做的最大限度是：一個人若宣稱「我知道某物X」時，他至少能在反省後提出對此宣稱的標準或理由，並且這些標準理由是能被大家能接受的程度。不過這也意味我們在對知識的思考將陷入以下的危險：我們先描述一種完美知識存在的樣貌，並認為其中充滿合理判準或充分理由，然後我們將之應用在我們已知的知識環境內後發現原來這些判準或理由其實既不合理又不充分。

經驗、知識、意義與行動的關係

根據C. I. Lewis，這四者的定義與關係如下

經驗	知識
「是對感覺的把握與經驗有關，且是其他所有經驗形式所不可或缺的基本基礎。」這裡所說的感覺首先是一種生物學式的刺激，之後變成一種作為賦予意義的符號。	透過知覺的把握，對經驗內的信念或對某些對象的認知賦予某種可被驗證的條件或根據，並在一定程度上給予說明，以確保知識能夠成立。

意義	行動
在經驗／感覺／知覺被察覺的內容上我們能認知意義，此處的認知不是單純情緒上的感受。	「唯有行動者具有認識的能力，因為唯有一個在行動中的行動者可以賦予他所具備的經驗內容任何意義，也只有如此才能認知其除了已被認知的內容以外，這些被認知對象所標示出的其他可能內容。」

我們可以這樣理解四者之間的關係

經驗＋某個條件／判準／證成／根據＝知識

經驗／知識在其中攜帶著

意義：被賦予在對象內的某物 指導行動／做為行動的根據

引導出

上述四者預設前提

只有具行動能力的主體，才能在現實認知的世界與對象外，感受或認知其他所有具有可能性／可被證實存在（即便其無法被直接證明存在與否）的對象。因此可推導出「可能的事物先於實際存在的事物」與「可證成或經驗上可能的對象是客觀事實的認識根據」這兩條原則。

C. I. Lewis認為，「客觀事實」是指
1. 可以用常識宇宙論的說法加以表示
2. 在經驗上是可被復原的，即一個對象在那邊可任人觀察
3. 在認識論上可已被表述，即一個對象一段時間存在在那
4. 在經驗上可被認為其具有持續存在的可能性

＊參C. I. Lewis，《對知識和評價的分析》（2016），第1-2章

UNIT 1.3
常識的價值

或許有人會問：難道我們不能只靠常識過生活嗎？畢竟常識與我們有較為密切的關係，且常識的傳遞就在日常生活中不斷重複進行。那麼為何還需要另外增加與研究關於知識存在與傳遞的問題？加拿大哲學家郎尼根（B. Lonergan）在其代表著作《洞察》（*Insight: A Study of Human Understanding*）中對常識加以討論。此節我們將首先說明他如何解釋常識對人類的價值，並在下一節說明這些常識為人類帶來的限制。

一、常識的意義

雖然我們在日常生活中易認為知識的內容或存在等級高於常識，但郎尼根認為我們在一般生活中仍需要對日常生活產生必要的理解（或按照郎尼根的用詞，需要對生活日常事物產生洞察），所以常識的存在仍有其必要性。若按照亞里斯多德所言，人生而有好奇心與求知的慾望，所以我們必然會想對萬事萬物加以認識，並以提問的方式幫助我們認識。對這些問題解答可以常識進行。

這些常識的存在可能以個人方式，也可以透過團體累積傳遞形成公共知識資訊逐步累積。雖然常識可以解釋我們日常生活的問題，但常識本身卻是普遍而不完備（Incompleteness）的狀態。這種不完備呈現在兩方面：

㈠常識認知的對象乃一般事物，並且與個別具體層面有關。既與個別事物有關，故在處理單一事件或狀態後，對此事物產生的常識甚或洞察就不再適合。

㈡對個人來說，在其熟悉的生活領域內無需以系統性方式表達認知內容，可改以經驗性的類比處理所遇到的未知事物。此乃常識的類比性，即透過類比方式可以幫助個人快速理解所需認知對象。

二、常識的形成與可能的限制

常識對我們生活日常認知來說具有便利性，因為其表達形式有四個特性。這四個特性也包括常識所受限制——我們在下一節將專門討論常識的限制：

㈠就表達的方式來看，常識是一種未完備的洞察（或一組未完全的知識）。當人把握後可以根據這組未完備洞察面對各種不同狀況，並根據所需要的條件進行合適的調整。根據情境與內容，個人可以加以發展補足成為知識的條件，從而成為完備洞察的知識。例如一個人可以會做飯（常識），爾後精進技術成為廚師（知識）。

㈡個人對常識加以表達時會避免未完備的洞察，因為個人已經理解個別事物；但同時他也避開已完備的洞察（因為是為處理系統性事物所需要）。其表達特性為避免造成他人誤解的專有辭彙。

㈢常識的表達具有靈活性，而且會因人而異。因為常識的表達無需系統的推論，也無需透過專有名詞的使用。這意謂常識的表達能與個人特質有關。

㈣這種因人而異的特質雖具靈活性，卻也是常識的缺點。因人而異表示每個人都是基於自己的理智對認知對象理解與判斷，基於每個人的經驗不同會產生表達的差異，也讓常識內容隨表達因人而異。此外，常識基於這種特性不易產生知識所需的規範。

常識的價值與形成

依據郎尼根在其著作《洞察》中對常識的討論，我們可以如此說明

常識具有以下特性：

1. 普通而不普遍——當常識被用以面對單一具體事物或狀況後，當下的洞察就不再能具普遍適用性。

2. 類比性——常識能依循類比方式被應用，也就是類似事物以類似方式理解。

3. 一般化——常識所用語言及所接觸範圍符合群眾共識，所以作為廣義經驗知識的一種，常識的作用在於幫助聆聽者通過對常識的把握應付日常生活所需。

常識被郎尼根稱為「實用常識」（Practical common sense），強調常識的實踐層面，並指出人類能通過對常識的累積而能發展技能、制度甚或精神生活。

常識的四個特點

1. 就表達的方式來看，常識是一種未完備的洞察（或一組未完全的知識）。根據情境與內容，個人可以加以發展補足成為知識的條件，從而成為完備洞察的知識。

2. 個人對常識加以表達時會避免未完備的洞察，因為個人已經理解個別事物；但同時他也避開已完備的洞察。其表達特性為避免造成他人誤解的專有辭彙。

3. 常識的表達具有靈活性，而且會因人而異。這意謂常識的表達能與個人特質有關。

4. 這種因人而異的特質雖具靈活性，卻也是常識的缺點。

常識的特性

1. 「物我關聯」：按郎尼根講法，常識要求對象與個人間的關係，故以「物我關聯」加以稱呼。

2. 常識與科學相同，是人類認知經驗的普遍累積，所以原則上可被驗證；只是常識更看重實踐與個別事物或個人的具體事例，而我們確實能透過兩者的差異，補足彼此在認知上的欠缺。

3. 常識可依不同社會文化、不同環境及歷史時代有所不同。所以不同的環境可能會有各自環境所需具備及面對困難的常識，而這些常識可能只能解決其所面對的當下情境，所以當一個個體轉換環境時，他可能需要重新學習這些「常識」。

＊雖然常識會因時因地不同，但郎尼根認為常識仍是一組可被理解的普遍理論，只是依不同社會文化、不同環境及歷史時代有所不同。雖然就知識等級來說，常識常被認為較知識為低，但個人擁有的常識在教學或生活內的言行舉止之間不斷累積與傳授，進而形成團體所具之的公共知識資訊，並一代又一代繼續傳遞與累積。

＊1.3-4參考Lonergan, *Insight*(1958), Ch.1-2.

UNIT 1.4
常識與主體的關聯性

圖解知識論

常識作爲可被觀察與傳遞的認知對象，與每個人的生命緊密關聯。我們可說常識爲主體提供與客體／認知對象連結的經驗，並讓主體擁有對客體認識的認知結構。

一、常識與主體的關聯

常識就主體認知來說同時具有主體與客體兩方面：客體指依據經驗所根據爲主體提供認識材料，主體則指其面對客體的心態。郎尼根認爲可將主體對客體的反應歸納爲四種不同主體心態，並以「經驗模式」加以命名。經驗模式是主體基於一個或多個不同目的組合成個人經驗，並引導自身獲取更多經驗的心態或模式。「經驗」意味所有知識起源於經驗，且透過感官作用與外在世界連結：

(一) 生物型經驗模式：依據生物需求而組織個人的經驗機能，即依據「刺激──反應」模式進行。

(二) 美感型經驗模式：個人生物需求滿足後的擴展，此模式中人透過象徵或藝術表現出認知對象之面貌。

(三) 理智型經驗模式：通過美感經驗，人可以表現並詢問事物的真實樣貌，從而獲得對事物的洞察，最終能達成對學問及知識系統性的理解。

(四) 戲劇型經驗模式：對一般人來說，他可能既不屬上述三者中的任何之一，卻又具三者中的任一部份。戲劇指每個人都是社會性動物，須按所在情境表現出正確的解釋與生活模式。

二、與主體關聯產生的偏執

雖有上述四個模式，但個人仍有可能故意拒絕接受不想面對的洞察內容。就當下而言個人確實可以拒絕洞察，但拒絕一個洞察將排除基於此洞察引發的其他內容，最終將導致對事物認知的偏執，並引導出基於常識產生之認知產生的認知錯謬。這種狀況被郎尼根稱爲乖敝，而乖敝包含四個層面：

(一) 理解上的錯亂：一個人因不願面對自我認知引導出的結果，所以有意無意間拒絕本可得知的認知內容，或不認同個人早已知道的結果。

(二) 審查力的壓抑：一般人會透過編排感覺與料好使自己獲取對事物的正確認知，但在乖敝中人會壓抑這些對事物的理解，從而讓結果符合自己期望的樣式。

(三) 感情正常流露的壓制：基於理解與審查力的問題，人的理解與外在對象間產生不當連結，故基於感情產出特定（個人偏好的）結論。

(四) 行事上的錯亂：基於1-3項個人刻意對認知的壓抑，認知其實以產生乖敝的結果。這種結果在外在方面導致失當言行，內在則可能使個人重構回憶以符合因前述錯謬產出的結果。

乖敝可被視爲個人故意壓抑正常認知或洞察結果引發出的問題，這種壓抑將形成個人的自我封閉，且形成個人認知經驗的盲點（Scotoma），造成認知上錯謬。乖敝及其形成個人認知的盲點說明爲何常識與知識仍有落差，因爲常識無法幫助我們適切因應或面對正在發生的狀況。常識雖具生活經驗的適切性，但仍有無法避開乖敝的可能。

常識對主體的影響

　　常識是可被觀察的客觀經驗對象，也與每個人的生命緊密連結。常識將主體與客體連結在一起，甚至為主體提供認知的結構。為此，認知有其主體面，由主體所提供；客體對象須經受主體心態之過濾而產生經驗。

生物型經驗模式 依據生物需求而組織個人的經驗機能，簡單來說是依據「刺激——反應」運作模式所進行。例如看到某種動物想到這可以拿來吃。	戲劇型經驗模式 左邊三者具有發展順序。一個人可能不屬三者中的任何之一，卻又具有三者中的任一部份。 戲劇型經驗模式表明，每個人都以扮演自己於人生舞台上之角色為個人主要的經驗模式。例如看到動物想到如何使用或飼育。
美感型經驗模式 滿足個人生物需求後，能擴展個人藝術與美感的感性層面。在此模式人常透過象徵或藝術表現出他所見對象之面貌。例如相同看到動物會想到其線條或毛色的美麗。	
理智型經驗模式 通過美感經驗，人可以表現並詢問事物的真實樣貌，並獲得對事物的洞察。透過洞察人可以獲得對更多事物的洞察與理解，以致最終達成對學問及知識系統性的理解。例如看到動物會想到其機能的運作或習性。	

定義：經驗模式，是主體基於一個或多個不同目的組合成個人經驗，並引導自身獲取更多經驗的心態或模式。

問題的產生：常識雖然也具系統性，但卻會因時制宜而有不同，人也可以拒絕在所擁有常識以外的更高層次產生認知。此時即產生偏執、乖戾與帶來的盲點。

有時候人可能在扮演人生的角色上會故意拒絕接受自己不想面對的認知與相關洞察。但排除一個洞察會帶來排除更多洞察的可能，以至最後呈現出對事物認知的偏執：這可被稱為乖戾，並以盲點的形式出現在人的認知經驗內，影響人在認知範圍內掌握的對象。	
理解上的錯亂	一個人因不願面對自我認知引導出的結果，所以潛意識（甚或有意的）拒絕本可得知的認知內容，或認同個人早已知道的結果。
審查力的壓抑	在乖戾情況下，個人會壓抑那些能導致正確認知的各種條件，並選擇對自己有利的物件以達至自己所期望的結果。
感情正常流露的壓制	基於上述理解的錯亂與審查力的壓抑，人對外在事物的理解產生不當連結，以致透過情感作用得出特定結論。
行事上的錯亂	通過前述問題，個人的認知產生乖戾，導致其產生如失言類型的行為失當。

UNIT **1.5** 信念與認識

圖解知識論

　　一般人在生活中對事物能有掌握，並可認知一定程度的資訊。除已經所知者外，我們也會相信某些事情：此處的相信並非宗教信仰之類的，而是某種作為信念的認知對象。但信念是一種知識嗎？或者我們應該進一步問：認識是什麼？

一、對信念的研究

　　如果有一個人說他知道命題P，基本上我們確定他應該具有對此命題的信念。例如有一個人說出他在某個地點，其前提就是他知道這個地點且「相信」他確實就在這個地點。為此，知識成立的條件第一步應該是擁有信念（或是擁有某個可作為信念的經驗）。當一個人擁有某種經驗或信念時表示「知道預設相信」，意即主體S要先相信P這個對象，才能知道P。換言之，相信P/P作為一種信念是知識成立的第一步。但為何相信的一定就是真的？這裡我們提出美國哲學家柯立奇（Saul Kripke）為消解引號理論（disquotational theory）所提出法國人皮耶（Pierr）的故事。

二、皮耶的故事

　　皮耶出生在法國，在那裡他受教育並且生活。他透過大量風景照與（錯誤的）網路知識學到有一個地方叫做倫德（Londres，法文的倫敦），且覺得那裡真是美極了。所以皮耶擁有第一個信念：倫德真美（B1）。某天皮耶獲得禮物，是一趟目的地保密的國外旅遊。當他下飛機時看到這個地方的牌子寫著倫敦（London）。皮耶覺得倫敦真的很醜，所以他產生第二個信念：倫敦真的很醜（B2）。

　　皮耶的問題是：他並未將兩個譯名統一，他不知道他所謂的倫德就是英國的倫敦。因此他不知道自己的主張或信念不一致。就旁人來看，B1與B2描述的就是同一個地方，所以我們可以區分；但對皮耶來說不是這樣，因為他無法區

分。從這個例證可以看到：如果信念就是知識，那麼我們無法知道別人擁有知識，因為我們無法確定他的信念（在此等於知識）與我們的是否相同。我們最多只能知道我自己知道／相信什麼內容。我們確實擁有信念，但這並不意謂我們可以透過信念證成另一個信念為真：雖然大多數時候我們確實透過一個信念引導或支持另一個信念，但這樣並不能處理我們在知識論上所討論關於認識的問題。因此，知識雖包含信念，但卻不只是信念而已，因為信念無法證成信念。

三、信念是什麼？

　　從上面討論來看，信念首先當然是一些我們所相信的事情，只是這些事件內容不一定能被驗證。從邏輯的角度來看，信念意謂著一個客觀陳述能通過其他陳述被證實，或這些陳述可透過別的信念被我們推論／演繹所得。在此前提，大部分客觀信念可被其他信念支持，或透過其他信念被加以歸納。一個信念可被其他信念支持若且唯若：

(一) 這些證成只是暫時性的或假設性的；

(二) 必須有對直接經驗證成的最終判斷，這種判斷具有決定性的可能。從邏輯的角度來說，若有一客觀陳述語句（信念）P可被另一個語句（信念）Q支持，那麼P之所以能成立可以說其證據來自於Q，且邏輯式可被描述為「P→Q」的條件具命題型態；

(三) 這種證成的作用可以反過來以證據支持需要證據的信念，在此意義下我們可說Q也被P支持。P與Q的關係可以是循環論證類型的，但也可能以雙條件句形式出現，致使邏輯語句成為「P≡Q」。

　　雖然信念不是知識，但我們的信念可以成為知識所需的感覺與料，並成為幫助我們認識外在世界的方式之一。

「認識」是什麼

信念如果不是知識，那麼我們所謂知識或認識究竟爲何？就本書（士林哲學實在論的）立場來說，認識意謂心靈與對象的非物質性結合，也就是預設個人心靈與對象同時成立／存在。王臣瑞在《知識論：心靈與存有》指出認識的特色包括：

1. 主體具備能力	我們既爲認知主體，就預設我們在認識這一方面必須具備恰當能力才能產生認識過程。哲學家們在討論人具備如何能力時雖然會因時代或學派背景在此產生歧異，但所有人都肯定我們必然具備特定能力（甚至與動物不同的能力），以至於我們能認識外在世界。
2. 主體肯定外在世界的存在	當我們說能認識某物時，這句陳述已預設外在世界存在，且外在世界的存在能被我們心靈肯定。雖然此時主體心靈與外在世界產生特定結合，但是這種結合乃無意識的，也就是我們心靈本來就具備認識外在世界的能力，另一方面來說，我們可以基於自己的意願故意不去認識某物，即所謂「視而不見」。
3. 認識不改變主體與對象的性質	上一個特性提到認識具有結合的特性，但並非指某種化學或物理上的結合，因爲此處的結合並不加增對象的內容或改變任何一方的性質。認識作爲一種結合＝心靈對外在世界的認識內容增加，本質並未改變。
4. 認識爲心靈與對象間的非物質性結合	心靈與對象間的結合事實可被稱爲「非物質性的結合」。當一個對象被呈現在心靈內時，我們以「意向的存在」（intentional existence）加以稱呼。這種活動表示心靈嚮往認識對象，所以嘗試（透過所具備的能力）對對象加以認識，並理解其本質與存在。通過這種結合，心靈能讓對象以某些方式存在於自身，完成認識活動／過程。
5. 認識意謂心靈能透過語言描述對象狀態	當我們認識某物後，我們能透過心靈的其他能力進行判斷。其中最明顯的能力是語言能力：心靈對外在世界的認識能轉化爲語言的表達，以描述語句的方式溝通與表達意義內容。爲此當代知識論側重語言分析，以利對心靈與對象間之關係加以研究。

此處討論乃基於士林哲學實在論立場所討論，這種認識預設被認識之對象以某種方式存在於認識者的心靈裡面＝心靈使被認識的對向內化成爲一意向的存在，這即爲認識的內容。這種過程還可再區分爲兩個特點，「印入的心像」與「感覺的認知」。

印入的心像（*species impressa*）	感覺的認知
是心靈所認識對象產出的可感覺形式，並非感官或心靈單獨產生，而是感官認識對象時基於其對對象的直接接觸，而讓心靈進一步把握對象的過程。	即左邊感官至心靈把握對象過程，在此過程中，所有活動都可謂心靈的內在活動，所有活動也都可說發自心靈而回歸認識自身。

*參王臣瑞《知識論：心靈與存有》（1984），2-3章

UNIT 1.6
錯誤的意思

圖解知識論

認識的目的是為能獲取對事物的正確認知。既然認識有正確的結果，就有可能帶有錯誤的結果。認識論上「錯誤」的意思究竟為何？

一、認識的非錯誤性

按照本書（士林哲學）背景，認識過程預設「被認識者是依據認識主體之能力所認識」。士林哲學所用比喻是容器，一個容器是依據其容量接受內容。在此比喻中，容器比喻為人，容器的容量比喻為人的認識能力，「按容器所能接受」是指人所認識的對象。所以我們能夠認識外在事物，是依照對象本來的樣貌但按照我們理智所能接受之方式而得到。在此意義下，錯誤是指：

(一) 若依據上面對認識的理解，我們認識時是依據理智對對象進行把握，錯誤就是我們認識後產生與對象不相符合的結果。包括理智未能認識到對象應當具備的特性，或是理智把對象所沒有具備的特性添加在對象身上。前者例如學習數學時無法正確把握公式定理的應用，後者例如剛戀愛的情人將幻想特性添加在對方身上。

(二) 錯誤是理智產生的，所以即便認識錯誤仍是理智判斷及運作的結果。但也因為是理智所進行判斷，所以即便判斷錯誤理智也能透過修正讓自己趨近於正確結果。

二、錯誤的可能

（知識論上）錯誤的發生有許多可能，以下提出最常見三種原因：

(一) 主體能力的缺乏：要能認識的前提之一為主體能力的正常，若主體能力缺乏或有缺陷則認識將產生困難。知識論上一個常討論的問題是：天生缺乏某種器官否還能具有相對應的認識能力，例如先天盲人是否有顏色的概念？先天耳聾是否有聲音的概念？若按照經驗論的觀點，若缺乏某種能力應該不會有相對應的能力，則海倫·凱勒（Helen A. Keller）的範例可能成為這種觀點的反例。能力的缺乏除了指感官能力的缺乏外，也包括心智當具備的背景知識不足。若主體缺乏對某對象應當具備的知識內容，在面對該對象時也可能產生認識上的錯誤，例如面對電腦軟硬體缺乏能力的人不易進行對軟硬體的修繕。

(二) 主體在認識上故意不意願自己具有正確認識：即便主體具有正常能力且具備應當具備的背景知識，主體仍然可以不願意自己獲得正確認識。明顯例子為不願面對現實而逃避的心態。我們在第九章將會再次提到這種個人不願認識的情況以及其對團體的影響（見9.7-9.9）。

(三) 客體無法被認識的狀況：認識的完成還包括客體要能被認識。若因故客體不能被認識（如戰爭期間的軍事偽裝），則主體也無法認識。另外客體若基於自身條件造成主體認識能力的缺乏（如距離我們幾百光年外的某顆星球），也可被視為客體無法被認識的狀況。

歷代許多哲學家為追求真理，會嘗試列舉錯誤的種類，藉以提醒大眾應當注意並盡可能破除以利獲取正確認識。像是我們在右頁舉出法蘭西斯·培根四偶像說作為錯誤的範例。

法蘭西斯培根的四偶像說

法蘭西斯培根
1561年1月22日－1626年4月9日
最著名著作《新工具論》（*Novum Organum*）出自未完成的著作《大復興》（The Great Instauration），強調透過新的學習方式認識對神與對人的知識。《大復興》一書除《新工具論》，提到對科學的分類、自然史的發展與未來重新論述的自然科學方法論等六個部分。

新的方法＝需要破除舊的錯誤與習慣
法蘭西斯・培根針為此對認識可能產生的錯誤提出著名四偶像說

偶像內容	說明
種族偶像	種族偶像指：因為習俗產生的錯誤，也可以說是基於自我中心產生的主觀觀點。 法蘭西斯・培根認為：種族偶像人皆有之，因為我們都是在自己所處的社會背景與生長環境中，接受來自傳統產生的信念與知識。通常我們並未批判思考，並以理所當然的態度加以接受。 種族偶像也可說是人們誤以為主體感覺或所接受的傳統可被當作判斷標準，或者可以是一種群體共有的錯誤：類似後文所提的團體偏執。
洞穴偶像	洞穴偶像雖然也是基於個人產生的錯誤，但這種偶像更強調基於個人的偏執或成見。這是因為我們都受限於自己的經驗與知識，所以洞穴偶像類似於心理學所提到的「達克效應」：無知的人自以為什麼都懂。
市場偶像	市場偶像是因為群居及其使用語言所造成資訊流傳產生的錯誤。 人類作為群居動物，習於以語言交換認識結果：語言的描述常帶有錯誤，當我們以語言交換認識結果時，因而產生對客觀事物的錯誤理解。就像市集中的人云亦云一般，聽到就以為是真的而不討論其中真假。這與群眾理解力有限，卻又不得不以語言溝通有關。用在現代生活，市場偶像可指網路上流通的假消息。
劇場偶像	劇場偶像是基於崇拜權威而產生的認識錯誤。 人們會相信特定權威而認為權威所給理解為真。權威可以指學術權威、某個共同的思想團體等等。人們可能會崇拜／相信特定學說，並認定唯有這種方式才可能獲得真理。有學者認為，培根在此似有意無意間指劇場偶像就是哲學家，因為哲學家常提出與日常生活經驗無關但卻自以為傲的學說。

UNIT 1.7
主體的意義

所謂主體，即認識者自身，也就是我們。就知識論來看，主體有兩個意義，一個就是我們的身體，另一則指我們在認識上所具備的能力。例如若按郎尼根所言，主體的認識能力即所謂「認知結構」（cognitional structure）為「經驗──理解──判斷──抉擇」。

一、身體作為工具的意義

作為主體的我們，最低底線可以肯定擁有身體：雖然較為極端的懷疑論者連自己的身體也可能懷疑。以本書所謂的實在論立場來看，當討論身體時容易以一種類似工具的意義來說明身體。例如多瑪斯・阿奎納（Thomas Aquinas）在《駁異大全》（Summa Contra Gentiles）卷二中曾指出：「為人而言，他所有的適當能力在於並預備著直接朝向獲得對真理的默觀，所以所有實際能力的運作都確實預備並朝向默觀的能力。而人的目的就是獲得對真理的默觀。為了這個目的，靈魂與身體結合，這個結合構成人的存在。所以如果不與身體結合則靈魂將失去其本來可得到的知識，相反來說，靈魂與身體結合所以獲得知識。」這意謂身體為靈魂的功能屬於工具的意義，而靈魂與身體結合的目的在於透過這個工具得到外在世界的知識。就主體角度來說，不論讀者是否同意人具有靈魂，但至少可以接受我們的心靈／意志／意識是透過身體獲取對外在世界的認識結果。

這種論點容易導向哲學史的一種觀點：身體是靈魂的監獄，例如柏拉圖。「身體是靈魂的監獄」強調身體是一座監獄，或視身體僅能是受靈魂推動的被推動者。為此，靈魂應當想辦法突破身體的限制，達至更高的靈性生活與世界。不過此處我們雖然認為靈魂／意識是因為透過身體而對外在世界產生認識，卻不意謂身體就是一座監獄。身體與心靈的關係是合作而非監禁，身體在某個程度上對我們的心靈來說雖是工具的意義，但卻是自由的工具。我們的心靈與身體透過形式與質料的結合能夠使自身趨向於完美；而身體的重要性在於與心靈的合作。因此，一個完整的人不可能偏向於只需要心靈層面或身體層面，完整的認識能力也有賴於心靈與身體的合作。

二、透過身體對外在世界的感知

我們的心靈作為主體，在透過作為合作工具而認識外在世界時獲得的感覺有兩部分：對被給出對某個對象的認知，以及我們根據過去經驗所加上的解釋。

若沒有過去的心靈參與，我們無法產生信念／知識。當我們的心靈接受到某個對象所給出那些感覺與料時：1.心靈所獲得的理解是確定的，2.若主體沒有這裡所說的確定感覺，就不可能透過感覺產出與經驗相關的知識。所以心靈在此作用是強化對這些經驗產出認知內容的解釋。這些解釋是根據過去經驗產出結果而擁有的解釋，因為我們過去的經驗所已使我們透過對象被給予或形成的信念具有一定可信度。當我們具有對某對象的信念時等同我們已對此對象有了「具有意義表達」的可能，也就是將對象視為可被證成的認知對象。

為此，我們之後將解釋：當主體使用語言描述這個對象時，是對這個對象（或客觀事實）所產生信念提出解釋的狀態，此時信念具有可被驗證的可能，並且成為對主體經驗到某對象或客觀事實後做出最終判斷的描述語句。這表示主體能認識外在世界，且透過心靈的工作認知對象後表述為完整語句並賦予意義。

主體所具有之能力以及可能在判斷上產出的問題

透過認知結構，我們可以描述「主體進行描述」的過程，即認知結構中「經驗
——理解——判斷」三部分如下：

主體＝心靈 ➡ 因對象被給予 ➡ 產出信念 ➡ 意義賦予

「對對象／客體的認知」以及「透過語言加以陳述」

C. I. Lewis認為，主體在進行最終判斷前可能會產生以下問題

Q1：感覺與料或經驗內容本身帶有的混淆性質	當我們認知對象且透過語言描述對象時，我們是透過特定經判斷所使用之語言描述對象。主體所被賦予關於對象的經驗雖可能帶有描述上的不準確，但在產出信念並賦予意義時卻能為這些經驗保留認知空間。所以即便認知主體可能有一個無法證成的經驗，但還是能依靠這種經驗產生特定信念。此特定信念的成立有賴於感覺或經驗內容，但感覺或經驗內容常是混淆而易於變化，導致主體的信念及其引申之判斷可能錯誤。為此我們在認知結構中具有反向洞察的能力，即判斷對某對象的認識是否確實符合我們所認知的樣式。
Q2：判斷可能永無止境	我們面對的每個客觀事實都具有進一步可以驗證或確認的後續可能性，為此來說對客觀事實的判斷可能永無止境。然而暫時性的判斷不等於無法對客觀事實提出解釋，因為下暫時的判斷能完成認知過程，使我們知道對象究竟為何；即便只是暫時性的判斷也能提高我們對對象準確性的概率。之後我們也可更進一步透過明確的證成證明我們判斷確實為真。
Q3：感覺與描述語句間帶有的認知複雜性	我們透過描述語句表達對世界認知並進行描述，但任何一個描述語句都有無限多可進一步對應的客觀事實。例如命題P可以對應Q1、Q2、Q3……乃至Qn，我們如何確定描述語句與客觀事實間的關係？就描述語句來說，當我們在判斷對象的性質（如顏色或軟硬）確實是根據最終判斷進行，且此時判斷確實賦予意義。因此雖然感覺與描述語句間帶有認知的複雜性，我們仍可透過已存的判斷內容提出恰當的描述。
Q4：感覺與經驗本身帶有對意義的限制	我們透過客觀信念傳遞意義，但此時意義受到信念的限制，因為信念據以成形的感覺／經驗本身限制對意義的理解。這導致表達的意義往往粗糙而倉促。然而，所有對客觀事實描述的語句雖然是根據感覺／經驗而有限制的描述世界，心靈仍會為其預留可被驗證與擴張的空間，即讓心靈於認識上擴張。

＊參C. I. Lewis，《對知識和評價的分析》（2016），第7章

UNIT 1.8
作為認識對象之客體

客體是認識論中被認知的對象。但在認識過程中，客體作為認知的對象能夠以被經驗的狀態存留於我們認知內容內。但我們對於客體的描述是透過語言的陳述。為此，當我們在知識論上討論客體為何時，並不是單純只講述「客體是什麼」這樣的問題（因為這個問題偏向形上學的內容），而是問我們對客體的經驗知識或內容究竟為何？以及我們如何透過語言對之加以陳述。

一、客體作為經驗內容

就知識存在或成立的角度來看，其必然需要經驗作為基礎，因為一方面我們的經驗內容就是知覺以外的對象，另一方面不論我們是用語言描述世界或建構命題都需要具有意義的參考對象。（認知）客體即符合這兩個要件而作為我們認識世界時的認知對象。尤其當我們是以語言作為工具，透過命題形式對世界陳述時，命題要求我們必須提供意義、特定場合以及被指稱經驗間的關聯性，此時我們可認為命題能作為被表達的經驗內容。而經驗內容的累積能讓我們擁有的經驗／信念最終形成經驗知識：此時的經驗知識可說是在歸納的意義下被稱為知識，但或許還是缺乏證成之內容。經驗知識的成立與信念有關。信念可能會成立，但也可能包含對信念內容／對象的錯誤認知——雖然我們在討論經驗、信念與知識成立時通常不會設想我們所持的信念可能有誤。無庸置疑的，經驗知識確實以信念為其基礎。

二、對客體的語言描述

與經驗相關的知識必須通過感覺加以呈現。大多數根據經驗知識所進行，或用以描述經驗知識的陳述語句，都能通過已被接受或已被相信的其他陳述語句驗證（此處的驗證或證明也包括邏輯推論的推論過程）。然而，雖然我們具有經驗知識，但事實上經驗知識的結構複雜。這種複雜過程中因為其間物件的彼此支持所以呈現穩定的結果，而事實上這些經驗知識乃是依據感覺所給出的直接呈現。這些經驗知識的真假取決於經驗，或是依據陳述語句分析。但沒有單一經驗可以決定性的驗證經驗必然為真，也不容易單純透過經驗性結論就得出其為假之結果（雖然我們常遇到有人認為自己所擁有的經驗可以證明他人所知者為假）。嚴格來說，經驗知識可被視為整體知識建構最底層的那個部分。以視覺為例，我透過自己的眼睛看見／認知對象且產生經驗知識的內容，其正是作為經驗知識的例子。不過，雖然這些經驗知識對我來說是主體可直接經驗到的對象，但這些可被經驗的對象即便是客觀存在卻還是無法被他人驗證／證成，即便這些可被經驗的對象其實就我個人來說還是客觀且能經過我個人驗證而為真。

這裡預設我們是透過語言對客體對象描述指稱。我們可稱呼這種明確表達直接呈現與可能呈現經驗內容的方式為「語言的表達用法」。我們的語言一般來說均在陳述外在世界的事態（例如「名詞」的存在），所以語言一般來說是以被客觀使用的方式出現在對事情的表達。當我們只是陳述事態時，此時語句可能不具真假。但當我們採取對知識判斷的語句型態，如「若我以A行動則結果得到E」，此時便涉及語句真假及對客體存在與否的判斷內容。

對經驗陳述語句的三種方式

當我們在知識論上討論「客體為何」時，在知識論這個層次討論的問題是：我們如何以語言陳述在經驗中已經存在於被我們認知的客體。C. I. Lewis認為我們有三種經驗陳述語句＝對客體描述的三種可能。

對當前經驗的表達	我們很少真正要求對這種經驗表達的驗證或證明，因為當我們用語句指稱某個對象／事態時我們實際已經肯定這些對象的直接與不可懷疑。當我看著窗外說「喔！下雨了！」其他能使用相同語言以對同樣經驗進行表達者能透過認知能力與主觀經驗直接驗證我語言的正確與否。 更進一步透過語言的功能來看，這種驗證可能存在問題：因為直覺經驗不易以語言描述，一如我們難以描述我們所擁有的意識一般。
最終判斷及其陳述	當陳述語句可成為最終判斷陳述時，我們可透過此判斷內容評估並與預測其他行動的價值或可能。C. L. Lewis認為最終判斷的陳述語句形式為以下邏輯表述形式： *一般表達方式為：「若A則E」或「對於被給予的前提S來說，若A則E」。其中： S＝來自感覺／經驗／信念給予的提示。 A＝被認為行動中可能採取的方式／內容。 E＝經驗中預期的結果。 此時我們可認為這裡所謂最終判斷的內容等同於知識，因為當我們認為若A則E成立時，我們會要求E可被證成為發生的事實，且可能發生錯誤的結果。
非最終形式的判斷	雖然我們的語言確實可指稱外在對象，或描述自身經驗，但存在著一些雖具客觀指稱意義，但事實上並不包括任何對象的判斷，因為那可能就只是在陳述事態而已；但此時我們卻又不可能以最終判斷的形式對其陳述。但個人的經驗雖然受限，群體的經驗卻無窮無盡（對於我們沒有經驗的我們其實難以判斷），為此我們以非最終形式的判斷稱呼這一大類的經驗內容。 人類生活經驗絕大部分都是這種非最終形式的判斷：這是我們生活經驗實際經歷的。自然科學的定律其實也屬這一類判斷內容，因為自然科學的公式定理常需要反覆驗證，且很可能會被推翻。

通過對「客體為何」此問題的回答，我們首先肯定有客體存在於經驗內，且肯定我們能透過語言描述客體的存在樣態。此時我們通過知識論進入形上學領域，且進一步回答「客體實在樣貌為何」與「客體本質為何」的問題。

＊參C. I. Lewis，《對知識和評價的分析》（2016），第7章

UNIT **1.9**
主客關聯究竟為何？

從主體認識到客體的過程被稱爲「主客關聯」，這個議題討論主體到客體間關係建構如何可能。不同學派對這部分提出依據其理論產出之解釋。

一、從主體出發的主客關聯

從主體來說，主客關聯的其中一端爲主體。主體在主客關聯中對客體進行認知時，主體需要區分下述三者內容，作爲主體在認識客體時能對自己的經驗進行分析，並透過對經驗的分析理解從其中如何推導出對外在世界的認識：

(一)經驗所給予對對象的表達：此處經驗不只來自當下對客體的認識，並包括過往經驗提供判斷的基礎。

(二)最終判斷可被證成的陳述語句：在描述過程中透過語言，輔以作爲證明用的證據，對於客體對象提出之陳述。

(三)上述兩者與對客觀事實的描述：通過經驗與語言關係建構起主客關係。此時是在主體端所建構起的關聯性。

主體對客體的最終判斷依靠上述三者語句的差異，以證成其如何透過所得到關於對象的事實組合對客體的認識。如果呈現出來關於客體甚至事態描述的事實無法獲得證成，那麼主體自身就無法理解或表達所具備的信念，也無法接受與之相關的保證（或內容）——這種對主客關係信念的理解包括對眞信念的表達，以及之前爲眞後來卻被認爲是假的信念內容。

二、主客關係建構的錯誤問題

雖然主體到客體間可建構起關係結構，但主客關係仍有錯誤的可能性。就認知結構角度來看，主客的錯誤在任何經驗——理解過程中均可能產生，即便到判斷狀態中也會有這種錯誤的產出。所謂主客關聯的錯誤，有以下的問題：

Q1所相信的內容可能不符合感覺／認知的事實，因爲被表達的信念是錯的。表達信念的錯誤可能來自一開始感覺與認知的錯誤（包含認知能力的缺失與受限，以及故意讓認知上產生錯誤），也可能來自理解時的問題。此時錯誤的表達形式乃透過語言方式呈現。

Q2如果對客觀事實的描述（無論在何種程度上其已成爲可被確信的）具有某種重要性，即這些描述能指出某些對象是進一步可被經驗所決定，但這些對象並未被嚴格的從過去到現在那些已被發現的事實所推論而得，則這些陳述即便被我們述說，仍可能面對一些我們無法透過經驗內容所眞正把握的對象／事態。

上述兩問題促成我們對知識理解需要證成的前提：任何通過語言對信念的描述都可能產生因爲主觀經驗導致的不恰當認知。爲能避免主觀經驗產出信念上的認知錯誤，我們以證成作爲輔助工具。證成可被視爲信念成立爲知識的基本條件，且符合「知識＝經驗／信念＋證成」之公式內容。證成的提出可避免主體認知基於客觀因素（如錯誤的理解、缺少認識所需要件）或主觀因素（故意不願認識）產出的錯誤理解。我們在右頁與下一節提出JTB理論作爲主客關聯的範例，以並說明證成的定義。

主客關聯與證成間的關係

　　傳統在探討知識成立的條件時習於使用JTB理論（Justified True Belief）。JTB透過證成的條件建立主客關聯之成立，並透過三條公式作爲成立要件。按照JTB理論，S知道／認識／相信P若且唯若：

> 1. P為真（S believes that p）。
> 2. S相信P為真，且（S believes that p is true, and）。
> 3. S確有理由相信此P為真（S is justified in believing that p）。

依據JTB建構主客關聯我們可建構圖表如下：

主體 ←———————————————→ 客體

做為信念提出者
作為相信者

主體對客體的相信
需要證成作為輔助條件

JTB理論表達：
1. 若一認知主體S表明對某一命題P為知道時，其不能單純只是以信念／經驗角度表明主體之所知。
2. 知識的成立需要充分的理由／證成（justification）。致使：

> 1. 證成可被視為信念成立為知識的基本條件
> 2. 知識＝經驗／信念＋證成

其中最重要的是「證成」的概念，所謂證成的成立條件是：

> 1. 當我們指某一命題P為合理的，意謂就此命題P而言，其具有比相同條件下的其他命題更具合理性。
> 2. 所謂「合理的」需要充分理由，否則在討論特定信念時無法區分某一真實理由與另一缺乏理由之信念差距何在。
> 3. 當我們說「某一命題／信念P是合理或恰當」時，其所指為對此命題／信念之判斷具有符合其所需之（可能相較性狹隘的）充分理由，此充分理由可以根據歸納演繹或各種方式獲得。
> 4. 當我們說相信某一命題為合理且具有充分條件時，我們就可以說我們對此命題具有證成。
>
> ——《劍橋哲學辭典》條目Justification

具有證成意謂我們對某一命題／信念具備合理的充分理由。　　019

UNIT 1.10
證成的概念

我們如何確定我們能夠擁有正確的知識？當我們擁有某個對象的認知與信念時，我們如何確定這個信念內容為真？前面曾提及，知識的公式可被最簡單地歸納為「知識＝經驗／信念＋某個條件」，知識論認為這裡所提到的「某個條件」就是我們前文提過的「證成」。為何我們需要證成？這點與經驗知識的特性有關。

一、經驗知識的維度

任何來自經驗的知識必然包含兩方面維度：其如何驗證（verification），以及其如何被證成（justification）。一個陳述事實的語句，當我們對其與世界或對象之認知進行評價時，一方面我們是在討論其在邏輯上的真與假，另一方面我們也是在確定這個被陳述出來的信念是否有充分理由或根據。因為一個人可能只是碰巧或運氣好提出恰好是對的說明（例如有個人正巧猜對大樂透的號碼，而且他就真的全部用「猜的」，所以沒有理由或根據）。這種狀況下我們不會說這個人的陳述內容是知識，即便他所說的是對的。

上述例證讓我們看到，一個被陳述的內容若沒有加上某個條件X就無法被認為其否為真正的知識。換言之，若有一信念或陳述要能被認為是真的知識，其需要具備充分合理可被認知的根據。雖然就經驗知識來說，有可能有一種判斷無法被證實，但也可能有的判斷雖能被證明（如許多信念一般）卻不能說這些判斷為真。至於為何我們需要驗證或證成，這與經驗知識帶出來的功能有關：
㈠我們透過經驗知識的歸納預測／獲知未來將會發生的事。
㈡然而判斷中這些依據經驗知識進行

的知識內容無法被完全確定為真。

會需要產出驗證及證成與經驗知識的被理解與被理解後產生作用這兩項有關。經驗知識作為主體認知的產物，所以若不經由驗證或證成就以其為命題或知識之真，將會產生認識上錯誤的可能。為此我們需要驗證經驗知識的內容：最主要是透過確認的程序（或條件），且這些程序／條件不是從我們經驗所產生信念所得到，而是那些可被確認或推演的證據。若我們在面對經驗知識時可提出這樣的證據，我們就可為經驗知識與真正準確的知識提出區分，且認定符合後者條件者是知識與邏輯上為真的內容。

二、經驗知識作為評價依據

經驗知識另一個特點在於能夠給予評價：經驗知識自身雖然具有價值，但其也可以做為對達到我們所期望事物，或避免我們所不想要對象的評估（甚至獲得相關價值）就此來說，經驗知識的作用在於讓我們行動上可有依據。就郎尼根所謂認知結構四要件（經驗——理解——判斷——抉擇）來看，透過經驗知識後我們始能對外在世界產生理解，而後才能判斷並進行抉擇。對事物的判斷與抉擇涉及評價，或可說涉及價值判斷的行為。但經驗知識單純作為被認知的對象，可能涉及主觀與否。若需要成為準確的知識便需要證成成為基礎。這種需要證成的經驗內容，尤其在涉及社會文化或倫理判斷方面，若無證成可能使經驗淪為主觀／民粹內容。此種狀況將類似我們於第九章所提及個人偏執與團體偏執——雖然這兩種偏執的擁有者也認為自己有某種「證成」。

知識成立的條件

我們曾經提到，知識成立其中一種說法是「經驗／信念＋條件」。現代討論知識論的哲學家們有一種做法是認定條件需要可被檢證，因此他們提出Justification、Verificaiotn以及Warrant做為所需要的條件。根據《劍橋哲學辭典》可以針對這三個條件說明其意義為何。

英文	中文	意義
Justification	證成	1. 可作為辨明的作用，即為一個論證（或一整組陳述語句所構成的命題集合）、或為一個人所擁有的行為提供做為充分證據的那種根據。 2. 用作邏輯證明時，可用以表達那些結論可被證明為真的過程。例如以下符號邏輯之證明中，前提3-5可被認為是結論的證成（過程）。 ⑴ A ⑵ (Av-D)→(R·S)　/∴ (R·S) vB ⑶ Av-D　　　　　　⑴ Add ⑷ (R·S)　　　　　⑵⑶ MP ⑸ (R·S) VB　　　　⑷ Add
Verificaiotn	驗證	1. 能通過經驗的方法決定一個陳述語句為真的過程。 2. 對一個陳述語句的科學檢驗，藉以確定此語句在邏輯上確實為真。 3. 對一個陳述語句進行確認或認證的過程／條件。 4. 進一步可指稱形上學理論決定意義內容的方式，包含其方法、陳述理論以及驗證的內容，並在此前提下可用以確認描述真理或辨別意義的成立條件。若依此進行對意義的檢視，我們可稱呼其為驗證主義（verificationism）。
Warrant	準據	1. 可被用來指稱應用嚴格邏輯或科學方法後得以獲取保證的抽象知識及其代表的真理。由於使用這些方法，我們可以將混亂或缺乏連貫性的事實／陳述語句，在我們擁有的經驗中聯合為有秩序地或系統性的。 2. 為了避免因Justification或Verificaiotn在證明中產生於信念及真兩方面證明上的困難，即避免JTB理論可能遇到的蓋提爾難題，使用準據做為新的知識成立條件；此時準據並非純粹為知識提供某種保證為真的根據，而是在一定合理的條件下提供可靠的根據。此時準據不但具有知識所應具備的恰當用途、正當被使用的理由，且能幫助認識主體獲得所應得到的真理（甚至感受）。例如本書第八章所提到普蘭丁格（A. Platinga）即透過此種證明方式論證我們對神的存在具有明確的準據。

UNIT 1.11
知識論的基本課題

圖解知識論

根據前幾節所提到，知識論問題的結構可以被歸納為「主體──主客觀聯──客體」這三部分。這三部分等於在問「我要認識世界如何可能？」。哲學家們對此問題依據各自立場提出自己的答案。若歸納哲學家們的答案，此處又可再將對問題意識提出的諸多答案以三個基本問題加以描述：

一、Q1主體有什麼認識能力可以認識外在世界？

對於主體具有如何的能力，除了懷疑主義外大致上具有共識，即認定主體確實具有認知外在世界的能力。雖然大致上具有共識，卻不代表大家都接受認識能力的相同來源。例如經驗主義認為除了經驗所能提供的感覺與料外，人不可能擁有任何超越經驗所能提供的資料；同時其理性主義雖然也同意感官提供的感覺與料（不過對感官提供資料抱持懷疑態度），但也相信人天生具有某些認知能力，如邏輯的三個基本律則。主體能力會因為學派及背景不同產生各種迥異學說，雖然他們的背後都在解釋主體為何能認識到外在世界。

二、Q2客體的樣貌究竟為何？

客體為被我們所認知的對象，但對於客體具有如何樣貌哲學家們存在不同看法：較為極端的可能主張連是否真的存在一個可被認知的客體也抱持保留態度──且這種主張不只有懷疑主義提出。一般人會認為於感官面前呈現的對象即為確定的某物，但哲學家可能認為那僅是此一對象作用於我們感官所產生的結果。我們感官所把握到的並非客體的真正樣貌，而是客體作用在我們感官上呈現的樣貌。為此，客體的樣貌為

何有時取決於哲學家對主客關聯的解釋。

三、Q3主客關係是如何作用的？或呈現如何的關係？

依據主體能力的認定，哲學家們在解釋客體時提出主客關連的解釋，用以說明主體最終如何認識到客體。哲學史除懷疑主義外，有兩種不同解釋路徑：

㈠客體存在而主體認知：此點符合一般人認知的經驗。人具有能力，且外在世界就在那被人認識到。但為何我的認識確實可信關聯到證成問題。

㈡主體先存所以客體能認知：從康德之後這種論點被提出，形成知識論上的哥白尼革命（詳情請見第六章）。此路徑強調對主體能力的研究，至於客體為何則相較性不受重視。這種思路影響後來符號學／語言哲學的認知結果。世界的樣貌並非我們所看到的樣式，而是通過我們以語言（廣義的符號）對之描述與賦予意義的結果。

上面三個討論，雖然都被用以回答「我（主體）要認識世界（客體）如何可能（主客關連）」此一問題，但哲學家基於學派立場會有不同主張。例如實在論Q1-Q3都採取肯定答案，懷疑主義Q1-Q3都採取否定答案。觀念論將重心放在Q1與Q3，對Q2較不看重，神祕經驗知識論甚至增加Q4「人如何認識到神與天使這一類超越對象」──因為神與天使這一類對象已遠超我們所具有認識能力的範圍。對於不同學派的主張，我們在右頁列出初步概略比較提供讀者快速查詢。更為詳細的解釋敬請參閱本書各章。

關於知識論基本課題的討論

若根據主體——主客關聯——客體之結構，我們可以提出知識論基本問題爲：

主體	主客關聯	客體
1. 我作為認識的主體，具有什麼能力可以認識世界？ 2. 認識外在世界後，我如何以語句描述／定義被認知的客體？ 3. 主體如何認識不同對象間的差異？	1. 主體如何認識到客體？＝客體如何作用在主體認知中？ 2. 是否可能透過證成的條件促使知識確實成立？	1. 被認知到的客體／對象本貌為何？ 2. 對象被認知後，對象確為客體所看到的樣貌嗎？ 3. 被認知的對象具有客觀存在嗎？ 4. 對象的本質能被主體把握嗎？

與三者相關問題：真理存在嗎？如果有，何為真理？

列舉不同論點對此三問題的討論

派別	主體	主客關聯	客體
實在論	主體具有能力	主客間能建立關聯	確實能被主體認識
德國觀念論	認知的可能全部維繫在主體內在	主體依據自己的能力認識客體	客體是依主體能力被認識，我們只能掌握客體表象，對其實際樣貌一無所知
懷疑主義	主體沒有能力認知	沒有證成可證明知識確實成立	不可能掌握客體的樣貌，對客體的認知都可能是錯誤的
理性主義	具有先天特定能力，特別指邏輯	透過神聖實體做為證成的條件	基於證成我們可以把握客體對象
經驗主義	先天不具任何能力，人是心靈白板	以經驗論原則為證成條件	客體為我們經驗所直接把握
神祕經驗知識論	主體有認識超越感官能力以外對象的可能性	以宗教教義做為證成	不是感官能直接把握者

延伸

「主體——主客關聯——客體」之結構：傳統知識論的研究因涉及對客體的認識，所以產生從知識論過渡至形上學的過程，這種特徵在古典哲學，尤其中世紀士林哲學裡尤為明顯。

UNIT 1.12
認識的意向性

前述所提到關於認識的概念，較為傾向當代知識論的分析。除了前述討論模式外，另外還有一種對認識的討論（也是本書主要依據的論點），為士林哲學的論點。在此認識被認為一種意向性的結合。

一、意向的存有

知識論為解釋人類心靈認識對象時產生的作用，會提出「意向的存有」（intentional being）的概念加以解釋，尤其士林哲學實在論體系特別會提到這方面概念。所謂意向性存有是指（被）認識的存有。此概念來自就我們經驗而言，面前所有事物都是一種實際的存在，即作為對象確實存在著的某物，士林哲學以「實在的存有」來稱呼之。與此相對於心靈中，這個對象的存在為「認識的存有」或「意向的存有」。物的實際存在與心靈存在雖為相對，卻互有關聯。從存在的角度看，讀者面前這本書是實在的存有，這本書在讀者心中成為意向的存有。如果某天讀者出門沒有帶這本書，但有朋友問起關於這本書的事情，那麼當下這本書對讀者來說就不具備實在的存有，僅存透過記憶與經驗所產出意向的存有。

這本書作為例證可以指出實際存在與在心靈中存在的差異如下：

(一) 現實的存有可能會消滅（例如讀者把書賣了），但這本書在讀者心靈中意向的存有卻不會消失，因為已經變為讀者理智獲取的其中一部分。所以意向的存有可以隨著我們移動，但現實的存有卻會受到時空與物質的限制。

(二) 心靈中雖然可產出不具實際存在之意向的存有，但此意向的存有不會越過心靈與現實的界線成為實際的存有。

二、認識的意向性

從上面的文字我們可以注意到，「意向」是指心靈的活動。這個詞從拉丁文開始就已表明其作為心靈活動的特色：intention（意向性）拉丁文為 *intentio*，由 *in*（向著）與 *tendere*（指向、延伸）兩個字所組合。所以意向性是指心靈嚮往對象的活動：這也可以解釋為何士林哲學習於用意向的存有多於認識的存有，因為在強調心靈在認識活動上的動作。我們的心靈在嘗試認識對象時，會主動做對對象的認識嘗試，如閱讀一段英文我們或許會放慢閱讀速度好使理解能力提升。從主動角度來說，我們不可能不進行認識的活動，因為人類就是透過感官認知外在世界；若要能不認識外在世界，必須明知故意的不去認識外在世界，或故意不依據實在的存有進行認識。

為此，當心靈嘗試認識一個對象時，必須使對象成為心靈內在之意向的存在。士林哲學稱心靈內在之意向的存在為「印入的心像」，或稱為「可感覺印入的心像」。稱為可感覺印入的心像是因為感官認識的對象均為可被感覺的對象。就此點來看，可感覺印入的心像就是可感覺的形式，此處的形式是由心靈與感官共同因為認識對象而產出的內容。

認識的意向性僅是整個認識活動的起點，並強調我們的心靈具有主動傾向對象並進行認識的能力。就士林哲學的認識而言，印入的心像是為之後理智進行抽象作用做的準備。

認識預設的第一真理

根據王臣瑞在《知識論：心靈與存有》所說明，第一原理的重要性及證明如下：

在認識過程的探討中我們可預設第一真理

目的：基於知識論探討問題為人類所有認知的過程與內容，所以有的哲學家認為知識論的探討應該預設不變動的基礎，可幫助我們研究上避免：

1. 避免懷疑主義對一切不相信，不接受可被視為事實的內容。	2. 避免因為獨斷論把未經證實的內容當作不變真理。

三個第一真理

1. 實在界的事實：我存在，且是最優先的
2. 思想界存在的事實：不矛盾原理
   「同一事物不能同時在同一狀況下既存在又不存在」
3. 獲得知識條件的事實：我的理智／心靈確實能獲得真理

兩組證明	
第一組證明：從第一事實、第一原理、第一條件的意義，廣義的證明三個第一真理確實存在。	第二組證明：從第一真理的意義廣義證明上述三內容為第一真理。
1. 就第一事實來看，我個人的存在或許無法獲得證明，但卻必須是一定的事實。一個真理需要被證明是因缺少明顯性，但我個人的事實卻極為明顯不能被反駁。 2. 就第一原理來看，第一原理為不矛盾原理，是一自明的內容，因為此原理的實踐乃經驗可直接獲取者。 3. 就第一條件來看，我能認識外物之證明雖無法明證，卻是實際可建構者，因為若我不能認識外物，則這句話無法說出。	第一真理的成立條件： 1. 被包含在一切判斷內。 2. 真實性無庸置疑。 3. 為所有真理最首要者。 從成立條件看三項真理： 1. 上述三第一真理確實被包含在所有判斷內。雖然人類無法明證，但若缺乏上述三項第一真理則我們無法對事物加以理解。 2. 上述三項第一真理無庸置疑。我們進行判斷時，不論其有意識或無意識，均不可加以懷疑，否則判斷無法成立。 3. 上述三項第一真理同時包含實在界與思想界，且為所有認識上的絕對前提，故為首要者。
反對者的主張： 1. 除了不矛盾律以外，另外兩者不能直接認為是自明的律則。 2. 先驗的認為三個原則為第一真理，違反知識論研究順序。	

＊本節參考王臣瑞，《知識論》（1984），第二與七章撰寫。

UNIT 1.13
第一原理

　　有的學者認為，討論知識論時為求事半功倍的效果，可透過對基礎原則原理的預設幫助我們對知識內容有更為清楚的掌握。這些基礎原則原理的內容，除上一章所提第一真理外，還包括本所提及之第一原理。

一、第一原理的定義

　　原理在知識論的立場上，指基本的知識，且是一種我們根據這種基本知識繼續研究知識論的原理。知識論所謂的第一原理，是指所有原理中最基本也（在邏輯順序上）最先的原理。所謂最基本是指在所有知識論或思想原則中沒有比這更基本或在邏輯順序更為優先的原理。這導致第一原理必然是自明的原理，即真實性出自其自身而無需另外證明。這些自明的第一原理在所有知識中最為真實且確定，其他所有知識不論如何都無法與之相較。而這些原理做為知識與思想的基礎，乃存在於理智而非理智以外的實在界。

　　第一原理的需要是基於論證的需求：論證需有最後基礎才能確保推論的正確性與真理的穩固。右頁列舉了六項第一原理，是因為學者對於第一原理的數量並未有明確共識。但至少有三項第一原理是所有人都接受的：

(一)不矛盾律：同一個屬性不能在同時與同一情形下既屬同一主體又不屬同一主體。

(二)同一律：存有是存有自身，或一物是其之所是之物。

(三)排中律：存有即為存有，非存有即為非存有，其間沒有第三者。

二、第一原理的順序

　　上述三項律則中，其中不矛盾律與同

一律層產生一爭議：兩者究竟在第一原理中具有邏輯上的更優先性？針對這個問題，有三種主要立場：

(一)不矛盾律具有最優先性：從亞里斯多德到多瑪斯‧阿奎納，他們在探討第一原理時均強調不矛盾律具有邏輯上的絕對優先。例如多瑪斯主張，理智認識外在世界，首先需要認知對象不可能同時是又不是某一物，所以就思考順序來看，不矛盾律具有邏輯上的優先性。

(二)有的哲學家認為同一律才是最優先的第一原理。通常他們的主張包括，雖然有否定陳述的命題，但否定的基礎是肯定；若無肯定則無法出現否定。就此來說作為肯定陳述的同一律必然優先於作為否定陳述不矛盾律。此外，當我們理智肯定認識一個對象時，此對象並不因為理智認為其存在而具有存在，而是因為此事物確實就是一種自我同一的存在。但支持不矛盾律優先者對此提出反駁：否定觀念建立在肯定觀念上是可理解的，但否定判斷不可說是建立在肯定判斷上，兩者不可混為一談。

(三)兩者的優先順序不能只從邏輯上來討論，還需要從實際認知上來探討。若是從理智獲取知識的角度來看，同一律具有優先性，因為理智認識到存有，而存有就是存有自身，此屬同一律的範圍。但當理智需要為知識尋找基礎時，不矛盾律才是最優先的，因為我們需要透過否定方式排除對象之所不是。

第一原理的內容

原理的意義	
亞里斯多德	定義原理是事物開始的意思，或在秩序上最先完成的部分。他定義原理為「一物由之而有、而成、或被認識的第一點」。
多瑪斯‧阿奎納	定義原理為「一物以任何方式所出之處」。

知識論上的原理則可被定義為：「我們認識一物之出發點」或「任何物由之而被認識者」。

第一原理的內容

不矛盾律	有學者以「矛盾律」稱呼。 1. 定義：亞里斯多德定義為「同一個屬性不能在同時與同一情形下既屬同一主體又不屬同一主體」。用邏輯式可表達為「A是B與A不是B不能同時為真」。 2. 不矛盾的概念基礎為存有與非存有間的互斥，性質上自明，且超越時空限制。 3. 學者通常認為此原理無法被嚴格證明，僅能被廣義的說明，因為定律既然是自明的，則透過經驗就可了解。
同一律	1. 定義：同一律可定義為「一物就是其之所是」。 2. 同一律是分析的原則，證明方式可透過分析象的主詞／謂詞關係。但我們需要注意： 　(1)同一律並套套邏輯，而是指主謂詞間的必然性。 　(2)同一律既屬觀念中的原理，也屬實際判斷的原理。 　(3)同一律已對基本事實加以肯定。 　(4)同一律幫助我們把現實的物與心靈中的對象加以結合。
排中律	1. 定義：「存有即為存有，非存有即為非存有，其間沒有第三者」或是「一物必須存在或不存在，其間沒有中間性」。 2. 排中律是由不矛盾律與同一律所引申而出之共同應用。
因果律	任何事物的存在必然包含原因，此事物為原因之果，同時也是其他結果之因。可說「有因必有果」，或「有果必有因」。 因果律為哲學意義，與宗教討論不必然有關。
充足理由律	強調一切事物的發生都有其理由。此律則是根據事物之存在作為命題而推得結果，認為任何存在事物之存在都有為何如此的充分理由。哲學史上使用最為明顯代表之一的是萊布尼茲，其使用此律則論證神的存在。
目的原則	任何事物的存在均朝向特定目的前進，可能是為自身（存在）的完善，也可能是朝向更高的至善目標。 此原理有時受到質疑，因無目的性並非不可能存在。

*參王臣瑞，《知識論》（1984），第八章。

UNIT **1.14**
知識有高低之分嗎？

圖解知識論

當我們問知識的高低之分，「高低區分」可以呈現在兩個意義：第一種是學習程度的高低，另一種則是知識本身有高低區分。前者在此我們暫時不討論，因爲涉及學習者本身的能力與方法。知識論的討論中，其已經預設所有人都是理性的動物，所有人在認知能力上是相同的，唯一差別在於有沒有發揮自己的能力或認知能力是否健全。所以在知識論的領域內，原則上哲學家們相信只要人透過學習，必然能獲得所需要的知識。爲此，我們在此的討論放在第二個問題上：知識有高低區分嗎？

如果要爲知識／認知結果進行高低區分，那我們至少可以區分出以下三種不同高低落差的認知內容：

一、經驗與信念：就知識論來說，經驗與信念通常被認爲是最低等級的認知結果。此與經驗及信念的產生有關。經驗與信念通常被認爲是主體感官或直接認知產出的結果。不論經驗或信念，雖是主體可直接把握的對象，但也因爲基於主體的直接產出，被賦予變動與不穩定的特色。因爲對同一對象我們可能因感官與環境的差異導致認知結果不同。

二、知識：前面已提到，知識是經驗或信念加上證成得到的結果，所謂證成在此意指那些可以克服經驗與信念不穩定特性的證據。當經驗與信念獲得證成後，其已具備可被眾人接受的普遍性，就不再因時因地產生不同結果。古典哲學在知識上較爲注重當我們獲得對象的認知時，我們究竟認識了什麼。這個問題與形上學所謂對象本質爲何問題有關，而古典哲學討論知識論通常最終也將引導我們進入形上學的領域內。當代哲學則較爲注重證成的

可靠性，或是否具有證成可成爲被普遍接受的證據內容，其與語言哲學相關，且討論較注重邏輯的辯證。對一般讀者而言，因此部分大多以論證形式討論呈現，故較爲艱澀不易理解。

三、神祕經驗知識論：部分哲學家主張，在人類理性所能認識的知識以外，還存在超越感官能直接把握的知識內容，我們在此通稱神祕經驗知識論。在基督宗教哲學系統內，神祕經驗知識論指人對天使或是神的認知；在德國觀念論那裡，這種對天使或神的認識因受形上學影響（或因與形上學結合）而變成某種普遍存在觀念（如黑格爾所謂的精神）。人類是否真能認識超越感官以外的對象，在部分哲學家那裡是否定的，也因此是否存在這種知識也就見仁見智。本書所採取士林哲學實在論立場在此問題上採取肯定的態度：確實具有超越感官／理性以外的認識內容。如果根據上面的討論，當所提問題之答案爲「知識具有高低之分」時還可以再區分爲兩種意義：

(一) 在存有上的由低而高：這種主張認爲知識與認知對象作爲存在有關聯，存在既有高低之分則知識也有高低之分，且知識等級越高代表認識的存在對象等級就越高。例如柏拉圖、中世紀士林哲學、理性主義哲學家史賓諾莎都是此類代表。

(二) 在精準度上的由低而高：由低而高的區分是基於我們所擁有的證成精確與否，例如經驗因爲缺乏證成不具普遍性所以較低，但自然科學知識具有可被驗證的特性所以具有較高的精準度。

知識高低之分的意義與範例

　　知識的高低如上所述可以區分為幾種不同意含。這種區分可能同時出現在同一位哲學家的同一本著作中。我們此處舉多瑪斯·阿奎納的《駁異大全》（*Summa Contra Gentiles*）為例。

從全書結構來看

卷數	標題	章節數	內容
卷一	論神	102章	1至9章探討整本書的研究方法，10至13章討論關於神的存在問題，14章以後討論神的屬性。
卷二	論創造	101章	討論神對世界的創造，與所有存在物的基礎。其中56至90章為人的認識能力問題，並探討伊斯蘭哲學家在人認識能力上的錯誤。卷末另外討論靈智實體（即天使）的存在問題。
卷三	論神祐	163章	討論神如何以自己意志照顧人與世界，其中2-63章討論神祕經驗知識論，其他部分也討論善惡問題。
卷四	論救贖	97章	討論基督宗教的基本教義，包括基督的降世救贖，以及教會諸聖事的意義。

卷一至卷四為系統性由基礎進入實踐的鋪陳。
其中卷三另外提供知識由低至高的層級內容。

章節	認識神的方式	摘要		
2-25章	肯定之途	肯定所有受造物必然朝向一個最終的善前進，此最終善必然為神聖自身 5章至15章為插入的附論，探討關於惡的種種問題		
26-36章	否定之途	探討不能稱為人類真正幸福的種種對象		
37-63章	超越之途	37	肯定之途	肯定默觀為人類真正的終極幸福與目標
		38-50	否定之途	否定並反駁對於默觀的錯誤理論與見解
		51-60	超越之途	人於默觀中種種將會發生與面對的情形
		61-63：關於默觀生活實際層面的討論		

＊關於神祕經驗知識論可參閱第八章的說明。

UNIT **1.15**
知識可以實踐嗎？

圖解知識論

「知識可以實踐嗎？」或者我們可以問「知識可能帶有行動的內容嗎？」這個問題預設對知識一詞的想法為靜態或獲取某物的情形。當我們說某人獲得知識時，容易聯想此人是透過書本閱讀或網路查詢，得到某個能讓他解決問題的方法。透過知識解決問題這種處理方式若與第十章真理理論中實用說的主張結合，將可帶出知識作為實踐的可能性。但從哲學史的角度來看，知識能被實踐並非太特殊的想法，例如在蘇格拉底那裡我們已經看到這種知識作為實踐基礎的主張。

一、蘇格拉底的知識層級

在蘇格拉底這邊，知識論與倫理學彼此結合。這種主張來自他相信人可以也必需獲得可靠的知識，唯有如此知識才可以成為道德的正當基礎。這種主張與其時代背景有關：蘇格拉底身處希臘哲學人事論時期，其同時期哲學家不少為辯士派哲學家，其中亦有透過詭辯術的教學與應用獲利者。蘇格拉底的主張如同對他們的反省與檢討。

為要能獲得可靠的知識，蘇格拉底提出著名的辯證法。蘇格拉底的辯證術可被稱為思想的助產士，這可能與蘇格拉底的成長背景有關。這種方式是透過受規範的對話逐步引導並獲得對某物或某行為的定義。定義是一個清晰且確定的概念，定義的過程，也就是透過辯證方式達至清晰的過程。定義或真正的知識並非只是考察事實內容為何，而是確認那些關於我們心中永恆要素的能力究竟為何：這些要素能作為知識內容乃因即便外在事實消失，我們心中所認知到的內容仍然存在。為此，蘇格拉底認為

在事實世界的背後必然有其目的或功能，且這些目的與功能必然朝向善的方向前進。這種區分致使蘇格拉底區分知識為兩層次：

(一) 基於對事實層次進行的觀察，對象是特殊事物。
(二) 對事實層次的解釋，對象是一般或普遍觀念。

二、知識即德行

一個人如果獲得知識，那麼既然知識的背後有其引導至善的目的，那麼一個人獲得知識後應該就能行善避惡，也就是蘇格拉底所謂「知識即為德行」的主張。從正面來說，蘇格拉底的意思為知識與德行是同一件事，所以認識善就是行善；從反面來說，行惡或惡的存在是知識的缺乏。然而觀念或定義的存在需客觀價值，否則我們無法確認倫理規範的行為準則。為此，蘇格拉底才會強調客觀知識是行為實踐的唯一可靠依據。如果一個人知道何為善，那麼他必然能且會去實踐。

雖然蘇格拉底強調知識即德行，且主張若知道何為善就必然會加以實踐，但在我們的生活中卻有不少人明知某事不好卻仍加以進行（例如喝酒或抽菸）。這是否能證明蘇格拉底知識即德行知主張為誤？就此，蘇格拉底可能有兩個方式加以反駁：

(一) 善必需完全等同於善的（客觀）知識，此種知識也等同於智慧，故唯有按這種知識加以實踐者才是真正善的知識。
(二) 某人明知故犯可能是因為他（誤）以為那才是對他好的，例如失戀時喝酒「喝了傷身，但不喝傷心」。

知識的實踐問題

問題：知識是可能被實踐的嗎？在蘇格拉底那邊我們看到例證

> 蘇格拉底，西元前470年——399年
> 重要思想被以對話方式記載在柏拉圖的著作內
> 重要主張：知識即德行，又可稱為倫理學的主知主義
> 即主張如果一個人知道何為善，那麼他必然能且會去實踐。

蘇格拉底主張的
主要繼承者及其思想內容

柏拉圖 亞里斯多德	犬儒學派	亞里斯提普斯 （Aristippus）
發揚蘇格拉底主知主義的主要路線，建立後世對普遍觀念理解的兩個重要主張。	強調主知主義的實踐層面，最終走上苦修主義的路線。	強調倫理實踐的快樂面向，即強調行善與知識／智慧間必然帶有快樂的結果。故亞里斯提普斯發展蘇格拉底主知主義快樂的面向，進而開展出享樂主義的主張。

實踐問題在現代的應用

知識確實具有可被實踐的面向，此點可從冷知識的存在作為例證

定義：
冷知識，Trivia，其拉丁文原文*Trivium*原指城中三岔路，後來被引申為那些瑣碎、富有趣味但對生活並無實際作用的知識內容。日文有時以「豆知識」（まめちしき）加以稱呼。冷知識不等於無意義的資訊（如「在非洲每過60分鐘就過去了一小時」），因為冷知識至少傳遞某種正確資訊內容，只是這種內容可能不會被一般人賦予「有用」的價值內涵。

冷知識的意義：
1. 知識的真正作用不只是實際實踐與操作所需，而是滿足人好奇的天性。
2. 知識的實用價值可能因不同領域有所差別。
3. 知識總是乘載著某些訊息內容，所以知識可被視為一種傳遞意義的社會符號。

冷知識的舉例：
1. 聖誕老人穿著紅色衣服是因為可口可樂的代表色為紅色。
2. 中華職棒兄弟象隊投手伊代野貴照曾在同一局內對Lamigo隊打者石志偉投出兩次觸身球，創下中華職棒唯一一次「同一名投手在同一局內對同一名打者投出兩次觸身球」的特殊紀錄。
3. 台鐵曾經自行製造火車，形式為DR2510，但只有兩輛（DR2511與DR2512），因為太耗油且規格不符需要。

第**2**章

普遍觀念如何可能

●●●●●●●●●●●●●●●●●●●●●●●●●● 章節體系架構

UNIT **2.1**
普遍觀念的意義

　　普遍觀念在知識論領域曾是一個被廣泛討論的議題，這個議題與我們日常生活有密切關係，也因為中世紀哲學的基本設定發生過論爭。我們確定我們確實擁有對外在事物的觀念，但這些觀念如何存在於我們心靈？這些觀念是否具有普遍性？我們如何將這些觀念應用在外在世界各種不同的對象上？這些問題就是觀念普遍性所探討之內容。我們可以從兩方面來理解此議題的內容。

一、普遍觀念與日常生活的關係

　　我們在日常生活中對事物有所認知，這種認知不只是我們自己所擁有，也與其他眾人的認識有所關聯。在我面前有一把椅子，我能確定此認知對象為椅子，其他人在看到這個對象時也能確定此物確為椅子。這再普遍不過的認知現象背後卻帶有幾項值得我們注意的認知問題：

　　Q1我如何知道這個對象就是椅子？原則上在我們成長的過往確實學過關於椅子的相關資訊，包括用途、語詞稱呼、材質等條件。這些學習條件讓我們對於椅子能有正確理解。但為何我們能認識到不同的椅子？此與生活經驗有關，即在我們面前出現許多各種形狀不同的椅子，我們仍然可以知道某物為椅子，但另一物不是椅子（可能是桌子）。我對椅子的概念如何應用在不同的對象上？

　　Q2面對同樣對象，我們與他人能產生共識，並對同一對象提出相同稱呼。同樣一把椅子在我與你面前都能被認知為確實是椅子，即便你將這把椅子拿去他用，我們仍知道這是椅子。這種認知現象表示在我們心中有共同對椅子的觀念，之後可被應用在不同的個別事物上：這可被稱為知識論上的一與多問題，而這些觀念同時是一又是多。是「一」乃因為其數量上為眾人而言為同一個，但這同一個觀念卻能同時貼合在眾多對象之上。那麼我們所共同擁有的觀念究竟來自哪裡？為何我與你能擁有共同／相同的概念？而既為一又為多的狀態如何可能？

　　Q3我們對事物具有分門別類的能力，且在不同類別間確實能避免彼此物件的混淆。形上學對不同事物間存在會使用「種」與「類」之形式作為區分及說明。但此處所提到的分類方式，例如人「類」，是否具有真實存在？如果是真實的，那麼是以何種方式存在？如果確實存在，又是存在在哪裡？

二、從哲學史的角度來看此問題

　　上述問題在古典哲學內有相當多哲學家加以討論，討論主題大致上可被歸結三個主要問題：「普遍觀念究竟何在」、「普遍觀念究竟如何產生」、「眾人如何對不同個別事物產生認識」。這種討論從柏拉圖與亞里斯多德時期就已經開始，例如柏拉圖主張「理型」即為普遍觀念的來源，卻被同時期哲學家嘲諷道「我只看到個別的人，沒看到人的理型」。中世紀此問題爭論日久，尤其圍繞著實在論與唯名論展開的共相之爭，不同陣營間嚴重到有時竟無法同時出現在巴黎大學。本章我們將依據哲學史發展說明普遍觀念的爭論與學說，並在最後提出當代哲學對此問題的解釋。

普遍觀念的意義

此問題從我們的認識經驗開始。

就個人的認識而言，我們所認知者皆為個別事物，但當我們對事物產生認識後，即便兩項相同物件具有不同外形，我們仍可清楚辨識兩者同屬一類。為何不同對象可被放置於相同類別以下？哲學家主張是因為我們擁有對事物的普遍概念，所以能對事物透過普遍觀念認知與分辨，最終能在看到某一外在對象時加以辨認而產生認知。

此經驗的三個面向

Q1 我們如何知道眼前某個對象就是我們所共同接受的某物？	以椅子為例，我們成長的過往確實學過關於椅子的相關資訊，包括用途、語詞稱呼、材質等條件。但依此來解釋時我們如何可能認識到個別但不同的椅子？即便我們面前出現許多各種形狀不同的椅子，我們仍然可以知道某物為椅子，但另一物不是椅子（可能是桌子）。我對椅子的概念如何應用在不同的對象上？
Q2 面對同樣對象，我們為何能與他人能產生共識，並對同一對象提出相同稱呼？既為一又為多的狀態如何可能？	1. 同樣一把椅子在我與你面前都能被認知為確實是椅子，即便你將這把椅子拿去他用，我們仍知道這是椅子。這種認知現象表示在我們心中有一個共同對椅子的觀念，之後可被應用在不同的個別事物上。 2. 這些觀念似乎同時是一又是多。是「一」乃因為其數量上為眾人而言為同一個，但這同一個觀念卻能同時貼合在眾多對象之上。 3. 我們所共同擁有的觀念究竟來自哪裡？為何我與你能擁有相同的概念？
Q3 形上學所謂「種」與「類」的形式區分，這些具有真實性嗎？	我們對事物具有分門別類的能力，即為形上學所謂「種」與「類」的形式區分，可以區分不同物種類別。但此處所提到的分類方式，例如人「類」的這個「類」，是否具有真實存在？如果是真實的，那麼是以何種方式存在？又是存在哪裡？

產生

上述問題在哲學史上可歸結為三大主要問題

Q1普遍觀念究竟何在？

Q2普遍觀念究竟如何產生？

Q3眾人如何對不同個別事物產生認識？

UNIT 2.2
柏拉圖的洞穴比喻

柏拉圖可謂第一個對普遍觀念提出解釋的哲學家。他師承蘇格拉底，並捨棄感覺或經驗做為知識來源，改以辯證方式討論知識與普遍觀念的由來。柏拉圖提出共相／理型（forms）為真實存在，且為普遍觀念的基礎，並建立觀念論（idealism）的系統，強調唯有理型界的形象（eidos）為唯一真實之存在。為說明理型為何，並說明為何我們能擁有普遍觀念，柏拉圖在《理想國》（The Republic）第七卷提出著名的洞穴比喻，以說明普遍觀念與理型間的關係。

柏拉圖說，我們可以假設有一個囚犯被囚禁在洞穴的最內部，且此人自幼年時期就被綁著，他唯一能看到的只有牆壁上的影像：因為這個囚犯背後有一道矮牆，矮牆上被放置一些物件，物件後面則有火把照耀器具，好使物件的影子照射在囚犯面前的牆壁上。洞穴中雖然有其他人沿著洞穴內的動線往來並搬運不同的物件，但囚犯始終看不到他們，僅能看到火光照映在牆上的影子。如果處於這種狀況下的囚犯掙脫了綁住他的鎖鏈，會發生什麼樣的狀況？

(一) 第一種可能，如果他一起身馬上就往洞穴外跑去，由於長時間待在洞穴的黑暗中，他的眼睛無法適應洞穴外真實陽光所帶來的刺激，致使他眼睛因無法忍受強光選擇逃避回到洞穴內。這樣的囚犯就算有人拿外在世界的真實事物讓他看，他也不會相信在他面前事物的真實性。

(二) 第二種可能，這個人循序漸進慢慢適應燭光與反映出影子的物件，爾後慢慢地向洞口走去。隨著這種循序漸進的過程，這個人的眼睛逐漸適應光芒與外在世界。柏拉圖認為

當此人發現所見影像均為虛妄時，此人就已脫離偏見，能以常識或經驗對事物產生理解——此時他仍不能理解何為真實世界，除非他願意沿著洞穴牆壁逐步離開洞穴。在他離開洞穴時他將看見真實世界為何，此時他已進入真正的知識領域，甚至能見真實的太陽（柏拉圖認為若學習了他的辯證法確實能達到此一結果）：關於洞穴比喻所代表的四種知識內容，我們將在下一節特別說明。

(三) 若此人已走到洞穴外，適應洞穴外真實事物甚至太陽的真實光線，當他再次重返洞穴內時，因為他眼界不同以及眼睛能力與過往不同，他會感覺洞穴內的一切既黑暗又虛假，他在洞穴內什麼都看不清楚。他可能會想嘗試告訴其他囚犯他們所處環境的虛假，但其他囚犯只會當此人瘋言瘋語。他們不但不會相信他所說的內容，甚至會因為這個人說出了實話而想殺了他。

柏拉圖用洞穴比喻說明知識的四個等級，由高而低分別是理型知識／睿智（noesis）、媒介知識、信念／意見、以及虛妄幻覺。人能夠擺脫最低層的虛妄幻覺，並逐步達至最高等級的理型知識，但這個過程並非一蹴可及，需要時間並習得正確方法始能達成此一目標。我們都被現實的虛幻綁住以致無法正確理解所謂的真實不在我們眼前，而在那個超越的世界：因此雖然柏拉圖理論後來被稱為是「實在論」，但所謂的實在並非眼前所能以感官把握的對象，而是指那超越在感官之上不會變動的真實實在。柏拉圖此一理論對日後普遍觀念的發展有重大影響。

柏拉圖的洞穴說

> 洞穴說是柏拉圖用來說明知識的重要比喻，除了可用以比喻知識等級外，也可說明存在的等級與價值

柏拉圖的洞穴可以圖示如下

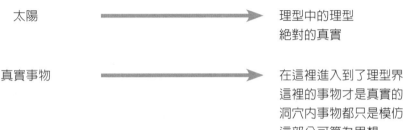

太陽 ➤ 理型中的理型
絕對的真實

真實事物 ➤ 在這裡進入到了理型界
這裡的事物才是真實的
洞穴內事物都只是模仿
這部分可算為思想

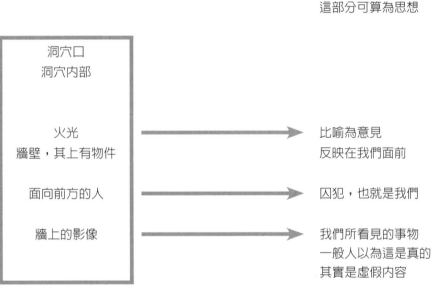

洞穴口
洞穴內部

火光 ➤ 比喻為意見
牆壁，其上有物件 反映在我們面前

面向前方的人 ➤ 囚犯，也就是我們

牆上的影像 ➤ 我們所看見的事物
一般人以為這是真的
其實是虛假內容

1. 如果沒有受過訓練就貿然跑出洞穴，眼睛會因為無法承受真實太陽的強光而感動疼痛，此人會因此躲回洞穴內不願再面對真實。
2. 經過訓練者回到洞穴內也無法適應，因為洞內過於黑暗。即便他想告訴他人洞穴內是虛假的，最終將被不信的眾人所殺。
3. 那位回到洞穴告訴眾人真相卻被處死的囚犯，柏拉圖在此用以影射他的老師蘇格拉底。蘇格拉底在西元前399年因腐化市民與對神明不敬之罪名被判處死刑，而柏拉圖認為蘇格拉底正是那位看到真實而嘗試告訴其他身陷洞穴囚犯的脫逃者，但因眾人僅能接受虛妄不願接受真實而將之處死。
4. 柏拉圖的洞穴理論日後與基督宗教理論結合，提供基督宗教解釋世界所需要的哲學基礎。

UNIT **2.3**
柏拉圖的四種知識

柏拉圖提出的洞穴比喻，其實可說是針對普羅塔哥拉斯（Protagoras，其學說參見4.3）主觀知識理論的反駁。普羅塔哥拉斯認為唯有人才是真理的根本，這種主張造成真理／知識的相對。但柏拉圖認為，若普羅塔哥拉斯的理論為真，那麼當主觀經驗為真且作為我們對真理的權衡時，真理不可能存在。因所有主觀經驗都可能因不同時空條件產生變化，如此無法形成真理。因為眾人的感官／主觀經驗都會隨時空改變條件，那麼我們若要建立學說或探索理論就不再可能；因為不論是建立學說或探索（特定）理論，都需要預設為眾人所接受的客觀真理或為眾人所接受之設準。但感官／主觀經驗所具有的只是相對性，不可能產出眾人接受的判斷標準。

這些對感官／主觀經驗的反駁，反映出柏拉圖不願接受感覺經驗類的知識。柏拉圖面對這類知識常以「虛妄」與「幻覺」加以描述。為柏拉圖來說，真實的知識僅有思想知識與理型界的理型當屬真實。若用洞穴說知比喻來看，柏拉圖所謂知識可區分為四種種類：

(一) 虛妄的幻覺：即「感官知覺」，柏拉圖的論點構成上述對普羅塔哥拉斯的反駁，因為知覺與現象都可能變異或錯亂，而且光單靠知覺無法構成知識。即便靠真確判斷也無法形成正確知識。在洞穴比喻中，其所指為牆壁上所呈現的影子。這些影子在我們生活中以特定虛妄的形象產出，但我們在生活經驗中把這些現象當成真實的對象。我們就如洞穴中被綁住的囚徒一樣，以為所見即為真。

(二) 信念／意見：在我們看見某些事物後，我們會形成對特定事物的信念。之所以為「信念」是因這裡只能說因為我們看得夠多所以相信了某些事情。雖是看得夠多，但所看到的充其量也僅是大量提供虛幻影像的仿真物件，所以我們還是無法擁有充分證據證明我們確實「知道」了這些事物。洞穴比喻中囚犯掙脫枷鎖後看到在他背後的物件與火光即為此處所謂的信念／意見。這些東西雖然具有真實性但就是物件，與洞穴外的真實事物相比就僅是模仿物而已，雖然具有真實性但不是真正的真實。這就是信念與意見的特性：雖然具有某種程度的確定性，但就不是真正知識的確定性內容。

(三) 思想：在思想領域，此時知識已進入理智世界，從意見與信念的領域轉入真正的知識領域。其具備推論的特性，且可透過抽象作用達至對事物本質的把握。柏拉圖在此以數學為例表明抽象作用：其要求我們脫離感官作用而以理智面對事物（及其本質）。洞穴比喻中，思想可比擬為洞穴外的個別事物。這些事物是真實的，尤其與洞穴中的物件相較之下，洞穴中的事件都僅是洞穴外真實事物的模仿。

(四) 理型知識／睿智（*noesis*）：洞穴比喻中此類對象基本上可以太陽作為其比喻對象。理型知識才是真正的知識，具有絕對真實性。柏拉圖特別注重此類知識，且認為其正是我們所擁有知識普效性的真正原由。柏拉圖在探討過程中不但提出理型，還提出太陽作為理性的理型此觀念。故我們將在下一節專門討論。

柏拉圖的四層知識等級

知識種類	價值等級
理型知識／睿智（*noesis*） 1. 理型知識才是真正的知識，具有絕對真實性。 2. 洞穴比喻中以太陽作為其比喻對象。 3. 是我們所擁有知識普效性的真正原由。	高 ↑
思想 1. 思想領域的知識已進入理智世界，從意見與信念的領域轉入真正的知識領域。 2. 洞穴比喻中，思想可比擬為洞穴外的個別事物。這些事物是真實的，尤其與洞穴中的物件相較之下，洞穴中的事件都僅是洞穴外真實事物的模仿。	
信念／意見 1. 我們看見某些事物後會形成對特定事物的信念。 2. 之所以為「信念」是因這裡只能說因為看到夠多所以相信了某些事情，而無法擁有充分證據證明我們確實「知道」了這些事物。 3. 洞穴比喻中囚犯掙脫枷鎖後看到在他背後的物件與火光即為此處所謂的信念／意見。	
虛妄的幻覺＝感官知覺 1. 知覺與現象都可能變異或錯亂，所以光單靠知覺無法構成知識。即便靠真確判斷也無法形成正確知識。 2. 洞穴比喻中，其為牆壁上所呈現的影子。我們就如洞穴中被綁住的囚徒一樣，以為所見即為真。	低

從四層知識理論引導出的影響

柏拉圖在知識方面所受蘇格拉底之影響可呈現於兩部分
1. 上表所提之感官知覺的不可靠。
2. 倫理學的主知主義：知道＝做到

蘇格拉底認為，任何名詞或概念必須有客觀真確的指稱或定義，否則我們無法建立客觀生活所需規範。反果來說，這些生活所需規範要能實踐需要客觀且真實之知識的確立。所以在蘇格拉底那裡，知識與德行（及客觀生活規範所需條件）為一體兩面。若有一人非作歹，並非因為他純心為非作歹，而是因為他無知。這種主張可被稱為「倫理學的主知主義」，特別是對他而言不帶善的知識行為不可被稱為善，而善的客觀知識必然指向智慧而言。這個主張可見於柏拉圖認為我們是「發現」真理而非創造真理的觀點上。柏拉圖在《費多篇》中曾提到這樣，蘇格拉底協助朋友沒學過幾何學的幼僕算出幾何圖形的面積，並因此指出知識與回憶之間的關係。這個點可算柏拉圖知識論中極為重要的關鍵。

UNIT **2.4**
理型論：洞穴比喻與普遍觀念的由來

根據前面所提洞穴比喻與知識的四種等級，我們已經注意到爲柏拉圖而言理型是世界具有最高等級的知識。因此，所謂眞確知識與回憶有關。當人開始理解某對象時就接觸到此事物的觀念：這種接觸雖是用感官作爲媒介，但卻能叫人回憶起前生已經得到的觀念。這種現象是因爲當人出生時，他遺忘了本來擁有的觀念，所以必須藉由回憶重新喚起。（《費多》*Phaedo*：72e-77a）。

按照《費多》篇的蘇格拉底與小奴隸間的對話，小奴隸在蘇格拉底的引導（包括質疑與對話）下很快學會／推導出幾何學的公式與內容。蘇格拉底的目的在提出對一個問題的回答：人究竟在學習／認知如何的對象。一個人不會學習他已經知道的對象，因爲他已經學會了所以不需要學習此對象，一個人也不會學習他不知道的對象，因爲他連應該學什麼都不知道，故遑論學習。既然如此，人究竟學習什麼？蘇格拉底的解釋爲，人透過回憶說重新學習那在靈魂中我們雖已具備，卻失去記憶的已知對象。

按照蘇格拉底的解釋，「學習」的定義有所改變。我們不是完全無知，之後學習新的內容（如下一章實在論中所提到，人心靈如同白板的理論）；而是我們本來就有，但須透過學習喚回的。這如同在說，人的內在（或靈魂）應該具有某種已經存在的X，致使人在看到個別事物時能加以辨認。關永中教授指出，柏拉圖的說法可被歸結爲一個作爲解答的公式「感官知覺＋X＋正確判斷＝知識」。其中關鍵的X就是我們靈魂在理性界已經獲得的觀念與知識。

按照柏拉圖的講法，靈魂在理型界已

對事物多有認識，但在靈魂與身體結合時因碰撞緣故導致我們暫時失去對這些事物的認知。當我們在成長過程中逐步看見個別對象時我們能逐漸記憶起過往靈魂在理型界所認知的內容，因而對事物有所認識。這正是普遍觀念存在的緣由：這世界所有事物都是對理型界的模仿，因爲我們曾生活在理型界，所以看到到理型模仿的對象時我們能迅速認出此一個別事物的眞實樣貌。也因爲所有事物都是對理型界的模仿，所以即便不同的東西，如這把椅子與那把椅子不論外型、材質、高矮都不同，卻因爲都模仿了理型界椅子的理型，所以我們正確把握不同類型的椅子。

根據理型論，我們須特別注意三點：

(一) 柏拉圖以模仿的關係說明理型界理型與我們眼前個別事物間的關係，此觀念後來在新柏拉圖主義，尤其是柏羅丁（Plotinus）那裡被特別稱呼由太一（The One）分享其神性而成的結果。

(二) 對柏拉圖來說，理型雖已是最爲眞實的概念，但在理型上還有理型的理型，就是太陽。太陽是最美善的理型，其光芒照耀四方，致使萬物能被看見。太陽做爲理型也被稱爲是最美好或最善的那個對象。洞穴比喻中當囚犯走到洞穴外面被太陽照耀到無法睜眼正象徵著人對眞實知識的理解與追求。

(三) 柏拉圖的比喻後來被使用在解釋基督宗教神祕經驗知識論的靈性知識等級上升這一比喻上。關於此點可參見第七章之內容。

柏拉圖對普遍觀念的解釋

柏拉圖，429-347B.C.
其在《全集》中多處提及知識論理論，此處主要以《理想國》與《費多》為主

問題的起點：為何我會有對事物的普遍觀念？

按《費多》篇的蘇格拉底與小奴隸間的對話，人的內在應該具有某種已經存在的 X，致使人在看到個別事物時能加以辨認。關永中教授指出，柏拉圖的說法可被歸結為一個作為解答的公式

問題的解釋：洞穴說的比喻

為能說明普遍觀念自何而來，柏拉圖以洞穴做為比喻說明，解釋1.知識的普遍性，以及2.這個世界存在的樣貌。

真實等級	世界結構	存在等級	知識內容	洞穴比喻的代表
真 ↑ ↑ 假	理型界	理型／觀念	理型知識 睿智（*noesis*）	太陽
		思想	媒介知識	外在世界的真實物品
	現象界	現象	信念／意見	小牆及其上的物件 火光照耀產生上述影像
		影像	虛妄的幻覺	照映在囚犯面前的影像

1. 雖然虛妄的幻覺是最低等級，然而柏拉圖並非認為這些都為全然虛幻，而是其真實程度比不上個別具體事物，因為幻象僅是對真實事物的模仿。
2. 柏拉圖的知識論系統呈現一種相反的真實：我們眼前所看見的真實不一定是真的，那看不見的才是真實的。這種兩層世界的結構日後影響到基督宗教的知識論結構，在解釋上因與教義結合，進而建構出系統神學。

問題的解答：感官知覺＋X＋正確判斷＝知識

其中的X為理型，其既與知識有關，也與存在有關，關永中教授認為，若按照洞穴的比喻，柏拉圖所謂知識／存在等級可被化約為上表所言之內容
X作為理性，可解釋我們對所有事物所具備之普遍觀念的緣由

* 柏拉圖可說是第一個在知識論上明確主張先天觀念的哲學家：雖然理論還帶有宗教及神話色彩，但卻已為先天觀念的存在，以及普遍觀念為何可能，提出合理的解釋。在柏拉圖那裡，知識關切對象雖是真實，但這種關切不能是不斷變化的個別事物，而應為做為共相的理型或概念。真實不在眼前，而在超越的世界那裡。

UNIT 2.5
普遍觀念在神心中：談奧古斯丁

柏拉圖的理型論日後被基督宗教護教者們加以使用，以致對神的認識被賦予上升的概念與說法。特別因為新柏拉圖主義的普羅丁與和他同時期的基督宗教神學家奧力振之緣故：後者向前者借用了上升與世界階層的觀念，並將之融合在他《論原理》（*On Principle*）這本可能是基督宗教最早的系統神學書籍中。這種操作影響（基督宗教）哲學家們對知識的理解。例如最偉大的教父之一，奧古斯丁，根據他對知識的理解，他提出普遍觀念在神心中的主張。

一、知識的層級

普遍觀念在神心中這種主張要從奧古斯丁對知識的分類與理解開始。奧古斯丁反對懷疑主義的主張，並透過信仰追尋永恆不變的對象。為此，他區分知識為三個層級：

(一) 感覺知識：感覺知識是最低的知識，因為是身體官能對我們認知世界中那些具可變性質對象的認識，所以最大特性為可變動性高，而且不論人與動物都擁有這種知識。奧古斯丁並非指這種知識不具價值，因為我們清楚知道感覺是靈魂運用感官進行工作的一種活動，但我們也清楚當我們下判斷時很有可能產生錯誤。因此奧古斯丁乃基於感覺知識不牢靠之故認定其為知識中最低等級的。

(二) 理性知識：人雖與動物相同擁有感覺知識，但人能超越此感覺知識進一步提出對事物的判斷。這種判斷是理性的作為，所以這等級的知識我們可稱為理性知識。理性的特性為提出判斷，身為理性的人都具有

此能力。問題是，我們為何與他人可以擁有相同判斷？除非我們的判斷已預設有一更高標準被放置在我們心中，否則我們難以解釋。為此，第三層級的智慧知識可從理性知識推論得出。

(三) 智慧知識：智慧知識乃基於理性判斷所得，即除非有一永恆真理的存在，否則我們無法進行判斷。所以在人心智以上還有一種絕對的客觀標準能作為知識對象。既然是絕對客觀標準，所以人的心智能夠發現卻不能改變。要達此知識的方式乃對神聖本質的默觀與冥思。

二、光照與普遍觀念

現在我們透過知識層級已經確定原來在我們心智內早已存在永恆不變的判斷標準，但這標準與對事物的認知關係涉及奧古斯丁所謂「胚種型式」的概念。奧古斯丁認為我們確實存在對事物認知的可能，因為我們內心的標準包括了認知事物所需具備的典範理型與永恆真理。奧古斯丁認為，對於世界萬事萬物的這些標準最起初以一種雖不可見但具潛能的「種子型式」存在於神的心中，之後神便以這些種子型式為基礎，透過神自身睿智創造並開展整個世界。為此，我們心中早已具有對這些認知對象的標準而構成我們對事物理解的基礎。

我們能夠理解這部分乃因神聖光照的緣故：既然萬事萬物乃變化無常，那麼我們所能真正認知的永恆不變真理除非先受某種方式引導照明，否則我們無法真正理解或獲知。此處所謂能引導照明永恆不變真理者乃神性之光，一如太陽光照萬物以使我們能認知一般。

奧古斯丁，西元354年11月13日—西元430年8月28日
重要代表著作
《懺悔錄》（*Confessiones*）
《天主之城》（*The City of God*）
《論三位一體》（*On the Trinity*）

從著作中推導出基本問題

奧古斯丁知識論起源：知識是什麼？＝有何認知對象為不變動者？

1. 感覺知識	最低的知識，因為是身體官能對我們認知世界中那些具可變性質對象的認識，最大特性為可變動性高，不論人與動物都擁有這種知識。 奧古斯丁乃基於感覺知識不牢靠之故認定其為知識中最低等級，因為我們清楚知道感覺是靈魂運用感官感覺器官進行工作的一種活動，但我們也清楚當我們下判斷時很有可能產生錯誤。	變動性極高，不適合作為知識的對象
2. 理性知識	人能超越此感覺知識進一步提出對事物的判斷。 問題是，我們為何與他人可以擁有相同判斷？除非我們的判斷已預設有一更高標準被放置在我們心中，否則我們難以解釋。	依據永恆真理進行判斷，但可能產生錯誤
3. 智慧知識	智慧知識乃基於理性判斷所得，即除非有一永恆真理的存在，否則我們無法進行判斷。 在人心智以上還有一種絕對的客觀標準能作為知識對象。 既然是絕對客觀標準，所以人的心智能夠發現卻不能改變。	永恆且絕對，為知識的真正對象

智慧知識所發現那不變動的知識對象

事物典範理型	永恆真理
典範理型是神在創造世界時已存於神聖心智內那種對事物的認知，通常又被稱為「胚種型式」。此型式強調萬事萬物在被創造以前以一種具不可見潛能之「種子型式」存於神的心中。	人心智以上的絕對客觀標準，是知識尋求的真正對象。事物典範理型與永恆真理正為我們普遍觀念的基礎。
是對事物理解的基礎	是判斷事物的標準

1. 此處應思考奧古斯丁的光照說，即上述知識並非我們憑自己心智可以獲取，乃在神聖光照的幫助下我們心智始能真正理解真理與永恆不變動者。

2. 奧古斯丁關於知識的討論部分，並非想建立一套對知識討論的系統學問，而是想追尋我們在認知上是否有永恆不變的認知對象？

UNIT **2.6**
中世紀的共相之爭

　　普遍觀念的問題在中世紀存在一段長時間的爭論，這段爭論過程哲學史常以共相之爭加以稱呼。共相問題在中世紀同時涉及形上學與知識論兩個領域，其相同討論不同個別之人如何對同一事物產生相同概念或認知？中世紀共相之爭的討論除認識論以外還涉及形上學關於實在所在之問題。而這個問題又因為與柏拉圖、亞里斯多德哲學連結而產生新的討論範圍。

一、混合在一起的討論範圍

　　就中世紀哲學而言，知識論與形上學可說是接續的兩門學問：知識論探討認識過程，但認識過程的最後人會想詢問那些超越在理智與感官以外的對象是否有被認識的可能，又或在我們所見表象底下是否有更真實或更根本的原理，此屬人的自然傾向。這兩個從知識論延伸的問題均跨足至形上學領域，並成為形上學的基本問題。

　　面對這兩個問題，中世紀哲學接受來自柏拉圖與亞里斯多德的論點並對這些問題提出解釋。但柏拉圖與亞里斯多德在解釋上有其路徑的差異，以致結果確有不同之處，尤其亞里斯多德曾明確反對柏拉圖的理型論。當中世紀基於基督宗教信仰援引柏拉圖與亞里斯多德（甚至更多與之相關的註釋者或根據其理論建構學說的哲學家），這些問題便被統合在共相問題之內：作為普遍觀念的共相如何讓我們認識個別事物？這些共相是否具有真實存在的性質？如果真實存在，又存在於何處？

二、三種主要立場

　　共相作為前述普遍觀念問題，在中世紀引發長時間爭論。共相之爭的歷程中有三種主要立場：

㈠（激烈的）實在論（Realism）：實在論，或稱為過激的實在論，立論基礎為柏拉圖理型論。此立場主張「共相先於事物」（*universalia ante res*）之論題，或可以說為普遍觀念先於存在的個別之物。之所以被冠上「激烈」這種形容詞也與這種主張有關，因為他們相信共相具有絕對真實的存在。至於存在在何處則依不同哲學家提出不同見解。

㈡唯名論（Nominalism）：唯名論在立場上與實在論完全相反，主張共相不是一種具有實在性的普遍的真實存有，而只是普遍的思想物或某種聲音的表徵。所以當我們說「桌子」時，激烈的實在論者相信真的有一桌子的共相存在於超越我們感官外的某個世界，但唯名論者相信「桌子」不論其文字或聲音都只是一種符號性的存在，可能是我們約定成俗用來稱呼某個對象的符號。更極端的唯名論者甚至認為「桌子」不但是而且只是一個符號，不具任何實質內容。

㈢緩和的實在論：緩和的實在論者主張，共相／普遍觀念雖然具有存在，卻並非存在於外在世界，而是人心靈與理智運作的結果。由於其基於實在論立場提出折衷而恰當的解釋，故我們將在第三章關於實在論之探討說明此種論點。

　　中世紀的共相之爭大多數為激烈的實在論與唯名論互相爭論之過程，以下各節我們將逐步介紹並說明共相之爭的發生過程。

中世紀共相之爭在爭論什麼？

問題核心：普遍觀念如何可能？

我的心中或外在世界	桌子的概念＝我對桌子擁有的知識／認知的可能 桌子的概念可能是一個實際存在某處的某的對象

對應到現實

對象1	對象2	對象3	對象4
一張有四隻腳的桌子，我基於心中概念能認識這是一張桌子	一張圓形的大餐桌，我基於心中概念能認識這是一張桌子	一張小孩在用的小桌子，我基於心中概念能認識這是一張桌子	一張椅子，我基於心中概念能分辨確認此對象並非桌子

上圖產生兩個問題：

Q1我心中對桌子的概念為何？因為我認識或想到桌子時是這一張具體桌子或那一張具體桌子，並沒有一個抽象桌子的觀念：讀者可以嘗試設想桌子，在您中浮現出來的一定是一個具體對象。

Q2這抽象觀念為何可幫助我認識個別具體且有差別的桌子？

應用在中世紀

中世紀延伸問題：柏拉圖的理型與亞里斯多德的類及種如何可能被應用在不同的對象上？如果存在這種可被應用的原型，那麼這種原型是否具有外在世界真實存在（如激烈實在論）或是否存在某個超越對象心中（如神的心中）？

理論	主張	受質疑點
（激烈的）實在論	普遍觀念具客觀存在，或者在理型界（柏拉圖），或者在神聖實體內（夏爾特學派），或者整個世界只有一個神聖實體，我們的觀念均為此神聖實體的延伸（史賓諾莎）。	1. 普遍觀念若為實存須包含負面者。 2. 對神之定義造成困難。 3. 個別事物按理論將失去存在與被認識之可能。
唯名論	普遍觀念不具真實存在，甚至沒有普遍觀念，唯一存在的只有個別對象。普遍名詞只是聲音或約定成俗者。	1. 語言使用之實際問題。 2. 確實有名詞既可指稱普遍觀念又可指稱個別事物。
溫和的實在論	普遍觀念乃理智抽象所得之結果，具心靈上的實際存在而非外在於實際世界的真實存在。	1. 已預設靈魂、理智與心靈的功能。 2. 不一定能有效對抗懷疑主義之質疑。

UNIT 2.7
激烈實在論

　　我們首先說明激烈實在論的立場。中世紀共相之爭的爭論中，支持激烈實在論的哲學家人數不少。這與中世紀基督宗教在最早開始是以柏拉圖哲學為其教義說明與建立的基礎有關。從教父時期開始，包括奧力振（Origen of Alexandria）到奧古斯丁，他們均借用了柏拉圖哲學乃至新柏拉圖主義的學說作為闡釋基督宗教教義的理論基礎。故我們無需意外中世紀共相之爭中哲學家以激烈實在論為大宗。而若從哲學史的角度來看，與共相之爭相關的討論，在中世紀之前有柏拉圖及柏拉圖主義，在中世紀之後則有包括馬勒布郎雪（Malebranche）等哲學家可被列為此論點的支持者。

一、主要主張者

　　我們此處列舉中世紀哲學家立場屬此派學者如下：

(一) 尚波的威廉（Wilhelm von Champeaux, 1070-1120）：尚波的威廉可屬激烈實在論的著名代表。按我們對他的理解，他最初的學說為「同一理論」，主張事物「種」的普遍本質構成整個個別實體，所以任何一個個別實體並未擁有屬於自己所特有之觀念內涵；事物所屬「種」只是事物所屬之「類」的附質。此理論受其學生阿貝拉德挑戰，尤其在類與種之間的附屬關係，尚波的威廉所提之同一理論推論到最後將成為所有人都擁有（相同的）人性，甚至產生「若有一人被打則所有人都相同被打」的奇怪結論。在阿貝拉德挑戰後，尚威的威廉修改他的理論，轉向被稱為「中立理論」的主張，該理論強調個別事物為真，

且個別之物有多少則此事物所帶有之本質就有多少。不同事物間雖有本質上的共同性，但因為不同殊種致使人與人之間關係為相似而非相同。

(二) 夏爾特學派：夏爾特學派活躍於12世紀，與尚波的威廉時間相距不遠。其在激烈實在論的主張方面強調這些共相是依據神所具有之模型所造出的種與類，這些種與類確實存在於神的理智內。

二、激烈實在論的困難

　　激烈實在論雖然在中世紀占有重要地位，但從現代角度來看，其主張內部卻存在難以解釋的困難。例如：如果這些共相真實存在，其究竟存在於何處？主張者常主張這些共相存在於神聖理智／神的心中。但這樣的主張對我們理解普遍觀念上真的有所幫助嗎？還是用了虛假且不必要的預設進行解釋？此點也可讓我們理解為何日後唯名論會在論爭中取得勝利。除此處的問題外，我們還可舉出其他問題做為參考：

(一) 若我們相信普遍觀念確實存在於外在世界某處，那麼許多負面的普遍觀念也需要存在，例如邪惡、藐視等等，應該都具有真實存在。但這種理解似乎無意義且不必要。

(二) 如果共相或符合中世紀所需要之普遍觀念確實存在，那麼我們對個別事物的認識就不再可能。因為我們真正認識的不是個別事物，而是共相或普遍觀念。因為共相或普遍觀念乃貼合於萬事萬物上，才能使我們認識個別事物。但既然我們是先認識共相，那麼個別事物的殊相就無法也無需被認識。

激烈實在論

基本主張：相信共相／普遍觀念確實存在於外在世界的某處，中世紀多主張其存在於神聖心智中	
柏拉圖	柏拉圖理型論提供激烈實在論所需要的基礎。
奧古斯丁	萬物胚胎理論預設在神的心中已有對萬事萬物的認識基礎，此可被視為為激烈實在論鋪路與準備。
夏爾特學派	為解決種與類成為普遍觀念如何可能之問題，主張個別事物存在確具物質／質料，但普遍事物之存在為永恆不變之模型觀念。此模型觀念乃依神之理智所具有之模型觀念造出種與類，再與物質結合形成個別事物。為此，在種與類以下的事物一面具有其個別存在，另方面種與類本身也在神的理智內具實際存在。
尚波的威廉	初期「同一理論」：「種」的普遍本質構成整個個別實體，所以任一個別實體並未擁有屬於自己所特有之觀念內涵；事物所屬「種」只是事物所屬之「類」的附質。 修正過的「中立理論」：只有個別事物為真，個別之物有多少則本質／實體即有多少。但每個人均有屬自身之本有因素，也擁有和他人共同擁有之殊種。
馬勒布郎雪	世界的結構在神心中已預定且成為預定和諧之內容

產生困難

⬇

負面普遍觀念的必要性	若「普遍觀念確實存在於外在世界某處」之主張為真，則負面表述之普遍觀念按理論也有其普遍觀念的原型或理想，例如邪惡、藐視等應該在某處也有原型。然我們似乎不需要此類負面表述普遍觀念之原型，否則我們必須說神心中有邪惡的概念。
對於「神」概念理解的影響	在士林哲學理論方面，信仰的神與哲學所預設的神（可以）是同一位，只是士林哲學以理性方式說明這位信仰內的神以如何方式自我彰顯。如果我們對神的理解需要普遍概念，則神應屬具物質內容之某種存在物，我們才能理解。但這將導致士林哲學對神的定義的矛盾與困難。
對認識個別事物產生困難	若種與類等普遍觀念確實具實在性，則個別事物之存在實屬不可能，因為普遍觀念須貼合於萬事萬物上，所以我們所擁有對事物之認識其實僅為普遍觀念而非認識個別事物。這致使一方面個別事物存在不可能，另方面我們要認識個別事物也不可能。

→總之，我們無法解釋這些共相／普遍觀念究竟何在？輔以預設這些共相存在其實不必要，故在共相之爭中後來被唯名論取代。

UNIT 2.8
唯名論

圖解知識論

與激烈實在論相反，唯名論不認為感官認識對象在超越世界會有相對應的某一實存物，共相只是一個稱呼／符號／名詞，當我們提名詞時我們會想到特定對象，但這不代表這個名詞在超越感官的世界以外會有相應對象。唯名論雖有明確主張，但不同哲學家有不同理論。以下我們列舉兩位重要代表人物，並在右頁另外再多舉出兩位代表人物。

一、羅塞林（Roscellin, Compt gne, 1050-1120）

我們對羅塞林的理解來自其他哲學家的著作，因為他唯名論的主張最終可能導致三神論，這將使其主張違背中世紀主流的基督宗教教義。為此，他所有著作均受譴責而被銷毀，現在僅留下一封他寫給阿貝拉德的書信。我們從其他哲學家的著作中得知，他反對激烈實在論的主張，認為激烈實在論所認定「共相具有形式及存在」的命題不可能。他主張所謂共相僅是一種空言／聲音（vox），不具任何實在。他主張心智所能把握的只有面前的個別對象，那些所謂實際存在的共相我們沒有經驗也不可能加以把握。如果這樣，那麼我們面前實存對象的個別組成部分應該如何理解？羅塞林認為即便組成完整實體的任一部份也僅是字詞，因為一個完整個體就現實生活考量來看，我們能看到的是一個整體，而無法看到任何一個部分的單獨存在。

二、阿貝拉德（Alberad, Pierre, 1079-1142）

阿貝拉德是中世紀重要唯名論的支持者，他曾師從羅賽林。我們可以將他對激烈實在論的攻擊以三個問題簡單表達：

Q1若任一事物的共相已經包括一切個別事物，應該只有一個共同的「人」，而不可能有你我之間差異的不同個別之人存在。所以普遍觀念／共相應該是一種「意見」（opiniones），且有錯誤產生的可能性。

Q2如果我們有一關於實體的共相，此實體如何在不同時空下合理擁有矛盾的兩項特質，例如某方面為惡或某方面為善？所以對實體這一類的普遍概念／共相其實只是我們想像出來的對象，我們不可能說對實體擁有確切的認識。此種確切認識只有神才可能擁有。

Q3根據亞里斯多德形上學「定義＝類＋種差」公式推衍，我們可將事物所屬之「種」做為事物解釋的基本原理。如果是這樣，為何我們不以「類」做為解釋原理？除非我們同意，解釋雖然可以以「種」為基本原理，但對事物的認識其實只是主觀意義下的產物。由此可知，共相只是虛構的本質，用以表達我們對事物認識的文字內涵。

這三個問題其實來自他另一位老師尚波的威廉之手。尚波的威廉是激烈實在論的支持者，他提出的主張與理論被阿貝拉德歸納為上述三問題的前半部，並提出猛烈的反駁。雙方水火不容，最嚴重時甚至無法在同時間內待在巴黎。阿貝拉德強烈攻擊下，尚波的威廉一開始由激烈實在論中轉變為中立理論，但仍無法在爭論中取得優勢。所以1108年左右在論爭失利後，尚波的威廉宣告退隱，不過退隱前他斷絕了與阿貝拉德的師徒關係。

唯名論的發展與主張

哲學家	重要主張或事蹟
羅塞林	1. 共相僅為空言／聲音（vox），不具任何實在。 2. 現實生活中所看見的客觀實在雖是複數個體，但事實上仍是一個整體，因為我們無法看到任何一個「部分」的存在。 3. 導致神學「三位一體」（Trinity）概念只剩下三位神所具有之三個個體，而非一位神具有三個個體。致使他受到教會譴責。
阿貝拉德	在與尚波的威廉論爭時，針對其同一理論學說提出三個難題，並主張只有個別存在之物才是實在的，而我們對事物的認知均為對個別之物的認識。
杜朗屠斯 Durand de Saint-pourcain ca. 1275-1334	1. 我們認識的對象並非任何一種實存實體，因為「關係」才是我們認識的直接對象。 2. 關係存在於兩對象均具有客觀必需性的前提下，在眾多關係中唯有因果關係才是真實存在的，至於其他關係都僅以概念方式存在。 3. 由於認識對象非實存實體，所以理智內進行的抽象作用無需存在，因為不論認識的或是抽象的都是個別且具有實際存在的對象。 4. 結論：共相不存在。
奧雷歐力 Aureoli Petrus ca. 1280-1302/ 22	1. 實際存在的事物均是個別，共同與普遍存在的對象都僅是概念，不具真實存在。 2. 「共相」並非如某種外在的實際存在，而是認識過程中被人的心靈杜撰概念。 3. 概念是直觀活動的結果，理智是直接對事物產生認知的能力。 4. 知識是根基在對具體且個別之物的認識上。雖然是根基在個別之物上，但是概念卻是根基在那些超越單純心理層次，且擁有相似性關係的對象上。就此點來看，奧雷歐力趨向於溫和實在論。

唯名論的困難

雖然唯名論在共相之爭上占了上風，但其理論還是存在兩個問題
1. 語言的使用不只是空言／聲音而已，還包括可被理解的普遍觀念，特別用對群體稱呼之字詞指稱一群對象時更是如此。
2. 就知識論的角度來看，我們在使用對群體描述的字詞時確實具有指稱普遍觀念的內涵，所以就認識這一行為來看，字詞並非單純空言／聲音。

UNIT 2.9
溫和的實在論

圖解知識論

溫和的實在論，即為本書主要採取的知識論立場（之一），亦為本書作者論述時的主要觀點。溫和實在論可說是在激烈實在論與唯名論論爭中，截長補短所產生對共相的說明。若硬要從輸贏的角度來說，溫和實在論並未在共相之爭中勝出。共相之爭的結尾是以激烈實在論在與唯名論的論爭中落敗畫下句點（最後給予激烈實在論重大挫敗的哲學家是威廉奧坎，我們將在下一節加以說明）。溫和實在論則因為立場的折衷性，在共相之爭中並未大放異彩。而溫和實在論的主張與論點我們也將在下一章提出較為詳細的說明。此節我們僅簡單說明溫和實在論的主張。

一、基本主張

基於實在論的立場，溫和實在論也相信共相／普遍觀念確實存在，但其存在並非外在某個實存所在，而是存在於我們的心智內。這種觀點一般認為來自亞里斯多德在解釋人的組成時所提出。亞里斯多德在《論靈魂》（De anima）以形質論（hylomorphism）說明人的組成為靈魂（人的形式）與身體（人的質料）。其中作為形式的靈魂具有認識世界且能對獲取對象進行抽象作用的能力。從亞里斯多德提出如此解釋開始，日後包括斯多亞學派（Stoics）、伊斯蘭哲學家（Arabics）、以及十二至十三世紀巴黎大學哲學家們，不少哲學家在認識理論上接受採取此類理論。

溫和實在論既接受「共相／普遍觀念確存在於我們的心智內」的論點，所以其在認識論上具有特定預設與立場，包括：

(一)人具有特定外感官功能，且外感官功能能對世界產生正確理解。

(二)不同哲學家對內感官運作提出各自的理解，但原則上都同意能進行抽象作用。

(三)理智能形成對外在世界認識上的最後結果，並形成對個別事物認知的普遍觀念。

二、問題與困難

溫和實在論雖然透過折衷方式，將共相／普遍觀念挪移心智中以作為對外在世界認識的保證，但就認識論角度來說卻須面對兩個問題：

(一)對能力所採取之預設問題：從亞里斯多德以來，（溫和）實在論一向依循其理論主要架構，僅作細部修正。但其整體架構上的預設，我們唯一能確定的僅有人確實具有感官能力，至於理智能力的運作，或者在基督宗教內所相信的靈魂作用，與其說是事實不如說是為理解認識論所產出的解釋和信念。換言之，如果溫和實在論的預設為假，則我們對知識的獲取與理解可能無法為真。

(二)能有效對抗懷疑主義嗎？主張溫和實在論的哲學家原則上相信此種知識論系統能反駁甚至對抗懷疑主義的論點，並建構起知識所需的普遍有效結果。但當代懷疑主義已經產出與電腦科技結合發展的新主張（例如桶中大腦理論），甚至與醫學技術彼此連結產出新的挑戰（如哲學殭屍理論）。面對些新發展的理論，溫和實在論是否能加以反駁？還是在面對這些問題時連自身立場都無法堅持？這點值得思考。

共相之爭發展簡歷

我們現在將2.6-2.9關於中世紀共相之爭的發展歷程整理成以下表格

時間	內容或問題
五世紀	哲學史家F. Copleston認為波埃秋士（Boethius）與波裴利（Porphyrii）間對亞里斯多德的爭論可被視為起點。波埃秋士認為亞里斯多德的類與種觀念屬於型態上認知的方式，類與種對個別事物而言是一種共相，為心智中所能理解與把握者。
十世紀前	Fridegisius主張每個名詞都有相對應的實在，另外John Scottus，Remigius of Auxerre也有類似觀點，這些觀點可被視為激烈實在論的起源或理論預備。因為這幾位學者都具邏輯學家的身分，所以接受邏輯世界與外在世界實際秩序平行的觀點。
十一世紀	1. 唯名論在羅塞林的帶領下開始對激烈實在論進行反駁，羅塞林認為共相不存在，或僅是空言／聲音的說法雖然能對激烈實在論造成有效的攻擊，但也因為他走向唯名論的極端導致消除三位一體教義，致使自己也受到譴責。 2. 同時期Berengarius of Tours主張，依附在實體上的附質（例如顏色、重量）若沒有作為支持的實體就不可能存在。同時期甚有「相信波埃秋士更勝相信聖經」的說法／譴責。 3. 由於此時期關於共相爭議引發詭辯與邏輯上爭議，所以包括達米安（主張哲學是神學的婢女）或Gerard of Czanad都認為使徒智慧遠勝柏拉圖與亞里斯多德。
十一至十二世紀	阿貝拉德在與尚波的威廉論爭時，歸納其同一理論學說提出三個難題，並主張只有個別存在之物才是實在的，而我們對事物的認知均為對個別之物的認識。這次論戰迫使尚波的威廉引退並斷決與阿貝拉德的師生關係。此次論戰可說唯名論大獲全勝。
十二世紀	阿貝拉德的勝利影響到夏爾特學派及聖維克多學派間的學術研究。夏爾特學派受尚波的威廉影響，傾向激烈的實在論，但與之親近的兩位哲學家，波雷的基爾貝，以及沙利布里的約翰，卻傾向於唯名論的主張。聖維克多學派則傾向溫和的實在論。
十三世紀	1. 杜朗屠斯與奧雷歐力繼續堅持唯名論的立場，但到奧雷歐力時略向溫和實在論靠近。 2. 多瑪斯·阿奎那繼承大亞爾伯的主張，為溫和實在論提出完整理論基礎，綜合激烈實在論與唯名論間的論爭。
十四世紀	威廉歐坎根據亞里斯多德主張，重新提出並建構邏輯的範圍。其提出的「經濟原則」（或稱歐坎剃刀，雖然並非他自己所提而為後人整理通則歸名於他）為唯名論取得最後勝利，並間接促使激烈實在論中世紀士林哲學沒落。

＊此表格順序乃按照哲學史家F. Copleston《西洋哲學史》卷二第14章所整理。

UNIT **2.10** 終結一切的歐坎剃刀

中世紀的共相之爭最後可說是唯名論獲勝的局面，尤其因為威廉‧歐坎的緣故。其根據唯名論論點開展出「經濟原則」（後人又稱之為「歐坎剃刀」）。此原則原本目標乃為區分基督宗教教義與形上學間的差異，但在實際應用上卻促使士林哲學面對激烈實在論帶來的困境，並成為士林哲學式微的原因之一。

一、歐坎對語詞的說明

歐坎的唯名論背景為13-14世紀對亞里斯多德邏輯著作的研究。與他同時期的諸多哲學家們根據亞里斯多德對語詞或邏輯的研究，將共相之爭逐步導向為唯名論的立場。歐坎身處14世紀的歐洲學圈，根據前人腳步與自身研究提出「共相就是語詞」的唯名論觀點。

歐坎的唯名論立場是從語詞指稱的研究出發，以得到對共相問題的解決。歐坎認為，所有語詞均有其指稱對象，雖然這些字詞根據其使用會指稱特定存在對象。但許多語詞／名詞均為約定成俗之記號。對歐坎來說，凡概念及其限定詞均為自然記號，意即當我們看到某個事物時我們能產生對該事物的直接理解，並在心中產生對該事物的概念。這種區分不因國籍不同或字詞不同而有所差異。例如我們看到一條狗會說「狗」並用以指稱實際存在的狗，但日本人會用「犬」來指稱這個對象。雖然用字不同，但指稱對象卻是相同的。對歐坎來說，普遍概念並非指口述限定詞或手寫語詞，反而他強調的在於對一事物的自然記號或概念限定詞。他注意到我們即便使用相同名詞，在不同指稱的語句會有兩種不同的運用狀態：

(一)代用：代用是指單一命題內，屬於一個語句的屬性內容。還可再區分為「簡單代用」與「物的代用」兩種可能。

(二)意向：任一語詞在第一意向上作為代表一個對象的符碼，因為這些語詞並不表徵事物。一旦其與其他語詞結合時就能以明確的方式表達事物內容。在更深層的意義，一些語詞符碼可被稱為第二意向，其不但對第一意向語詞加以描述，且能對其屬性加以指明。

二、共相就是語詞

根據上述說明，歐坎推得他的結論：共相就是語詞，而語詞象徵某一個別事物，且在命題中被指稱該對象。若說要有一超越心理且於外在實存的共相，此種主張本身矛盾，因為同一種物體的兩個個體並不擁有共同實體／普遍觀念。某甲死去，某乙作為人的本質並未因此增加而減少。為此，個別事物才是真實存在的認知對象，並不存在激烈實在論者所認定那實存的共相。所謂我們所認知的普遍概念其實是認知活動中心理認知之結果，且僅為一種理解力的活動。不過歐坎並非意味共相是一種幻覺，因為他強調的是語詞在命題內運作的原理，以及語詞指稱作用的研究。在解釋共相這件事上，我們不必在心靈認知與外在世界／事物間另外增加任何（不要的）因素。若將此論點用在解釋亞里斯多德形上學的「類」與「種」之概念上，我們可說共相僅是在眾多不同事物間存在不同程度相似所產生的差異，其成為類與種乃是基於對象的相似性。

威廉歐坎與他的經濟原則

威廉歐坎（或稱歐坎·威廉），約1285年—1349年
其著作被編為入*Opera philosophica et theologica*
包括重要代表著作《邏輯大全》（*Summa logicae*）

重要思想律則：歐坎剃刀＝經濟原則
「除非必要，實在不必妄加」
1. 此論點雖然可以如此描述，但這句簡述並不存在歐坎的文本，為後人濃縮並添加。
2. 應用在共相上的理解：
   (1) 共相僅是抽象概念卻不具實質意義，因為一切存在物均具實際存在意義，而且真實存在者均是個別實體。
   (2) 歐坎在此意義下拒絕普遍觀念／共相之概念，並認為不論是普遍觀念／共相，或是從其衍生而出的概念、語詞表達或書寫文字，都只是一種語詞，並不是一種確實存在的實體。
   (3) 我們對外在對象的認識是對特定對象的意向性認識，任何真實性都不可能在亞里斯多德範疇中得到肯定。

經濟原則的應用

抽象作用	神存在的證明
歐坎雖否認共相，但仍保留理智的抽象作用。歐坎所謂的抽象作用類似於想像或記憶的能力，因為我們對事物的直觀認識是一種認知，我們也是透過此類運作認知事物的存在與否。	歐坎在證明神存在論證上採取否定或負面的態度：構成對於神的知識是一件事，但是證明神的存在是另一件事。我們的理性不可能幫助我們證明神的存在。為此，不論從因果關聯的證明、目的論證、甚至保存者的論證等不同論證方式，在歐坎的解說中都變得不可能。 歐坎本身相信神確實存在，我們也能認識神，但我們的理性不可能證明。

經濟原則的結果

既是目的也是最後的結果：信仰與理性分家
1. 歐坎本意在為哲學與信仰間畫出明確界線，他主要的工作或興趣為邏輯。但歐坎的哲學造成士林哲學的困難：他的唯名論與剃刀破壞共相，並造成需要實在論為根基的士林哲學無法反駁。
2. 反駁形上學部分推論維持信仰本來即為歐坎的目的，但在經濟原則的使用下不但形上學被反駁，連神學及其內容也受到質疑，致使最終連神學思維也無法維持其邏輯思考的一貫內容。

UNIT **2.11**
近代哲學各家觀點

　　普遍觀念的問題到近代哲學雖沒有強烈論爭，但哲學家們對於觀念如何形成，以及對觀念／概念的分類仍有他們的理論及說明。這些哲學家們在知識論系統內如何建立觀念的問題我們將在第五章〈先天觀念：理性主義與經驗主義的爭論〉與第六章〈觀念論〉中提出詳細說明。此節我們僅概略勾勒近代哲學理論的內容，以及當時討論甚或爭議的重點。

一、先天觀念是否存在

　　在討論近代各家之前我們應注意，柏拉圖與亞里斯多德兩者代表的正是兩種不同觀念來源：柏拉圖的理型論建構起觀念實存於外在世界某處的想法，亞里斯多德則透過感官經驗累積，乃至理智的運作，解釋觀念來源。柏拉圖的觀念論在經過中世紀而至近代哲學轉變為先天觀念的問題：在柏拉圖那裡本來我們的觀念來自於靈魂存在於理型界時對理型（即普遍觀念）的認識，所以靈魂在與身體結合後雖然暫時記憶喪失，但此時這由靈魂與身體組合而成的人仍帶有一定的觀念，只是需要教育的方式喚醒。這種想法在理性主義者那裡被轉變為先天觀念的問題。原本柏拉圖的理型在此被捨棄，但保留那種與生俱來具備的能力。理性主義那裡認為這種與生俱來的能力確實存在，最為明顯的表現包括邏輯三個第一原則（不矛盾律、同一律、排中律）。這樣的想法在經驗主義那裡遭到反駁。經驗主義相信我們的觀念均來自感官與經驗累積所得，並在其哲學表現上反映出亞里斯多德以來所接受的心靈白板（*tabula rasa*）預設立場，即相信人出生時心智不具備任何知識，所有的學習都來自後天所得。

　　理性主義與經驗主義的爭論最後在經驗主義者休謨的理論中暫時畫下句點。休謨反對先天觀念，且在貫徹經驗論原則後將哲學帶至暫時的懷疑主義那邊。經驗主義的獲勝與中世紀代表唯名論的歐坎獲勝結構上類似：相同都是以感官經驗值觀產生概念的理論在爭論中取得勝利，相同都讓一段主流哲學爭論暫時告一段落，也相同引出新的哲學思考。休謨的哲學啟發了康德，日後發展出德國觀念論。但在德國觀念論那邊，觀念問題因著認識論結構的改變產生變化。

二、觀念先於認識存在

　　傳統知識論認為主體具有充分能力可認識在外世界，且外在世界確如我們所看見的那樣。但在德國觀念論這邊進行知識論的主客調轉，外在世界能被認識是基於主體先天具備的能力。觀念論一詞來自Idealism，其將柏拉圖以來先天認識理型之想法轉變為我們先天所具有的絕對條件。這種主客調轉的做法把普遍觀念作為普遍認識之可能從觀念問題轉變為能力問題。康德及其後繼之德國觀念論透過此法消解了理性主義與經驗主義的對立，不過似乎也讓柏拉圖理論重新佔上風。直到黑格爾以精神作為構成世界之本質後，古典哲學到達顛峰也被敲響喪鐘。觀念先於存在之體系受到後人質疑，並提出不同領域之哲學。

　　普遍觀念的問題或許應驗美國哲學懷德海的一句話：整部哲學史都是柏拉圖的註腳。本節所提到的問題我們將在第五與第六章詳細說明，而觀念問題後又因與認知科學結合而被提出新的討論，這個部分將在下節概略說明。

近代哲學家對觀念存在的理解

哲學家	先天觀念存在與否	觀念的產生
笛卡兒	相信先天觀念。	對世界的認識基於神慈愛的保證。 完美對象的觀念（如神）的存在證明先天觀念的存在。
史賓諾莎	表現在萬物在神論。	表現在本體論證的運用上。 表現在知識等級的區分上：唯有直觀知識為真正之真。
萊布尼茲	表現在單子論上。	表現在感性認識與理性認識的差別上。
馬勒布朗雪	相信先天觀念：以預定和諧說為其表現。	表現在修正笛卡兒心物二元論難題上。
格林克斯	相信先天觀念：以機緣論為主其表現。	心的認知為神在身體上的運動。
洛克	反對先天觀念：如果真的有，那麼智能障礙者為何無法認知我們所知道的？	人類的觀念均來自經驗與反省兩種途徑，故觀念區分為兩大類： 1. 單純觀念。 2. 複合觀念。
巴克萊	反對先天觀念，修正洛克論點。	1. 沒有抽象觀念。 2. 整個世界都可被認為是主觀觀念論的世界。
休謨	反對先天觀念，貫徹洛克──巴克萊以來的經驗論論點。	認為洛克的「觀念」理論太過寬鬆，將觀念改為印象以解釋我們對外在世界的認識。

上述理論在德國觀念論那裡得到統合：

康德：普遍觀念的建構來自時空兩大認識能力預設與12範疇。

解決物自身難題而產生

費希特　　　　謝林

主觀觀念論　　客觀觀念論

黑格爾的絕對觀念論

1. 上述詳細內容可參見本書其他各章說明。

2. 普遍觀念的問題可以應驗美國哲學懷德海的一句話：整部哲學史都是柏拉圖的註腳。對普遍觀念後人僅能接受認同或反對修正。原則上不是柏拉圖路線，就是亞里斯多德路線，或是調和兩人路線。

UNIT **2.12** 當代的發展與理論

普遍觀念在當代知識論中與認知心理學產生關連，進而形成巨大且複雜的學術網絡。本節我們將概略說明張代理論中對於概念為何的幾種觀點。唯請讀者注意的是，本節僅概略列舉幾種論點，並未窮舉所有基於當代產生的論點。有興趣的讀者可參考認知心理學領域的研究與說明。

一、心理表徵理論（RTM理論）

RTM最早的提倡者被歸為洛克——休謨這一系列的經驗主義。此理論強調，概念可被視為心理實體，且思考發生在內部呈現系統中。我們的信念、期望或者其他與命題相關之表示均以一種內部符號進入我們認知的心理過程中。RTM理論的支持者認為信念或其他命題是以心理特徵形成觀念／認知的內部結構，所謂信念／觀念正是這種心理作用產生的心理特徵。然而反對者認為，我們確實具有某些命題雖有形式卻不具所應具有的心理特徵，此外這種主張與常識心理學太過緊密。

二、概念是一種心理能力

概念作為心理能力的主張可說是針對RTM理論反對而產出的論點：心理特徵形構概念是錯誤的論點，因為一概念的存在作為能力乃主體所具備的特殊性，其能幫助我們區分認知對象。支持者一般會將此理論推至維根斯坦的主張，因為在他那裡我們可以發現語言的使用或許與心理特徵無關，其就是解釋而非加以定義。然而反對者主張，即便我們承認概念是心理能力，意謂我們拒絕接受RTM理論，這個觀點仍無法幫助我們理解思想如何產出。我們對概念的認知仍來自RTM理論所能主張的內容。

三、概念作為抽象對象

另一種解釋概念的論點，認為概念既非RTM理論所能提供的心理特徵，亦非單純的能力內容，而是將概念視為抽象對象或內容——此處所謂的抽象內容與我們在第三章實在論中所言不盡相同。此處所謂抽象應被視為一個詞彙的含意／內容，而不僅是心靈認知對象的結果。概念在此與（詞彙的）意義、指稱的對象產生關連，並在思想——語言間達成平衡。以獨角獸為例，我們確實無法認知一隻實際存在的獨角獸，但我們具有對「獨角獸」這個詞的認知，這個詞在我們的心靈及其概念上仍然具有對應的意義。支持者在此很謹慎地避免其與RTM理論中所謂心理表徵的概念產生關連，雖然其就事實來說確實有可能具類似性質。不過反對者仍然對「概念＝認知意義下的抽象作用」此一論點提出懷疑。如果概念只是抽象對象，那麼我們是否真的具有能力可以把握抽象對象所指稱或表達的那個實際對象？支持者或許用一些特定比喻來指稱這種抽象對象與實際對象間的關係，例如「獲取」，但為何我們眾人所具有的這種獲取會是一致的？我們又如何確定我們眾人所具備的圖像具有一致性？

上述討論並非僅是純粹為了辯論而產生的論爭，精準來說應該是我們在當代認知科學的幫助下，為解釋概念的產生而提出的合理推論。

概念究竟為何？不同觀點的解釋

根據上面論點，以下提供六種當代對概念為何的解釋

理論	內容	所受質疑
古典理論	來自古典哲學的論點，一概念乃尤其從屬的內涵所組成，例如單身漢＝未婚的＋男性。此概念受亞里斯多德「定義＝類＋種差」觀念的影響。古典哲學對其他各種名詞大多採取類似用法。	古典理論難以處理一整組連鎖性的經驗概念，尤其需要面對同一組概念但內容物件彼此相近時更難以提供區別。
原型理論	任何概念／術語具有維根斯坦所提出家族相似性的特性，所以一個概念不會具有特定定義內容，而是內容物在滿足其定義的情況下可呈現出此概念的內容。	處理複合式概念容易遇到模糊的問題，例如熊貓／貓熊之間的差異。概念原則上具有其核心內涵，原型理論無法提供核心內涵所需的條件。
理論理論	引用自然科學的理論基礎作為概念內容可能的條件，所有概念就像科學一般具有完整理論內容及理論間的相聯結性。此點可幫助我們理解概念所具備的演變性質。	如果概念是群組性甚至理論性的，為何不同的人之間可以擁有相同的概念？孩童成長中可能經歷概念重組，但概念重組不會影響概念的內涵，此與自然科學不同。
概念原子論	一個概念為何並非來自其與其他概念的關係，而來自其與世界間的關係。	反傳統的概念描述是否能為我們解釋概念內容？若概念來自與世界的關係，我們如何確定那些隸屬此概念的結構框架，而其他則否？
多元主義	概念具有多種類型的結構，不能使用單一方式描述概念內涵。概念可能具有原型，也可能與其他概念連結形成理論。所以對貓熊我與你之間可以有不同的對象與概念內容。	如果我們擁有不同對貓熊的概念，那為何我們的概念都可屬於貓熊此一專有名詞內容？
消除理論	概念無法被清楚定義其結構與內容，故否定概念存在，改以更細微的組成結構作為說明。	此理論過於嚴格，且違反我們對概念的直覺認識。

* 此節（2.12）筆者主要參考史丹佛哲學線上百科條目「概念」（concept）的內容。該條目作者Eric Margolis提供當代對概念廣泛的討論，有興趣的讀者可直接閱讀此條目內容。

第 **3** 章

實在論

●●●●●●●●●●●●●●●●●●●●●●●●●●● 章節體系架構 ▼

UNIT 3.1
實在論的基本主張

實在論是最常見的知識論主張之一，最簡單的實在論立場主張世界正如我們所認知那般。他們確信：1.認知主體具備恰當能力認識外在世界，2.外在世界一如其所是的那般能被我們認識，3.主客關聯間則依不同哲學家的主張產生不同的理論推導。

實在論爲我們日常生活所熟悉的理論，因爲其相信我們確實具有認知能力，且能正確認識到外在世界。然而關於實在論我們卻應當注意以下兩個問題：

一、知識論的還是形上學的實在論

我們在前面提到觀念產生時曾提到，中世紀哲學曾出現過一種實在論主張，是爲解釋普遍觀念究竟何在所提出的論點。中世紀哲學對普遍觀念——即當時所稱爲「共相」者——之所在有兩種相反主張：一種被稱爲唯名論，這種主張認爲所有觀念／共相這類的集合名詞不是實際存在，只是我們爲稱呼一個對象所以賦予這個對象語詞或聲音。與之相反的爲實在論（或稱爲唯實論），這種主張相信普遍觀念／共相存在於我們心智以外的某處。所以當我們提到「實在論」時，雖本書主要是在知識論的意義下探討，也就是探討在這個主張下心智如何接受外在世界的圖像，進而在理智內形成觀念的過程，但我們也不要忘記其在形上學的意義，也就是試探普遍觀念究竟何在的問題：這個問題雖然是知識論的議題，但因爲（中世紀哲學與士林哲學）實在論的探討而被賦予形上學的意義。

二、有誰主張實在論？

哲學史與知識論方面主張實在論的哲學家爲數眾多：雖然都可被稱爲實在論，雖然也都符合本節開頭所提的主張，但他們卻有彼此不同的主張。例如英國哲學家洛克（John Locke），其主張世界之實在模樣與我們所知覺者間完全無異，故有時被賦予貶抑意義下的「素樸實在論」（naive realism）；而英國哲學家里德（Thomas Reid）的實在論被稱爲「常識實在論」（common-sense realism），因他主張普通人在一般認知的意義下對世界實在確實能有正確的認識。本書作者基於背景與立場，將把此章重心置於士林哲學系統下的知識論實在論：我們首先將於本章前半部討論士林哲學如何看待人的認識活動，於後半部討論與實在論有關的哲學家提出如何的主張，包括亞里斯多德、多瑪斯·阿奎納、乃至當代士林哲學哲學家郎尼根（Bernard Lonergan）的理論。最後並補充里德的論點，以利讀者掌握實在論的整體面貌。

實在論作為哲學史上重要學說主張之一

其具有以下特色

1. 認知主體具備恰當能力認識外在世界。
2. 外在世界一如其所是的那般能被我們認識。
3. 主客關聯間依不同哲學家的主張產生不同的理論推導。

兩種在形上學／知識論上不同的實在論

學說	內容	哲學家
知識論	知識論上的實在論主張如上圖所示，但實際討論上有幾種不同的說法： 1. 最樸素的實在論為一般人所熟悉：我所見者即我所見者。 2. 士林哲學實在論：人確有能力可認識外在世界並把握所見對象之本質。 3. 常識實在論。 4. 自然科學實在論。	哲學史上被認為在知識論方面主張實在論的哲學家或學派包括以下這幾位： 1. 斯多雅學派。 2. 亞里斯多德。 3. 中世紀士林哲學如 　(1) 大雅爾博。 　(2) 多瑪斯・阿奎納。 4. 洛克（在被貶抑的意義上被稱為素樸實在論）。 5. 多瑪斯・里德。 6. 當代新士林哲學如。 　(1) 馬里旦。 　(2) 汪史坦柏根。 　(3) 郎尼根。
形上學	我們心中產生的觀念是否具有一與之相對應的摹本？如果有，其究竟位於何處？就形上學意義來說，主張實在論者認為我們心中觀念的摹本位於另一超越於心智與現實生活以外的某處，可能是理型界，也可能是神的心中。	1. 柏拉圖。 2. 中世紀哲學家例如尚波的威廉（Wilhelm von Champeaux, 1070-1120）與夏爾特學派。 3. 馬勒布郎雪（Malebranche）。
兩者為何相關？	我們對事物的認識乃根據心中觀念與外在世界相對應的結果，那麼這些觀念究竟何在？此點連結起知識論與形上學	

UNIT 3.2
感覺認知與理智認知

圖解知識論

就士林哲學所主張的實在論而言，作為完整個人的認識能力其同時包括感覺認知與理智認知兩部分，兩部分彼此互相配合而幫助人能夠對對象進行認識。

一、感覺認知

感覺認知指的是人對外在世界直接的感官認知，為與理智功能區分時也被稱為「外感官」。外感官有時亦稱為「外五感」，包括視覺、聽覺、味覺、嗅覺與觸覺。就士林哲學實在論立場來說，感官是理智／靈魂與外在世界溝通的工具與媒介，在正常未生病的狀況下皆能對各自認知對象進行適當的認識。並透過感官與對象意向性的結合。一個（個別具體）對象在被感官認識時，我們並非透過物質性的方式認識到這個對象，感官與對象也不是物質性結合。而是以精神性的意向結合造成感官與對象間的認識。外感官的認識同時包括物理的（對象）、生理的（感官功能）與心理的（意向性）三個層次。透過外感官的認識能力，理智能對這些對象進行更進一步本質上的理解。

二、理智認知

透過感官認識，我們的理智接受感官傳遞進來的感覺與料，並對事物進行理解。理智認知與感官認知不同，其不同在以下四個部分特別明顯：

(一) 就認識對象而言，感官認識以個體對象為認識對象，且在認識中無法擺脫個體對象，這種認識為主體所進行且建構出主客對立的認識模式。但理智認知把握事物的存在。「存在」的概念是所有事物最基本的狀態，因為任何事物不論其有形無形都是一種存在。理智認識存有時不受時間空間限制，所以能思考超越時空的存有者，例如回憶過往、預測未來、甚至在宗教上認識超越對象。

(二) 就認識的原理而言，理智能認識事物間的（因果）必然性。感官認識所認識到的均為當下發生之實際人事物，但理智認識能讓我們知道事情發生的（必然）原理。這是因為我們在認識世界時接受因果律，即所有事物間必然有其因果關係，且基於此因果關係能建立固定秩序。

(三) 就關係的角度而言，感官認識能具體體驗某些關係，理智認識則能進一步透過抽象得出對對象產生的普遍概念，進一步不受限制地應用在所有相似對象上。理智認識也能透過分析確認這些對象間的邏輯關聯，特別是應用三個認識上的最基礎原理（不矛盾律、同一律、排中律），解釋對象之間的關係。

(四) 就對自我的認識來說，感官認識在受限的情況下僅能認識自己的某些部分，卻無法認識自己的全貌。理智認識在通過「反省」的情況下，能將自己當作一個認識對象，對自己進行思索與探討。此種思索探討能讓我們注意自己的有限而嚮往無限，也能在其中認同自己並對自己加以把握。這種反省乃精神性的，具有物質作用的感官無法進行。

根據第4點我們可以進一步指出，理智認識的性質為非物質性。上述所有對象，例如普遍的存在概念，原理與事物間的必然性與邏輯關係，以及經由反省產生對自我的認識等等，均意味理智在認識上能擺脫物質條件，也不受時空所限。為此，士林哲學的實在論傾向於認為，理智高於感官認識，而人可以藉由理智認識讓自己超越有限進入無限。

對感覺認知與理智認知的比較

依袁廷棟在《哲學心理學》所提示，我們可以比較如下：

認識對象	感覺認知	理智認知
普遍性	認識的乃為個別事物，認識時無法脫離主觀條件達到客觀的絕對存有。	認識並肯定事物的存在，並在此基礎上產生對事物普遍性與非物質性的認識。
必然性	因為認識對象為個別事物，所以無法看出客觀必然性，主觀必然性部分雖來自個人經驗，但也需要理智認知的幫助才能掌握物件之間的關係。	能認識理性原理的必然性，這種認識乃在原始認識經驗中就可獲得。
關係	面對個別事物時能掌握事物間的關係，但無法看出作為關係本體的那種關聯，事物間的邏輯關係需要理智認識的幫助始能掌握。	能認識客觀關係，不論實際存在事物或思想上的邏輯關係。
對自我的認知	可透過外在輔助工具（如鏡子）認識自己，或透過某些方式（如撫摸）體認自我，但對自我並無完整掌握。	當理智對自我進行反省時理智能認識自我，並能認識到個人自己之我乃認識活動的主體。

*雖然看上去理智認識在等級上比感覺認識更為高級（確實也有這樣主張的哲學家），但對完整的個人來說，唯有兩者共同合作才能構成完整的認識過程。

為方便之後說明，以下提供士林哲學實在論系統重要名詞的內容說明

中文	英文	意義
心智／心靈	mind	人活動的真正主體，士林哲學有時會將之與靈魂等同。
智力	intelligence	哲學人學將此詞視為人的高等認識能力。
理智	intellect	心靈進行反省、抽象等的能力被稱為理智。哲學人學主張理智與智力均屬心靈功能。
理性	reason	常用以指與感官認識對立的功能，用詞上也常被認為與情感／情緒相對。
悟性／理解（能力）	understanding	理解可被指為尋獲問題解答之過程，與為認知某物本質的認識不盡相同。

*參袁廷棟《哲學心理學》（2006），第三篇第一章第一節

UNIT **3.3**
理智的認識對象：存有

圖解知識論

如果感官認識的適當對象為個別具體存在於我們面前的事物，那麼理智認識的適當對象即為「存有」，一如前一節所言。我們在本節將說明「存有為理智認識的適當對象」此一命題的意義為何。

一、存有的概念

存有的觀念是指稱作為廣泛，也最為周延的概念。凡是出現在我們面前的任何事物，不論其是實際或抽象的、現實存在或思想內部，甚至可能與不可能的，都屬於存有的範圍。我們對存有有所掌握，乃基於認識能力中的抽象作用。在此意義下，存有的概念為我們在認識過程中既為最早也為最後接觸到對象：作為最早的，是因既然任何一物都具存有的概念，所以在我們認識到某一個別（具物質之）事物時我們就是認識以存有為基礎的對象，因為任何對象都是一種存有。

二、存有為理智認識的適當對象

實在論接受我們對存有之認識乃為理智內抽象作用的結果，且具有特定形上學的認識結構。（士林哲學）實在論在此另外強調能力的本性由其對象決定，而形式對象的不同致使一個認知能力有其專有的形式對象——雖然就對象而言，任何一個對象可能可以同時被不同感官能力把握與認識。

從知識論的角度來看，當我們對特定對象產生認知時，我們便是對其產生與真相關的認識。然而所謂的「真」在這裡指「名實相符」。名實相符中的「名」乃指我們腦海中對某物的觀念，「實」則是指這個事物的本質／存有狀態。當我們指出某一事物的名字，這個名字必須與這個事物實際的用

途或存在方式相同，由於涉及觀念，所以「真」的概念被認為存在我們的理智中。當我認識一張桌子時，名實相符的狀態可以指我指著一張桌子並指稱此物確實為桌子的狀態。所以與真相反的「假」在此就意謂「名實不符」的狀態，例如著名歷史典故「指鹿為馬」就是一種名實不符的虛假。

更進一步來說，真的種類還可概略區分為三種：本體之真、理論之真、以及倫理之真；其中與本書知識論所言有直接關係的乃理論之真。理論之真若被反過來作為對存有所具備之真善美聖的超越屬性之描述時，真這個超越屬性在此強調事物的可知性（intelligiblity）。我們的理智能認識存有，但存有既然作為最廣泛為存在的樣貌，都意味著這些被認知乃來自於存有對有的可知性。可知性是指，凡事物存在都具有其本質，此本質能被人以理智依其真實樣理解與認知。此點回應前述，凡存在均為有的前提：因為理智首先認知到有，才能理解到無，而可知性就是有的具體表現。

根據以上所言，理智做為一種認知外在世界的能力，是與感官結合後對外在世界認識產生的結果，並且以一般的存有為基礎。理智作為認知能力，其對象為：

㈠理智的專有形式是可感覺的存有，此乃與感官結合後得到者。

㈡理智的共同形式對象為一般的存有。

（士林哲學）實在論認為理智不是只能認識具物質性的一般性存有，還能更進一步認識超越在感官之外的對象：此點待之後將說明士林哲學認為理智如何認識具物質與精神性對象。

存有作為理智的認識對象

依據袁廷棟《哲學心理學》所提示，我們如此說明存有作為理智認識對象

理智兩個主要認識對象：（一般性）存在、存有	
士林哲學實在論主張，理智的第一個完整活動是在人對對象形成判斷後才算完成。判斷意味對主詞與相關謂詞連結之結果，及對一般性存在對象提出肯定的過程。	存有作為動詞可表為「存在」的存在樣態。作為非物質性對象，存有作為理智認知對象預設理智能認識超越物質性對象的可能性。

從存有可以推出

理智的專有形式對象為可感覺的存有，成立條件／可能性條件如下：
1. 我們對非物質性對象的理解來自根據物質性對象而有的類比。
2. 我們對存有的認知來自圖像的協助。
3. 思想器官，如大腦，受損時，我們無法認識可感覺對象，進而無法認知抽象的超越對象。
4. 我們最初的判斷來自個別的具體事物，之後始形成普遍概念與判斷。

第一種認識可能：本質＝可感覺存有
1. 認識過程是從依附體逐步回推而概略認出事物本質。
2. 對外在對象的認識首先僅肯定其為一個作為存在的實體。
3. 對事物本質的認知難易度與該物存在樣貌的複雜度成正比。

從第一種認識可推出

第二種認識可能：超越在感覺以外之事物＝非感覺存有
1. 前提：概念呈現的是物質存有，但概念指稱的為非物質對象。
2. 根據前提，概念所指稱的存有是多義且類比的，同時指稱具量性與普遍客觀存在的對象。
3. 理智透過類比作用認識到超越感覺的存有對象。

根據上述討論所得結論

理智作為認知的總結
1. 理智是一種動態認知能力，主動朝向其所認知的對象＝所有的存有。
2. 任何有限存有都不能滿足理智對認知的探求，為有無限事物可以達成。
3. 因此理智的求知慾最終目標必然超越時空與存有限制。

UNIT **3.4**
抽象作用

實在論所討論的運作中，理智一項重要的功能為抽象作用。抽象作用為理智最主要的功能之一，而理智與抽象作用如何配合與運作的功能，也引發本章後面所提到主動理智爭議的歷史。

一、抽象作用的過程

人之所以能擁有抽象作用，是因為人的理智與感官／身體緊密結合的緣故。因此認識作用不單只是感官或理智，而是感官與理智共同結合作的結果。人與動物在認識方面相似，都透過外在感官對事物加以認識；但人有一動物沒有的能力，即理智內的思考能力。理智所具備的思考能力能使感覺意象在主動理智的影響下形成可理解的心象。在此意義下理智與感官彼此合作：內感官中的想像力根據外感官所獲取感覺與料建構意象作為理智的材料，此時理智依據其主動工作帶領想像力建構意象，故被稱為主動理智，並獲取意象中關於認識對象的本質與普遍性。此處所謂本質與普遍在傳遞給理智的另一層面時，由於此時理智又可說是被動的接受了這些意象，故又被賦予被動理智的新名詞。被動理智因為處理意象，致使其對認識有可能性，也可能能根據認識進行選擇，所以有時又被稱為可能理智。被動理智／可能的理智在此獲得印入的心象，並理解為對認識對象可理解的限定。被動理智獲取此心象後將之表達而出，成為表達的心象。嚴格來說，抽象作用是為理解個別事物之本質而進行的認識活動，當想像力把外感官帶來之感覺與料綜合成意象時，主動理智就陪伴／領導想像力，按對事物理解的規律（這種規律可被稱為圖像／圖式）獲取可理解的心象，並印入被動／可能理智內。所以抽象作用是一種理智將對象透過綜合能力獲取可被理解內容的認識過程。

二、抽象作用的性質

上面這段文字對讀者而言可能複雜又難以理解，甚至會覺得奇怪：為何實在論要設定一個這麼複雜難懂的抽象作用。我們可透過以下幾點加以理解抽象作用設立的緣故：

（一）抽象作用可被認為是回應前一章所提到，關於普遍觀念或認識的普遍性自何而來的問題。我們在前一章曾經提到認識普遍性的困難：為何這張桌子與那張桌子是個別的兩者且形狀、材質均不相同，但我們還是能分辨出這兩個不同的對象都是桌子，甚至能清楚與其他事物（如椅子）進行區分。

（二）實在論中我們透過感官認識的乃個別對象，在感官把握時雖成為可感覺的意象，但在此仍為個別事物，我們實在不能說我們真的把握此一事物的本質或其包含的普遍性。故抽象作用的存在不只為我們認識設立所需要對個別認識的把握，更是透過對事物認識之普遍規律的應用，把握每個事物內那不變動且可普遍化的本質。如此便可攻克以經驗為認識出發點可能帶出對事物本質無法理解的問題。

（三）實在論認為這種能力可被稱為無意識所進行的活動，是理智自發且內在的功能。就認識經驗而言，我們無法命令理智進行或停止抽象作用，因為抽象作用就是那樣直接進行的。中世紀實在論這個設定與其當時哲學及信仰背景有關，且為之後神祕經驗知識論提供所需認識基礎。

抽象作用

```
定義
將認識對象從可感覺者轉變為可理解者的過程。
理智將對象透過綜合能力獲取可被理解內容的認識過程。
其他不同形容用語
感覺意象的變形、提升、精神化、非物質化、普遍化、光照。
```

用以解答

普遍觀念問題

為何我們一方面認識個別且具體對象，但我們卻也能認識普遍性？

抽象作用過程

外感官　　　　　　　　將認識所獲得之感覺與料傳遞至內感官

想像力（於內感官）　　　　將外感官提供的感覺與料
　　　　　　　　　　包括形狀顏色味道等等，綜合為意象
　　　　　　　　　　想像力綜合的意象活動依循一定的規律
　　　　　　　　　　想像力綜合所得的意象是個別而具體的
　　　　　　　　　　　　但想像力依循的規律是普遍

主動理智　　　　　　參與在此綜合活動內，且相同依據普遍規律
　　　　　　　　　　主動理智依循普遍規律形成可理解的心象

 產生兩個主要因素

1. 實在因素：主動理智的活動	2. 限定因素：意象或意象的規律

關於抽象作用的三個問題	
Q1 誰主張抽象作用？	亞里斯多德與多瑪斯，另外還有不少士林哲學家都有相同的主張。
Q2 抽象作用後我們有多少可理解的意象？	理智中我們既有抽象圖案的意象，我們也確實具有個別具體事物，如動物、物體等的意象。不過這些規律和意象在思考上相同需要符合規律／圖式／圖像。不過形狀可被認為是最基本的物件之一。
Q3 主動理智與被動理智能具有實際區別？	區分主動理智與被動理智乃基於說明上的需要而產生，在我們實際的運作上其實我們難以區分兩者間的差異或不同，因為此乃無意識運作。

＊參袁廷棟《哲學心理學》（2006），第三篇第一章第四節

UNIT 3.5
對物質與精神對象的認識

圖解知識論

根據前面所提，實在論認為我們認識的對象是所有存在的對象，且透過抽象作用我們能對這些事物加以把握。但就實在論的認識過程來說，理智所把握者為普遍可理解性，而後才應用到外在對象上。如果這樣，我們如何認識到個別具物質的對象？更進一步，我們如何認識精神對象？

一、對物質個體的認識

我們一般都不會懷疑我們的感官可以認識到面前的個別物質對象，如讀者手上這本書，或是拿在手上的筆。雖然我們的感官可以掌握面前個別物質對象，但我們的理智可以嗎？如前一節所言，理智的作用在於抽象，而抽象的工作在去除個別性而獲取普遍共同特質，那麼理智真能認識個別物質對象嗎？因為理智本身就是精神性的，所以就認識的意向性來說，精神性的理智並不直接認識具個別性的物質對象。但是理智能對事物進行判斷。判斷在（士林哲學的）實在論中可以以定義公式作為代表：「定義＝主詞＋謂詞（＋肯定或否定）」。理智能判斷，代表理智一方面可以肯定個別事物（即指稱主詞），也能判斷普遍性質（即指稱謂詞及賦予肯定或否定）。但是既然理智並非直接認識物質對象，那麼其方式就是間接進行：即理智是透過反省能力間接地認識到物質對象。從另一個角度來看，既然物質對象不能限定理智的抽象作用，那麼理智便透過反省回顧我們對事物的認識。舉例來說，我們能夠反省我們的認識過程，我們也能夠反省我們正在進行的反省。不論認識過程或反省是個別對象，但我們都可透過理智加以把握。

二、對精神個體的認識

如果理智是精神性的，而實在論也認為這個世界同時具有物質與精神的存有對象，那麼理智要認識這些精神對象應該既符合理智本性，又能積極把握到這些對象。所謂精神對象，就實在論立場——尤其在士林哲學中——特別指三種對象：人（或我自己）的靈魂、精神實體（如大使或魔鬼）、以及神（士林哲學以神聖實體加以稱呼）。這個問題還可進一步區分為兩個細節：

Q1我們對精神對象的認識是否只是消極的？即有或沒有。

Q2我們是否可能對精神對象產生積極認識，即認識這些對象的內容？

若從對自身靈魂的認識出發，我們自然不會直觀（自己的）靈魂，一如我們看自己的手一樣。但我們可以透過反省活動認識自己。心靈可以透過理解自己正在理解，從而注意我們自己確實具有心靈以及意志的活動。不論心靈與意志均須要維繫於一個主體上，否則無法解釋其運作的連結。就如此推論來說我們可以回推自己具有靈魂的主張。這種主張可以從我們的理解與情感活動加以體會，雖然這種體無法是全面的，但至少能幫助我們體會到精神實體的本性。透過對感覺對象的把握，我們得以理解我們正在理解或是我們正在期望某些對象，透過這種反省理智能把握靈魂作為被認識精神對象的特性。

至於對精神實體或是神的認識，已超過本章所討論的範圍。士林哲學在實在論的立場下，主張人確實可以認識超越世界的對象。這樣的主張我們將在第八章加以解釋說明。

理智如何認識物質／精神對象

對象	物質個體	精神個體
順序	就認識的整體來說，既然實在論主張認識來自感官，則首先我們能透過感官認識到物質個體。但就知識普遍性來說，則為先認識較普遍的才認識較不普遍的。這裡的先後不是指時間順序，而是本質的順序。	靈魂作為精神對象並不直接認識自己，而是透過自己的活動認識自己。這種認識活動同時包括靈魂基於本性對活動的表示，致使我們對精神實體的認識並非停留在有或沒有，而是更深入的內容。最終，透過靈魂對感覺對象的認識回頭把握對自己的認識。
方式	透過反省能力理智間接地認識到物質對象，因為物質對象不能限定理智的抽象作用，故理智透過反省回顧我們對事物的認識。	相同透過反省工作達成：理智透過對感覺對象的把握，得以理解自己正在理解或是期望某些對象，透過這種反省理智能把握靈魂作為被認識精神對象的特性。
內容	理智就本質來說首先認識的是感性事物的普遍性，因為具有物質的個體性阻礙我們理智對個別事物的認識。但理智確實能認識物質個體，只不過是透過間接方式加以認識。所以除非一普遍思維與個體連結，否則無法進行思考。然而代表客觀概念的普遍思維也預設其帶出來的潛在判斷，此判斷可應用在三方面： 1. 概念與存有的關係。 2. 概念與其他概念的關係。 3. 概念與感覺經驗的關係。	1. 靈魂在認識自己的過程中並非直接的，而是以間接的方式，逐步掌握並認識自己作為一個理智活動之規律，透過這個規律靈魂可以認識到自己是一理智本性。 2. 認識靈魂是認識其他精神實體的基礎，因為在認識靈魂後可以透過類比的方式對其他精神實體進行理解。
說明	就（士林哲學的）實在論立場，人同時由身體（物質）與靈魂（精神）組成。所以討論理智對物質／精神對象之認識時，兩個極端應該避免：一種是把兩者相混淆，另一種則是認為兩者彼此分開毫無關係。	

額外問題：我們如何認他人？

我們能認識自己為主體，且將此觀念用在他人身上，形成人之所以為人的普遍觀念。故就實在論立場來說，我認識他人同時具有主客體兩方面的認知：他人與我相同為人（主體面），但認識時他人是被認識的對象（客體面）。

＊參袁廷棟《哲學心理學》（2006），第三篇第一章第六至七節

UNIT **3.6**
亞里斯多德㈠：反對柏拉圖

圖解知識論

就實在論的發展歷史來看，亞里斯多德具有極爲重要的地位。亞里斯多德的實在論知識論立場可以用據信是他的名言表明：「我愛吾師但更愛眞理」（*Amicus Plato, sed magis amica veritas.*）。因爲就知識論的角度來說，他反對柏拉圖對普遍觀念的理解，也反對認識即爲回憶的說法。亞里斯多德認爲，認識的起點來自經驗，而且人先天生出心靈如同白板（*tabula rasa*）一般。如果用一句話來說，就是這個世界是眞的，而且我們可以透過心智的運作正確理解並把握世界的樣貌。

一、反對柏拉圖

亞里斯多德的立場明顯反對來自柏拉圖的理型論。雖然柏拉圖透過理性論解釋普遍觀念的成立與認識的可能，但我們可總結亞里斯多德對柏拉圖的反駁如下：

㈠ 柏拉圖雖然可以透過理型論說明知識的成立，但卻無法證明理型確實具有超越在個別之物以外的存在（此點可參考前章唯名論對激烈實在論的攻擊）。若柏拉圖堅持理型的存在，那麼他同時也必需主張否定的理型，包括惡、醜陋等等。但這麼主張會是荒謬的。

㈡ 以理型作爲知識成立的條件對我們認識現實世界沒有幫助，尤其理型並不能解釋運動或生成變化如何產生。但生成變化是我們每日所經歷的實際運作及經驗。

㈢ 柏拉圖理型論在認識上產生「無限後退第三人」的問題。理型論可用對理型之人A'的認識解釋我們對個別之人A的認識。但要能認識A'與A這兩個對象，我們需要預設A''這個第三人的理型，爲能認識A''我們又

可預設A'''。如此無限下去，將造成依無限後退的系列。

㈣ 理型論無法解釋不具實際存在形象者如何被認識，例如數學或物理定律，其已是抽象的認識對象，如何可能再具有抽象的理型？若硬要說其有對應之對象則不符合柏拉圖理型論的主張。

二、知識始於經驗

基於對柏拉圖之反駁，亞里斯多德主張知識的起源必然來自感官經驗。若沒有感官經驗，人就不可能認識外在世界，也不可能能對世界產生理解。當亞里斯多德主張「知識起源於經驗」時，代表他主張人的心靈如同一塊白板，沒有先天觀念，也不可能靠著回憶認識理型界的一切。經驗在亞里斯多德哲學指，人因爲感官（能力）接觸外界而產生的感應。人首先透過感官知覺對人以外的世界產生認識及經驗，之後理智透過或使用感官能力所得到的感覺與料進行抽象作用，最後終能得對事物的認識與相關觀念。

既然是感官相關能力，亞里斯多德在此有兩個重要主張：

㈠ 感官能力在亞里斯多德這裡被區分爲兩部分：第一部分被稱爲「外感官」，即我們熟悉的五感。除外五感外，亞里斯多德另外還指出我們具有「內感官」。亞里斯多德認爲內感官有兩個主要類別：統合力與想像力。這兩種能力詳細說明請參見右頁圖表。

㈡ 人的感官是理智接觸外在世界的工具，如果作爲工具之感官受損，那麼人對世界的理解也必然受到影響：可能是錯誤，也可能是無法認識。

亞里斯多德：知識起於經驗

亞里斯多德，西元前384年—322年
著作豐富，後人編纂為《亞里斯多德全集》（*The Complete Works of Aristotle*）

知識論反對柏拉圖主張，並提出知識起源於經驗的論點

反對柏拉圖	知識起源於經驗
四個反對理由： 1. 柏拉圖雖然可以透過理型論說明知識的成立，但卻無法證明理型確實具有超越在個別之物以外的存在。 2. 以理型作為知識成立的條件對我們認識現實世界沒有幫助，尤其理型並不能解釋運動或生成變化如何產生。 3. 柏拉圖理型論在認識上產生「無限後退第三人」的問題。 4. 理型論無法解釋不具實際存在形象者如何被認識。	人心靈如同白板，出生時並無任何先天觀念。所有知識論需要的感覺與料均來自感官。亞里斯多德將感官區分為兩個部分：外感官與內感官。
	（一）外感官 1. 外感官為我們所熟悉的五種感官。 2. 這五感具有意向性，意向性是指每種感官必然意向他的對象，或以適合方式認識他的對象。亞里斯多德有時以「指向性」稱呼。 3. 我們的感官彼此相通，所以各感官在相通共同運作，並使感官能共同隸屬一個認知主體所有。
從亞里斯多德反對柏拉圖開始，知識論的歷史區分成兩種不同的路線：知識是否具有先天存在的可能？ 柏拉圖與亞里斯多德兩條不同路線在中世紀演變成激烈唯實論與唯名論的爭議，日後出現溫和實在論作為調和；近代哲學則出現理性主義與經驗主義的分別，並在德國觀念論那裡得到調和。	（二）內感官 內感官分為兩項 1. 統合力：或稱共感，是五種外感官能夠知覺的共同屬性。透過統合力我們可以知覺我們正在知覺的事實，種能力也可幫助我們分辨同時發生兩個不同感官的對象。統合力也需要休息，所以睡眠時統合也不再運作。 2. 想像力：想像力是人內感官獲取感覺與料後重新呈現的功能，屬於感官作用的副產品，同時也是心智將所知事物轉換面貌與被理解性質的功能。能幫助我們對認知對象產生初步理解，且能透過記憶功能回想起當下並非直接出現在我們面前的對象：亞里斯多德認為記憶與回憶面兩個不同的過往對象。不過想像力並非知覺，而是界在感官與理智中間的產物。

UNIT 3.7
亞里斯多德㈡：理智與抽象作用

通過感官獲取經驗，理智已經獲取可以進行認識的工具。我們可以概略說明亞里斯多德關於人認識能力的流程為：人類所有知識起源於感官經驗（且不具有先天認識的可能），爾後理智透過抽象以觀念的形式把握事物，不過此處觀念並不獨立自存於事物與心靈以外（故與柏拉圖主張不同），最後理智產出認知的結果提供我們在生活中加以實踐。

一、理智的能力

亞里斯多德認為，人的靈魂有生魂、覺魂與靈魂三個部分。在靈魂部分亞里斯多德特別強調理智與意志兩部分。在理智的部分，亞里斯多德認為其具有兩個面向，分別主動理智及被動理智（嚴格來說，這兩個稱呼來自士林哲學而非亞里斯多德所使用）。兩個理智是同一個理智的一體兩面，只有功能的區分，能幫助我們對外在世界產生正確認識。

㈠ 主動理智：內感官從感覺與料獲取圖像，主動理智則從圖像抽取事物的形式。主動理智將潛能上可被理解的對象變成被理解的實現對象，也就是將認識的內容抽象成事物的普遍形式再傳遞給被動理智。

㈡ 被動理智：雖其自身並不產生認識能力，但能被動地接受主動理智抽象所得結果並產出普遍知識。

二、抽象作用

上文提到主動理智能進行抽象作用，抽象作用是理智將個別事物不同的部分去除，以獲取可被普遍應用於所有相同對象共同觀念的過程（這部分即前章所提到的殊相與共相）。在抽象作用中，理智能忽略個別事物具體的差異，反而突顯一認識對象的本質。例如雖然每個人外型與內在都不同，但通過抽象作用我們可以把握人就是「有理性的動物」。

透過抽象作用，我們可以把握事物普遍不變動的本質，這些本質可被稱為「觀念」，也就是亞里斯多德所主張，我們能認識外在世界的普遍形式。但亞里斯多德與柏拉圖在此有不同的主張：柏拉圖認為這些觀念（即他所謂的理型）具有外在獨立性，但亞里斯多德認為我們抽象作用所得之觀念僅是形式，不具實際上的存在。若硬要說其「存在」則應該說是以形式的方式存在於我們心中。

亞里斯多德抽象作用最具代表的例證為範疇論。範疇是亞里斯多德在邏輯領域內對世界進行抽象與分類的結果：全世界可被分類為10大領域。這種分類可被視為我們抽象作用的極致表現。亞里斯多德認為10大範疇是這個世界實際存在的結構與樣式，因為範疇就是去除所有個別事物的不同點後，所留下這個世界最終的本質與結構。為此，範疇可被稱為抽象作用的極致表現。而亞里斯多德在討論範疇時受到希臘文的影響，視主詞為主體，是不變動的，其餘可變動的都為客體或謂詞，並依此進行區分。範疇內容參見下表。

詞性	範疇內容
主詞	實體（僅有一項，且為不會變動者）
謂詞	分量、性質、關係、場所、時間、位置、狀態、動作、被動

亞里斯多德說明人的認識過程

連結上一節所提感官經驗，我們可說明亞里斯多德所言認識過程如下

經驗	人所有知識均起源於感官經驗，無先天觀念的存在	
	外感官 視覺、味覺、嗅覺、聽覺、觸覺。 五感具有意向性且彼此相通。	內感官 1. 統合力：五種外感官能夠知覺的 　共同屬性。 2. 想像力：內感官獲取感覺與料後 　重新呈現的功能。

從感覺與料抽出圖像後
將圖像傳遞給理智

理解	人的理智對圖像進行抽象作用 並具有主動與被動理智這一體兩面之功能	
	主動理智	被動理智
	接收想像而來的圖像 並進行抽象作用獲得形式（本質）	接受主動理智傳遞的形式 形成知識（普遍知識）
	亞里斯多德以永恆不死稱呼之 因其不受外在變化	因為與身體無法分離 故將隨身體之死而滅亡

 所得概念／形式與外在世界配合

判斷	概念若能與外在世界相符為真否則為假。 人的意志需要選擇至善生活做為實踐目標，因此人生的至善在理性運作前提下，不是追求感官娛樂或富有生活，而是實踐理性並符合理性的活動。 感官的感受應該符合德行／中庸的使用。

亞里斯多德的認識能力引出兩個結果：一方面引導出我們對第一原理的認識，另方面則為中世紀主動理智爭議埋下伏筆。

亞里斯多德認為有一種人會基於求知與好奇之天性而研究第一原理，及抽象後的最根本學問。第一原理在理性認識上是直觀的，無須論證，而第一原理一共有三： 1. 不矛盾律：某物X在同一時空不會又是X又不是X。 2. 同一律：X就是X，即某物就是某物自身，不會是別的。 3. 排中律：某物只能是X或不是X，不會有第三種可能。	亞里斯多德在古希臘哲學背景下把等同對神明屬性的描述，即「不生不滅」與「不朽」，用以說明主動理智的功能。但他並未多作解釋，隨即轉向說明被動理智。為此，後世哲學家與註釋亞里斯多德著作的註釋家們都必須面對這個問題，從而引發本章後面將提到主動理智爭議的歷史。

UNIT 3.8
斯多噶學派

　　把斯多噶學派放在實在論的章節裡討論可能會讓一些讀者感到意外：畢竟此學派最著名的學說爲其體會並實踐宇宙永恆必然法則主張的倫理學。但從兩方面來看，斯多噶學派的主張，一方面具有蘇格拉底知識論所帶出正確認識始能讓人在倫理上擁有穩固基礎的觀點，另一方面則具有類似亞里斯多德實在論的主張，強調外在世界與人認識能力上的彼此符合。

一、知識論的內容

　　雖然斯多噶學派具有類似亞里斯多德實在論的主張，但事實上此學派同時反對柏拉圖的理型論與亞里斯多德所謂普遍概念存於心中的主張。斯多噶學派的主張偏向於感覺主義，即相信個別事物確實存在——但也只有個別事物確實存在。當我們說我們具有「知識」時，此詞所指稱對象爲涉及特殊或個別事物的知識。這些特殊或個別事物透過感官賦予心靈印象，知識就是指這些特殊事物產生於心靈上的感覺印象。

　　就人的認識過程來看，人的心靈如同白板或白紙，出生時無任何先天觀念存於其上。在人漸漸長大的過程中，透過感官獲取來自認識對象的表象，而後累積與從經驗累積而得之經驗建構起知覺與記憶，且在記憶的累積中形成另外一種經驗。如此不斷重複，人便可獲取或建構所需要之知識。這種主張無異於強調理性的建立是透過感官知覺衍生的結果。斯多噶學派進一步認爲，大約在14歲時人的理性即可透過此類方式建立而成。故此主張最終將推出眞理之建構依賴於知覺的論點。

二、對抗懷疑主義

　　斯多噶學派對認識的主張無疑是樂觀

的，這也導致我們將在下一章看到同時期的懷疑學院如何猛烈攻擊斯多噶學派的主張。面對懷疑主義的攻擊，斯多噶學派提出兩種主要的應對方式：

(一)針對懷疑主義攻擊感官經驗的部分，斯多噶學派將贊成與否的決定與認識過程區分開來。懷疑主義認爲斯多噶學派將認識建立感官及經驗，但不論感官或經驗都可能欺騙我們。故在此前提下建立的認識必然有可被懷疑之處。爲此，斯多噶學派認爲人類不是經驗的俘虜，而是在面對表象時應善用理智對其加以判斷。因此若我們察覺感官或經驗有誤，我們應當提出且不盲從。

(二)懷疑主義可以進一步懷疑我們接受表象時是否具有某種合理的判斷標準。斯多噶學派在此的反擊就不是那麼成功：他們主張合理的標準是一種具有特殊性質表象，這種表象能精準的反應外在世界（及其中的部分），且能具有自我確立的有效性，亦即這個表象並非來自其他任何可能的來源。這個回答帶出兩個問題：

Q1斯多噶學派在解釋這種來源時提出了「不可被抗拒」的說法，即我們的感官經驗不可能對此進行任何抗拒。但如何判斷何者爲不可抗拒卻不是件容易的事。

Q2懷疑論者可以主張這種說法具有武斷性，因爲不可抗拒作爲預設不可能有作爲判斷的標準；此外這種主張也是一種循環論證，即透過不可抗拒的表象來作爲表象的標準後，再以表象的穩固證明不可抗拒條件的存在。

斯多噶學派知識論立場

斯多噶學派的認識論被包含於邏輯學論點中。
其邏輯學論點同時包括知識論與倫理學的發展：因為穩固的邏輯學提供語言的論述，能幫助人正確認識並加以行善。邏輯學能幫助一個人釐清事實內容，有效的思考事物，並作出正確的判斷與選擇。

基礎：五條在任何情況下都絕對有效的推論規則

1. 若p則q，因為p，所以q
2. 若p則q，不是q所以不是-p
3. p和q都不屬其中，因為p，所以不是-q
4. 或者是p或者是q，因為是p，所以不是-q
5. 或者是p或者是q，因為不是p，所以是 q

建立人的認識過程

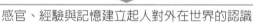

感官、經驗與記憶建立起人對外在世界的認識

從而建立

理智及其判斷

最終需要理解
1. 宇宙間有一個絕對永恆的必然法則，此法則支配宇宙間所有萬物，無有例外。
2. 人的本性由理性構成，故人的理性實踐必需配合理性的要求。而人本有的理性就來自於這永恆的必然法則。

最終達至

真正的德性是「順從自然的生活」，即以此發展的賢人。因為順從自然＝順從永恆的必然法則。

為此，邏輯學＝知識論是為達至倫理實踐之目的。

來自懷疑學院的攻擊

懷疑學院第二期兩位哲學家對斯多噶學派的攻擊	
亞克塞流斯	1. 即便斯多噶學派主張透過判斷我們可獲得善或好的生活，這種主張也不切實際，因為我們不可能也無法有效獲得認知對象的適切知識。 2. 我們只是相信我們認知到事物，或相信我們以為對世界的認知，事實上那可能都是虛假的。
卡內迪斯	人的感官能力分歧複雜且常帶有主觀錯誤，所以若我們以感官為認識的基礎，此基礎將反過來增加我們認識上的困難。如此一來，下判斷便更為困難。

UNIT **3.9**
主動理智爭議歷史㈠：伊斯蘭哲學之前

由於亞里斯多德關於主動理智運作的說明含糊不清，加上他也對理智功能的解釋不清，從亞里斯多德後到多瑪斯之前，中世紀有一段很長的時間，不少哲學家基於學派或宗教，嘗試解答亞里斯多德所留下來的問題。

一、主動理智爭議為何重要？

對現代的讀者而言，這段歷史不但看上去與知識論無關，甚至涉及複雜的形上學與哲學人學內容，所以可能疑惑於：為何需要加入這段哲學史？嚴格說來，主動理智爭議所爭執的點為：中世紀哲學家如何解釋我們對事物普遍觀念產生之過程。中世紀哲學在討論普遍觀念的形成時，往往與對人構成的理解有關，且進一步與對理智組成／理解的能力有關。這些問題的產生影響到我們對普遍觀念的理解，甚至影響我們對理智功能的分析。所以雖然讀者在閱讀時覺得困難，但這些討論作為基礎將會在多瑪斯·阿奎納那裡看到他如何從這段歷史發展吸取材料並最終提出對主動理智的合理解答。

為此，我們將在這比分別從伊斯蘭哲學以前、伊斯蘭哲學家、以及巴黎大學等階段進行說明。

二、伊斯蘭哲學前的代表人物

主動理智爭議在伊斯蘭哲學以前，尤其是希臘羅馬時期的哲學中就已有人加以解釋，我們以下列舉三位代表：

㈠亞菲迪撒的亞歷山大（Alexander of Aphrodisias, 約200 A.D.）：主張亞里斯多德的主動理智就是神，就是神（性）內在於人心靈中，以光照使人心靈產生理解，好比陽光照耀萬物使人能看到一般。為此，他將亞里斯多德理智的功能從兩個區分

為三個，分別是質料理智、習慣理智以及主動理智。當主動理智與神聖理智聯結時，個別靈魂能產生對事物的知識，這就是所謂「主動理智就是神」的論點。

㈡提米西烏斯（Themistius, 317-390 A.D.）：他認為亞里斯多德所謂的理智功能應該區分為四種不同的理智，除主動理智與被動理智之外，他另外加上生產的理智與普遍的理智。因為從外部加入人心靈的主動理智，其目的在使被動理智趨於完美。因為被動理智自己無法產生對事物之認知，所以需要額外的理智能力使之產生結果。提米西烏斯在此以生產的理智代替主動理智，用來補充主動理智之所以能幫助被動理智認識萬物的原因；且生產的理智其實就是第一神，眾人共用／分受一個共同生產理智。至於普遍理智雖也為認識之能力，卻符合亞里斯多德所言那會壞且不能獨立自存的理智能力。

㈢菲羅波努斯（Philoponus, 490-570 A.D.）：認為主動理智有十個特性，包括了不朽、獨立自存兩點。但哲學家們討論時都誤解亞氏理論，因為事實是只有一個理智，且主動理智就是人的理智。主動理智形構萬物後，由被動理智形成為我們所認識的萬物。至於主動理智難題，菲羅波努斯認為亞里斯多德所提關於理智的四個特點，包括獨立自存、不混雜、不受影響、藉由其實體而活動等，是因這裡所謂的實體並非指我們內在的理智（intellect），因為這些特性是由外在理智（Intellect）所提供。

第一階段：伊斯蘭哲學以前

	中世紀主動理智難題
	起因：亞里斯多德指稱主動理智不生不滅且獨立自存
	解決過程可區分三個階段：
	伊斯蘭哲學以前、伊斯蘭哲學家、巴黎大學

第一階段：伊斯蘭哲學以前

我們以三位希臘羅馬哲學家為例

哲學家	處理方式	處理方式的說明
亞菲迪撒的亞歷山大	增加理智數量	理智數量從二變為三，分別是： 1. 主動理智，就是神，且與神聖理智聯結能使個別靈魂產對事物的知識。 2. 被動理智改為質料理智。 3. 增加習慣理智。
提米西烏斯	增加理智數量	理智數量從二變為四，分別是： 1. 保留亞里斯多德所提主動理智與被動理智。 2. 增加生產的理智，補充主動理智之所以能幫助被動理智認識萬物的原因。 3. 增加普遍的理智作為對主動理智的補充。
菲羅波努斯	釐清亞里斯多德原文意義	1. 主動理智有十個特性：不朽、獨立自存、形構萬物、藉自身行動、永處思考狀態、心理性的、具有光照的能力、與被動理智的差別在於時間上而實體上的、不復記憶、與圖像共同記憶。 2. 過往哲學家誤解重點，因只有一個理智且主動理智就是人的理智。 3. 重新解釋實體之作用，強調是從外在理智所獲得的。

產生的影響

對後世的影響：兩種理論逐漸產生

1. 理智統一論，強調眾人共同擁有一個（主動）理智，其為分受自外在世界的某一具神性受造物對象。在此理論中哲學們透過調整亞里斯多德理智的數量達成說明結果。
2. 諸聖相通論，由於有哲學家通過柏拉圖理論解釋亞里斯多德理智，故有人主張柏拉圖與亞里斯多德的學說並無矛盾之處，即便有矛盾之處也只是用詞上的不同。

UNIT 3.10
主動理智爭議歷史㈡：伊斯蘭哲學

中世紀時期的伊斯蘭哲學因為透過援引柏拉圖與亞里斯多德哲學解釋與說明信仰或教義，並提出他們關於哲學人學的理論或解釋。為此他們也必須面對亞里斯多德主動理智難題，並在面對問題時提出他們的解釋。我們在本節提出三位哲學家作為範例，說明伊斯蘭哲學在這方面的努力。

一、阿爾金底（Al-Kindi, 796-873 A.D.）

阿爾金底被認為是第一位穆斯林哲學家（Muslin philosopher）。在處理主動理智難題上，他參考他對於前述亞菲迪撒的亞歷山大的理解。除接受主動理智存在外，他認為主動理智是一種獨立自存於外但能構作個人心智的存在。進一步他將習慣理智再區出二種功能，一種功能是擁有知識但並未實踐，另一功能則是對知識的實踐。所以在阿爾金底那裡區分出四種不同的理智：1.永遠處於活動狀態的理智、2.以潛能狀態處於靈魂中的理智、3.在靈魂中從潛能狀態傳遞至實踐狀態的理智、以及4.被稱之為第二理智者，此處第二者可被認為是擁有知識功能的意義。因為他採用新柏拉圖主義的概念，認為當理智將感覺與料實際化為知識後，理智進入第二理智狀態。所以對外在世界事物認知形式來自主動理智，這些事物形式以非物質且潛能之方式存在於主動理智內。所有人共同擁有一個作為純粹靈智存有者的主動理智，每個個別之人擁有的能力均為自此主動理智接收給予並將可理解對象從潛能帶至實現的部份。

二、阿爾法拉比（Al-Farabi, 872-950\951 A.D.）

阿爾法拉比在此問題上採取態度為諸聖相通論，他以新柏拉圖主義來說明理智的十個階層，並透過新柏拉圖主義中「流溢」概念說明亞里斯多德主動理智的問題。他認為理智能把靈魂內具備的各種細節綜合以致能夠理解，且在他之前諸多哲學家均認為理智為人整體中最為神聖的部份，因為人能透過理智運作達到對神的認識。因此，從世界整體結構來看整個世界由高而低為「神——理智——靈魂——自然世界」。阿爾法拉比的解答除為解決亞里斯多德主動理智難題外，也是為了神學上的需要，特別是透過主動理智的獨立自存與作用解釋不同的先知們為何能看見內容相同的異象。這種觀點影響到日後，尤其13世紀的雙重理智理論。

三、亞維齊納（Aveccena, 約980-1037 A.D.）

在亞維齊納那裡，主動理智難題甚或理智問題均轉向與形上學產生關聯。由於同時接受亞里斯多德關於第一不動動者的理論以及阿拉伯世界（或是來自對亞里斯多德詮釋）的宇宙結構，所以主張對於不動動者的神來說，宇宙中靈智實體階層可區分為十個必然且永恆的等級。當人接受來自第十等級靈智實體所給予的形式後，人便擁有主動理智，並能如同擁有潛能般地能接受並運作被動理智。而被動理智在此被亞維齊納認為是，亞里斯多德所謂「能使一件事物之所以為此事物」的個體化原理。由於此靈智實體不屬人類本質，所以當人肉體死後，主動理智將回歸其原本所在的階層。不屬人本質應具有之主動理智目的是給予人心靈在認識上所需要之基礎；人所擁有之被動理智在擁有對事物產生認識的能力：在此意義下就可合理解釋亞里斯多德對理智本身永恆不朽的主張。

第二階段：伊斯蘭哲學

起因
1. 伊斯蘭信仰在成長與擴張後需要系統且具理合的說明教義中部份細節。
2. 八世紀時，西班牙一帶伊斯蘭信徒已開始把柏拉圖與亞里斯多德的學說引入伊斯蘭信仰用以合理解釋教義發展。
3. 因大量採用亞里斯多德成果，並接受前人對亞里斯多德的註釋，以致需要面對亞里斯多德主動理智難題。

三位代表：阿爾金底、阿爾法拉比、亞維齊納

哲學家	理智功能	說明原由
阿爾金底	1. 主動理智確實存在，其存在從外在而有、獨立自存且構作個人心智的存在。 2. 將習慣理智區分出二種功能，一種功能是擁有知識但並未實踐，另一功能則是對知識的實踐。 3. 因此理智共有四個部分：(1)主動理智、(2)被動理智、(3)實踐理智、(4)第二理智。	1. 解釋上跟隨亞里斯多德與亞菲迪撒的亞歷山大。 2. 向新柏拉圖主義，特別是柏羅丁借用靈魂觀念的內涵，以解釋認識過程。 3. 所有人而言僅有一個主動理智，每個個別之人擁有的能力為接收自此主動理智所給予並將可理解對象從潛能帶至實現的部份。 4. 影響中世紀雙重真理觀。
阿爾法拉比	理智分為四個部分： 被動理智、實踐理智、 獲得理智與主動理智。	1. 從單純解決亞理斯多德所留難題轉變為神學上的需求，尤其處理眾先知如何看到同樣異象的問題上。 2. 與其世界結構「神 —— 理智 —— 靈魂 —— 自然世界」有關。 3. 接受諸聖相通論。
亞維齊納	1. 從不動的動者底下共有十個等級靈智實體，主動理智為第十等級與人結合的結果。 2. 主動理智目的為給予人心靈在認識上所需之基礎。 3. 當人肉體死後主動理智將回歸其原本所在的階層內。	1. 轉向與形上學產生關聯。 2. 亞維齊納同時接受亞里斯多德關於第一不動動者的理論，以及來自阿拉伯世界（或是來自對亞里斯多德詮釋）的宇宙結構。

最終在亞維洛埃斯（見下一節）哲學中獲得綜合回答
成為伊斯蘭哲學在此議題上與中世紀士林哲學交錯

UNIT **3.11**
主動理智爭議歷史㈢：亞維洛埃斯的總結

圖解知識論

如果說亞維齊納是第一位且成功將十個階層理智納入世界結構用以解釋主動理智的人，那麼在他之後的亞維洛埃斯（Averroes, 1126-1198 A.D.）就是伊斯蘭哲學家中集大成的代表人物：不論在哲學理論上或是在對主動理智此一問題的解決上。他對13世紀巴黎大學許多學者有相當大的影響，特別是多瑪斯‧阿奎納在許多篇幅中接受或駁斥他的學說。由於他的學說與當時巴黎大學主流思想，以至1270與1277兩年出現的〈1270禁令〉及〈1277禁令〉中對他的學說頗多譴責。

一、對理智能力的理解

亞維洛埃斯關於主動理智難題與被動理智的能力爲何的討論，可被簡單的歸納如下：亞維洛埃斯認爲理智作爲實體能獨立不朽，自存在身體之外，而被動理智爲眾人所共同擁有。他將亞里斯多德被動理智功能改稱爲質料理智，因爲是質料理智所以作爲實體能夠獨立自存於身體之外，數量上僅有一個且爲眾人所共有。亞維洛埃斯接下去提出與（伊斯蘭）信仰不盡相同的解釋：除被動理智外，人靈魂中還有多種理智存在。這些理智既同屬靈魂的不同部分，就可回過來推論人靈魂因擁有理智的作用而具不朽性與非物質性之特質。不過，不同理智在人死後都將歸回其原本所在之處，這似乎表示人死後就灰飛煙滅，這種結論可能導致信仰中死後審判與獎賞的教義都不具意義。

在伊斯蘭哲學家關於理智發展的理論中，亞維洛埃斯幾乎可說是提出最終定論，因爲雖然亞維洛埃斯透過亞里斯多德討論人的認識能力，但他所謂的亞里斯多德理論其實是他已經解釋或改變過

的內容。雖然亞維洛埃斯對主動理智所抱持的觀點較前人更前進一步——他繼續堅持主動理智是獨立自存、不朽與非物質性的原理，並且把主動理智視作人的基本形式。但他的學說也受到相當多攻擊。例如多瑪斯爲維護溫和實在論的立場指出，亞維洛埃斯以不適當方式把被動理智改名爲質料理智。另外關於靈魂中所具有之特性可能會使神學上對於終末時獎賞與處罰都不具意義。

二、解釋亞里斯多德

基於上面討論的內容，亞維洛埃斯注釋亞里斯多德著作時，重新解釋亞氏理智的內容，並認爲我們應從四種不同的意義理解理智究竟爲何：

㈠理智可以被認爲是亞里斯多德稱爲被動理智的那個對象，能提供人在圖像與想像能力上的基礎。

㈡理智在第二種意義上，理智作爲主動理智，能透過抽象作用給予人對事物的理解與掌握。主動理智是一種獨立自存的靈智實體，也是純粹的活動。

㈢爲了解釋亞里斯多德所認定的認識動作，亞維洛埃斯加上前人爲亞里斯多德增加的質料理智，並以此作爲認識所以可能的潛能原理。質料理智是一種純粹的潛能，且主動理智有所不同，因爲主動理智是某種永恆而獨一的靈智實體。

㈣根據理智的上述內涵，主動理智在想像能力內部進行光照產生個別事物的形式，作爲潛能的質料理智對此產生反應，並傳遞給被動理智。當被動理智接收個別事物的形式後，便成爲獲得的理智。認識活動於此眞正的完成。

中世紀伊斯蘭哲學面對亞里斯多德主動理智難題處理的過程

基礎方法論：繼承自亞菲迪撒的亞歷山大以來之傳統方法
通過新柏拉圖主義與亞里斯多德形上學的內容以解決難題

亞維洛埃斯：
1. 理智作為實體能獨立不朽，自存在身體之外，而被動理智為眾人所共同擁有主動理智在想像能力內部進行光照產生個別事物的形式，作為潛能的質料理智對此產生反應，並傳遞給被動理智。當被動理智接收個別事物的形式後，便成為獲得的理智。認識活動於此真正的完成。

此時期伊斯蘭哲學對理智功能的解釋，根源包括亞里斯多德論點，與2至6世紀注釋家們的詮釋。其中雖對理智稱呼不盡相同，但仍可看出大致的共同性。我們可以整理此時其伊斯蘭哲學在處理此難題時對理智功能的分類如下表

主動理智	1. 是亞里斯多德《論靈魂》卷三第五章所提到的主動理智。 2. 性質上依據不同注釋者／哲學家的看法有所不同，不過大部分人認同具有神性，為一獨立自存、不生不滅的靈智實體。 3. 注釋者／哲學家在以下兩個問題上並無共識： 　Q1主動理智與人用什麼方式結合？ 　Q2主動理智透過如何的作用讓人能夠認識外在世界？
被動理智 質料理智	1. 是亞里斯多德《論靈魂》卷三第四章所提到的被動理智。 2. 亞菲迪撒的亞歷山大注釋時改稱為質料理智，原因在強調取其與主動理智合作的意義，後來伊斯蘭哲學家們普遍接受，也稱之為質料理智。
習慣理智 思辯理智 實現理智	1. 從希臘哲學時期之後，為解釋主動理智難題而提出。 2. 其作用在於表達，當被動理智從主動理智接受到「可理解的象」之後，會自然傾向理解與思考可理解的象。 3. 亞維齊納慣用「習慣理智」，阿爾法拉比慣用「實現的理智」。
獲得的 理智	當習慣理智功能實現時，即獲得可被心靈理解之圖像，理智於此時之作用被稱為獲得的理智。 另外也有稱呼為「顯示的理智」或是「第二理智」。

UNIT 3.12
主動理智爭議歷史㈣：拉丁亞維洛埃斯主義者

主動理智爭議到巴黎大學時期形成兩個對立的陣營。其中同意伊斯蘭哲學對主動理智解釋的學者們可被稱為拉丁亞維洛埃斯主義。由於這些解釋與基督宗教教義明顯衝突，故另外出現一批為維護教義與亞里斯多德理論而與之對抗的學者，其中最有名的為多瑪斯・阿奎納。

一、拉丁亞維洛埃斯主義的定義

拉丁亞維洛埃斯主義，或者又可被稱為激進亞里斯多德主義（radical or heterodox aristotlianism），最大的特色是理智統一論，即在人的理智問題上明確主張眾人共同分享一理智，且只有此單一理智在人死後仍然可以繼續存在，為此他們排除人的不朽性。這樣的主張在13世紀的巴黎大學遇到其他學者的責難，但面對責難時他們主張這種論點確實為亞里斯多德的理論內容。這些學說日後在〈1270禁令〉與〈1277禁令〉中被禁止。

二、拉丁亞維洛埃斯主義者們

當時巴黎大學中支持此種理論的學者不少，其中達迦的波埃修（Boethius de Dacia）因為作為拉丁亞維洛埃斯主義者的身份上還有爭議所以暫時不討論。我們在此提出兩位著名的拉丁亞維洛埃斯主義者：

㈠迪南的大衛（David of Dinant）：由於他在當時受到譴責，著作受到禁止，所以我們對他的理論解釋來自同時期其他哲學家的著作內。例如多瑪斯提到他時，因為認為他將神與質料，特別是原質，劃上等號，所以譴責他的主張。

㈡布拉班的西格：布拉班的西格與多瑪斯同時間在巴黎大學任教，兩人

當時曾在著作中彼此論戰。因為布拉班的西格明顯地接受來自伊斯蘭哲學家的論點，主張主動理智為眾人所共有。西格的論點可以這樣解釋：對全人類而言只有一個主動理智，而且只有一個（用以接受的）可能理智。這些理智並非透過實體關係與個別的人產生聯結，而是藉由活動的方式彼此連結。所以，當我們想到我們正在思考時，其實是內在於我們心靈的可能理智與印象共同合作的結果。

與其他哲學家略有不同的是，西格並未注釋亞里斯多德的《論靈魂》，而是另外撰寫《論靈魂卷三問題集》（*Quaestiones in tertium de anima*）。這本書共有四卷，敘述他對亞里斯多德與伊斯蘭哲學家們理智與認識相關的討論：西格的討論從靈魂開始。西格認為靈魂是人的生命原理，但在這個議題上我們可以看到他主張雙重真理。因為從神學來看，只有一個靈魂，而且是單純實體；在哲學傳統上，靈魂可以被解釋為組合體，並包括了生魂與覺魂。根據這樣的論點，當亞里斯多德主張主動理智是永恆的，後人必然推得其為非物質的結論。在此西格引用亞氏形上學，認為即便理智也是符合類加種差的組合體。雖然他主張理智是組合體，但當理智與人的身體組合時將能產生推動作用。所以人確實透過主動理智的活動，即透過圖像進行抽象，並透過理智光照掌握第一原理。之後被動理智或獲得的理智與主動理智合作，從主動理智那裡得到抽象後的觀念，於此獲得我們平日所得到的知識內容。

亞里斯多德學說經由伊斯蘭哲學傳入中世紀歐洲

時間點	傳入過程或事件
12世紀中葉	伊斯蘭哲學家對亞里斯多德學說的解釋或介紹傳入歐洲。
1150年前後	剛蒂莎利努斯（Dominicus Gundissalinus, 約1115-1190 A.D.）將亞維齊納的《論靈魂》及注釋，翻譯為拉丁文並介紹至歐洲學圈。
1210年左右	約翰·布朗德（John Blund, 1175-1248 A.D.）開始處理亞里斯多德學說中的難題，他融合奧古斯丁、波埃修與亞維齊納等人的理論注釋亞里斯多德《論靈魂》。
1210年	巴黎主教會議通過〈1210禁令〉，禁止公開或私下教授亞里斯多德自然哲學的決議。
1215年	班那的亞馬里克（Amalric od Bene）著作因與亞里斯多德有關而被禁。
13世紀中葉	亞里斯多德理論雖受禁止，但已淺移默化逐漸進入巴黎大學的學圈內，並成為學者們所接受的理論之一。
1260-70年	布拉班的西格、迪南的大衛等人在巴黎大學任教，並與多瑪斯、大亞爾伯等哲學家論戰。
1270年	頒布〈1270禁令〉，明文譴責13條與拉丁亞維洛埃斯主義有關的命題，並禁止教導。
1277年	頒布〈1277禁令〉，明文譴責219條與拉丁亞維洛埃斯主義有關的命題。此次禁令影響廣大，包括多瑪斯一部分學說也受此禁令譴責。

布拉班的西格於《論靈魂卷三問題集》中繼承亞維洛埃斯主張，認為主動理智為眾人所共有，其內容概要如下：

第一卷	討論從靈魂開始。靈魂是人的生命原理，但在這個議題上他主張雙重真理： 1. 從神學來看，只有一個靈魂，而且是單純實體。 2. 哲學傳統上，靈魂可以被解釋為組合體，且包括生魂與覺魂。
第二卷	以第一卷為基礎，從而說明： 1. 亞里斯多德主張主動理智是永恆的，後人必然推得其為非物質。 2. 引用亞氏形上學，認為即便理智也是符合類加種差的組合體。
第三卷	作為推動者的理智如何與身體結合。
第四卷	說明人的認識過程：人確實透過主動理智的活動，即透過圖像與內在形式進行抽象，並透過理智光照掌握第一原理。之後被動理智或獲得的理智與主動理智合作，從主動理智那裡得到抽象後的觀念，於此獲得我們平日所得到的知識內容。

UNIT 3.13
主動理智爭議歷史㈤：巴黎大學

前一節在圖表中我們看到，雖然亞里斯多德學說在12世紀中葉就逐步傳入歐洲，但因其中學說與基督宗教教義多有牴觸，以至從傳統主義的眼光來看，亞里斯多德哲學對正統教義是個可怕的威脅。當巴黎大學出現支持拉丁亞維洛埃斯主義的學者時，同時也出現對抗的另一派別。我們在此介紹兩位具代表性的哲學家：奧涅的威廉（Willam of Auverne）以及大亞爾伯（Albert of Great）。兩位哲學家相同反對拉丁亞維洛埃斯主義，也都對多瑪斯日後提出的解答產生影響。

一、奧涅的威廉（Willam of Auverne, 1180/90-1249 A.D.）

奧涅的威廉因為1228至1249年擔任巴黎主教期間，受指定修訂亞里斯多德作品以利當時大學所用，所以對亞里斯多德學說相當熟悉。他認為若亞氏理論與教會真理衝突時應當採取拒絕，但若彼此相通時仍然可以接受，這個態度影響到後來教會與巴黎大學。

奧涅的威廉駁斥亞維齊納等人所主張獨立靈智實體為理智本體之理論。他接受亞里斯多德觀點，認為靈魂為身體的形式。但靈魂不可分，且對外在事物的認知無需中介之物協助，其操作上與神相同。理智透過可認知的形式首先認識到個別的事物，其次認識到抽象與普遍的實在，最後則經由經驗與記憶產生判斷的作用。就認識順序來說，人首先經由感官認識外在世界，進一步將這些感覺與料轉化為圖像思考，將這些圖像思考進行抽象後就可以得到可認知的形式。理智的認知不是被動的而是主動的，所以人需要經由神的光照而達至對第一原理的理解。

二、大亞爾伯（1200Ca.-1280 A.D.）

大亞爾伯是多瑪斯的老師，當多瑪斯受〈1277禁令〉譴責時曾專程前往巴黎大學為多瑪斯辯護。大亞爾伯認為不論柏拉圖或亞里斯多德，在關於靈魂的學說上都有一部份正確。所以大亞爾伯綜合兩者後認為靈魂在本質上是非物質實體，但從與身體連結上來看是身體的形式與推動者。他反對主動理智被視為靈智實體的觀點，並重新提出人認識過程。人對外在世界的認識起始於經驗，包含內外感官，且於此已有抽象作用：

㈠第一等級抽象處於共感中，共感能使人對於外在世界產生實際的認識。

㈡第二級抽象為對圖像進行抽象。

㈢第三級抽象為理智抽象，使質料概念分離。

㈣第四級抽象已經進入理智的範圍內，對事物本質加以把握。

為此，不論主動或被動理智都存在於靈魂內。主動理智不是前人所言的習慣理智，不論主動或被動理智也都不是自外在加入靈魂中的某種靈智實體。主動理智對人的作用來說是在問「那是什麼」的問題，是靈魂的行動；被動理智則是在問「本質為何」，並且其在靈魂內如同作為潛能一般。

由於大亞爾伯哲學態度為調和主義的，所以雖然他大量使用亞里斯多德學說，但他仍加入奧古斯丁的理論。當主動理智進行抽象作用時，不是只依靠人理智的本性，還有神聖之光幫助其中的運作，特別是在用以認識神聖之物的對象上。

影響多瑪斯的兩位哲學家

人物	奧涅的威廉 1180/90-1249 A.D.	大亞爾伯 1200Ca.-1280 A.D.
著作	包括： 《以智慧教導神聖》（*Magisterium Divinale et Sapientiale*）、《世界的面容（*De faciebus mundi*）等多部著作。	著作： 至少38卷，包括對彼得倫巴度《言語錄》的注釋與兩卷《神學大全》。
態度	對亞里斯多的寬容，但拒絕伊斯蘭哲學家的理論。	對亞里斯多德更為寬容，且採用伊斯蘭哲學家合用的理論。
面對 亞氏 哲學	1. 於1228至1249年任巴黎主教期間，受教皇格雷戈里九世（Gregory IX）指定為神學委員會委員，修訂亞氏作品以利當時大學所用。 2. 亞里斯多德的理論與教會真理衝突時，就當採取拒絕的態度；但是若彼此可以相通時仍然可以接受亞氏學說。 3. 雖受影響，但對伊斯蘭哲學哲學論點大部份為明顯地反對。	1. 一個真正的哲學家應同時向亞里斯多德與柏拉圖學習。 2. 拒絕接受亞維齊納等人所主張獨立靈智實體為理智本體之理論。 3. 哲學體系所採取的調合主義是從阿拉伯哲學家那裡借來使用。
主動 理智 與 靈魂觀	1. 靈魂為身體的形式，既然靈魂作為形式是單一且不可分，所以不可能將主動理智與被動理智化歸在靈魂之中，否則靈魂在性質上就為可分。 2. 理智透過可認知的形式，首先認識個別事物，其次認識抽象與普遍的實在，最後讓人經由經驗與記憶產生判斷的作用。 3. 雖認識能力上採與亞里斯多德學說類似路徑，但理智認知不是被動的而是主動，人的理智無可避免地需要經由神的光照達至對第一原理的理解。 4. 主動理智是經幻想所得的無用假設，為亞氏學說的自圓其說。	1. 自靈魂本質來說，靈魂是非物質實體，自與身體的關聯來說，靈魂既為行動者又為推動者；另一方面也可說是確實存在的非物質實體，可以同時成為身體的形式與推動者。 2. 不同意伊斯蘭哲學家們對於主動理智為眾人所共有的主張。 3. 對主動理智與被動理智在功能上的描述，依賴於他對人認識過程的描述：人對於外在世界的認識啟始於經驗，除外感官的經驗，內感官部份透過亞維齊納的解釋使用亞里斯多德的主張。 4. 認識過程中提出四級抽象，並融合奧古斯丁光照理論作為對神聖對象認識的保證。
作為先驅，對多瑪斯解決理智問題工作上相同產生影響 在對待亞里斯多德的學說上有著相似的寬容		

UNIT 3.14
多瑪斯·阿奎納：人的結構

實在論在13世紀，尤其是多瑪斯·阿奎納的哲學體系內得到穩固的建構：多瑪斯不論是在處理主動理智的爭議上、人認識的能力上、或是人究竟是什麼等等問題上都提出重要且有力的回答。若要了解多瑪斯如何解釋人的認識過程，我們首先需要知道多瑪斯如何看待人的組成。

一、人的概念

多瑪斯探討人的時候是依據亞里斯多德哲學中，形質論與目的論的角度來探討。所以他認為，「人既然擁有理智、感官、與身體的力量，這些都在一相互的秩序中與他產生關聯，即根據神聖攝理的安排，與一在宇宙間都可找到的秩序相似。事實上，肉體的力量為感官與理智能力的主體，為要給予他們認識的方式，而感官的力量為理智其所包括的認識方式的主體。」（《駁異大全》卷三）多瑪斯認為人的組合與整個世界秩序是可以相對應的。以魂（anima）為例，世界結構中的魂可區分為生魂、覺魂與靈魂（及相類似的靈智實體），這三者在人身上正好可對應人生物需求、感覺需求與理性運作的能力。為此，多瑪斯主張，人最根本的結構是「靈魂加身體」這個組合：對人而言，人的形式是靈魂，質料則就是身體。然而「靈魂加身體」也表示人既非純靈，也並非純粹身體，而是一個由靈魂與身體組合運作的複合體。

二、靈魂與身體的組合

既然人是由靈魂與身體所組合而成的複合體，我們接下去繼續解釋與說明這兩者各為如何的組成要件，以及兩者如何在人這個存有者身上產生恰當的結合。

（一）靈魂：多瑪斯認為人的靈魂存在可經由運作所得，但靈魂並非受肉體監禁的某物。多瑪斯認為靈魂有三個特性，分別是 1.非物質性，靈魂一方面使人與動物有不同，另一方面靈魂亦屬於靈智實體所以不具物質；2.獨立自存，靈魂可以離開身體而獨立存在，所以也具有不朽的特性；3.近似於神，其為神所創造，具有與神相似的認知能力，所以靈魂的根本功能在對事物產生理解。

（二）身體：多瑪斯對於身體的討論相較之下較少。就人的組成結構來說，身體為人的質料，少了身體人就不再能成為完整的人，而只會是靈魂，或某種靈智實體。人的身體因為擁有靈魂，且因靈魂能通過各種活動使用身體，所以可說身體與靈魂彼此緊密結合。就這個角度來說，身體作為工具提供人認識外在世界的能力。但身體並非二元論中那個可被丟棄的工具，對多瑪斯所謂人的組合而言，靈魂與身體相同重要。

（三）兩者的結合：就這個議題來說，多瑪斯認為靈魂充滿於身體的每一部份，而非只在某部分進行結合。靈魂作為實體一般的形式，其主要作用在於給予肉體存在的活動，或更好的說透過肉體達成某個秩序上的完美，靈魂充滿並遍及在肉體中的每個部份。當靈魂與身體的結合無需中介之物，不過靈魂並非以實體的意義與身體結合，而是如同實體一般的形式。

多瑪斯對於人組成結構的討論影響到他對前述共相之爭問題的處置，最明顯的部分即在下節關於抽象作用的討論上。

多瑪斯論人的結構

多瑪斯‧阿奎納，1225年—1274年3月7號
重要探討知識論／哲學人學著作包括：

《神學大全》（*Summa Theologica*）
《駁異大全》（*Summa Contra Gentiles*）

以兩本重要著作為概念可推得

人的基本概念
1. 討論基礎乃依據亞里斯多德哲學中的形質論與目的論。
2. 人的結構與宇宙秩序彼此相呼應。
3. 人最根本的結構是：靈魂加身體。

靈魂	身體
靈魂與肉體雖看上去是二元論的關係，但事實上肉體卻不是靈魂的監獄，靈魂與肉體結合並不是基於靈魂受苦的理由。靈魂具有三種特性： 1. 非物質性，靈魂一方面使人與動物有不同，另一方面靈魂亦屬於靈智實體所以不具物質。 2. 獨立自存，靈魂可以離開身體而獨立存在，所以也具有不朽的特性。 3. 近似於神，其為神所創造，具有與神相似的認知能力，所以靈魂的根本功能在對事物產生理解。	1. 身體為人的質料。 2. 人的身體靈魂，靈魂能通過各種活動使用身體，所以身體與靈魂彼此緊密結合。 3. 身體作為工具提供人認識外在世界的能力。 4. 對多瑪斯所謂人的組合而言，靈魂與身體相同重要。

關於靈魂與身體的結合

兩者的結合
1. 靈魂充滿於身體的每一部份，而非只在某部分進行結合。
2. 多瑪斯的主張主要用以反駁亞維洛埃斯關於眾人分享圖像的說法，也反對柏拉圖兩個著名靈魂與身體的比喻：舵手與船，駕駛與雙頭馬車。
3. 沒有身體的靈魂已不能算是一個完整的人。而靈魂使用身體的目的也不是一個真正的使用者，而是因為在目的論的角度來說，這個作為將使靈魂達至一個更加完美的目的。

UNIT 3.15
多瑪斯‧阿奎納論人的認知結構㈠

圖解知識論

多瑪斯對人結構的討論與他對認知結構的關係彼此相連。不論在《論真理》（De Veritate）或《神學大全》（Summa Theologicae）討論人認識過程的段落中，他都指出人類知識的過程始於經驗終於理智與判斷。

一、認知起始於經驗

在多瑪斯的時代，關於知識起始於何處有幾種不同的說法，多瑪斯一一說明並反駁：

㈠ 第一種說法被歸類於希臘時期哲學家原子論者德謨克利圖（Democritus），他主張知識來自於外在事物對人類身體的影響，這種影響來自圖像的釋出。所以知識可被歸結為：感覺被可感之物影響，並基於這個原因使知識都僅能來自可感之物將印象印在心智上的結果。

㈡ 第二種觀點被歸類於柏拉圖的立場，主張人的知識來自先天觀念的內容。多瑪斯總結柏拉圖的說法為，理智知識不被外在可感事物影響，反而是藉由理智分受外在某物（可能是獨立理智也可能是理型）所得結果。多瑪斯基於兩個理由加以反駁：

1. 如果靈魂真的擁有這些先天觀念，為什麼靈魂會完全遺忘這些知識一如其自身未曾擁有過一樣？

2. 如果感官與理智擁有相同的認知對象，那麼為何天生盲眼之人沒有關於顏色的知識。

㈢ 根據多瑪斯自己的分析，他提出最合適的立場為第三種主張，來自亞里斯多德的主張。他引用亞氏的說法提出「哲學家（即多瑪斯對亞里斯多德的尊稱）在談論理智時，指出（《論靈魂》卷三4章）理智就像是一張其上未被書寫的版子一般」這樣的看法。所以按照多瑪斯自己的說法，一切知識起源於感官，即被印入於人感官中的可感對象，在經過

理智運作後開始產生知識。這種經由感官所得知識的說法，維繫在上一節對人結構的描述。因為靈魂與身體結合，並因著結合使得靈魂需要透過身體作為工具以對外在世界產生認識。多瑪斯的意思是：人能夠對外在世界產生認識，是因為擁有理智並通過身體的感官功能而產生認識。

二、認知起始於經驗的知識論意義

讀者或許覺得奇怪，為何知識起源經驗這種近似生活日常常識的內容多瑪斯還需要特別加以討論？原因在於，就多瑪斯的時代來說，這種知識起源問題關係到人靈魂的性質，並與信仰產生關連，所以多瑪斯需要特別花篇幅加以駁斥或證明。舉例來說，當多瑪斯討論認知起始於經驗時，他在中世紀哲學另一個重要議題，即關於證明神是否存在的討論上，就採取後天／後驗論證的證明策略。這就等於說明人對神所能擁有的認識方法只能有兩種：一種與普通知識論相同，對神的認識必需來自於感官經驗；另一種則是人必需依靠外在力量的主動運作。這種預設也能為他著名的五路論證進行鋪陳。

總之，當多瑪斯強調心靈如同白板時，已強調知識源自於經驗，這意謂靈魂需要透過身體與感官運作才能產生知識，也就是靈魂要透過身體來感覺。所以多瑪斯所謂的「經驗」包含兩個面向：

㈠ 一是認為人可以透過經驗來學習外在世界的種種，此是就人自身的能力而言，這也表示人類並無先天知識。這也意味我們所有對外在世界的認識均來自感官能力，除此以外別無他法。

㈡ 二是認為人類的知識得以透過經驗而建立，就此而言經驗可以再區分為人自身的內在結構與對外在聯繫的外在結構——雖然內、外結構不同卻彼此關聯。

知識的起點：經驗

身體／感官作為認知世界的工具	
外五感： 視覺、聽覺、嗅覺、觸覺、味覺	內四感： 記憶、想像、印象、共感
知識起源經驗的意義： 強調心靈如同白板，就是強調知識源自於經驗，靈魂需要透過身體感官運作才能產生知識，靈魂要透過身體來感覺。	

證明方式 ⬇

兩種說明路徑	
第一種：三種知識來源分析	第二種：對神存在證明的解釋
1. 第一種說法來自德謨克利圖，他主張知識來自於外在事物對人類身體的影響，這種影響來自圖像的釋出。 2. 第二種觀點被歸類於柏拉圖的立場，主張人的知識來自先天觀念的內容。多瑪斯的反駁是： ⑴ 如果靈魂真的擁有這些先天觀念，為什麼靈魂會完全遺忘這些知識一如其自身未曾擁有過一樣？ ⑵ 如果感官與理智擁有相同的認知對象，那麼為何天生盲眼之人沒有關於顏色的知識？ 3. 根據多瑪斯自己的分析，最合適的立場亞里斯多德的主張，一切知識起源於感官。	1. 第一種論證如安瑟倫的本體論論證，主張透過對神的觀念就可以得證神的存在，即主張神「應該被理解為不能較之更偉大的存有者」，並依此論證神的存在。根據多瑪斯知識論的立場，人類理智先天上是不完美的，因此即便有這樣一個極為完美的存有者在吾人面前，我們也無法順利辨別。單就人的經驗能力，人也不可能對這超越的存有者產生認識。 2. 第二種論證訴諸於人本性中對福的渴望，如達馬奇（Damascene）的理論：即這種對神的渴望或知識乃先天根植於人內在。多瑪斯的反駁是對神的渴望為一種對神聖之善的模仿，與先天地認識神不具有必然的關係；且「神」概念的符號化，指此詞有可能僅是一種符號化的習慣而已。

知識起源經驗的意義 ⬇

1. 人可以透過經驗來學習外在世界的種種，此是就人自身的能力而言，這也表示人類並無先天知識。這也意味我們所有對外在世界的認識均來自感官能力，除此以外別無他法。

2. 人類的知識得以透過經驗而建立，就此而言經驗可以再區分為人自身的內在結構與對外在聯繫的外在結構——雖然內、外結構不同卻彼此關聯。

3. 人不可能擁有任何先天知識，即便是對於神的任何知識也是一樣。心靈之所以被稱為被動的是因為其處於一種潛能狀態，只有在其理解了可理解的對象後才會印於其上。多瑪斯形容這樣一種心靈就如同一張尚未被寫上任何字、卻將可以被寫上大量字體的白紙。

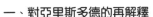

UNIT 3.16
多瑪斯・阿奎納論人的認知結構㈡

認知從經驗起始為實在論的特點，故在解釋經驗層次問題並無過多問題。但理智功用既為與伊斯蘭哲學家爭論重心，故多瑪斯透過論證策略重新梳理並說明理智的作用。

一、對亞里斯多德的再解釋

多瑪斯認為，亞里斯多德對主動理智解釋的正確意義應為：

㈠ 亞里斯多德其實將理智或心智視為一個整體，而非單獨存在的個體。所以以「獨立自存」與「永恆性」僅單屬理智這個部份而已。此點與亞里斯多德形上學有關，因為形成人形式的靈魂（與理智）在身體作為質料消失後仍能存在。

㈡ 至於亞里斯多德原文中所提的四個特質——獨立自存、不混雜、主動與實體性——確實存在於理智之中。主動理智四者兼具，被動理智僅具前兩者。但這裡強調的是主動理智即使不依靠身體器官也可以進行運作。

㈢ 從性質來說，亞里斯多德主張感官需要依靠身體而理智獨立自存，是因為理智是靈魂內的能力，而靈魂是身體的活動，所以才會被稱為獨立自存。

二、駁斥錯誤與重建理論

多瑪斯為能說明亞里斯多德，特別將解釋重心置於圖像、主動理智與被動理智三者。他先解釋理智個別功能以反駁拉丁亞維洛埃斯主義；之後透過詮釋人的認識能力，強調理智一體兩面的特性與其合作的重要性。多瑪斯對三者的說明如下：

㈠ 圖像：被認為是思考所需要的材料，也就是感官獲取所需感覺與料後傳遞給理智時所使用的形式，所以可以被認為是理智思考與認識所需之材料。多瑪斯認為，理智的思考不能沒有圖像的幫助；此外他也指出亞里斯多德強調在思維能力中，人必然而然地透過圖像的方式對事物產生理解與思考。

㈡ 主動理智：當圖像被傳遞至理智層面時，理智層面正式開始運作。主動理智並非某種獨立實體，而是靈魂的一部份。因為如果主動理智的作用在於使被理解的事物呈現在被動理智之中，那麼主動理智就不可能是一個獨立靈體，而應該是與被動理智相同的為靈魂的功能之一。多瑪斯認為主動理智的工作在於進行抽象作用。抽象作用能去除個別而雜多之表象，留下共同不變動的唯一本質。抽象作用是人類理智所具備及重要之能力，因此能力能讓人把握事物之所是的那個真正原因。進一步來說，理智可進行三種抽象：物理的抽象、數學的抽象與形上學的抽象。當圖式進入理智且進行抽象作用後，理智將此抽象結果傳遞給被動理智接收。此被傳遞之物可被稱為表達的心象（*species expressa*）。

㈢ 被動理智：多瑪斯認為被動理智也既非部分伊斯蘭哲學家所說的靈智實體，亦非眾人所共有或分享的理智。多瑪斯首先主張，被動理智不是一個靈智實體。因為一個人之所以能夠對事物產生認識是因為他擁有理智這種能力。特別是在主動理智的作用之下，可理解的象與理智產生聯結而進一步使人產生理解，這種聯結則以某些方式——如抽象、表達與印入——呈現在人心中。現在這提供連結的就是被動理智。也是在這個意義上，多瑪斯較為喜歡稱呼被動理智為可能的理智，目的在強調理智消極層面意義的把握：因為消極層面的理智所具有的是潛能，所以是具有可能性的。除了對伊斯蘭哲學家的攻擊外，這個主張可能是針對布拉班的西格特別提出的攻擊。

我們可以這樣總結理智運作：主動理智與被動理智為一體之兩面。主動理智藉抽象作用把握事物的普遍意義，被動理智則在乎把事物的普遍意義建構為概念，以使後來在判斷中得以完成符應。

圖解知識論

理智的功能由主動理智與被動理智共同合作而成

多瑪斯在解釋理智時採用的論證策略如下：
1.首先以自己的哲學理解重構亞里斯多德理智作用。
2.其次駁斥伊斯蘭哲學家們對亞里斯多德理智理解上的錯誤。
3.最後解釋亞里斯多德文中難以理解的概念。

得出結論為：
A.主動理智與被動理智是同一個理智所擁有的兩種功能。
B.圖象是感官能力傳遞給理智的感覺與料。

依此說明理智運作的步驟如下

前提：圖象作為一種傳遞工具使得理智在得到圖象以進行認識前屬於潛能狀態

理智對於從感官接受事物相同處於一種被動狀態
為此理智在接受到感官經驗所傳遞的資料與圖象前一直是處於潛能的狀態

理智接受到圖象時，主動理智進行三級抽象作用以把握事物本質
此時被把握的事物才是真正可被理解之狀態

爾後以表達的心象模式傳遞至被動理智並進行與外在世界的比對

根據關永中（2002）的解釋
多瑪斯對理智的完整說明應該如下

基本前提
每個人只有一個理智，但理智的可區分為主動與被動兩個面向

主動理智
是理智的主動面
不被情緒左右，不也負責記憶內容

被動理智
是理智的被動面
在形成觀念時可受情緒影響
被動理智與記憶有關

主動理智：從圖象中抽象出普遍形式
＋兩者共同合作
被動理智：從主動理智接受普遍形式後形成觀念

問題	亞里斯多德所說人死後「主動理智不朽，而被動理智消失」究竟什麼意思？
多瑪斯的回答	1. 人死時，心靈（理智）並不是消失，只是不能像和身體結合時一般地運作。 2. 主動理智為不朽是寓意人的心靈不朽 3. 人死後，是以純靈的狀態生活與認知。所謂純靈狀態是指是理性地直覺一切，並藉由理智直覺認知，不必再靠被動理智形成觀念。純靈心智的運作缺乏人還在世時那份被動理智的運作。

＊上圖根據關永中教授於其《知識論：古典思潮》中整理內容繪製。

第3章 實在論

UNIT **3.17**
多瑪斯·阿奎納論人的認知結構㈢

　　通過經驗與理智的層面，人的理智能產出概念（在多瑪斯的說明中他並非稱呼概念，而稱爲心語，*verbum*。我們在此使用一般讀者較爲熟悉的用詞）。此時概念首先需和外在世界相對應，確認其眞假爲何。爾後理智能在判斷中加以抉擇，選擇一固定方向與目標加以前進。

一、判斷真假

　　多瑪斯對眞假判斷的理論被認爲是符應說的代表。一概念爲眞，其條件爲事物與理智的一致。若彼此一致爲眞，反之則爲假。我們如果用當代知識論的角度來看多瑪斯的符應理論，或許可以當代術語表示：多瑪斯在爲他的符應論尋找以證成的判斷（justification）或是某種信念的準據（warrant）。這種講法預設兩個額外條件：

㈠判斷的根據點在人心靈／理智中：多瑪斯在這個嚴守亞里斯多德觀點，所以他接受並提出基礎爲：善與惡存在於事物中，而眞與假存在於理智中。眞假符應來自人的心靈而非外在世界。進行判斷的目的在於對一事物加以肯定或否定。此外，一般的認知狀況下，認知活動來自於判斷的完成。

㈡人與人之間的認知也具有符應問題：雖然符應說強調個人理智與外在事物間的一致，但符應論也預設著普遍有效性。多瑪斯主張，由於人擁有共同的結構，所以不同的人能在相同認識過程中得到類似甚至相同的結論。這個主張可回應第二章所提到共相之爭中，多瑪斯所代表的溫和實在論立場。那些類與種存在於我們理智中，能成爲普遍觀念。

　　多瑪斯的認識論在判斷的部分採納亞里斯多德《倫理學》中的論點：眞理作爲理智完美運作的對象，但完美運作最終的目的應該是對眞理的認識，而又因爲所有的善與美都來自於神，所以理智運作最終的完美必定來自於作爲第一眞理的神自己。這種說法預設雙重符應說的內容。也因爲這種採納，使多瑪斯的認識結構具有生命力，是一種生命歷程的過程。這種過程展現在抉擇的層次上。

二、抉擇

　　經由前面認識過程，人產生概念，且與外在世界進行符應比對確定眞假與否。當概念確定後，人便開始進行抉擇。多瑪斯討論人的抉擇行爲具有強烈目的論傾向。他認爲所有事物都必然朝向一個目的前進，這種前進就是作出選擇。

　　多瑪斯說人的理智（甚至萬物）都朝向目的前進時，他至少指出兩方面的意義：

㈠是指萬物皆有目的，即便有些事物看上去不具有目的性，也都至少具有某些傾向與本能迫使其向某一個目的前進——雖然這些目的可能是錯的。

㈡雖然萬物均朝向一個目的，但這種追尋的序列不可能無限後退，必然而然要在某一個最終目的那裡停止下來。多瑪斯所說的最終目的，是一種在此處無需再尋求其他目的的某一點，當萬物到這一點時就不再擁有對他物／其他目的的欲望。

　　上述第二點爲多瑪斯神祕經驗知識論預留伏筆：既然我們對事物的認識永遠朝向特定目的，且現世中所有目的都無法眞正滿足我們內心的需要，那麼我們的心靈／理智必然朝向一個最中的永恆目的。我們將在第八章看到，多瑪斯此處所謂最終目的如何建構起他的神祕經驗知識論。

透過抉擇實踐的判斷

多瑪斯認知結構的過程
經驗：對外在世界加以認識／理解：形成對外在世界的概念

進入判斷過程

判斷的理論：符應說，「事物與理智的一致」
符應的概念具有兩方面

人心靈的符應	雙重符應說
1. 判斷的根據點在人心靈／理智中：進行判斷的目的在於對一事物加以肯定或否定。此外，一般的認知狀況下，認知活動來自於判斷的完成。 2. 人與人之間認知的符應問題： 　(1) 符應論預設普遍有效性。 　(2) 由於人擁有共同的結構，所以不同的人能在相同認識過程中得到類似甚至相同的結論。	1. 理智明顯可區分為兩類，一類被稱為神聖理智，另一類則是人的理智能力。此兩者兼具有微妙關係：一方面神聖理智為對萬物理解的根本；另一方面人的理智是以類比或分享的方式產生與神聖理智相同的結果。 2. 因為一個事物之所以為真同時涉及神聖的與人的理智兩方面。這點涉及兩個理智之間關係如何。多瑪斯認為兩者為參與的關係。

進入抉擇結果

抉擇預設人心靈／理智朝向特定目的前進

1. 指萬物皆有目的，即便有些事物看上去不具有目的性，也都至少具有某些傾向與本能迫使其向某一個目的前進——雖然這些目的可能是錯的。	2. 雖然萬物朝向一個目的，但這種追尋的序列不可能無限後退，必然而然要在某一個最終目的那裡停止下來。多瑪斯所說的最終目的，是一種在此處無需再尋求其他目的的某一點，當萬物到這一點時就不再擁有對他物／其他目的的欲望。

引申出神祕經驗知識論

1. 多瑪斯在談論關於目的的時候傾向在善與目的之間畫上等號。
2. 在無限後退不可能的狀況下，必然要朝向一種最終的選擇，這種最終的選擇是神自己。
3. 當認識過程達到抉擇這一步時，認識過程算是達到暫時的終點。伴隨加入倫理的實踐傾向，靈魂將發現真正的幸福並非此生所能擁有的任何事物。這部分涉及多瑪斯的神祕經驗知識論面向。

UNIT 3.18 多瑪斯・里德

圖解知識論

除了士林哲學系統的實在論系統外，尚有其他哲學家提出之哲學系統可被稱為實在論。此處我們舉出英國哲學家多瑪斯・里德作為例證。

一、常識哲學家

里德的哲學主張使他被稱為「常識哲學家」：雖然他相同使用common sense一詞指稱他所謂的常識，但此處他賦予此詞彙與我們慣常使用習慣不同的意義與內容。當里德提到「常識」一詞，是指一種理性的直觀判斷。常識作為里德認知理論的根本，是那種不分性別、種族、年齡或有否學習者都能直觀把握的共同概念；這種共同概念為眾人所接受，且為不言而喻／自明的真理。里德認為當人擁有這種常識後必然能產生正確的判斷，且不論常識或判斷都應被視為人本生就具有的原始能力；而常識既然為眾人所接受，因此若不認為人具有可被共同接受的常識不但錯誤且荒謬。因此常識的概念可被視為里德知識論的首要原理。

里德的常識哲學可見於他對人認識此一活動的描述：當我們看見某些事物，就代表這些事物確實存在，因為我們是通過感官感受這些事物，而後確認為他們存在。所以當有人說「我看到某個事物存在」時，他確實是通過他自身所擁有感官，接著相信某個事物確實存在他面前。這種經驗具有不可被懷疑的特性，因為若某人要懷疑自己的感官則他不可能也無法在這個世界上生活下去。因為人類活在這個世界上，面對並理解這個世界時，需要透過理性給予合理並能作為認知基礎的答案。為此理性在此作用不一定被用以證明我認知某物時需要充分可靠的答案（如第一章提及的證成），而是反過來檢視是否有某個論點可以否決經由感官所獲得之認知結果。里德的論點是：我們既然生活在這個現實的世界，我們自然需要與他人相

同或有關的共同基礎信念（例如讀者您會相信這本書的作者是真實存在的人物，而不是五南出版社的編輯隨便從網路上抓一些資料編輯成書後偽造一個不存在的人物當作作者）。既是如此，那麼除非有充分證據可以證明我們所擁有的信念或認知結果為假，否則無需因噎廢食的懷疑或排除我們的信念內容。

二、概念的成形

里德在概念成形的部分，建立了「簡單理解——產生概念基本形式——與感知行為彼此相關」的公式。這與知識運作有關，因為知識的運作以概念為其根本核心單位。簡單理解是指我們對一個對象不帶判斷或信念而把握的概念。概念的把握與心靈有關。我們的心靈具有意識之作用，能認知特定對象，且不能以非意向性之方式進行對對象的認知：包括抽象命題或虛構對象都能加以把握。當我們產生概念，理智能將使概念放置於個人認知行為中加以理解，且能使用其他概念理解或改變對此對象的理解。

上述為個人對事物的理解，那麼眾人的理解或普遍觀念又是如何形成的？里德不接受普遍觀念具有獨立存在的論點，而是主張其為指稱事物的術語，甚至不是抽象觀念或其他類似的想法。當我們擁有同樣的觀念時，是因為我們基於語言使用創造出一個名詞對此加以指稱：雖然這個名詞對每個個人來說都只是他所擁有的特殊觀念。我們要在常識的概念下理解里德所說的普遍觀念：一方面這是眾人所共同接受的信念基礎（且具有眾人同意的社會共識），但另一方面我們仍可透過此種普遍觀念形成屬於我們自己的一般觀念。然而因為普遍觀念與語言有關，故即便是無法產生直接感官認知的對象（如獨角獸），我們仍可透過語言蘊含的共識進行溝通交流。

多瑪斯・里德對懷疑主義的反駁

多瑪斯・里德，1710年5月7日—1796年10月7日
英國常識哲學哲學家
重要著作：《關於常識原理的人類思想探究》
(*An Inquiry into the Human Mind on the Principles of Common Sense*)
提出以常識為基礎的認知模式

基本前提

1. 眾人擁有常識：一種理性直觀判斷，內容包括第一原理、常識原則、（眾人所有的）共同概念、或那些不證自明的真理。

2. 在所有語言結構中我們可以找到共同特徵，里德稱之為「普通語言」，即語言可做為證據，表達人類對常識信念所具有之承諾或認同。

認知公式
「簡單理解—產生概念基本形式—與感知行為彼此相關」

透過常識哲學反駁懷疑主義	
1. 懷疑論者能提出他們的懷疑是基於常識哲學的基礎始能達成，因為我們面對一個共同的世界。	2. 懷疑論的懷疑僅是將他們的疑問建立在與整體外在世界相同的常識基礎上，為此他們缺乏既能推翻知識準確性又能為眾人所接受的常識信念。

範例：反對休謨

休謨為英國經驗論者中重要代表，但因其貫徹經驗主義原則，將其哲學導向懷疑主義的論點。休謨的主張參見5.12-5.13。

休謨關於因果關係的主張	里德的反駁
若要理解因果關係，需要先確定因果關係來自何種感官印象，但這些感官印象並沒有絕對可對應的內容，反而是習慣的伴隨與經驗的期望。所以我們所認為具有的因果關係並非真正的因果關係。	1. 里德一方面同意我們確實可能缺乏某種能證實因果關係的感覺經驗，但並不意味一般意義下的因果關係就是錯誤的，因為因果關係的存在並非來自最初感官印象，而是實際就存在於那。即便我們缺乏某種證明，我們對因果關係的理解就是來自因果關係所給予。
	2. 里德另外從律則的建立反駁休謨不接受因果關係的主張。要求真正律則不斷持續且不能間斷既不必要也不合理，因為這將導致要求本身成為新的律則。以自然界為例，只要自然律將兩事件組合在一起，我們就可以接受兩事件間存有正當且可被我們接受的因果關係（里德以「物理的因果關係」稱呼）。就此點而言，里德修正休謨過度嚴格的經驗論法則貫徹結果。

UNIT **3.19** 郎尼根的洞察

圖解知識論

加拿大哲學家郎尼根屬新士林哲學，且生存年代與我們接近（其離世時間僅是上世紀1984年而已）。郎尼根承繼士林哲學系統，並提出對事物可理解性產生認知之洞察。我們可以他自身所說的定義來解釋何爲「洞察」：「所謂洞察，即是指並非那些注意或留心或記憶的活動，而是突然發生的理解結果。」（*Insight*, p.x）所以洞察可謂是我們對事物理解至融會貫通時產生的根本性認識。

雖然《洞察》一書或「洞察」的概念是對我們自身理解活動的說明，但郎尼根在討論此一概念時大量使用自然科學的理論、歷史與概念，致使雖然洞察概念可被概略囊括在「經驗──理解──判斷──抉擇」此一認知結構之公式內，讀者對此著作卻仍易產生望洋興嘆之感受。爲此，我們以郎尼根在其著作中〈導言〉的五個命題，概略說明洞察究竟爲何？

㈠不問「知識是否存在」而問「知識是什麼」：知識的存在是肯定的，否則我們無法理解我們所閱讀的內容。在此前提下，郎尼根認爲人至少有兩種知識成立之要件：對客體對象的認知，與對主體認知結構的認知。基於這兩種知識的存在，洞察如同探討知識之本質究竟爲何？

㈡探討的首要對象不是「被認知的內容」而是「認知行動」：若要釐清知識的本質，我們不妨從認知者的能力作爲出發。當我們可以理解我們在理解上如何進行理解時，我們便能掌握洞察之內容，並加以應用在不同的學科上。這意謂洞察探討認知結構究竟爲何，而非我們知道了那些知識內容。

㈢洞察在於體認個人的認知結構：既然我們在洞察中所做的是體會，作爲認知主體的我們究竟具有如何的認知能力，所以我們如同「理解理解」或是「洞察洞察」。爲能幫助讀者體會認知爲何，郎尼根的策略是：先說明洞察爲何，之後透過數學與科學的例證說明洞察的意義，接著以常識探討洞察，爾後進入傳統哲學領域進行討論。

㈣「自我體認」是循序漸進的：郎尼根的目標既是讓讀者對自我認知，但這種自我認知並不容易，需要循序漸進。爲此，郎尼根以自然科學爲出發點，因爲自然科學具有明確的範圍與指稱。而後才能討論常識與偏執、認知者對自我的認知。爾後更進入形上學的討論、倫理學的建構、最終引出人對超越的終極渴望。從下節（3.20）右頁《洞察》一書之目錄結構來看，該書正是貫徹郎尼根此處所言，以循序漸進方式讓讀者能自我體認。

㈤以教學方式進行循序漸進之體認：郎尼根在解釋洞察時認爲，透過教學方式可引領讀者逐步理解洞察在知識各方面的應用。嚴格來說，郎尼根在《洞察》卷二討論的議題，包括對自我的認知、存有的概念、知識的客觀性，乃至形上學、倫理學與宗教哲學的系統，當屬傳統哲學領域討論範圍。但這些討論需要預設讀者對一些特定歷史與概念的理解，否則不易明白討論之內容。爲此，郎尼根安排跟傳統士林哲學相同的路徑，從最直接明顯的作爲出發，逐步拉高讀者對洞察的視野與觀點。郎尼根如同一位親切的老師，帶領學生由簡入難，領略不同領域的奧祕。

郎尼根的洞察概念

郎尼根，1904年12月17日—1984年11月26日
重要著作：
《洞察》（*Insight: A Study of Human Understanding*）
《神學方法》（*Method in Theology*）
現由多倫多大學編輯其《全集》，共計20卷。

郎尼根透過對洞察概念的說明
邀請讀者一起體認自己作為認知主體，如何認知＝洞察外在世界

洞察可被濃縮為以認知結構認識世界之認識過程

> 認知結構＝「經驗 ── 理解 ── 判斷 ── 抉擇」

＊認知結構為循環性過程，分為四個段落僅為說明方便
＊郎尼根意指為，人只有靠著洞察才對被認知的對象獲得懂悟。

郎尼根在《洞察》中以五個命題說明洞察究竟為？

定義：所謂洞察，即是指並非那些注意或留心或記憶的活動，而是突然發生的理解結果。	
命題	**內容**
1. 不問「知識是否存在」而問「知識是什麼」	人確實具有知識，這是不可否認的確定事實。即便某人認為自己一無所知，他仍知道自己一無所知此一事實。故郎尼根欲探討之問題並非知識如何成立，而是知識究竟為何之問題。
2. 首要對象不是「被認知的內容」而是「認知行動」	過往知識論主要討論知識成立的可能或系統，但這又預設認知主體所具備之能力。郎尼根認為若我們能先討論認知行動本身，並釐清認知者如何認知，則對被認知的知識內容必大有真正幫助。
3. 洞察在於體認個人的認知結構	人是具有認知能力的認知主體，且已具備認知世界的認知結構。郎尼根討論的策略，先探討洞察作為行動，爾後才探討洞察作為知識，並探討我們對世界的認知或對知識內容的把握能到如何的程度。
4. 「自我體認」是循序漸進的	自我體認需要逐步建構之過程：故郎尼根探討洞察由自然科學出發，爾後才進入抽象或複雜的領域。即透過循序漸進呈現出洞察過程的動態呈現。
5. 以教學方式進行循序漸進之體認	為避免讀者缺少對認知能力或主體的理解（因此種哲學人類學／哲學心理學之討論預設讀者已經具備對複雜之哲學術語或邏輯、形上學概念），郎尼根如同教師一般帶領讀者從簡入繁逐步體會洞察的作用，及其於各領域的應用。
結論：洞察就是去徹底理解所要理解的一切，不單只概括地理解所要理解的一切，而且要擁有一個穩妥的基礎，一個不變的模式來開導自己在理解上有更深遠的發展。	

＊參關永中《郎尼根的認知理論》（2011），〈導論：作者其人其書〉

UNIT 3.20
郎尼根的《洞察》

圖解知識論

前一節我們提到郎尼根在實在論系統中所提及對事物本質的認識為「洞察」，這與他的代表著作《洞察》名字相同，因為在《洞察》書中，郎尼根討論的正是人如何擁有或體驗到洞察的過程。所以該書第一卷名為〈洞察做為行動〉，其用意即首先討論洞察為何，之後透過自然科學的例證說明洞察為何，再依此基礎討論認知者的認知內容。有趣的是，郎尼根日後曾在其他文章中提過，《洞察》一書本來應該只有13章，前8章討論人類的理解，後5章正確的理解如何幫助我們拒絕錯誤的出現。但他認為，若只寫到這裡，他的《洞察》就會像無根於形上學的心理學理論罷了！也為此出現14章以後關於形上學、倫理學與宗教哲學的討論。由於14章以後的議題已跨足其他傳統哲學領域，故此處我們只多提郎尼根關於認知者的自我認知、存有的概念與知識的客觀性等，這三項在其原本寫作計畫內討論的重要議題。

(一) 認知者的自我肯定：郎尼根對認知者自我肯定的討論可以「事實判斷」一詞作為濃縮。「自我肯定＝事實判斷」此一公式的成立，預設五件事的存在：自我、自我肯定、事實（存在）、事實判斷以及最後「自我肯定＝事實判斷」。這五個要件可說前者引導後者，最終五個要件全部成立的邏輯過程。因為自我首先具有存在，爾後必需在理性上肯定自我，在理解層面理解到自己是一完整統一的整體，且在經驗層次上把握每次經驗中所得到關於自己的存在。接著自我能在對自我體會後肯定外在世界作為他者或非我的存在，並且相同在理性上把握外在世界作為事實的存在，在理解上相同理解外在世界之他者的統一全體，且在經驗上把握外在世界被經驗把握之內容。此時自我肯定乃與事實判斷兩者互相肯定。我們在這裡看到郎尼根受到康德思想影響的痕跡。

(二) 對「存有」概念的討論：存有在形上學，甚或西方哲學史的發展歷程中，一向是討論的核心。因為萬事萬物最根本的共同點就是均為存有者。為此，郎尼根透過對西洋哲學史發展的歷程，探討幾位重要哲學家如何理解存有的概念（包括柏拉圖、亞里斯多德、康德甚或黑格爾等人）。

(三) 知識的客觀特質：當郎尼根討論知識的客觀性時，其認為客觀性應具有以下特性。

1. 知識的客觀應適用我們的認知範圍，甚至應包括常識的範圍。客觀的存在，不因為人無法應用所以變為主觀。此外，許多常識雖與科學彼此矛盾，但科學家也是將常識加以延續並精準化。因為不論如何，我們不可能不在認知結構的前提下討論客觀的問題。

2. 所謂的客觀，郎尼根認為是最小概念，也就是我們僅對「客觀」的概念提出最低底線的解釋，並非提出普世概念進行評判。

3. 在討論客觀時我們應就認知活動及其成果來討論，而非透過預設虛假問題討論主客觀的爭議。因為認知活動是事實，不應透過未經證實問題造成認知活動的自相矛盾。

我們可以這麼說：郎尼根所謂洞察概念是一種動態結構，具有不斷前進的可能性。任何當下的認知活動都是整體認知活動的一環，而這些當下認知活動的組合正是整體認知活動的內容。故我們在右頁看到《洞察》的結構時無須意外，其正是由具體進入抽象，在知識層級由物理進入精神層次的過程。因為當我們對自我認知擁有正確把握時，能將不同領域逐步放置恰當的學問內容。

郎尼根《洞察》結構與大要

　　郎尼根《洞察》一書爲大部頭哲學著作，以下提供該書完整結構，俾使讀者能快速了解掌握該書內容。該書結構可回頭證實士林哲學實在論知識論系統如何建構由具體至抽象的知識論體系。

章節及主題	內容摘要
〈導言〉	對洞察提出概略陳述，並概略說明全書方法或內容為何。
卷一：洞察作為活動	
第1章要素	在第1至5章郎尼根說明洞察的作用，以及基於洞察所產生與認知相關的人類能力。此部分郎尼根大量使用科學史的例證，說明人類對真理的追求與洞察能力的應用有關。
第2章經驗方法的誘導性結構	
第3章經驗方法的規則	
第4章古典與統計律的互相補足	
第5章時間與空間	
第6章常識及其主體	常識作為認知對象的內容以及對人產生的影響。兩章部分內容可見本書9.7-9.9。
第7章常識的客體面	
第8章事物	郎尼根在此對認知結構中第三部分的「判斷」提出說明，並指明從認知結構三層面引發的三重意義。
第9章判斷	
第10章反省與理解	
卷二：洞察作為知識	
第11章認知者的自我肯定	透過認知結構，身為認知者的我們可以透過此認知能力認識自己，且對包含存有與客體之對象產生理解的內容。尤其在存有一章中，郎尼根透過哲學史的研究，討論存有此一概念的發展。依此郎尼根得以進入對形上學的討論。
第12章存有	
第13章客觀性	
第14章形上學方法	此部分（至20章）可說是郎尼根為建構哲學整體系統之故所繼續撰寫的內容。郎尼根於14-17章討論形上學的內容，尤其對超越屬性進行完整分析與說明。
第15章形上學的要素	
第16章做為科學的形上學	
第17章作為辯證的形上學	
第18章倫理學的可能	探討倫理學在認知結構的基礎下如何可能。此處僅簡單說明倫理學與善的內容，其他探討可參見郎尼根相關論文。
第19章普通超越知識	此部分屬認知結構應用於宗教哲學的討論，研究人如何對超越對象產生認識。
第20章特殊超越知識	

《洞察》作為基礎

《神學方法》作為實踐

第 4 章

懷疑主義

●●●●●●●●●●●●●●●●●●●●●●●●●●● 章節體系架構

UNIT **4.1**
懷疑主義的基本主張

圖解知識論

懷疑是人的天性。日常生活中我們雖然會相信某些事情，但仍會對無法確定的資訊加以懷疑。從哲學／知識論的角度來看，有些哲學家完全不相信人有獲取知識的可能。

一、懷疑的類型

懷疑主義雖然是一個完整概念，且雖然都以懷疑爲核心，但懷疑主義此一派別內對「懷疑」的使用仍有差異之處。從懷疑主義的歷史來看，懷疑作爲手段、目的等有以下三種類型：

(一)以懷疑爲方法，期望獲得眞理或知識上的確定結果。此方法爲常見的思辨方式，即透過排除不確定以獲得確定的結論。雖然以懷疑作爲方法，但所獲得之結論也不全然相同；有的哲學家認爲透過方法上的懷疑得到確定知識，有的哲學家僅是透過方法懷疑認定眞理或知識的相對性。

(二)以懷疑爲方法，期望獲取心靈上的平靜。此類主張者對知識不一定信任，也認爲知識所帶來的不是確定而是心靈混亂，所以他們認爲當我們以懷疑爲方法時，我們能透過確認知識的問題改變自身心態，以致最後透過不相信知識與眞理作爲結論，以使認知主體得到心靈平靜。此點屬於將知識論轉至倫理學的實踐過程。

(三)以懷疑本身爲目的，徹底否定知識與眞理的可能。若以懷疑爲目的者，可能是透過詭辯技巧否定知識與眞理本身，但也可能爲懷疑而懷疑。此類對懷疑的使用並非哲學史

上懷疑主義的主流，但因其造成影響最大，反而成爲最廣爲人知的懷疑主義類型。

二、懷疑主義的基本主張

懷疑主義質疑的是我們在知識論上討論的認知結構，即在第一章所提到「主體──客體」的關係。以實在論爲例，他們在認知結構上認爲主體確實具有認知能力（雖然不同哲學家對主體能力有不同解釋），客體能被我們如實理解與把握，主體與客體間能建立起認知的可能。但懷疑主義對認知結構主張提出他們的質疑：

(一)主體能力：懷疑主義不相信人有充分能力認識外在世界，我們的感官會因生病或外在因素受到干擾產生認知的錯誤，即便是理性部分也可能因爲偏執的影響產生非理性的選擇與決定。

(二)主體與客體間的關係：主體既然缺乏足夠能力，那麼主體在面對客體時不可能確切掌握客體樣貌，那麼主體與客體間就不可能建立認知上的關係。既然如此，認知結構形同瓦解。

(三)既然主體無法認知客體，那麼我們如何確認我們所認知到的客體確實如我們所知道的那樣？有無可能我們所認知的客體受到自身能力影響，並非外在世界客體的確實樣貌？

懷疑主義依據不同哲學家及其學說，會有不同主張。本章將依據哲學史發展，說明各哲學家的理論及見解。

懷疑主義的基本主張

認知結構	主體 ————————————————————————→ 客體		
		主客關聯	
一般論點 以實在論為例	主體具有適合的能力，能提供主體對外在世界認識的能力。	主體與客體間的關係為必然的，雖主體有時會產生認知上的錯誤，但認知結構能幫助我們修正錯誤以達至對真理認識。	透過主體能力我們確實認識客體，且客體樣貌就為我們主體能力所能掌握的樣貌。
懷疑主義	主體能力有缺陷，或能力易受干擾，只要有干擾因素出現，我們就有可能產生錯誤的認識。	主體既然能力上受限，則我們不可能在主客體間建立關係。	主體能力既然有問題且受質疑，那麼我們不可能認識到客體。

懷疑的三種方法

方法	內容	代表人物
以懷疑為方法，期望獲得真理或知識上的確定結果	有哲學家透過方法上的懷疑得到確定知識，有的哲學家僅是透過方法懷疑認定真理或知識的相對性。	笛卡兒
以懷疑為方法，期望獲取心靈上的平靜	我們能透過確認知識的問題改變自身心態，以致最後透過不相信知識與真理作為結論，以使認知主體得到心靈平靜。	皮羅 希臘時期懷疑學院
以懷疑本身為目的，徹底否定知識與真理的可能	可能是透過詭辯技巧否定知識與真理本身，但也可能為懷疑而懷疑。	果加斯

在當代的實踐

當代懷疑主義與AI及電腦科技結合，致使懷疑方法成為我們所熟悉的內容，產出以下兩種狀況：
1. 與電腦相關的懷疑主義，易以好萊塢電影形式呈現。
2. 陰謀論，不相信眾人接受的事實，提出不同觀點。

UNIT **4.2**
不可知論／無神論

圖解知識論

在進入懷疑主義以前，我們先討論「不可知論」（Agnosticism）的概念。不可知論是一種常與懷疑主義連結的觀點。這種觀點最簡單的定義爲：對特定對象存在與否採取存而不論的態度，或對於其存在與否抱持不下評斷的處置方式。不可知論通常與無神論有關連性。此論點雖不是懷疑主義，但對認知對象與內容採否定乃至存而不論的態度。

一、無神論的概念

或許有讀者可能會疑惑，爲何不可知論會與無神論產生關聯？在古典哲學中，知識論與形上學間的關聯十分密切，不論柏拉圖或亞里斯多德以來的體系，知識論的結尾多與形上學有關，且推出不動的動者（或就是神）作爲最後的終點。在士林哲學實在論的體系內，人作爲認知主體被認爲能認識超越感官知覺的對象。不論何種古典體系最終在形上學部分均預設不動的動者／神／第一因等作爲基礎。但就認識過程來說，我們可以認識眼前的實在對象；但對於神或超越對象我們在認識不容易有這樣的直接反應。這種對神存在與否的質疑從過往就已存在，許多哲學家包括休謨、康德等人都質疑推論上的合理性。後世一些哲學家根據這樣的論點進一步宣稱，神的存在既不可能也無法從理論上推導獲得。這種反對相信神存在的主張被廣泛稱爲無神論。然而雖然如此，一些反對者如康德卻認爲，作爲推論要論證神存在不具合理性，但人的天性就有形上學的傾向，認爲神必定存在。基於這種天性我們進一步推出不可知論。

二、不可知論

根據前面關於無神論概念的討論，其實進一步我們很難簡單立刻的指稱無神論就是「相信神不存在的人」或是「不相信有神的人」。有學者認爲，無神論的存在自反面來說需先有一群有神論者，我們才能討論無神論的內容。因爲就哲學來看，無神論並非指有個人心裡不相信神，而是指在命題內容上解釋神不存在或主張神不存在的命題；因爲無神論中的「a-」指的是否定而非神不在場。爲此，無神論者面對神存在與否的問題不會回答「與我無關」這樣的答案，而是直接採取否定態度（如「這個命題無可被認知的意義」）。另一方面，無神論一詞的定義寬廣，從反對神存在的論點到不相信神能被我們認識都有。在這樣的前提下，有一種較爲溫和的觀點被提出，即爲不可知論。

不可知論一詞最早來自19世紀末期的赫胥黎（A. L. Huxley）。他使用這個詞的目的在於指稱一些學者，一方面承認自己對事物可能無知，但另一方面仍對獨斷論（包括形上學與神學）的內容充滿信心與希望。赫胥黎原意本希望指出，除非在邏輯上我們能有充分的證明或證據，否則我們不應認爲某些命題爲眞或爲假。例如關於神是否存在的問題，我們既然沒有充分證據證明祂的存在或不存在，我們就應暫停判斷神存在與否的問題。這個術語在經過赫胥黎的使用後，現在變成一種（心理）狀態，特別指那些既不是有神論者但也不是無神論者，對於神是否存在只是認爲我們無從得知的人。

不可知論／無神論如何被定義？

起點：古典哲學形上學的推論
從認識論開始的認知：萬事萬物能被我們認知，但在認知過程中我們發現 1. 似乎萬事萬物均朝向一個（最終）目的； 2. 萬事萬物似乎均備有意識的依據規律加以安排。

引導出

神的存在 此處的神首先意義是哲學上的設定，爾後才是特定信仰的對象	
不動的動者／第一因	萬事萬物的推動需要有背後的動力，這個動力不能是受他力推動，所以必然有一不動動者作為第一因。
（信仰上的）神	信仰上的神基於其慈愛與大能設計、創造、推動世界的運作。

問題的產生

我們無法憑藉感官認識超越對象
如何可說我們知道有超越對象的存在？

幾種可能的反應與態度

1. 無神論	1. 不一定是反對神存在或不相信神存在的主張。 2. 問題：我們可以定義無神論為「對神不存在的主張」，但這可以成為一個被驗證的命題嗎？ 3. 有的哲學家認為無神論應該是一種不相信神或不認為神存在的心理狀態。但如果只是心理狀態，那麼主張神不存在的命題就不可能成立，因為心理狀態作為一種信念無法得到證成，也就無法被視為一種命題形式。 4. 這不排除「無神論（者）」一詞於西方文化國家內，尤其是在政治場合中做為某人的標籤與符號。
2. 不可知論	1. 赫胥黎以這個詞指稱那些，一方面承認自己對事物可能無知，但另一方面仍對獨斷論（尤其形上學與神學）的內容充滿信心與希望的人。 2. 除非在邏輯上我們能有充分的證明或證據，否則我們不應認為某些命題為真或為假。例如關於神是否存在的問題，我們既然沒有充分證據證明祂的存在或不存在，我們就應暫停判斷神存在與否的問題。
3. 疾病	如佛洛依德的主張，參見8.2。
4. 社會階級預設	如馬克思的主張，參見8.3。

* 關於相信與確認我們能認知神的認知理論可參見第八章內容。

UNIT **4.3**
辯士學派

　　從哲學史角度來看，哲學史在希臘最早的自然論時期後產生辯士學派。蘇格拉底以前的哲學被稱爲自然論時期，是因爲當時哲學家以宇宙論及自然科學爲主，研究世界的生成原理。西元前5世紀左右，基於希臘城邦分工完善，希臘戰爭中文化交流促使希臘人眼界大開，加上文法與辯論等語言技術基於社會需求逐漸成爲專門職業，致使一批不論在思想與語言技巧上出眾的辯士出現於希臘社會。這些辯士常以詭辯術協助人打官司或突破舊有思想，但因詭辯術本身得浮濫應用致使他們日後聲名狼藉。本節我們將介紹兩位其中最爲有名的辯士：普羅塔哥拉斯（Protagoras）與果加斯（Gorgias）。

一、普羅塔哥拉斯

　　普羅塔哥拉斯最有名的名言爲「人是萬物的尺度，存在時萬物存在，不存在時萬物不存在。」這裡所謂的人並非指個人而是指群體，因爲柏拉圖解釋普羅塔哥拉斯所謂的人確實是個人。不論從個別之人來說或從群體來看，普羅塔哥拉斯對知識的主張均導致不可知論／相對主義等真理不確性的主張。

㈠若普羅塔哥拉斯所謂的人爲個別個體，個人的感官與感覺會因環境而產生變化，人的理智與感官則因身外種種因素影響致使人產生錯誤判斷，所以唯一爲真的只有當下進行判斷的擁有者。這將造成我們對外在世界的認識主觀或相對，且不可能成爲受普遍接受的定義指稱。

㈡若普羅塔哥拉斯所謂的人爲全體人類，或爲團體、社會等對象，我們仍須注意到，這些團體會因不同群體產出不同認知及意見，這將造成文化相對主義或特定團體偏執，所以

我們仍無法擁有普遍的真理。

　　普羅塔哥拉斯根據這樣的論點推得：道德好壞乃多數人的共識決，而神的存在也充滿曖昧或晦澀的討論。既然我們對新的理論及主張都無法獲得判斷上的真，那不如保留這些已有的傳統規範，爾後經由修辭或辯論加以建立。因此普羅塔哥拉斯的懷疑論（或者相對主義／不可知論）強調的是實用而非單純詭辯。

二、果加斯

　　果加斯爲——長壽哲學家。因爲師承恩培多克利（Empedocles）的自然哲學與辯論法，並受伊利亞學派芝諾（Zeno of Elia School）辯證法影響，致使他在辯論術上有極佳的成果，並被譽爲謬論之父。在知識論上他提出三個主要的論點使他成爲懷疑主義的重要代表人物：

㈠命題一「無物存在」：就認識角度來說，我們不可能知道任何存在的對象，也就是其實我們沒有任何知覺對象。此乃因我們感官受限緣故。

㈡命題二「既使存在我也不能知道」：此命題主要目標在否定人對外在世界認識的可能性，若與前一命題結合可說不論外在世界是否存在，我們對存有的對象都不可能正確把握。

㈢命題三「即使我知道我也無法說出」：即便我們否定命題一與二的可能，並強調我們對外在世界確能認識，但我們受語言所限，不可能將正確的認知內容傳遞給其他人知道。

　　果加斯的懷疑論三命題證明人沒有認識外在世界的可能，其所使用方式爲詭辯術，致使他的理論已屬極端懷疑主義。後人根據他的理論及辯證術展開對真理的詭辯，致使真理客觀標準不復存在。

辯士學派兩位代表

普羅塔哥拉斯	果加斯
約481-411 B.C.	約483-375 B.C.
辯士學派中著名的哲學家。於30歲左右遊歷希臘各地，教導青年並贏得讚許。據說因論神的著作被控褻瀆之罪所以逃離雅典，但在前往西西里途中沉船而亡。	年少時師從恩培多克利，專攻自然哲學與辯論法，並學習伊利亞學派芝諾辯證法。芝諾的辯證技術乃為維護其師巴曼尼得斯（Parmenides）學說所提，其辯證方式在亞里斯多德著作中以「辯證法」（dialektike）稱呼，即透過答辯過程直指對手論證內涵謬誤之手法，提出多個論證證明關於存在與運動之論點。
留有一些殘篇，因為據說與他同時期的雅典人被他的學說激怒，所以放火燒了他所有著作，雖然這件事無法獲得證實。 柏拉圖著作中多有對他學說的說明。	著有修辭學手冊*Technai*，但現在僅有*Encomium*（頌詞）和*Defense*（辯解）兩卷完整流傳下來。 其他論點可在亞里士多德那邊看到他的主張。
最著名主張為其斷簡：「人是萬物的尺度，存在時萬物存在，不存在時萬物不存在。」	提出懷疑論三命題： 命題一：無物存在。 命題二：既使存在我也不能知道。 命題三：即使我知道我也無法說出。
普羅塔哥拉斯的主張，與其說是懷疑理論，不如說為實用與否提出的解釋。例如：宗教方面，其主張可被解釋為：既然無法肯定絕對真理，倒不如保留現存已有之傳統規範。其理論推到最後所得結論為：唯一清楚的是「任何主張均可經由修辭法與辯論術得以成立。」 此說成為辯士學派的一大特徵。	後人根據他的理論及辯證術展開對真理的詭辯，致使真理客觀標準不復存在。也造成辯士學派聲名狼藉。

同時其還有其他辯士
我們現多舉兩位做為例證

人物	學說
普羅迪克 （Prodicus） 465-395 B.C.	1. 一些學說挑戰並顛覆了宗教，因為據說他通過自然事物的擬人化解釋宗教的起源。 2. 曾應用詭辯術勸勉人無須憂懼死亡，因為當人還活著時死亡尚未來到，但死亡時已不在且無知覺故無需害怕。
賽拉西馬柯 （Thrasymachus） 約459-400 B.C.	1. 主張可透過修辭學重新定義所認知對象的內容。 2. 主張一種正義的相對論，並認定正義為強者的主張，也就是「有力即為有理」。 3. 主張不正義的人較堅持正義的人更為可取，因為他們將會為獲取不正義的利益而奮戰，故較堅持正義的人更為努力。

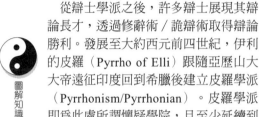

圖解知識論

　　從辯士學派之後，許多辯士展現其辯論長才，透過修辭術／詭辯術取得辯論勝利。發展至大約西元前四世紀，伊利的皮羅（Pyrrho of Elli）跟隨亞歷山大大帝遠征印度回到希臘後建立皮羅學派（Pyrrhonism/Pyrrhonian）。皮羅學派即為此處所謂懷疑學院，且至少延續到西元前一世紀。

一、懷疑學院（第一期）

　　懷疑學院可區分為三期，本節將說明第一期內容，即皮羅所在時建構的學院內容。懷疑學院的起點是對教條主義進行攻擊，至第二期後加入對特定學派認識理論的批判攻擊。不過我們可以注意，懷疑學院的起點不是為了懷疑，而是以懷疑方法為恰當途徑建立知識；不但建立知識，且透過這種對知識的建立進行倫理學研究，從而達到內心平靜的生活。這代表從皮羅開始主張的懷疑主義是實踐的，或以實踐為目的，而非僅是為懷疑而懷疑。

　　雖然皮羅為此學院的建立者，且為第一期的重要代表人物，然他所留資料不但篇幅少且殘破。他的弟子弟滿（Timon of Phlius）曾為皮羅學說撰寫詩歌以說明其師學說，但弟滿所留詩歌也不甚完整。故後世在研究此期懷疑學院時不刻意區分皮羅與弟滿學說的差異。

二、人生三大問題

　　從弟滿所留下的資料（我們相信也是皮羅的主張），人若要獲得快樂需要注意三個問題：

　　Q1何為事物？弟滿與皮羅認為，我們不可能知道事物究竟為何，人類透過自己本性也無法評價或認知事物本性。我們對事物的本體或屬性其實無法區別，也基於認知能力缺陷所以對事物的描述無法客觀。因此在第一個問題方面，皮羅——弟滿主張人類沒有能力認識事物。

　　Q2我們如何認識事物？在此問題上，皮羅——弟滿同意人類知識來自感官經驗，但是感官經驗既主觀又常常變動，所以我們不應該相信從感官經驗產生的認知結果。我們的認識對象雖然確實擺在我們面前，且具有被認知的可能，但當我們透過感官認識後其結果卻將不再客觀。為此我們應該暫停對事物的判斷，僅需順從當下感官感受。實踐上我們應當注意，對所有事物都採取不固執的態度，並將「某事物為何」改為較保留之「我覺得某事物為何」。

　　Q3認識事物可以給予我們什麼？前兩個問題不論如何已經建立起特定知識，雖然此處知識給予我們的僅是讓我們知道我們無法確定認知事物。既然如此，皮羅與弟滿建議我們應當停止判斷，好讓心靈達至和諧與安寧。這種和諧及安寧是針對判斷所帶來的痛苦不安而提出，因為在我們的經驗中我們確實有著因錯下判斷所以感受痛苦的過往。若我們能因不下判斷而達至心靈和諧，就能幫助我們避開不安或痛苦。這是皮羅與弟滿知識論在實踐上的真正價值，也是皮羅向我們展現的生活態度，例如據說他能不畏懼接受手術的痛苦，即便搭乘船隻遭遇風暴也神若自如。他最後對生活推出的結論包括沒有好事壞事或正義不正義之事，因為所有狀況都只是按照那個樣子出現而已。

懷疑學院的演進

時期	代表人物	重要主張
辯士時期	普羅塔哥拉斯、果加斯 普羅迪克、賽拉西馬柯	對普遍真理的建立提出質疑，如普羅塔哥拉斯的相對真理與果加斯的懷疑論三命題。
懷疑學院第一期	皮羅（創立者） 弟滿（皮羅的弟子）	透過懷疑方式則能以知為起點建立倫理學，從而達至內心平靜生活。
懷疑學院第二期	亞克塞流斯（Arcesilaus） 卡內迪斯（Carneades）	應用蘇格拉底方法論駁斥斯多.葛學派的主張，並認為不下判斷是最理想的處置。
懷疑學院第三期	艾尼西德姆斯（Ainesidemos） 艾葛瑞帕（Agrippa）	以命題形式提出對懷疑學院主張的基本論述，並影響到後世懷疑論發展。

第一期重要代表人物

1. 皮羅：隨從亞歷山大大帝遠征印度，隨從當地僧侶學習後回到希臘後創立懷疑學院。著作僅剩斷簡殘編。
2. 弟滿：皮羅的學生，留有詩歌闡述其師思想，然篇幅不甚完整。

通常將兩人思想合併討論，不特別區分。兩人思想可以三個問答作為說明。

Q1 何為事物？	A1 我們不可能知道事物究竟為何，人類透過自己本性無法評價或任知事物。皮羅——弟滿所採取為懷疑論之基調，即人類沒有對事物認識的充分能力。
Q2 我們如何認識事物？	A2 我們的知識來自感官經驗，但我們不應該相信這些感官經驗產生的感受與意見，因為感官經驗是主觀且變動的。
Q3 認識事物可以給予我們什麼？	A3 既然我們無法確切知道事物本像，輔以我們在判斷上帶有主觀，那麼當我們知曉這些情況時，我們首先應當做的是停止判斷，而後即可達至apatheia（心靈平靜）的境界。而透過不下判斷達至心靈和諧才是確實生活之道。

上述三問題中：Q1為形上學＋知識論的問題；Q2為知識論本身的問題；Q3為倫理學問題。

皮羅——弟滿的懷疑論以知識論／形上學為起點，引到倫理學問題，因知道對象意謂知道應如何處置與面對。故皮羅——弟滿的懷疑論是實踐性的，目的在探求心靈平靜。

UNIT **4.5**
懷疑學院第二期

第二期學院時間大致在西元前三至二世紀之間。此其使用懷疑方法目的與前其相近，旨在獲取幸福生活而非知識辯證。較為特別的是此期懷疑學院以斯多噶學派（Stoicism）為主要攻擊目標，因為斯多噶學派相信人確實具有一套可認知外在世界的模式。此時期有兩位重要代表人物：亞克塞流斯（316/5-241/0 BC）與卡內迪斯（214-129/8 BC）。

一、亞克塞流斯

我們在前一章曾提及斯多噶學派的基礎認識理論，並提及在其認知理論下他們確信外在世界確實可被我們認識。亞克塞流斯針對斯多噶學派的認識論提出他的質疑及攻擊，認為並不存在可被認知的對象，為此我們應該暫停普遍性的判斷，也該停止形成信念內容。為達此結論，他使用蘇格拉底著名的「催生法」（method of elenchus）辯論技術，即透過挑戰對話者所持信念，致使對方無話可說或放棄原本觀點。亞克塞流斯特別強調這種對話方式中，在開始辯論前／未下結論前不下判斷或不具真實及虛假的狀態。當亞克塞流斯在使用蘇格拉底的模式後，他所強調的結論與蘇格拉底的使用完全不同，反而主張辯論中不應作任何積極肯定，及不應該肯定任何一方。

亞克塞流斯這種主張乃針對斯多噶學派的認識論提出質疑：他認為即便斯多噶學派主張透過判斷我們可獲得善或好的生活，這種主張也不切實際；因為真正的問題是我們不可能也無法有效獲得認知對象的適切知識。即便認知功能健全，我們仍常發現到我們在認知上的混淆，包括對大量雞蛋中的任何一顆認知、夢境與現實的無法區分、以及幻想與發瘋等非理性狀況（這些都是他自己提的例證）。我們或許可以認知到感官所接觸到的世界，但不可能如斯多噶學派所主張那樣對世界產生正確的理解。嚴格來說我們是相信我們認知到事物，或相信我們以為對世界的認知，事實上那可能都是虛假的。

二、卡內迪斯

卡內迪斯接受亞克塞流斯的主張後，進一步對抗斯多噶學派所謂人類在判斷上所能達到不再彼此對抗的智慧狀態。斯多噶學派在此方面是樂觀的，他們相信人類可能可掌握真理並確認所認知心中印象之內容。但卡內迪斯認為實在不可能，因為人的感官能力分歧複雜且常帶有主觀錯誤，所以若我們以感官為認識的基礎，此基礎將反過來增加我們認識上的困難。如此一來，下判斷便更為困難。為此，卡內迪斯所謂的下判斷僅有兩種可能：

(一)明智的人會拒絕對事物加以判斷或同意，同時以不同意之方式與對心中可能印象繼續探究。這種情形下明智之人並未持有對對象的特定意見。

(二)若真要下判斷，需要先承認自己是錯的，爾後才能在此前提下判斷。因此任何判斷都可能是錯的。但因已經先承認自己的錯誤，所以錯的判斷不算真正錯誤。

若依據卡內迪斯所言，任何有把握的下判斷其實都是種自以為是的錯誤，這些自以為是的下判斷就我們的經驗來說都只帶來更多痛苦，且這些判斷往往本身帶有偏見與主觀性。為此，下判斷不能讓我們達到真正的心靈平靜，不做判斷或讓事情就是如此反而才是最佳處置。因為對卡內迪斯來說，人類應該專注在三種重要的對象上：快樂、免於痛苦以及維持健康或力量等自然優勢。要達此目的需要智慧的實踐，此乃指獲取生活所需知識，也就是以懷疑方法達至最終目的的手法。

懷疑學派第二期

主要目標：心靈的平靜	對抗對象：斯多噶的芝諾
1. 對事物進行判斷是多此一舉，因為人的判斷常帶有錯誤結果，因此不做判斷才是唯一的正確決定。 2. 任何判斷都可能基於彼此矛盾或不一致帶來痛苦，所以若我們不持有任何信念，即可避免因判斷而帶來的痛苦。 3. 人類應該專注在三種可能對象上：快樂、免於痛苦以及維持健康或力量等自然優勢。因此所謂智慧的實踐乃指獲取生活所需知識。就此來說懷疑方法具有透過實踐帶來幸福與心靈平靜的具體作為。	1. 基本主張：知識乃根據感官所得而建構。人的感官能認知外在世界，認知後人類心靈能根據針對這些被認知之對象產生心中的印象，之後通過對這些印象的同意與否產生意見，並判斷其與理性是否相符。對事物判斷乃是對生活之基石，且通過對事物判斷我們可獲取善或成功的生活。 2. 斯多噶學派的芝諾（Zeno of Stoicism）認為，若一對象被認知為真，應符合三項條件：(1)其為真，(2)其以適當方式表達對象，(3)其真實性具有因果關聯內之所具備的豐富性。 3. 人類有可能達致不再意見分歧的智慧狀態，要達成此一目標的方法是透過掌握真理並確認所有認知印象之內容。若能達成此目標，錯謬即可被消除。

兩位學者採用的推論內容

亞克塞流斯	卡內迪斯
1. 使用蘇格拉底催生法：此辯論技術乃透過蘇格拉底與對話者對話時所面對之信念與內容。雖在蘇格拉底原本討論中並無明確發生雙方均無結論之結果，但亞克塞流斯使用此方法後，主張應當不作任何肯定，致使形成懷疑主義之不肯定任一方的結果。 2. 他的懷疑方法總是，沒有任何可被認知的對象，所以我們應暫停普遍性的判斷或形成信念內容。 3. 此方法被應用在對抗芝諾的第三個主張上面：我們可能面對相同物件難以區分的現實，在夢境、幻想與發瘋的狀態下，我們也不可能對其內容產生正確理解。 4. 我們只能知道某一對象的表象而無法認知其結構內容。我們只是「相信」我們對某物有所認知，而非正確對某物產生認知。	1. 我們不可能具有對兩相同對象清晰明確的掌握，也不可能通過限制條件以使對對象之認知有所掌握。在此情形上唯一能做的只有停止判斷。 2. 他對人類的感官能力仍抱持不信任態度。人類感官分歧且複雜，都會增加我們對事物認知上的困難，這些複雜反過來又增加人類彼此認知的難度。 3. 下判斷僅有兩種可能： (1) 明智的人會拒絕對事物加以判斷或同意，同時以不同意之方式與對心中可能印象繼續探究。這種情形下明智之人並未持有對對象的特定意見。 (2) 若真要下判斷，需要先承認自己是錯的，爾後才能在此前提下判斷。因此任何判斷都可能是錯的。但因已經先承認自己的錯誤，所以錯的判斷不算真正錯誤。

UNIT **4.6**
懷疑學院第三期

圖解知識論

第三期懷疑主義時間大約在西元前一世紀，重要代表人物包括艾尼西德姆斯以及艾葛瑞帕。我們對此時期懷疑學院的兩位重要代表人物生平所知甚少，甚至都是來自其他不同學者著作中所見。但兩位學者對後世均產生重大影響，尤其是他們以命題形式提出懷疑論的基本學說。

一、艾尼西德姆斯

我們對艾尼西德姆斯生平所知甚少，只知他大概住在亞歷山大里亞（Alexandria），並以系統方式說明懷疑主義的內容。艾尼西德姆斯首先指出，人類知識的兩個主要來源為感官與思想，兩者在獲得知識方面相同不可靠。

(一)感官：不同生物的認知方式不同，所以獲取結果也不同。生物間不同以外，人與動物的感官能力也不同。由於各種生物（包括人）感官在認知上不同，所以我們不能說哪一種生物獲取的認知比其他生物更為正確或真實。除不同動物間感官差異外，人類自己的感官也因器官不同產生不同認知，且彼此無法配合。例如手無法聞氣味，鼻子不能拿東西。這些器官都只能讓我們掌握這世界某一部分面貌，而無法掌握世界的全貌。換言之，感官向我們展示的僅是我們所能把握的表象，而非世界真正的本質。所以我們若以為人可以透過感官把握這個世界實在是不可能的事。因為感官最終獲得的僅是世界的表象。

(二)思想：感官已不準確，則透過感官獲取的感覺與料，甚或推論的結果亦不可能具有準確性。首先所有推論需要信息進行判斷，但信息本身如何確定其確定性亦有問題，如此這種判斷將無限後退。若我們要依據某種信念提出判斷，則信念不可能被推論出是否真時。為此，我們的判斷如果不是無限後退，就是只能在唯我論證中得到證實。

為此，艾尼西德姆斯僅能承認相對性知識的存在，因為（不變動之）真理不可能存在。

二、艾葛瑞帕

雖然我們對艾葛瑞帕的生平一無所知，但藉由賽克斯圖斯所留下來的資料我們仍能掌握他的重要學說。艾葛瑞帕作為懷疑論提出五種懷疑論命題：

(一)意見落差（Dissent）：經由哲學家與一般人意見上的差異或分歧可證明對事物的不確定性。

(二)無限過程（Progress ad infinitum）：所有證明若非依賴自身就是依賴無限事物。

(三)關係（Relation）關係的變化將導致事物的變化，這種變化也來自我們觀看事物角度上的改變。

(四)假設（Assumption）：所有假設均需要來自一個不被假設的假設。

(五)循環（Circularity）：所有論證都帶有一種循環證明的過程。

艾葛瑞帕最後的結論是，既然所有判斷在論證上都有其問題，不如暫停下來不再進行判斷。

艾葛瑞帕的懷疑論可謂懷疑學院的高峰。他的論證日後也被認為是明希豪森三難困境（Münchhausen trilemma）的起點。

懷疑學院第三期

此時期重要代表人物包括艾尼西德姆斯以及艾葛瑞帕。我們對他們生平所知甚少,但兩位學者對後世均產生重大影響。

艾尼西德姆斯	艾葛瑞帕
十條懷疑論命題 1. 不同動物有不同的認知模式。 2. 每個個別的人都有(與動物)類似的差異。 3. 對單一個人而言,透過感官認知獲得的資訊往往自相矛盾。 4. 感官獲得信息會因物理環境改變而產生改變。 5. 感官所獲信息會因地點改變而有不同。 6. 對象的被感知唯有通過空氣、濕氣等中介物才可能。 7. 這些對象常基於顏色、溫度、大小與運動而呈現變化狀態。 8. 所有觀念彼此相對且互相影響。 9. 經由重覆與風俗我們心中的印象不再重要。 10. 所有人在不同法律與社會條件下會擁有不同信念。	五種懷疑論命題: 1. 意見落差(Dissent):經由哲學家與一般人意見上的差異或分歧可證明對事物的不確定性。 2. 無限過程(Progress ad infinitum):所有證明若非依賴自身就是依賴無限事物。 3. 關係(Relation)關係的變化將導致事物的變化,這種變化也來自我們觀看事物角度上的改變。 4. 假設(Assumption):所有假設均需要來自一個不被假設的假設。 5. 循環(Circularity):所有論證都帶有一種循環證明的過程。

艾尼西德姆斯十項命題的影響
1. 十項命題與前面思想來源的討論有關:這十項命題證明了:
   (1) 來自感官的認識並不可靠,我們僅能從感官獲取世界的表象。
   (2) 我們透過思想進行的判斷也不可靠,因為無法獲取有效的感覺與料,也無法透過信念獲取對事物的判斷。
2. 艾尼西德姆斯在此部分思想近似於古希臘哲學赫拉克利圖斯(Heraclitus)的論點「萬物流轉」。赫拉克利圖斯是先蘇時期哲學家,他認為萬事萬物都在流轉的過程中,變化是唯一不變化的對象。著名名言之一是「濯足入水,水非前水」,並依此強調萬物都在變化的此一事實。基於這樣的主張,赫拉克利圖斯對知識的態度是:唯有承認一切都在變動中我們才能獲取相對的知識。

UNIT **4.7**
賽克斯圖斯

圖解知識論

賽克斯圖斯（Sextus Empiricus，生卒年大約在西元2-3世紀，但生平不詳），為希臘羅馬時期重要懷疑主義哲學家，主要活動在前述懷疑學派內。他的理論與前面所提皮羅、弟滿的學說相關。目前留下的作品有兩本：《駁斥數學家》（*Adversus Mathematicos*），該書共11卷，主要在於說明任何學習都是不可能的。另一本著作為《皮羅主義》（*Pyrrhonism*或*Pyrrhoniae Hypotyposes*），該書闡述皮羅的懷疑主義理論內容為何，並說明為何懷疑主義能帶來人類心靈的安寧。

根據塞克斯圖斯所言，在我們面對任何一個命題P（命題P可能是任何一個我們所願認識或相信的某件事情）時會有三種情形：

㈠ 我們可能發現在相信P以外的其他理由；

㈡ 我們無法發現相信P的理由；

㈢ 由於發現在相信與不相信P之間理由的不充分，所以我們必須繼續進行研究。

上述三種狀況無一能讓我們確切相信P之內容，所以如果沒有人能宣稱我們真真切切擁有相信P的理由，我們對於這件事P僅能繼續研究下去。為此，當懷疑主義如此主張時，他們就不是那些「不相信任何事物的人」，而更應該稱呼他們是「持續研究的一群人」。而懷疑也不再只是單存不願意相信任何事情，而應該被認為是「能覺察認知對象間矛盾對立的能力，並使我們暫停判斷後得到安寧」的能力。這是因為懷疑主義者透過研究後將會察覺，任何兩個意見不會有那一個比另外一個更為優先或更具有說服力，為此懷疑主義者將找到同一個命題彼此矛盾的兩方理由，接著不願下任何判斷。此處所謂不願下判斷，即指此懷疑主義者暫停判斷P為真或為假，亦即這位懷疑主義者不相信P也不相信-P的存在。

塞克斯圖斯認為，一個人之所以成為懷疑主義者，是因為他想要得到心靈上之安寧，所以成為了懷疑主義者。塞克斯圖斯並不是說我們為了心靈安寧所以在任何事上都不需進行判斷，因為我們總是基於生理需求或自然本性會與世界接觸，進一步感受萬事萬物且從事思考。真正的問題是：如果要下判斷，究竟什麼判斷才是我們真正能依靠的標準？所以實際情況是，有的人雖有才華但難以判斷或抉擇，有的人則因為風俗習慣而無所適從：這些情況意謂不論要做判斷或尋求答案都將會使人心煩意亂。現在在因尋覓答案感到心煩意亂外一個人還可以有不同的選擇，就是透過懷疑論的主張，即在面對事物時擱置判斷而不正面面對。塞克斯圖斯認為透過此方法，任何人均能獲得心靈寧靜。所以懷疑不是為探求知識上的真實，而是獲取心靈寧靜的良方。

塞克斯圖斯的懷疑方法既是為日常生活緣故所設，所以他提出幫助他人習得暫停判斷的技巧，就是以模式（modes）作為判斷的手段。塞克斯圖斯提出四組模式，最主要的差異在數量上的不同，分別是：十種、五種、兩種、與四種等四組。這些模式主要均透過相對的論點駁斥獨斷的陳述，並透過理解正反雙方論點幫助使用者取得心靈平靜。

賽克斯圖斯的懷疑方法

賽克斯圖斯（約2-3世紀） 希臘羅馬時期懷疑主義哲學家

重要著作	
《反駁數學家》	《皮羅主義》
卷一：反駁文法學者 卷二：反駁修辭學者 卷三：反駁幾何學者 卷四：反駁算數 卷五：反駁占星術師 卷六：反駁藝術家 卷七－八：反駁邏輯學 卷九－十：反駁物理學 卷十一：反駁倫理學者	卷一：說明何為懷疑主義，並解釋誰有 資格成為（皮羅主義意義下的） 懷疑主義者，以及要進行懷疑可 以有如何的「模式」、常用判斷 短語等 卷二：說明邏輯學者的自相矛盾 卷三：說明物理學家與倫理學家的自相 矛盾 →卷二－三可被視為卷一的實例

不同方式的內容

方法	內容
十種模式	十種模式乃來自於第一期懷疑學院所提。其提供以下判斷標準說明判斷的不可能：動物之間的差異、人類之間的差異、感覺器官的差異、環境的差異、位置的差異、混合物的差異、數量的差異、相對主義的模式、頻率的差異、基於對抗教條式論述（如習俗、神話、法律或信仰）的模式。主要提供的就是正反兩方論點，以幫助使用者透過明白其分屬那一項模式而獲取心靈平靜。
五種模式	1. 爭論模式 2. 無限增加模式 3. 相對模式 4. 假設模式 5. 相互模式 五種模式均依循特定公式：模式主張→問題所在→爾後推論出既然判斷乃不可能，故我們應當要放棄判斷。
兩種模式	似乎是五種模式的整合，但無證據證明他曾使用。
八種模式	可能是十種模式的縮減，但也無證據證明他曾使用。

賽克斯圖斯的重點在於指陳： 既然判斷乃不可能之事，故我們應當停止判斷，好使自己心靈得到平靜

UNIT 4.8
中世紀的信仰之旅

圖解知識論

懷疑主義在中世紀較無顯著發展，此狀況與信仰背景有關。此時期基於信仰背景影響，對知識的探討重點與其他時期相較下不同：不論基督宗教、伊斯蘭信仰或猶太教，除了均相信信仰內知識既來自神聖啟示，故具有確切性外，也都討論人如何能獲取靈性層面的知識。在此狀況下，即便出現類似懷疑主義論點的哲學家，他們的論點也不是為了懷疑提出主張，而是以下兩種情況：第一種是本意是為釐清哲學與神學的界線，但學說不論是自己或被後人貫徹後卻間接產生懷疑論的效果，如我們在2.10曾經提到的歐坎，以及本節將提到的哈札里（Al-Ghazâlî，約1056-1111）。另一種則是我們在這裡將提到的：他們對我們所擁有的知識抱持不信任的態度，是因為我們所擁有的知識都具變動與不確定性，唯有靈性或被啟示的知識才是真的；或者是認為現有的知識不足以正確解釋靈性知識，所以在字句背後還有更深一層意義需要被理解，例如猶太教哲學家摩西·麥摩尼得斯（Moses Maimondes，原名Moses ben Maimon，1135-1204）。

我們此處要討論的伊斯蘭哲學家哈札里，曾在《論哲學家的不連貫》（*The Incoherence of the Philosophers*）的書中，直指另一位重要伊斯蘭哲學家亞維齊那（Avicenna）的理論在20個論題上犯了謬誤。這些謬誤的特點在於，其論證內容就哲學來說都是合理或可被證明的，但就神學立場來看卻可被攻擊或應當受到質疑。哈札里針對謬誤提出攻擊，就其論證模式而言本意是為哲學與神學劃分界線。因為這些論題一方面雖然在宗教上為假，但並未與教義牴觸（除了其中三項，哈札里認為亞維齊那

不但論證錯誤且牴觸信仰教義，三項分別是：1.世界於創造上沒有起點且非一次性完成的創造；2.神對存在所掌有知識僅限於普遍性之類，而不延伸至個體與細節；3.身體不會復活，唯一復活的只有靈魂。）

哈札理真正被認為與懷疑主義相關的論點是的17項主張，駁斥哲學家們主張「因果關係不可（能）被破壞」的論述。哈札理主張知識從神與人的角度來看是不同的，對神來說，神的知識在創造的第一瞬間獲取時，也已經成為世界終結的最後一刻，所以對神來說，知識是永恆的。但是對人而言，人的有限性使他只能預設神在其知識與創造內通過一條複雜且極長的因果鍊控制世界上萬事的發生。這產生的結論是：對神（的大能）而言沒有預設因果的必要，但對人來說，要能解釋萬事萬物的存在需要預設四種條件：1.因果關係間的聯繫並非必要；2.即便沒有某特殊原因結果仍可能存在；3.神能創造兩個平行並存可能（之事物）；4.神創造事物乃依循祂預先之決定。所以哲學家錯誤的以為因果關係不能被打破，其實是錯誤的理解因果鍊之作用。

當哈札理強調因果關係可被打破時，其前提仍是在神的全能當中。我們要注意：他不是說因果關係間沒有聯繫的可能，而是說因果關係不具有絕對的必然性。或者，哈札里的主張應該被理解為：即便我們透過（大量）觀察我們必不能絕對肯定因果關係具有關聯性。從信仰的角度來看，哈札里認為我們所信以為真的因果關係其實是神已預定的創造規律，必要時神可以透過全能創造一個因果關係與我們現在所知都不同的世界。

中世紀懷疑主義的類型

在信仰的前提下懷疑主義並未有明確發展，知識論強調除了我們感官所能把握的知識外，尚有精神界的（超性）知識。所謂的懷疑主義分成兩類。

1. 原本僅是劃分神學與哲學之界線，後來卻被引申應用在懷疑方法的使用，或直接挑戰哲學的錯謬。	2. 認為關於神聖啟示的文字均不能只按字面理解，其具有超越的靈性意義。

範例：伊斯蘭信仰哲學家哈札理	範例：猶太教哲學家摩西‧麥摩尼得斯
在《論哲學家的不連貫》中，哈札里總結亞維齊那理論，指出他在20個論題上犯了謬誤： 1. 反駁世界沒有起點之理論。 2. 反駁世界沒有終末的學說。 3. 哲學家在兩個論點上模棱兩可：「神創了世界」、「世界是神的創造」。 4. 哲學家無法證明造物主的存在。 5. 哲學家無法證明兩（多）神論的不可能。 6. 哲學家否認上帝屬性存在的理論。 7. 駁斥他們認為第一存在者之本質不能歸入屬和種的論述。 8. 駁斥他們認為第一存在者僅為簡單存在之論述。 9. 哲學家無法證明第一存在為實體。 10. 討論他們唯物學說需要否認創造者。 11. 他們無法證明第一存在者能認識他人。 12. 他們無法表明第一存在者能認知自我。 13. 駁斥第一存在者無法知曉萬物存在之細節。 14. 駁斥他們的主張「天是一種按照自身意志行動之存在者」。 15. 駁斥他們對天體移動之解釋。 16. 駁斥他們主張「天是能知曉細節的靈體」。 17. 駁斥他們主張「因果關係不可（能）被破壞」。 18. 駁斥他們主張「人的靈魂是一種既非實體也非偶性的自我維持物質」。 19. 駁斥他們主張「人類靈魂不可能性被毀滅」之論點。 20. 駁斥他們否認身體復活以及隨之而來的樂園賞賜或地獄審判。	在《迷途指津》（*The Guide for the Perolexed*）的〈序言〉中，提出七個理由說明神聖文獻的矛盾為何發生，並指出若要明白真正靈性文字背後的知識，需要理解這七個原因。 1. 文獻作者蒐集資料後未說明資料來自何處或出自何人。 2. 作者原本接納某個論點，後來雖然反對此論點，卻在書中保留了。 3. 並非所有段落都可以從字面意義上理解。 4. 行文中並未明確表達基本前提，以致看上去行文間彼此矛盾。 5. 基於講授者授課時的需要，所以講解上產生令人費解的例證。 6. 矛盾被文字掩蓋，必須到許多前提後才能被理解或發現。 7. 模棱兩可的問題必須掩蓋一些事實，先說明其他部分。 不論哈札理或麥摩尼得斯均表達出這樣的觀念：世上的知識都是變動與不可靠的，真正穩固且不會變動的只有靈性方面的知識與啟示。此為中世紀知識論的特點之一。

UNIT **4.9**
懷疑作為方法論

在進入討論當代懷疑論以前，我們在此簡略交代啟蒙運動、文藝復興時期直到近代哲學期間的懷疑主義發展。這段期間懷疑主義一直穩定發展，哲學家們在使用懷疑主義時多半將其作為方法論，即認為透過使用懷疑方法作為工具，我們可獲得對知識的正確認知，例如笛卡兒。另外還有哲學家被歸類於懷疑主義乃因其貫徹哲學主張或原則之結果，例如當休謨貫徹經驗主義的哲學原則後，其哲學導向懷疑之結果，雖然他對某些結果也抱持較為保留的態度。雖然笛卡兒與休謨的哲學使用或導致懷疑論主張，但由於兩人並非嚴格意義下的懷疑主義者，我們僅在右頁簡要說明，其他部分將於第5章較為完整解釋。此處我們以蒙田為代表，說明懷疑作為方法論如何實踐於知識論思維。

法國哲學家蒙田，與其說是懷疑主義者，不如說是在相對主義的氛圍下形成他對認知的懷疑。他最著名的著作，《隨筆》（*Essais*）三卷能表達這種特色。蒙田曾大量閱讀歷史學者或旅行探險家的作品，所以他注意到不同地區有不同風俗文化及規範，這些導致不同地區的人存有不同對生活的規範。不但是生活文化，舉凡習慣、想像力、傳統等因素都能影響人的思維與決定。如果這些外在因素能隨時影響我們，我們的決定、行為或觀點也都受這些外在因素的影響，那麼我們所自恃的理性或追求的真理不過只是幻想而非實存之物。但蒙田也注意到，我們還是習於認為確實存在不變真理，且希望將這樣的不變真理用在人類生活中。這樣的應用結果只會是破壞人類社會的多元性，因為社會的組成正是由我們這些受到習慣與風俗制約的人們，兩者相對抗的結果並不會使我們遵守真理，反而可能形成新的風俗習慣。

雖然看上去蒙田的主張傾向悲觀，但有兩點值得我們特別注意：

(一)確實風俗習慣具有很強的制約能力，但我們應該透過思想的反省彌補被習俗與傳統制約的問題。當我們使用思想反省制約我們的傳統時，至少可以判斷一風俗習慣傳統是否合理？或者當人們將此風俗習慣傳統實踐在生活中，其是否合適恰當？蒙田承認，我們受社會給予的特定風俗習慣傳統制約過強，並依此形成行事規則，因此要立刻擺脫這些制約並不容易。但我們還是可以假定人們具有理性，或是確實存在某些自然判斷標準。所以我們應當培養獨立思考的能力，以對抗訴諸群眾的論述，藉由反省獲取不受制約的可能。

(二)蒙田在知識獲取上確實是個悲觀的懷疑主義者。如前所述，他雖主張我們應當獨立思考並加以反省，但他也主張我們只能獲得部分的正義或理性標準。此外，就人類獲取知識的角度來看，他也不相信人類能獲得真理與知識，尤其人類在陳述外在世界時更是如此。然而蒙田的懷疑並非無的放矢的懷疑，也非為了懷疑而懷疑，反而在其對知識的悲觀或相對論點上帶有勸告人們謙卑的意味。蒙田所提出的懷疑要求人們進行判斷時不應預設結論；既然我們所擁有的知識只能獲取部分真理，那麼並未擁有真理的我們應當保持謙卑。所以雖然蒙田先是相對主義者，而後才是懷疑主義者，但他的懷疑主義應該被視為方法論上的應用。

懷疑方法作為方法論使用

懷疑方法作爲方法論意味：不是爲懷疑而懷疑，而是以懷疑獲取眞理

人物	主張
蒙田 Michel de Montaigne 1533-1592 重要著作爲《隨筆》	1. 蒙田先是相對主義，爾後才形成懷疑主義。他在閱讀歷史學家或旅行探險家的著作後注意到不同地區常有不同對人的標準規範，所以他主張人們僅是風俗產物而已。 2. 確實風俗習慣具有很強的制約能力，但我們應該透過思想的反省彌補被習俗與傳統制約的問題。當我們使用思想反省制約我們的傳統時，至少可以判斷一風俗習慣傳統是否合理？ 3. 蒙田所提出的懷疑要求人們進行判斷時不應預設結論；既然我們所擁有的知識只能獲取部分眞理，那麼並未擁有眞理的我們應當保持謙卑。所以雖然蒙田先是相對主義者，而後才是懷疑主義者，但他的懷疑主義應該被視為方法論上的應用。
查朗 Pierre Charron 1541-1603 重要著作爲《論智慧三卷》（*Of Wisdom: Three Books*）	查朗是蒙田的朋友且深受蒙田影響。其懷疑論作為方法的使用具有以下特性： 1. 查朗認為人做為動物，就特性來說雖然動物可能沒有人類所謂的理性，但其他方面動物卻都比人更為優越。人類唯二的特性其實是愛慕虛榮的天性，以及極為虛弱的生理天性。 2. 即便人類具有理性，理性也無法幫助我們獲取眞理。既然我們的知識起源於個別感覺，那麼每個人獲得者彼此不同，所以我們無法與他人取得共識。連我們對自己也無法區分眞理與錯謬。 3. 即便如此，查朗還是認為我們應當遵守生活中既存的習俗、法律等傳統，因為這能維持我們的基本生活規範。
桑切斯 Francisco Sanches 1550-1632 重要著作爲《一無所知》（*That Nothing Is Known*）	桑切斯同時是醫師與哲學家，在懷疑的論點上主張為： 1. 我們既是依靠感覺能力認識世界，那麼因為感覺是不斷變動的，我們不可能依此建立眞正的認識，所以知識也是不可能的。 2. 我們所處的世界不斷變化，原因之間彼此相關，而我們不可能眞正理解這些因果關係，所以知識是不可能的。 3. 不論數學或是亞里斯多德的三段論證都是虛幻的，因為在前兩個前提上我們不可能有眞正的認識。 4. 雖然桑切斯思想偏向懷疑主義，但他還是認為我們可以透過信仰獲取眞理，因為只有神才擁有對事物的眞確認知。此外，即便我們的思想受限，仍能獲取部分確切的認識。
笛卡兒 1596-1650	透過懷疑方法想獲取清晰明確之眞理，最後發展出我思故我在的哲學體系與心物二元難題。
休謨 1711-1776	貫徹經論論哲學原則，強調感官外經驗均不可能，導致懷疑主義的論點。

UNIT 4.10
蓋提爾難題

礙於篇幅與討論上的需要，我們快速略過17世紀到20世紀初的懷疑主義：雖然在一些網站或研究上，認定這個時期有不少懷疑主義者。我們將討論焦點直接放到蓋提爾難題（Gettier Problem）。1963年艾敦德・蓋提爾（Edmund Gettier）在《分析》（Analysis）雜誌上發表一篇名為〈真實信念的證成即為知識嗎？〉（Is Justified True Believe Knowledge）的論文，這篇論文主旨在說明，雖然我們可以使用第一章提到的JTB理論來證成我們對某一對象的知道，但這樣的情況下我們仍會得到錯誤的知識。

一、蓋提爾難題的內容

蓋提爾認為，傳統知識論中「知道」這個詞的使用以JTB理論為前提。但他想證明，即便我們處於使用JTB理論且前題「S知道P」為真的情況，某一命題(a)仍可能因為沒有足夠條件而使其為假。因為JTB理論預設著兩個基本前題：

前題1：在「S知道P」命題中，雖然語句「S證成相信P」中之證成已為必要條件，仍有可能產出假的事實。

前題2：對於前題P，如果有一命題S證成此前題P，P含蘊命題Q，S又能從前題P推論得到命題Q並接受此命題，則可說S證成此命題Q。

根據這兩個前題，蓋提爾舉出兩個例子，第一個例子是「誰能得到工作」，第二個例子是「布朗到底在哪裡？」兩個例子的內容請參考右頁。這兩個例子相同的特徵是，都符合JTB理論，命題內也都具有對「S知道P」此一語句的證成，但狀況卻會是「符合於某些前題在命題(a)中為真，但同時對例子中知道這些前題的人卻為假」的結果。

二、蓋提爾難題是一個真的問題嗎？

如果讀者先行參考右頁，可能會覺得蓋提爾貌似在詭辯：但事實上並非如此，因為蓋提爾真正的問題在討論我們對於JTB理論、知道一詞的使用、以及證成的有效性究竟到如何的程度？在我們接下去討論不同哲學家們如何處理蓋提爾難題前，我們可以先指出此知識論難題的幾個不同方面，請讀者思考蓋提爾難題究竟是詭辯還是確實指出JTB理論／證成的限制？

(一)是不是所有知識都能或需要符合JTB理論？蓋提爾似乎認為，若一知識要擁有得證成，就必須經過JTB理論。但是JTB理論對知識證成來說，究竟是知識的充分條件還是必要條件？

(二)是不是所有知識都需要證成？我們要注意蓋提爾難題核心在指出即便有了證成，我們仍可能「不知道」，但在我們生活中有不少純經驗性的知識傳遞沒有證成。甚至我們的記憶或獨特經驗可能都沒有證成。那麼這些經驗性的知識、個人記憶或獨特經驗就可能是假的嗎？

(三)即便邏輯推論上為假，是否現實生活中就不能為真？蓋提爾難題就邏輯推論上為有效推論，但即便我們知道我們在使用「知道」一詞上會遇到蓋提爾難題，我們使用這個詞的時候真的會仔細思考甚至因為擔憂而不使用這個詞嗎？從這點來說，蓋提爾難題可能被過度放大了。

蓋提爾難題

核心問題：過往知識論使用「知道」一詞預設著JTB理論內容

但我們可以舉例證明即便符合JTB理論仍然「不知道」

JTB理論：命題(a) S知道P，若且為若

　　　　　(ⅰ) P為真

　　　　　(ⅱ) S相信P，以及

　　　　　(ⅲ) S可以證成對P的相信

＊此處所用者為蓋提爾所提，與1.9我們所言略有出入

蓋提爾提出的兩個反例

例證	反例一：誰能得到工作？	反例二：布朗（Brown）在那裡？
情況	史密斯（Smith）與鍾斯（Jones），正準備接受工作	1. 史密斯確信命題(f)「鍾斯有一部福特汽車」。 2. 史密斯有一個常被忽略的朋友布朗。
推論	1. 史密斯有一確信命題(d)「鍾斯將得到工作，而鍾斯的口袋裡有十個硬幣」。 2. 史密斯根據命題(d)所包含內容得到命題(e)「將得到工作的人口袋中有十個硬幣」。 3. 二命題為左頁蓋提爾所提出的前提二：命題(d)包含命題(e)，且史密斯確信於命題(d)，因此可以說史密斯不但證成命題(e)，且相信其為真。	史密斯隨意選三個地方建構三個命題： (g)或者鍾斯有一部福特汽車，或者布朗在波士頓。 (h)或者鍾斯有一部福特汽車，或者布朗在巴塞隆納。 (ⅰ)或者鍾斯有一部福特汽車，或者布朗在布列裡託維克。
增加條件	1. 得到工作的人是他而不是鍾斯。 2. 他的口袋裡也有十個硬幣。	1. 鍾斯沒有福特汽車，他租車使用。 2. 史密斯猜對了，布朗在巴塞隆納。
例證結論	1. 命題(e)雖為真，但史密斯的推論過程卻為假。 2. 他透過此命題錯誤確信鍾斯會得到工作且以為自己得到證成。	1. 命題(h)為真，但史密斯的推論是任意建構而得，不具證成。 2. 不具證成條件者卻建構符合JTB理論的認知命題。
總結：JTB理論有缺陷		

1. 蓋提爾難題主要詰難在於「證成」一詞的使用方式，並透過兩個例證主張該詞無法被合理使用。

2. 自論文以來嘗試解決的學者與研究不計其數。

UNIT **4.11**
反駁蓋提爾難題㈠：齊曉姆的努力

蓋提爾難題引發當時不少學者反駁，不少著作或論文被提出處理此一難題。這些處理方式大致上可區分成三種：第一種解決是修改JTB理論，例如本節所提到的齊曉姆（Roderick M. Chisholm）；第二種方式是增加第四個條件以使JTB理論所蘊含的證成合理化，例如雷瑞（Keith Lehrer）與派克生（Thomas Paxson）增加「可駁倒條件」（Defeasibility Condition）；第三種方法是根本改變JTB理論與「知識」的定義，例如古德曼（Alvin Goldman）採取此作路徑。

一、齊曉姆的第一次反駁：自我顯現證據

蓋提爾論文的註釋中點名JTB理論的支持者有三位：柏拉圖、齊曉姆、與艾爾（A. J. Ayer），而齊曉姆被點名是因為1957年出版了《認知：一個哲學探究》（*Perceiving: A Philosophical Study*）一書之故。為此，他在1966年的《知識論》（*Theory of Knowledge*）中第一次提出反駁蓋提爾難題的方式。齊曉姆認為，只要我們修正JTB理論我們就可抵擋蓋提爾難題。在該書第六章〈知識〉（Knowledge），他指出JTB理論有兩個預設：1.根基的基礎，指一命題的成立乃依據另一命題；2.「給與證據」（Confers Evidence）的基礎。齊曉姆定義兩個命題為：

D6.1　為S而言命題(e)是命題(h)的基礎＝定義為S而言命題(e)是自我顯現證據；而且必然的，如果命題(e)為S而言是自我顯現的證據，則命題(h)為S的證據。

D6.2　為S，命題(e)在命題(h)之上給與證據＝定義命題(e)為S的證據；而且對每一個命題(b)來說，對S命題(h)是一基礎建立於為S而言命題(b)為命題(e)之基礎。

根據這兩個定義，齊曉姆以「自我顯現」的概念修正JTB理論的第三個命題，並借用另一位學者索沙（Ernest Sosa）所使用的「缺陷」與「非缺陷」，並將「證成」改成「非缺陷證據」（Nondefectively Evidence）。

二、齊曉姆的第二次反駁

1982年，齊曉姆在論文〈知識即為證成的真實信念〉（Knowledge as Justified True Belief）中提出新的處理方法。此方法預設三個根本定義：基礎命題（Basic Proposition）、不完全證據（Defectively Evidence）與傳統知識定義中預設意義的判準。（三項定義詳見右頁圖表說明）

根據三項預設，齊曉姆以蓋提爾難題中第二個例子作為說明，認為蓋提爾的命題(h)並未被包含在已知條件內。若作為命題證據的命題(h)為假，則對S而言這是不完全證據。這以無法符合JTB理論中第二項「S believes that p」之條件。另外，用來作為S引證命題(h)的證據命題(e)對S而言雖可被證成但若是要被S拿來作為結論的證據卻仍然假。所以，若S根據直接證據命題(e)推論出的命題(b)並非不完全證據且具備邏輯關聯；此點違反齊曉姆所謂不完全證據的定義。所以齊曉姆認為，既然缺乏一基礎命題以非演繹方式使命題(b)成為S的證據，蓋提爾難題的質疑實屬無效。

齊曉姆的兩次反駁

	齊曉姆：被蓋提爾於論文中點名的學者 兩度提出辯護常識駁倒蓋提爾難題	
方式	主要方式：修正JTB理論作為反駁	
	1966 自我顯示證據／非缺陷證據	1982 不完全證據
定義	D6.1　為S而言命題(e)是命題(h)的基礎＝定義為S而言命題(e)是自我顯現證據；而且必然的，如果命題(e)為S而言是自我顯現的證據，則命題(h)為S的證據。 D6.2　為S，命題(e)在命題(h)之上給與證據＝定義命題(e)為S的證據；而且對每一個命題(b)來說，對S命題(h)是一基礎建立於為S而言命題(b)為命題(e)之基礎。	1. Df基礎命題：b為S為基礎信念＝b為S的證據，而且所有事物都能使b作為S指涉b的證據。 2. Df不完全證據：h為S的不完全證據＝(i)對S來說有一個基本命題而使h為S的證據且b邏輯上並不含蘊h；(ii)每一如此基本命題均為假。 3. Df判準：S在相信p上能有判準＝(i) p對S來說是有證據的；(ii) 若p為S而言為不完全證據，那麼命題p被一連言命題所指涉為證據但並非對S的不完全證據。
反駁	1. 根據定義6.1與6.2，我們可能會指出命題(e)是使S知道且為真的命題；此命題是基於錯誤前題所給出之證據；無論S獲得什麼給與證據，只要根據命題(e)就是建立在錯誤的命題上；所以錯誤結論之所以被知道是因其建立在錯誤命題的給與證據上的給與證據。 2. 蓋提爾的兩個例子，主角所持的信念甚至證成都是有缺陷的證據。這意味蓋提爾自己對於「S Knows P」語句分析錯誤，才導致難題發生。	1. 以「鍾斯有一部福特汽車或布朗在巴賽隆那」命題為例，命題(h)並未被包含在已知條件內。作為命題證據的命題(h)為假，故對S而言這是不完全證據。 2. 蓋提爾的舉例並不符合JTB理論中第二項「S believes that p」之條件。 3. 既然沒有一基礎命題以非演繹方式使命題(b)成為S的證據，我們就可以質疑蓋提爾難題的有效性。

是否真的解決難題？

齊曉姆對蓋提爾難題引發的困難

1. 自我顯現證據，本身是否能自我顯現？若能，如何自我顯現？若不能，即「自我顯現證據不具自我證成」，仍相同落入蓋提爾難題。
2. 齊曉姆的兩次嘗試修改，均引入新的定義內容，導致問題與定義複雜化。就解決策略來說不一定有幫助。

UNIT **4.12**
反駁蓋提爾難題㈡：增加第四條件

由於齊曉姆是因為被蓋提爾提及所以跳出來反駁，所以我們在上一節首先說明他對此難題的反駁。除他以外，還有其他學者用不同方式回答蓋提爾難題。我們從此節將依序提出三種主要的反駁方式：本節將說明「增加第四個條件」的處理方式；次節將提出「修改知道定義」的方式，最後則使用依據前一章關於實在論中所言關於多瑪斯認知過程而提出的解答。

一、第四個條件

1969年，亞歷桑那大學的雷瑞與南伊利諾大學的派克生在《哲學期刊》（*The Journal of Philosophy*）雜誌上發表論文〈知識：不被駁倒的真實信念〉（Knowledge: Undefeated Justified True Belief）。文章中他們增加第四個條件，用以強化JTB理論，並認為如此一來就可以處理蓋提爾難題。他們的第四個條件是不可被駁倒的證成（Undefeated Justified）。

雷瑞與派克生首先區分兩種不同的知識類型：基礎知識（Basic Knowledge）與非基礎知識（Nonbasic Knowledge），並且指出：「如果一個人知道某陳述為真而沒有其它陳述可證成其信念，則他擁有基礎知識。基礎知識是完全證成的真實信念。另一方面，如果有一個人知道某陳述為真是因為有其它陳述證成他的信念，那他擁有的是非基礎知識。非基礎知識要求一個人完整證成真實信念；因為，當一個人的信念被完全證成為一個陳述時，就可能有某個為真的陳述可以駁倒他的判準。因此我們必需增加一個條件是不被駁倒的證成。非基礎知識是不被駁倒的真實信念。」

雷瑞與派克生認為此處所言的「基礎

知識」不會遇到可否被駁倒的問題，因為信念能透過（個人的）記憶／知覺過程證成信念本身，一如我們一般狀況下不會懷疑感官帶來的感受。他們認為非基礎知識才是問題所在，因為需要增加不可駁倒證成來保證其作為命題能符合真值。所謂「不可被駁倒」是指：一個可駁倒的語句雖然為真，卻可證成主體所持信念為假。他們認為蓋提爾難題中的兩個例證都相同遇到信念可被駁倒的情況，故不能證明JTB理論有推論上的困難。

二、不可駁倒條件的困難

雖然雷瑞與派克生藉由增加第四個條件維持JTB理論的有效，但事實是「可駁倒的證成」本身就可以被駁倒。雷瑞與派克生的第四個條件有以下兩個問題：

㈠運氣極佳的情況下不被駁倒：可駁倒的證成要求某一命題P需有一個不被其他命題所駁倒的情況，例如條件A。但極有可能我們因為身處一極為幸運的情形下，找不到一個可以駁倒條件A的狀況：這在自然科學中屬於常例，例如在測不準原理得到證實前，牛頓古典力學具有絕對優勢。但如果是這種狀況，「S knows p」語句就不可能成立。

㈡不可駁倒證成的無限後退：我們可以假設有一個條件A，條件A可能被命題A1所駁倒；在命題A1成為新的條件後，又可能被另一命題A2駁倒。如果永遠找不到那最終不可被駁倒的證成，則可預期的接下來會有無限多個An命題不斷出現，這將導致沒有所謂「不可駁倒的證成」，或不可駁倒的證成將無限後退問題。

增加第四條件：「不可駁倒的條件」

來源	齊曉姆的學生雷瑞與南伊利諾大學的派克生 發表於《哲學期刊》上的論文〈知識：不被駁倒的真實信念〉
定義	不可被駁倒的條件是指「一個可駁倒的語句雖然為真 卻可證成主體所持信念為假

內容

來源	1. 雷瑞與派克生所提出基礎建立在齊曉姆的自我顯現證據上：雷瑞是齊曉姆的學生他不但認為自己的老師在駁斥蓋提爾難題方面非常成功，而且在討論證成的時候提到「齊曉姆已指出證成為不可駁倒」的說法。 2. 不可駁倒的條件可被認定是自我顯現證據的反面說法，因為當一個證成符合自我顯現的證據時，同時就已是不可被駁倒的。 3. 根據此處定義，雷瑞與派克生將知識區分為兩種：基礎知識，非基礎知識

	基礎知識	非基礎知識
知識	若某人知道一個陳述為真且沒有其它陳述可證成其信念，則他擁有基礎知識。基礎知識是完全證成的真實信念。	但若有知道某陳述為真是因有其它陳述證成他的信念，那他擁有的是非基礎知識。非基礎知識要求一個人能完整證成真實信念；因為，當一個人的信念被完全證成為一個陳述時，就可能有某個為真的陳述可以駁倒他的判準。
定義	Df基礎知識：S有對h的基礎知識若且為若：(i) h為真；(ii) S相信h；(iii) S完全證成其信念h，而且(iv)條件(iii)的滿足不依靠任何證據p以幫助S證成其信念h。	Df非基礎知識，其條件為：(i) h為真；(ii) S相信h，而且(iii)有些陳述p可以幫助S證成信念h而且沒有其它語句可以駁倒此一判準
反駁	將此條件加入成為JTB理論的第四項條件時，蓋提爾難題即可被解決： 1. 第一個例證中，史密斯的不知道將因他的命題被「他自己得到此份工作而且口袋中有十個硬幣」此一事實駁倒。 2. 第二個例證中，史密斯的命題同時被「鍾斯沒有福特汽車」與「布朗的確在巴塞隆納」兩個事實駁倒。	

困難

困難：「可駁倒的證成」本身可被駁倒 1. 運氣極佳的情況下不被駁倒：極有可能我們因為身處一極為幸運的情形下，找不到一個可以駁倒條件A的狀況。 2. 不可駁倒證成的無限後退。

UNIT **4.13**
反駁蓋提爾難題㈢：對「知道」重新定義

圖解知識論

第三種處理方式為更改「知道」的定義：如果能提出符合知識論內涵，關於此詞的新定義，即可突破蓋提爾難題根據JTB理論所提出的駁斥。這個方法可以以古德曼的因果鍊（Causal Chain）為例。

一、「知道」中的因果鍊

古德曼在嘗試解決蓋提爾難題時，主要針對蓋提爾難題的第二個例證，即「布朗到底在那裡？」古德曼指出，蓋提爾的論證策略為：「p為眞，史密斯相信p，而且史密斯有足夠的證據相信p。但是史密斯並不知道p。」為處理蓋提爾的論證，他提出基於因果律所建構而得的因果鍊為主要反駁策略——關於因果鍊的建構，以及根據因果鍊所建構出來的認知內容，可參見右頁圖表。

因果律著重於知覺（Perception）與記憶（Memory）兩個連結關鍵。知覺上的因果律指：一般狀況下某外在對象傳遞至人內在理智的過程，記憶則指較早信念（earlier belief）與較晚信念（later belief）間的確定關係。古德曼根據上述說法，將因果鍊加入為S Knows p語句作為證成的關鍵——即以因果鍊重新定義「知道」違和——為此我們需要重新定義S Knows p語句的內容。古德曼為此語句加入因果鍊後提出新定義：S Knows p意謂S知道p若且唯若在p具有適當方式連結於S相信p的因果連結上。（S knows that if and only if the fact p is causally connected in an "appropriate" way with S's believing *p.*）

古德曼認為，他所提的新定義同時包含知覺、記憶、因果鍊以及三者的總和等共計四個命題。JTB理論核心在命題與事實間的符應關係（correspond），蓋提爾難題攻擊施力點正在使這關係破裂：三個條件僅能符合自己內部條件一致性，卻無法合於外在實際狀況，也就是無法達成命題與是時間的符應。古德曼相信，當我們以因果鍊強化S Knows p語句後，JTB理論所欲建構的符應關係就不易被蓋提爾難題挑戰。

二、因果鍊的困難

古德曼的解決方式相同受到各種挑戰：

㈠ 重新定義S Knows p語句是否恰當？這個質疑是齊曉姆提的。他在他1972年所出版《知識論》第二版中收錄古德曼的方法。但齊曉姆質疑：古德曼沒有明確分析此語句新定義的內容，及在該語句在JTB理論中如何使用。齊曉姆也否定S Knows p語句的新定義呢？因為A.有些我們已知的命題因果律上不一定存在伴隨發生的關係；B.有可能在命題㈲及某個人接受命題㈲間存有因果聯結上證成的信念，但某人卻不了解對此命題㈲而言所具備的的因果聯結。

㈡ 因果鏈定義模糊，所以無法解釋內容模糊的蓋提爾難題，這彷彿為解決模糊問題所以用更模糊的觀念而已，這無助於對問題的解決。

㈢ 我們很難區分極可能的信念與知識的差別？我看棒球比賽時相信「左投剋左打」（這是個很值得討論的棒球信念），結果場上的左投手眞的三振了與他對決的左打者。在此情況下因果鍊無法解釋我「極可能信念」與「知識」之間的差異，甚至無法區分這兩者間證成的不同。

對「知道」重新定義

來源	1967年，古德曼在《哲學期刊》雜誌上發表論文〈一個知識的因果理論〉（A Causal Theory of Knowing）。論文區分為三部分 1. 以因果鏈概念解決蓋提爾難題 2. 評論Michael Clark論文〈知識與表象：一個對蓋提爾先生論文的討論〉（Knowledge and Ground: A Comment on Mr. Gettier's Paper） 3. 重新定義「S Knows p」此一語句。
定義	根據因果鏈重新定義S Knows p，並Df S Knows p＝S知道p若且唯若在p具有適當方式連結於S相信p的因果連結上。

內容

因果鍊	因果鏈指：當一個人知道某件事表示在證據與信念間有一適當的因果聯結。因果鏈強調若某人說他「知道」就意謂在他的證據與信念間有一適當的因果聯結，因為在事實的狀態p與所引發的信念Sbp間，應該要存有能引發信念的中間媒介q。圖示如下： 　　事實的狀態 → 中間媒介 → 引發信念 　　　　p　　　　　　q　　　　Sbp
不知道的意思	根據因果鍊，若有人不知道對象為何，其可圖示為： $(p) \rightarrow (q) \rightarrow Bs(q)$ 　　　　　　　　　　$Bs(p)$ 　$Bs(r)$
說明	1. 定義：事件(p)為B所要知道的對象，(q)為呈現在主體B面前之事件且在進入到B的理智內能成為B的信念而成為Bs(p)。 2. 在理解(p)的過程中，B另外需要背景命題（background proposition）幫助B完成知道。 3. 圖中由於沒有背景命題(r)，因此對B來說，他仍然處於「不知道」的狀態。
反駁	蓋提爾難題攻擊施力點在使JTB理論核心在命題與事實間的符應關係破裂。當我們以因果鍊強化S Knows p語句後，JTB理論所欲建構的符應關係就不易被蓋提爾難題挑戰。

困難

1. 重新定義S Knows p語句是否恰當？
2. 因果鏈定義模糊，所以無法解釋內容模糊的蓋提爾難題。
3. 我們很難區分極可能的信念與知識的差別？

UNIT **4.14**
反駁蓋提爾難題㈣：多瑪斯的角度

我們前面所提到，關於處理蓋提爾難題的方式，基本上多是順著蓋提爾難題的思路試圖解決。本節我們將提出另一種不同的論點，即從前一章實在論所討論過程中，曾提及的多瑪斯理論之角度，嘗試梳理蓋提爾難題的問題。

一、對問題的梳理

我們這裡引用多瑪斯學者詹金斯（John I. Jenkins）在《多瑪斯的知識與信仰》（*Knowledge and Faith in Thomas Aquinas*）中提到討論進行說明：雖然在開始前我們必須注意，多瑪斯並沒有使用現代分析哲學在使用的名詞，所以我們不太會說明多瑪斯如何使用證成這一類的用字，因為拉丁文本身也沒有實際相對應的字詞。就此前提，詹金斯提醒「多瑪斯並沒有在對應的拉丁語詞上產生問題，所以我們必需將問題轉向他說了什麼或是他沒說什麼。」詹金斯基於此處的前提，不特別討論justified或是justification在多瑪斯或JTB理論中的問題，雖然他認為蓋提爾難題其實就是知識能否成立的條件問題，不過他以準據（Warrant）取代判準的概念：關於準據問題，我們在第8章討論普蘭丁格（Alvin Platinga）時將會進一步說明。

詹金斯分析，過往解決蓋提爾難題有兩種主要模式：㈠內在論的處理方法是，透過加強信念的真實性。，已達致對知識所要求之條件為，是主體對某一事實必須有一特別的知識論過程，且此過程可在反省中獲得。㈡外在論（Externalism）：外在論者與內在論相反，他們認為當一個主體在知道某物p時，並沒有內在論所期待那種對p認識

的特別過程。就此而言，在多瑪斯那裡真與假的判斷基礎建立在對感官經驗與理智原則的信念上，此時判斷成為準據，並幫助理智指向其它信念而考慮其判斷上的一致性相同。當蓋提爾要求證成問題／要求正當理由時，由理智所給出的判斷已經是一個證成的過程，且帶有使知識為真的準確性。

二、符應的條件

詹金斯的說法是根據多瑪斯在《論真理》（*De Veritatus*）書中所提，符應理論所產生的四個條件，（DV, Q1A3, solutio）：

㈠第一個條件指的是理智的參與與獨立運作

㈡第二個條件是理智能為對象提出定義，此定義又能對應於判斷中的真與假

㈢第三個條件指的是一個對象之所以被斷定為真或假是因為其本質能被神聖理智所判斷，並能經由人的理智而確認

㈣最後，真或假的提出是因為人對於真理的表達與提出，即在一個判斷的行動中才能真正的被提出

多瑪斯認為，這四個條件可以斷定某個對象之真假與否，且這四個條件均屬人理智運作之部份。就此而言，蓋提爾難題那種質疑人與人溝通間的困難在多瑪斯這裡並非真正難題，因為多瑪斯的符應論能提供某種準據，以作為我們對事物認知的保障。況且按照符應論，即便某人認知或判斷產生錯誤，也不代表我們不能知道外在世界，因為錯誤及其修正亦屬認知結構之一環。

整理對蓋提爾難題的反駁

我們將4-11至4-14的解決方式羅列於其下

透過重複這些方式讓讀者可以再一次思考其有用與否

學者	方式	內容	困難
齊曉姆	重新修改JTB理論三個命題的內容，致使蓋提爾難題因為無法符合修改後的JTB理論行程無效論證	1966年 自我顯示證據 非缺陷證據	自我顯現證據本身是否能自我顯現？若自我顯現證據不具自我證成則仍相同落入蓋提爾難題。
		1982年 不完全證據	修改JTB理論引入新的且複雜化後的定義內容，就解決策略來說不一定有幫助。
雷瑞派克生	增加第四項條件以強化JTB理論，兩人的第四項條件為「不可被駁倒」	1. 將知識區分為基礎知識與非基礎知識兩類 2. 所謂「不可被駁倒」是指：一個可駁倒的語句雖然為真，卻可證成主體所持信念為假	1. 運氣極佳的情況下不被駁倒。 2. 不可駁倒證成的無限後退。
古德曼	根據因果鍊重新定義 S Knows p，認為可以靠這個方式維護JTB理論所欲建構之命題與是時間的符應，不致受蓋提爾難題攻擊與破壞	Df S Knows p＝S知道 p若且唯若在p具有適當方式連結於S相信p的因果連結上	1. 重新定義是否恰當？ 2. 因果鍊定義模糊，所以無法解釋內容模糊的蓋提爾難題。 3. 我們很難區分極可能的信念與知識的差別？
詹金斯	透過多瑪斯對符應論的解釋，說明人的理智已具備判斷對象真偽的能力	1. 修正蓋提爾難題為知識能否成立的條件問題 2. 以準據取代判準的概念	以多瑪斯理論處理當代知識論是否能切中要點？尤其需面對名詞轉換。

嘗試解決蓋提爾難題的討論在60-70年代相當熱烈，但到1980年代之後漸漸減少。Louis P. Pojman在他的書*What Can We Know: Am Introduction to the Theory of Knowledge*中有清楚的分析，此處關於難題的討論很大程度參考了這本著作。

UNIT 4.15
桶中大腦

圖解知識論

　　桶中大腦論證是70-80年代出現的懷疑主義主張。這個主張與電腦科技的發展有關（另一個有關的論證是基於AI人工智能產生的討論，參見7.12-13），而後又因為電影《駭客任務》（_The Matrix_）而深植人心。電影將桶中大腦論證延伸，讓觀眾們看完後不禁懷疑自己是否也和主角相同，是被電腦豢養用以取得能源的桶中腦。

　　如果從哲學史的角度來看，桶中大腦論點（的形式）最早可以追溯到笛卡兒的論點。笛卡兒為了確認究竟有何知識可被認定是清晰明確，提出惡魔論證做為檢測：你如何確定你並沒有被一個惡魔欺騙，讓你誤以為你能認識外在世界。惡魔論證可以進一步推論為夢境論證，即你如何確定你並非在作夢？這兩個論證都可以間接證明一件事：我們以為存在的物理世界其實不存在，所以我們對外在世界的所有信念都可能是錯的。相同型式換成當代科技，亦即將惡魔轉變為（超級）電腦就可以得出桶中大腦論證（argument of Brain-in-a-Vat，以下我們簡稱BIV論證）：所謂的人其實只是活在一個充滿營養液內的大腦，大腦連結上超級電腦，這台電腦根據計算與運作透過電流將資訊用以刺激大腦的不同區塊，並引起所有我們以為的物理世界現象。根據BIV論證，我們其實沒有身體，我們所看見的物理世界也都只是虛擬出來的結果。更進一步的問題是，根據BIV論證，我們都只是桶中大腦，那為何我們可以擁有相同的認識與意識？或者是為何不同的桶中腦會產生普遍概念？BIV論證可以進一步指稱，這台超級電腦連結了無數多的桶中腦，且透過各種線路的連接將所有統中腦連結在一起（如同一個大數據資料庫），之後給予所有人對相同事物共同

的概念與內容（我們可以想想《駭客任務》中尼歐真正醒過來時的驚訝場景）。

　　我們可以問自己這樣的問題：我如何確定我不是桶中大腦？桶中大腦論證呈現出一種循環論證的結構，我們無法確定我們不是桶中大腦，所以證明了我們正是桶中大腦。BIV論證在此呈現出知識的封閉原則，即知識在以之前下是封閉的。其論證如下：對某人S與存在著的命題P與Q，如果S知道P且P含蘊Q，則S知道Q。問題是在BIV論證中，上述論證可以寫成：

一、如果你知道命題P為「知道擁有身體的人能證明自己不是桶中大腦」。

二、根據前提1，如果你知道你有身體，你自己就不是桶中大腦。

三、但你不知道你不是桶中大腦（因為你無法證明）。

四、所以你不知道你有沒有身體。

　　面對這個論證，許多哲學家嘗試解釋並指出其無法成立之所在。其中一種方式為，即便BIV論證也必需先肯定有外在世界（包括電腦為真、你為真、你所看的虛幻世界亦具有為真的範本）才能證明BIV論證為真。這種反駁可能陷入無限循環的爭辯。另外則有像是普特南（Hilary Putnam）透過語句方式證明BIV論證不可能：當我們使用一個名詞指稱對象時，除非我們真的能確定這個對象與我們的語詞兼具有明確因果關係（例如我看到一隻狗，我心中有狗的概念），否則我們不可能使用語詞。在前提下BIV論證的語詞可被稱為不具因果之語詞，而我們真實的狀況可被稱為是證確語詞。但是BIV論證明顯的無法提供我們語詞與對象間的因果關係，所以BIV論證無法成立。

桶中大腦論證的論證結構

以下提供數個BIV論證的邏輯結構

提出者	內容
BIV論證之基礎	1. 如果你知道命題P為「知道擁有身體的人能證明自己不是桶中大腦」。 2. 根據前提1，如果你知道你有身體，你自己就不是桶中大腦。 3. 但你不知道你不是桶中大腦（因為你無法證明）。 4. 所以你不知道你有沒有身體。
Anthony Brueckner 1986	1. 前提：我或者是BIV（根據不具因果之語詞）或者我是BIV（根據正確語詞）。 2. 前提：如果我是BIV（根據不具因果之語詞），那麼我在我對我確為BIV的印象下可以宣稱我是BIV為真。 3. 前提：如果我是BIV（根據不具因果之語詞），那麼我不可能對我是BIV具有印象。 4. 所以根據2與3，如果我是BIV（根據不具因果之語詞），則我宣稱我是BIV為假。 5. 前提：如果我不是BIV（根據正確語詞），那麼如果我是個BIV的前提下我宣稱我是BIV即可為真。 6. 所以：如果我不是BIV（根據正確語詞），那麼根據前提5我說我是個BIV即為假。 7. 所以：根據前提1，4與6，我宣稱我是BIV為假。 可延伸出 8. 所以：我說我不是BIV為真。
Brueckner 1992	1. 如果我是BIV，則我所言之語句具有非附加性真實條件並表達非附加性內容。 2. 我所言之語句具有附加性真實狀況表達出附加性內容。 3. 所以根據1與2，我不是BIV。
Crispin Wright 1992	1. 前提：我的語言產生錯謬。 2. 前提：在BIVese（加ese表區別）論證中，「桶中大腦」並不是指稱「桶中大腦」。 3. 前提：在我的語言中，「桶中大腦」是有意義的表達，所以： 4. 根據前提1與3，在我的語言中「桶中大腦」是可以用來指稱「桶中大腦」的。 5. 根據前提2與4，我所用的語言並非BIVese。 6. 根據前提2對BIVese的定義，如果我是BIV那麼我的語言就會是BIVese。所以： 7. 我不是桶中大腦。

* 參Tony Brueckner (2004)，'Brains in a Vat'，於Stanford Encyclopedia of Philosophy 發表。

UNIT **4.16**
陰謀論㈠：案例說明

圖解知識論

　　當代懷疑主義在實踐上除了學術探討外，也與我們日常生活產生連結，這種連結即為「陰謀論」（Conspiracy theory）。陰謀論懷疑我們所得到的知識受到修改，所以與真正的事實彼此不符。更進一步，陰謀論懷疑究竟誰才有權力解釋或陳述事實，所以陰謀論者容易相信：某個為眾人所熟悉的事件內容，可能基於掌權者的利益而受到扭曲，所以對這些我們所熟悉的事件，我們僅能知道其中（被修改過的）一部分。

一、特點與興起原因

　　我們似乎無法清楚指明陰謀論何時興起，但明顯的他們的興起與資訊流通工具有密切關係：資訊越流通，媒體或工具越方便，陰謀論的流傳就越廣，內容也越離奇。陰謀論在探討這些議題時仍存有主客體間的關聯，但如上面所提，在主客關聯上增加新的詮釋權力問題：究竟作為主體的我們所接收到的知識是否確如其之所是？這個問題正是懷疑主義理論在生活中的落實：我們如何確定我們所知道的資訊為真？陰謀論者面對這個問題給出的答案是，給予我們資訊的客體，不論是給予者或資訊內容，均因惡意欺瞞的緣故致使我們所得到的資訊已受扭曲而產生錯誤。

　　有的學者認為，陰謀論者的基礎原則包括：㈠沒有任一事件偶然產生，㈡沒有任何事物像是我們所看到的那個樣子，㈢萬事萬物彼此關聯。這些原則乃因為我們每日接受資訊量極為巨大，但我們其實難以每項資訊都能加以區分。若符合我們的專業或我們對某項資訊具有充分背景知識，我們大概可以清楚區分所獲資訊的真偽。但那些超過我們能力者我們其實不具有辨別的可

能，為此我們極有可能受到欺騙。此外，我們所接收的資訊通常建立在眾人所共同認知的常識上，但作為「常識」，其內容就有可能受一般人在無專業能力的情況加以挑戰。這些狀況都使陰謀論的主張者認為，我們所接受與認知的資訊有可能已受扭曲。

二、陰謀論的特性

　　雖然陰謀論與我們所接收的日常資訊在諸多地方彼此不同，但作為資訊其仍可以被流通。這類陰謀論的資訊在傳遞過程中具有固定的邏輯結構，這些固定的邏輯結構另外帶有兩項特性：

㈠封閉的邏輯系統：此類陰謀論所傳遞的資訊內容常以套套邏輯（tautaulogic）的方式出現，即「因為某項間接證據X所以證明某事為陰謀論，而某事為陰謀論的證據就是因為這項間接證據X」。就資訊內部來看，或者是合理的；但當我們將之與外在世界資訊比較後則會發現其中帶有各種破綻。

㈡不帶有證成的間接證據：前文曾提，任何知識的成立均涉及證成／證據的必要，但陰謀論常以間接證據做為佐證以證明某些陰謀論論點。但是他們所提的證據卻不具可被證成的可能，甚至所提證據也不易或不能受查證。

　　上述特性均可在陰謀論的探討中得到證實。除了針對陰謀論進行學術研究的論點（如本處所引書），大部分陰謀論論點以在網路流傳（例如內容農場）與論壇討論為主。文章內容似乎描繪出什麼驚人事實，但事實上卻提出無法檢證之內容。為此，我們在右頁將舉出陰謀論論者常提出的著名案例作為說明。

陰謀論的基本論點

1. 陰謀論論點常常提供與現實完全不同但看上去合理的解釋方式。
2. 我們對重大歷史事件或內容有一定認知，但陰謀論者常認為此類內容可能被假造，並進一步提出合理但令人匪夷所思的情節或內容。

著名的陰謀論主張

事件	一般人認知的事實	陰謀論者所認定的事實
廣島原爆	1945年8月6號美國在廣島投下原子彈，造成日本死傷無數的作戰。	美國為了讓日本投降，而與日本串通演出的歷史大戲：爆炸僅是一般性轟炸，原爆效果是好萊塢特效。主張者認為美國當時不可能冒險運送原子彈到太平洋的基地。
美國第51區	美國在1950年代開始於內華達南部開拓基地，主要工作為研發空軍新式祕密飛行武器的實驗基地。	51區能作為祕密飛行武器的研發基地是因為裡面藏有外星人與飛碟。
甘迺迪遇刺	1963年11月22日，L. H. Oswald涉嫌開槍射殺當時的美國總統甘迺迪，之後Oswald又在押解過程中被Jack Ruby所殺害。	不論L. H. Oswald或Jack Ruby都只是代罪羔羊，因甘迺迪背後可能涉及巨大政治或軍事利益，甚至可能會洩漏外星人資訊所以被滅口。
阿波羅11號登月	1969年7月20日美國成功讓阿姆斯壯等人完成登陸月球的壯舉。	NASA為了在太空競賽中擊敗蘇聯而在攝影棚內拍攝出來自欺欺人的電影。
911事件	2001年ISIS組織在美國本土發動的恐怖攻擊。	美國為了出兵伊拉克自編自導的事件，並將此事件嫁禍給ISIS。

《時代》雜誌（*Times*）曾選出美國10大著名陰謀論內容，有興趣的讀者可以在網路上搜尋相關資料。以下列出《時代》雜誌列舉的內容：

1. 甘迺迪遇刺的陰謀 / 2. 美國911恐怖攻擊
3. 美國51區的外星人 / 4. 披頭四的保羅麥卡尼早已死亡，現在這個是替身
5. 有一個祕密社團控制全世界 / 6. 登月是一場騙局
7. 耶穌與抹大拉的瑪利亞已經結婚 / 8. 愛滋病是CIA製造出來的病毒
9. 納粹並沒有真的殺了600萬猶太人 / 10. 這個世界是由爬行外星人控制的

UNIT **4.17**
陰謀論㈡：理論基礎

我們在前一節提到陰謀論並說明幾個著名事件陰謀論者的主張與一般大眾所認知內容的落差。或許有人會問，為何我們眾人在擁有相同認知內容的前提下，陰謀論者還能發展出這種與眾不同的說明內容？關於這個問題不少學者提出他們的解答。本文作者現透過前文曾提及之哲學家郎尼根的學說作為基礎，提供一種可能的解釋。

我們在之後將提到郎尼根所謂「團體偏執」的概念（見9.9）。郎尼根認為人類常識的累積有一項功能是幫助我們能透過實用的過程對生活加以輔助。在此狀況下，不論人或團體都能因這種實用作用而為自己決定方向。但這種認知過程在團體內仍具有其不完備之特性。這種不完備性一方面可以促使整體社會不斷變換，另一方面也促使社會在知識方面分工越來越精細。這種基於實用的知識分工在三個方面促使陰謀論產生：

㈠主體際性：我們的社會具有被稱為「主體際性」（Intersubjectivity）的人際互動。主體際性是社會秩序的基礎，也表示人際之間的互動。在一個團體發展的過程中，主體際性基於文化而產出城市／公民團體，這種團體基於實用常識的精細分工，形成彼此依賴且逐漸壯大的過程。雖然我們的團體可以透過這種分工過程逐漸強大，但即便社會秩序可以符合人性理智，但人際互動間必然存在情感層面。這導致陰謀論原本屬於個人情感層面的發生，卻因為相同好惡的個人組成團體，並根據所認定的資訊挑戰已被建立起之團體共識，進一步引發團體辯證。

㈡團體辯證：團體所具備的常識僅是針對每一個個別情況進行認知，故一旦遇到特別狀況便需要加以調整。團體進行對常識的調整將影響到團體中的每一個個體，並形塑每個人自己的理智方向與內容。這種調整不只是團體對個人，有時也會以個人影響團體的方式進行。但不論誰影響誰，辯證過程中都可能產生個人或團體的偏執。這種偏執就是陰謀論成形之溫床。

㈢從團體偏執到普遍偏執：如果團體辯證中確實產生偏執了，則團體對個人的影響就可能類似於以團體所接受的特定習慣或認知內容干擾個人的理智思維。這種狀況形成團體偏執。團體偏執會產生歪曲現象，並依序逐步發生階級劃分、利益不普及、以致引發暴亂、最後將產生得勢團體支配失勢團體的心態。陰謀論既然與知識權力有關，並特別主張認為真相被掌握在特定團體（不論政府或民間團體），以致對知識之權力分配不均，那麼我們可以認為：提出陰謀論主張者認為自己確實得到某種對具實用知識的洞察，但自己卻被團體偏執所干預。

我們可以說：陰謀論就是團體偏執對人類實用常識的干預與影響，且透過團體所認定之常識行事之結果。這可能與知識的分工精細有關。因為每個專家或每個個人都可能認為自己的範圍是最重要的，並忽視其他的知識範圍。當人只願顧及個別具體的常識範圍而忽略更進一步發展的可能性時，普遍偏執產生而進一步引發陰謀論的理論基礎。

陰謀論的成因

陰謀論的成因不少學者已提出他們的論點
以下我們依據郎尼根的理論提出另外一種可能的解釋

人生活中的主客體關係包含以下要件：
1. 常識累積使生活得以轉化。
2. 以實用常識作為生活的輔助。
3. 基於「動態結構」（The Dynamic Structure）。 在此動態結構下，不論人或團體能為自己選擇當走之方向。

 在此前提下列三者成為陰謀論基礎

1. 主體際性	範例：某個人不願相信某一被公眾接受的論點而提出自己的論述。
(1) 主體際性是社會秩序的基礎，先於任何文化就已被建立。 (2) 主體際性具有人際關係間的必然情感層面，在情感與理智的交錯中產生對團體共識的挑戰。	

 產生

2. 團體辯證	範例：上述某個人獲知某些人組成學會且與他有相同的主張，從而加入他們。加入該團體後更強化這個人自己的信念。
(1) 辯證指兩個相連而又相反的變動原理之具體展現，所以辯證是一堆特定事件的聚合，而這些事件乃基於兩個不同聯合又相反之原理在變遷中被調整的產物。 (2) 當一群（相信特定陰謀的）人組成一個群體，其有可能透過團體與個人間的交互影響，強化個人或團體對特定事件的認知內容，從而形成他們所認知的事實。	

 導致

3. 從團體偏執到普遍偏執	備註：陰謀論既與知識權力有關，認為真相被掌握在特定團體手中，所以提出陰謀論主張者認定自己得到某種具實用價值的洞察，但已被團體偏執所干預。
(1) 在團體中，基於個人偏執形成以團體中風俗習慣干預理智的情況被稱為團體偏執。 (2) 此類偏執與分工精細有關，但分工精細導致每個個人以為自己所知最為重要，並忽視其他的知識範圍。 (3) 這種偏執忽略更進一步的發展可能，進而產生普遍偏執。	

135

UNIT **4.18** 反駁懷疑主義

基於懷疑主義質疑人類知識的可靠性，哲學家們在建構知識論過程中時常以駁倒懷疑主義為其目標。例如蓋提爾難題出現之後一段時間，許多哲學家不斷透過研究嘗試反駁蓋提爾難題。但是我們真的能反駁懷疑主義嗎？以下從兩方面討論：第一個是以奧古斯丁為例，說明他對懷疑主義如何進行反駁；其次我們針對知識論的三個基本問題提出說明，說明為何懷疑主義對知識的質疑並不恰當。

一、奧古斯丁的範例

奧古斯丁認為，懷疑主義不可能在生活中實踐，因為當一個人懷疑自己時，至少有三件事他不能懷疑：他存在、他活著和他理解。這意謂任何人要進行懷疑之前已經具備特定且穩固的知識。依此前提，奧古斯丁認為懷疑主義在兩方面不可能貫徹自己的主張：

(一)懷疑主義必需承認某些知識作為他們的前提：一個真正貫徹懷疑主義的人嚴格來說必需連他正在懷疑的這件事都在懷疑（試想一個人說「我懷疑我正在懷疑我的懷疑」）。但這是不可能的，因為當我在懷疑我的感官無法獲得正確知識內容時，我其實已經肯定我可以透過感官獲取某些外在世界的內容。為此，懷疑主義在提出懷疑時必須先肯定某些知識內容，否則無法成立。

(二)另方面來說，我們確實能擁有某些確切的知識內容：在我們與懷疑主義對話的過程中，有一些知識必需是我們已經擁有且確定的，否則我們無法進行討論。這些確定的對象除上述三件絕不可懷疑之內容外，還包括我們能夠溝通、語句的使用，對對方存在的肯定。此點與前述有關，均在肯定至少要有可以讓

彼此溝通的確切知識存在。

二、知識論三基本問題的討論

除了奧古斯丁的主張，我們也可以從知識論三基本問題來看，為何懷疑主義無法有效地成立：

(一)針對主體能力質疑的反駁：懷疑主義在此通常主張主體沒有足夠能力認識外在世界，畢竟感官不可靠或易被欺騙，且能力有時確實不足。但即便我們確實承認有時感官能力不足，也不代表我們的感官總是有問題。此外，感官是我們與外在世界接觸的根本能力。雖然有時不穩定，但無需因噎廢食的廢棄所有感官所得之信念與知識內容。

(二)針對外在世界真貌懷疑的反駁：懷疑主義確實可以懷疑外在世界的不存在，或者我們不確定外在世界確如我們所認知的那樣。但當懷疑主義提出懷疑時，其已預設有兩個世界的存在，一個是真實的樣貌，另一個是我們以為的樣貌。根據這樣的說法，懷疑主義必需先接受外在客觀世界是真的，才能夠否定我們所接受的世界是真的，一如前面反駁桶中大腦論證時採用的路線一樣。

(三)針對主客關聯關係質疑的反駁：主客關係是否確如懷疑主義所言不存在？此點值得商榷。因為當我們在討論懷疑論時，其已預設「主體──客體」的基本結構，不論在懷疑主義者與我們之間，或是受質疑的我們與外在世界之間。懷疑主義可以已認為外在世界不可能被我們以我們以為的方式理解，但這個主張也意味他們必需承認某些事實為真。然如此一來懷疑主義如同自打嘴巴的否認自身某些主張。

透過明希豪森三難困境反擊的懷疑主義

「明希豪森三難困境」是一種思想實驗，最早可追溯至阿格里帕。以下列舉提出過類似主張的哲學家作為例證。

提出者	阿格里帕 Agrippa	弗里斯 Jakob Friedrich Fries	卡爾·波普 Karl Popper	漢斯·阿爾伯特 Hans Albert
內容	1. 無限過程 2. 假設 3. 循環	1. 教條 2. 無限後退以作為支持 3. 個人知覺經驗或心理內容	1. 教條主義 2. 無窮倒退 3. 心理主義	1. 循環論證 2. 無限後退論證 3. 不言自明公理的論證
說明	五種懷疑論命題中的其中三種。	他拒絕前兩者，接受第三條作為內容。	三種方式的綜合使用或許能避免三南困境。	三種論證都不可能證明論證本身為真。

明希豪森三難困境又可被稱為阿格里帕三難困境（Agrippa's trilemma），我們在4.6中提到，阿格里帕提出五種懷疑論命題。其中：

2. 無限過程：所有證明若非依賴自身就是依賴無限事物，此即無限後的論證。

4. 假設：所有假設均需要來自一個不被假設的假設，此即不言自明公理的論證。

5. 循環：所有論證都帶有一種循環證明的過程，此即循環論證。

漢斯·阿爾伯特的三個論證如下：

1. 循環論證：任何論證的證明最終都只能仰賴論證自身，如此一來論證就只是在論證內部重複循環。

2. 無限後退的論證：任何論證的前提A要能成立都預設另一個前提A'，但A'的成立又預設前提A"的成立，A"的成立繼續預設A'''……如此不斷下去，我們無法斷言前提A確實能夠成立。

3. 不言自明公理的論證：任何論證的前提在證明的當下都如同信仰信條，或某種不可被懷疑的絕對公理。

懷疑主義的應用

懷疑主義雖然看上去可以被駁倒，但事實上他們也可透過邏輯分析的論證方式指出那些相信有事實存在的人其實在論證上陷入明希豪森三難困境。明希豪森是德國作家艾瑞卡（Rudolf Erich）1785年出版著作中虛構的德國貴族，其最著名的形象之一是，他騎乘的馬匹陷在泥沼中，而他自己抓著自己的頭髮想把自己與馬從泥沼中拉出來。德國哲學家漢斯·阿爾伯特於1968年提出論點，主張任何論證要證明自己確實為真以前，都將落入三種證明方式，但這三種證明方式其實都無法證明作為論證的自身。因此懷疑主義可以主張：接受有真實知識者其實都必然陷入此三難困境，從而無法證明知識具有真實性。

UNIT 4.19
對懷疑主義的歸納與總結

經過前面的討論，我們可以把為懷疑主義提出這樣的定義：一個人若要獲得知識，就必須具備條件X；但從來都沒有人擁有不被懷疑的條件X，所以沒有人能說他擁有知識。條件X可能針對主體缺陷，可能來自認為客體不可被認知，也可能存在於主客體間的差異。此外，我們也注意到古典哲學與當代分析哲學在懷疑主義的應用與討論上有所差異。古典哲學的懷疑主義傾向是以懷疑作為方法，期望獲取更精準知識，或至少指出知識在證明上的不足；而當代分析哲學的主張則在於指出，無人能證明擁有知識的條件確實存在。

一、知識的模糊性

懷疑主義的成立來自為知識證成的問題，而為知識尋找證成的問題在於知識具有模糊性（vagueness）：我們無法為知識的證明提出百分之百有效的標準，此問題來自我們擁有過多語詞，而這些語詞也相同具有模糊的特性。我們在第一章已經提過，知識的表達與語詞間有重要關係，因為命題中同時包括綜合、分析命題，而語詞也涉及外延、擴延、意指與內涵等內容。我們可以透過特定語言規則扣除語詞表達問題，但即便過去我們能透過某些規則確定手上資訊的準確，也不代表我們就能對未來的知識進行百分之百肯定：這是經驗主義懷疑論所帶出來的懷疑。懷疑主義真正的攻擊點是：如果知識本身就是模糊的，我們如何肯定我們擁有確切的知識內容？

二、兩種主張

面對模糊性的問題我們或許可以採取最高標準：「當我相信我有一個證成J可以證明命題P為真時，我必須確定證成J證明了命題P為真若且唯若命題P必然為真」。然而這種推論方式可能過於嚴苛以至於我們無法獲取任何知識。所以另一種面對證成難題的方式可以被提出：可謬誤主義（fallibilism）。可謬誤主義可說是為了對抗懷疑主義對證成及證據不斷攻擊，產生出讓信念為真較為寬鬆的證明模式。所謂可謬誤主義主張：

(一)你的信念B得到可謬證成＝定義A.信念B是證成的；B.信念B在以A的方式證成，與信念B為假，兩個事實可以相容。

(二)你的證成至少一些是1所定義的可謬誤性。

可謬誤主義的範例是：你的朋友品行良好，不代表他不會偶爾犯錯。知識一如你的朋友，有時還是容許我們有犯錯的空間。不過，雖然可謬誤主義可能足以讓我們面對懷疑論，但其問題是，很多時候我們即便擁有信念且知識的正反雙方都能成立，我們仍然不會接受這個信念（例如買彩卷）。

為此，有學者提出不可謬誤證成之論證，其內容為：

(一)你的信念B可透過不可謬誤證成＝定義A.信念B是經由某種證成加以證成的；B.一個信念B在以A方式證成，與信念B為假，兩者不可相容。

(二)你對信念B的所有證成都必須來自1，且不可有任何可謬誤主義的證明方式。

例如在我們面對不會寫的數學題目而還是嘗試去回答的過程，就是一種可被接受的不可謬誤。但是不可謬誤的問題仍然與上述最高標準一樣，如此一來我們無法宣稱我們真的具有知識。

那麼懷疑論究竟給了我們什麼？其雖然不斷挑戰知識的確切性，卻也讓我們必須認真面對當我們宣稱我們擁有知識時，其自何而來？或是我們如何能提出真正合適的證成以確保我們所擁有的確實為真？

當代懷疑論之類別及其主張

　　根據Stephen Hetherungton在《知識之迷》（2004）書中18-22章所言，他認爲懷疑主亦可區分爲以下不同類別。

懷疑論類別	內容與主張
不可謬性懷疑論	依據左頁不可謬誤論證，當一個人宣稱「我知道命題P為真」時，命題P具不可謬誤性。但不可謬誤性要求過高無法達，所以沒有人可宣稱「我知道命題P為真」。這意謂我們不可能擁有知識。
外在世界懷疑論	來自笛卡爾的惡魔論證與夢境論證：前者指可能有一個惡魔欺騙我們使我們以為外在世界真實存在，後者指可能我們因為做夢中無法區分現實及夢境的差別所以誤以為我們在實際的世界中。從兩個論證延伸而來的結果是： 我們無法確定外在世界是否真實存在（因為可能是惡魔欺騙也可能是我們在作夢）。 即便笛卡兒以「我思故我在」反駁這兩個論證，也就是若惡魔要欺騙我就代表至少有一個心靈我存在，若我無法區分夢境與現實的不同也代表至少有一個真實的我在作夢。但是笛卡兒的反駁最多只能證明我自己的存在、頂多加上有惡魔與夢境，我們還是無法證實外在世界的真實存在。或是我們僅可以擁有少部分知識，對其他部分來說我們其實仍然什麼都不知道。
歸納懷疑論	知識有很大一部分來自過去經驗的歸納，但過去經驗的歸納並不能保證這些結果能有效且普遍應用於未來所有相對應之事物。歸納懷疑論提出的質疑是：我們的經驗既然有限，那麼對無法以經驗預測的未來我們就不可能說能知道什麼？ 歸納懷疑論的著名代表是休謨，雖然他不一定認為自己是懷疑論者。他的主張參見5.12-5.13。
規則懷疑論	此論建立在笛卡兒的論證上並往懷疑方向再推一步。笛卡兒透過惡魔論證證明人至少可以確定自己存在，但規則懷疑論主張人連自己在想什麼也無法知道。我們心中存有許多概念，且能透過表達的方式表現在外，這些概念與表達的使用需要依靠特定（社會）規則進行。但我們永遠無法確定當我們在表達時，我的語言正確表達我的概念，或我的語言符合社會規範，或他人與我用同樣的規則理解我表達的語詞內容。
後退懷疑論	此論點類似前節所提及明希豪森三難困境中的第二點，無限後論的論證。為能證明命題A為真我們需要命題B，但為要證明命題B為真我們又需要命題C，如此無限後永無止境。因此任何一個命題都可能是未證成信念DF＝任何一個命題P，不論我們用多少證成來證明都不足夠，因為此命題P永遠有尚未證成的部分。

第 **5** 章

先天觀念：
理性主義與經驗主義的爭論

●●●●●●●●●●●●●●●●●●●●●●●●●●● 章節體系架構 ▼

UNIT **5.1**
先天觀念是什麼？

圖解知識論

知識論發展的歷史上，曾有一段時間討論的重點之一為先天觀念存在與否。此問題特別在理性主義與經驗主義的爭論中被特別凸顯。本章我們將置討論重點於理性主義與經驗主義於此論點上彼此的修正與爭論。

一、先天觀念是什麼

在17-18世紀因為笛卡兒（René Descartes）將哲學討論重心轉到知識論的領域，但因他在探討問題時留下未能有效解決的問題，故後續哲學家們依序嘗試解決笛卡兒所留下的困難。其中最明顯（也是哲學史主流的區分方式）的兩大陣營分別是理性主義（Rationalism）與經驗主義（Empiricism）。兩者的重要區別之一在知識來源問題，或者是先天觀念是否存在的預設：理性主義相信先天觀念乃知識之基礎，人類理性可以提供知識的來源。例如笛卡兒等人強調，人出生時理性已有特定知識內容。像是笛卡兒就主張人的先天觀念至少有兩項：自我存在的意識與神的存在；而其他認同先天觀念的學者認為，先天觀念可能也包括矛盾律、同一律等邏輯觀念。面對理性主義的說法，經驗主義否認並認為真實可靠知識必然來自自然經驗。例如陣中大將洛克（John Locke）提出心靈白板（*tabula rasa*）理論表明其反對「先天觀念」（innate idea）的存在。換言之，理性主義與經驗主義最大的差異點在知識來源的差別。

二、理性主義與經驗主義彼此修正的軌跡

從這整段時期來看，不論理性主義與經驗主義，在其理論內部與外在都不斷進行各式各樣修正。在理性主義方面，理性主義內部從笛卡兒提出心物二元難題（Mind–body problem）後便不斷嘗試修正此一難題而逐步提出他們的哲學系統。例如格林克斯（Arnold Geulincx）或馬勒布朗雪（Nicolas Malebranche），其嘗試消解笛卡兒心物二元論時均將知識論導向預定的和諧之方向，取消笛卡兒心物二元論交互作用的可能。所以格林克斯或馬勒布朗雪的處置，便是依循笛卡兒路線並加以擴充，使神作為消解難題的做法。這種作法在史賓諾莎（Baruch Spinoza）這裡也可以看到。但他與前面所提兩者的差異是，將神與萬物間的關係由外拉至內。格林克斯將神置於萬物之外以保證知識與外在世界的和諧，馬勒布朗雪將萬物放置神裡面以獲取保證，史賓諾莎則是將神放置萬物之內形成嚴密的實體一元論泛神論系統，以確保心靈對世界的認識具有可能。相同狀況在經驗主義那裡也一樣：經驗主義修正理性主義，並逐步貫徹經驗論原則。所以我們本章將會看到，在笛卡兒以懷疑方法造成心物二元難題之後，史賓諾莎、巴斯卡（Blaise Pascal，）格林克斯、馬勒布朗雪、萊布尼茲（Gottfried Wilheln Leibniz）如何在理性主義範圍內逐步修正笛卡兒，而洛克如何修正笛卡兒後，又依序被巴克萊（George Berkeley）與休謨（David Hume）修正。

理性主義與經驗主義彼此修正的軌跡

所有問題都從笛卡兒方法懷疑引發的心物二元論開始

理性主義	經驗主義
相信理性能給人知識內容 相信先天觀念的可能	接受所有知識來自經驗的論點，但是從洛克開始並未貫徹經驗主義原則，不斷修正至休謨後才真正貫徹，並進入另一種類型的懷疑主義

笛卡兒1596—1650
方法的懷疑
心物二元難題

巴斯卡1623—1662
反對笛卡兒理性使用的範圍

格林克斯1625—1696
以預定的和諧說消解難題

史賓諾莎1632—1677
心物二元難題消融於神性實體內

洛克1632—1704
反對笛卡兒與先天觀念
提出經驗主義原則但未貫徹

馬勒布郎雪1638—1715
以機緣論消解心物二元難題

萊布尼茲1646—1716
單子論與知識等級

巴克萊1685—1753
存在及是被知覺

休謨1711—1776
貫徹經驗論原則

從休謨之後發生的狀況為：1.休謨貫徹經驗論原則後走向懷疑主義的路線；2.從康德之後以新的方式修正心物二元難題並建構新的觀念論體系。

UNIT 5.2
笛卡兒㈠：方法論的改變

近代哲學從笛卡兒開始轉向以知識論爲研究核心：在此之前的中世紀哲學，其哲學核心強調以神爲優位，但因爲笛卡兒對哲學思考以知識／認知爲核心，所以從笛卡兒之後的哲學探討多以知識之成立爲其討論起點。哲學史習慣上將笛卡兒放在理性主義哲學家之中，但基於笛卡兒透過方法的懷疑（methodical doubt）尋求知識與眞，有的研究也會將其放置在懷疑主義者的行列。整體來說，笛卡兒是在方法論上採取懷疑以嘗試獲得知識的成立，若從知識論角度而言他則透過神的慈愛保證知識具有普效性。由於其對後世哲學有重要影響，我們在此將分爲三節說明笛卡兒的知識論內容：此處說明笛卡兒認爲知識成立條件的標準，之後則說明他方法上的懷疑如何建構「我思故我在」這句經典名言，以及他如何因爲透過證明神存在保證知識普效性而導致心物二元難題。

一、知識的成立條件：確定性

知識要能成立，重點在於理智需具備當有的確定性。在笛卡兒之前哲學知識的成立可能有各種來源（例如神所賜予），但他決定要嘗試透過人自身的能力對知識進行探索，因此眞理不能是依靠某個哲學家或權威人士所得到的，必需是透過人的理智能力進行探索所得之結果。爲此，我們可以說笛卡兒知識起點能以「理性」二字總括。而所有原理的推動最終應被歸結爲從絕對的根本原理加以推論所得。所謂根本原理，按笛卡兒所言，應具備兩項特性：

㈠具有不可懷疑的清晰（distinct）與明確（clear）性質。清晰意謂當某觀念出現於心靈時具有清楚的強制性，而明確表示此觀念可與其他觀念產生清楚分辨。

㈡根本原理具有絕對意義，不依據任何其他原理且獨立於其他所有原理，甚至其他原理乃根據此根本原理推論而得。

對笛卡兒來說，數學是他所謂由根本原理推論所得的最佳範例。數學乃由各種公理原則逐步推衍而得。他認爲我們可以透過數學方式的類比尋找哲學的基礎，即找尋普遍且不可懷疑的哲學原理。在此意義下，哲學的首要工作應爲尋找根本原理，此原理爲理性直觀可得者，也就是我們的心智具有知曉清晰與明確性質之能力。

二、兩個主要方法：直觀與演繹

按笛卡兒對人類能力的分析，知識能成立或具有確定性乃基於人具有直觀與演繹兩項能力：

㈠直觀：爲人類提供基本概念，是一種理智活動，或者可被視爲一種清晰至不可被懷疑的認識能力。其給予我們清楚的概念，也讓我們擁有關於實在的眞理。

㈡演繹：能從我們直觀引出更多資訊的能力，因爲其能從確定的事實中做出必然的判斷。

當笛卡兒提出知識的清晰與明確乃來自人的直觀與演繹時，其已爲知識論建構出新的方法論基礎，並基於這種新的方法論帶領哲學轉向以知識論爲核心的發展。

笛卡兒知識論的起點

笛卡兒，1596年3月31日 ── 1650年2月2日 重要知識論著作： 《方法導論》（*Discourse on the Method*） 《第一哲學原理》（*Meditations on First Philosophy*） 《指導心靈的規則》（*Rules for the Direction of the Mind*）

問題的起點：1619年11月10日晚上睡眠時的連續三個夢
問題：人類如何確定自己的知識具有確定性？

不能依靠過去的方法或概念	新的方法建構
1. 啓示的真理超過人類理性，所以若要思考需要超凡援助，那已超過人類能力範圍。 2. 哲學家或權威人士在真理的解釋上彼此歧異紛雜，無法當作知識確定性成立的最終標準。	1. 透過人類自己的能力，尤其是心智的力量，對知識進行考察，尋求最終的根本原理。 2. 人理智具有兩大能力：直觀與演繹。所有知識當從這兩種能力作為出發推論而得。

人類理性的兩大能力	
直觀	演繹
1. 為人類提供基本概念，是一種理智活動，或者可被視為一種清晰至不可被懷疑的認識能力。 2. 能給予我們清楚的概念，也讓我們擁有關於實在的真理。 3. 通過直觀我們能把握到簡單的真理。	1. 能從我們直觀引出更多資訊的能力，因為其能從確定的事實中做出必然的判斷。 2. 在演繹中我們經過一個連續而不間斷心靈活動而達至真理的過程。

直觀與演繹推導出根本原理

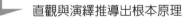

根本原理的特色	1. 具有不可懷疑的清晰與明確性質。清晰意謂當某觀念出現於心靈時具有清楚的強制性，而明確表示此觀念可與其他觀念產生清楚分辨。 2. 根本原理具有絕對意義，不依據任何其他原理且獨立於其他所有原理，甚至其他原理乃根據此根本原理推論而得。
根本原理的範例	1. 數學，具有根據根本原理推論的基礎。 2. 所有知識都可被類比為「普遍數學」的概念。

＊笛卡兒的方法論在根本原理上得以建構，並將哲學帶入以知識論為核心的近代哲學中。

UNIT **5.3**
笛卡兒㈡：我思故我在

笛卡兒提出了依據理性尋找知識有效性的方法後，他依此進行討論，並提出了著名哲學名言「我思故我在」，爾後再以神的存在對知識的有效性提出保證。

一、從方法的懷疑到我思故我在

既然知識的標準是清晰與明確，那麼是否有任何觀念符合這樣的條件？笛卡兒在考察各種知識後認為，並不存在符合此類條件的知識或觀念。感官提供給我們的並非理性直觀所需內容，因為其主觀易變化，甚至可能產生幻覺。此外，就經驗而言，我們也常無法區分夢境與現實的不同。如果我們的感官是幻覺，更進一步很可能我們的心靈活動也僅是幻影，或我們自以為正在進行心靈活動。笛卡兒為此假設有一鬼精靈（*spiritus malignus*）故意欺騙我們的心靈，使我們誤以為我們能夠認知，或誤以為世界就是我們所認識的樣子。

如果真有一鬼精靈欺騙我們，那麼我們的被欺騙就預設一不可被懷疑的事實：我存在。因為唯有進行懷疑活動的（意識或心靈）我真實存在，我才可能懷疑。更進一步來說，如果確實有一鬼精靈欺騙我，那麼唯有我真實存在時，鬼精靈才能欺騙我。就算我無法確定作夢與現實間的不同，這之間仍預設有一個真實的我存在，才能無法明辨作夢與現實的不同。換言之，一定要有一個「真實的我」的存在，我們才能討論被欺騙的可能。笛卡兒根據這種推論過程得出結論，即為「我思故我在」（*Cogito, ergo sum*）之論題。

二、從阿基米德原點到知識的保證

當笛卡兒提出「我思故我在」的論題時，此論題成為他哲學上的阿基米德原點。他認為這一自我意識存在的觀念是最為清晰明確的內容，也是理性直觀的必然結果，甚至可被稱為是笛卡兒哲學的第一原理。對他來說，此一事實既無需證明也不能證明，就是一種直觀的結果而已。

笛卡兒既然使用「我思故我在」作為哲學起點，所以當他根據此一論點探討清晰明確觀念如何形成時，特別提出四條規則作為論證原則：

㈠除非某事物確實為明顯的真實，否則我們不應承認任何事物真實性。為此，我們只能承認將自己呈顯為清晰明確的事物以使我們沒有理由懷疑。

㈡將一個問題區分為不同部份且看清後便能看清整體問題。

㈢按秩序考察問題且由簡單的開始，逐步進入到複雜的知識。

㈣透過精確的計算與縝密思考足以使我們相信沒有遺漏的因素。

透過方法的懷疑以及數學式的嚴密科學，笛卡兒認為得到清晰觀念的內容。但若要保證我們知識的準確性，笛卡兒則訴諸於神的慈愛：雖然一切都可能是鬼精靈的欺騙，但因為神存在，而且祂並非欺騙我們的存在者，所以我們可透過神的存在對我們知識的準確性提供保證。因為神存在，所以祂不會任由鬼精靈欺騙我們，這就意謂我們所擁有的知識都是準確的。我們在右頁將說明笛卡兒如何證明神存在以做為知識的保證。

我思故我在與知識的成立

> **方法的懷疑**
> 前提：所有一切都可能是鬼精靈欺騙我的產物
> 前提的成立預設有我一定要存在，不然一切都是虛幻的

從方法的懷疑推出

我思故我在

「我思故我在」需要知識的保證

> 如果神存在，神是慈愛的，必然不會讓我們被欺騙
> 但我們能夠證明神的存在嗎？笛卡兒提出兩種方法／原則

動力因果原則 principle of efficient causality	存有學論證 ontology argument
版本一：正面論述 1. 原因的實在性不得少於結果，此原則乃為理性直觀可證成者。 2. 但是夠完全者不可來自較不完全者。所以任何出現在我們心中的最完美觀念都不可能來自較不完美的外在對象或是我自己。 3. 若我心中出現一最完美觀念，則此最完美觀念必須來自將此觀念放置我們心中的那位最完美者。所以神存在。 版本二：反面論述 1. 我們可以假設無限完美者並不存在，所以我是產生觀念的原因。 2. 問題是若我為我自己的原因且能產出上述觀念，那麼我自己必然就是那位無限完美的神：此與事實不合。 3. 為避免在層層推論上產生無限後退，我們能假設神就是我們及我們心中那最完美觀念存在的真正原因。為此神必然存在。	與中世紀哲學家坎特伯利的安瑟倫主張（Anselm of Canterbury）相似的存有學論證： 1. 神之定義既為最完美的存在者 2. 此最完美性質亦應包含存在；因為神作為最完美存在者若不包含存在，則「最完美存在」就不可能如其定義所顯示之本質。 結論：神必然存在。

結論

論證內容預設神不會是另一位欺騙者，因為「最完美」的觀念包含神不能欺騙。
為此我們可放心於此處認定神作為我們對外在知識的保證。

UNIT 5.4
笛卡兒㈢：心物二元難題

雖然笛卡兒透過方法的懷疑肯定自我存在，且透過神的存在與他的慈愛保證我們知識的普效性，但透過上述過程笛卡兒卻建立心物二元難題這一哲學史著名的哲學問題。

一、心物二元難題

在笛卡兒的哲學論述中，他最終以神作爲知識眞確性與普效性的保證，但此保證方法的提出反而建構出笛卡兒知識論體系內的「心物二元難題」。此難題起源於他證明外在物質世界眞實性的迂迴策略：他首先透過懷疑物質世界的虛假以求得心靈，在得到心靈與自我的肯定後，再透過建立起心靈與神的關係，之後從神的實存建立外在世界實存的事實，最後才證明我們確實能擁有知識且不受鬼精靈欺騙。這種迂迴進路所建構問題即爲心物二元問題，並引起後世哲學家積極尋找解套方式之討論。

我們需要注意的是，雖然笛卡兒具有天主教信仰，但此處他關於神存在的證明似乎只是爲了解決心物二元難題而提出。在他的哲學理論中，當笛卡兒證明神的存在並證明因神的慈愛我們的知識能得到保證後，他就不再多提關於神的相關議題。爲此有學者以「保險箱中的神」稱呼笛卡兒在此使用神以處理問題的方法。

二、懷疑方法的困難

我們前面概略說明了笛卡兒所使用的懷疑方法，但學者們普遍認爲笛卡兒使用懷疑方法作爲追求知識的手法這件事本身帶有問題，而懷疑方法的被使用其正當性也受到質疑。笛卡兒方法的懷疑受到三方面質疑：

㈠笛卡兒並未貫徹懷疑方法。笛卡兒的論證步驟可被濃縮如下：他首先以懷疑方法釐清清晰明確知識的內容，之後宣稱能夠得到「我存在」這一理性直觀內容作爲最清晰明確知識的內容。接下來他論證證明神之存在，並以神的慈愛一方面保證我們不受騙，另方面保證心物二元難題得以消解。但如果笛卡兒懷疑方法中所謂「鬼精靈欺騙了我們」這一命題被眞正貫徹，則很有可能連我們的自身存在或神之存在都是被鬼精靈欺騙的結果。所以我們可以說，笛卡兒並未確實貫徹懷疑方法，而是依據他在哲學上的需求爲自己限定了懷疑的範圍。

㈡笛卡兒以神的存在與誠實保證心物二元難題能被消解，他也以神的存在保證我們所獲知識的眞確性。但這個論證「神的存在與誠實」與「知識的普效性」卻呈現循環論證：神存在與誠實來自我們清晰明確的觀念內容，但我們清晰明確觀念內容所以獲得保證乃因神的存在與誠實。

㈢學者對「我思故我在」這一結論也提出質疑，因爲要從「我思」推出「我在」需要更多可供證明之要件。但笛卡兒並未提供，導致推論所得兩項結論我思 / 我在都可受到懷疑。「我思」若無法成立，則「我在」亦無法成立。笛卡兒推論所得的「我思」存在於心靈層面，從心靈推論至物質世界有越界論證的嫌疑。這個問題的產生仍是因笛卡兒方法論設定之故。

笛卡兒的心物二元難題

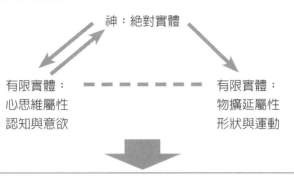

神：絕對實體

有限實體：
心思維屬性
認知與意欲

有限實體：
物擴延屬性
形狀與運動

問題的產生

按笛卡兒方法的懷疑，心有可能基於鬼精靈的欺騙無法認識外在世界，所以心與物間的直接認識不可能。此問題的解決如下：神作為絕對實體與最完美的存有者卻不會允許我們受到欺騙，所以心與神之間可直接認識，而神可直接對物產生認知，故神成為我們對外在世界認知的保證。雖然心與物能經由神產生認知上的可能，但心與物之間仍然無法直接認識彼此。

所以心靈無法直接認識外在世界，需通過神的保證才能認知外在世界的客觀真實，那麼心物之間的交互作用（interaction）也就不再可能。這表示閱讀本書的讀者能看到眼前的這本書是因為神的保證才能使您知覺這本書的存在。這個結論既荒謬又不必要。

問題的解決

1. 笛卡兒主張：外在客觀世界每發生某一現象，心中必然有對應現象產生。但按照他自己的理論這是不可能的。
2. 笛卡兒使用同時期生理學主流思想之一的松果腺（*glandula pinealis*）作為解釋，並認為此處即為心物交互作用的媒介所在。但松果腺是屬心還是物呢？

對後世的影響

1. 笛卡兒強調心與物的有限實體為後來解決心物問題的哲學家們提供線索。此點可請讀者參見本章後半與接下去的本書章節。有哲學家認為心物問題其實就是「笛卡兒的神話」（Descartes'myth）。
2. 笛卡兒對動物的運作的設定，使得人類身體也僅是一種機器，此機器運作可不受精神作用的任何干預。這就是後文所提到哲學殭屍議題的前身。

UNIT **5.5**
修正笛卡兒：機緣論

笛卡兒的哲學產出心物二元難題的問題，面對這樣的問題同時代的哲學家們提出他們的回答。本節將以其中最重要的兩位做為代表，說明同時期哲學家如何解決此一問題。兩位哲學家分別是格林克斯與馬勒布郎雪。他們的理論有時會也被稱是「機緣論」（Occasionalism）。之所以被稱為機緣論，是因為就此理論來說，人認識其他事物並非是因為人的心靈或理智能力乃認識外在事物之緣由，一切認識都僅是神性認識作用下的一種機緣罷了。

一、格林克斯

心物二元難題的解決有幾種方式，其中一種是承認心物確實交互作用，但放棄心或物的屬性，或是像史賓諾莎將一切都歸結到更高層次的對象上。但一些笛卡兒主義（Cartesianism）的支持者希望能保留心物二元的兩個屬性，所以另一種處理方式就是取消兩者之間的相互關聯，否認有交互作用的存在。其中最著名的就是格林克斯。格林克斯以機緣論處理心物二元難題：所有行動中的行動者必然知道自己行動的內容與如何行動，但物質的身體因缺乏意識所以不確定自己如何行動，但作為心靈的自我並不理解自己行動的真正動力或原因，所以我的身體與心智一如兩個沒有交集的鐘錶。即便如此我的身體與心靈仍在偶然過程中同步了，這偶然過程來自神在設立時就已預定身體與心靈間的彼此和諧，因此心的認知乃神藉以作用在身體運動變化的機會因／機緣。因為一切都是由神讓他們同步的。這種理論也可被稱為「預定的和諧說」。

二、馬勒布朗雪

馬勒布朗雪一方面接受格林克斯的原則，即一個真正原因的行動者，能夠了解他在行動以及他如何行動；另一方面他仍然接受來自笛卡兒的心物二分。在這兩項原則下他探討心物二元究竟如何運作。

對馬勒布朗雪來說，精神與物質，即心與物／思維與擴延是二分的，但心靈與身體是兩個不同的物件，二者之間只有對應而沒有交互作用。心靈並沒有憑藉自己移動身體，因為身體是一個神所安排用以適應靈魂使用的機械。我們以為我們是憑藉心靈移動身體，即心靈運作是身體移動的自然原因，但馬勒布朗雪指出這是不可能的：因為做為行動者的我們並不理解我們的行動，也不了解我們究竟如何行動。若要成為一真正的原因，意謂必須成為一創造性的行動者，但作為人類的我們實在不可能，神也不可能把這種能力傳給我們。為此來說，我們並非真正的行動者，所以唯一的行動者必然是神。神作為唯一且真實的原因，是祂利用我的意志移動我的手臂，所以我的手臂能夠運動。

嚴格來說，從神創造世界以來祂不斷在意欲著世界的運作。就此點來說，神才是引發萬物運作的原因。從形上學的角度來看，我們會認定是由A引發B；但在馬勒布朗雪的解釋中，神意欲著A引發B才是這件事情真正的自然秩序。所以不是A引發B，而是因為神的活動才出現B的存在。若推論至知識論的理論中，我們可以說人的認識能力被消融在神的認識之內，並且神才能是我們能真正能認識世界的原因。

修正笛卡兒

笛卡兒心物二元難題 心與物的關聯究竟為何？		
解決方法一：承認心物確實交互作用，但放棄心或物的屬性	解決方法二：將一切都歸結到更高層次的對象上，例如史賓諾莎	解決方法三：取消兩者之間的相互關聯，否認有交互作用的存在

此方法最早由笛卡兒主義者佛爾居（Louis de la Gorge）與高德模尼（Gérand de Cordomoy）所提出，但日後卻被與格林克斯還有馬勒布郎雪畫上等號

格林克斯 1624年1月31日—1669年11月 他所有著作日後被編輯為三卷本《哲學大全》（*Opera Philosophica*）出版，預定的和諧說可從中看到	馬勒布郎雪 1638年8月6日—1715年10月13日 重要著作包括《真理後的追尋》（*The Search After Truth*）以及《基督徒與形上學的沉思》（*Christian and Metaphysical Meditations*）
基本原則：一個真正原因的行動者，能夠了解他在行動以及他如何行動（格林克斯提出，馬勒布朗雪接受）。	
否認心物有交互作用的存在，身體與心智一如兩個沒有交集的鐘錶，但神在設立時就已預定身體與心靈間的彼此和諧。	心靈並沒有憑藉自己移動身體，因為身體是一個神所安排用以適應靈魂使用的機械。我們並非真正的行動者，唯一的行動者必然是神：神作為唯一且真實的原因，應用我們的意志讓我們的身體能夠運動。

此處已為馬勒布朗雪知識論上之結論，其前提包括了：
1. 清晰明確之觀念為自明之理性直觀內容，特別因其為神之精神內的觀念，是神創造時所具有的觀念原型。
2. 錯誤＝人的腐敗原因，是世界惡的源頭。但人有三種認識的知覺：感官、想像、純粹的理解，能用以消解錯誤的可能性。
3. 人的觀念並非來自知覺，而來自神自身：我們在神的裡面了解萬事萬物。所以當神願意啟示自己與創造物給人的時候，人能產生對萬事的觀念。我們在神的裡面可以看到三類事物：(1)永恆的真理及其觀念；(2)看到會發生變化的萬事萬物，即物質世界可被理解的擴延、(3)自然道德律。

UNIT **5.6**
反對笛卡兒

　　並非所有被歸類在笛卡兒主義者的哲學家都認同笛卡兒的學說，例如本節將提到的巴斯卡，雖然被歸類在笛卡兒主義者的行列內，但他對笛卡兒的學說多有反駁與駁斥之處。

一、方法的合理性

　　巴斯卡反對笛卡兒將數學方法／精神視為絕對規範的態度：在笛卡兒那裡，數學方法是最為普遍有效的工具，對哲學研究的理想精神就是數學家的精神與態度。我們應注意，巴斯卡並非反對數學方法，而是強調其適用範圍。他認為在幾何學領域，數學方法／精神視為絕對規範是最為理想的處置。然而人類無法真正證明一切命題，因基本命題或原理乃理性直觀（此點即為理性主義之論點）。他反對亞里斯多德與士林哲學以來的邏輯方法，認為數學方法是最理想的合理方法論，尤其在演繹推論的範圍內更是如此。但也是在這裡他與笛卡兒產生差異：笛卡兒認為數學方法即透過理性直觀產生的知識具有普效性；但巴斯卡認為經驗及其衍生出來的實驗方法是我們研究事物的引導，真正讓我們知識具有普效性的根源在神學知識帶出來的權威性。自然科學（包括數學）確實能透過我們經驗與事實之累積增加我們所擁有的知識，但信仰／神學帶出的奧祕卻非人類理性所能觸及的範圍。相同的問題也出現在形上學範疇內，尤其對神存在之證明更是如此。為此我們不難發現，基於上述主張，巴斯卡對笛卡兒以理性方式證明神的存在並不滿意。因為對巴斯卡而言，神的存在必須透過基督這位中介者與救贖者的啟示才能讓人加以認知。哲學上關於神存在的認知是人性驕傲的需求，但神學／啟示中的神識人心靈發現自身困境所產生對認知的需要。

二、心靈的功能

　　上面文字雖然像是指巴斯卡說人心靈具有認知能力，但其實他沒有嚴格定義關於心靈的功能，或當他說「心靈」時並沒有清楚的說他所指為何。原則上巴斯卡在說明心靈的時候有以下意義：

㈠心靈等同於意志，表達引導理智注意力朝向某個對象，或引發理智對某慾望產生興趣的運動。尤其在信仰方面的表達更為如此。

㈡心靈是一種認識能力或一種認知工具，例如巴斯卡認為人是以心靈認識第一原理後，理性以這些原理推演其他命題。

㈢心靈也可以指個人對事物的情緒。

　　不論如何，正因為我們擁有心靈的功能，所以能在對其他對象的認識上產生正確認知。巴斯卡認為我們在常識層面上能對世界有一自然且直接的認識，從常識層面所接受的信念或知識普效性即便沒有理性證明，我們仍然可以說這些是合法的。在幾何／數學的層面上，我們可以對相關原則原理擁有直接認識，即便這些原則原理未經證明，我們卻還是能相信這些是合法的，且能根據這些原則推演出其他數學原則。巴斯卡相信我們心靈具有正確認識的能力，甚至包括倫理的道德價值與諸多價值判斷，以及宗教上信徒因對神有所認識而不致產生懷疑動搖，心靈均能提供所需能力。

修正方法的比較

我們可將5.5-5.6所提及的三位哲學家進行一比較
說明他們在修正或反對笛卡兒思想時如何貫徹理性主義之論點

巴斯卡	格林克斯	馬勒布郎雪
1623-1662	1625-1696	1638-1715
數學方法確實有其價值，但數學方法的應用有其限制，例如形上學領域其無能為力	繼承笛卡兒以來關於數學方法與清晰明確知識範圍的預設，屬於正規笛卡兒主義者	
哲學的神是人理性的驕傲，神學與啓示的神才是人貧乏中的真正需求	神在創造時已預設一切心物間的和諧	基於其神職人員背景，除信仰以外相信神預定的一切真理與秩序
心物二元難題是方法上的錯誤	心物二元難題以預定的和諧說消解	心物二元難題以機緣論消解

巴斯卡，1623年6月19日—1662年8月19日
最有名著作：《沉思錄》（*Pensées*）
為其筆記所編輯而成的著作，充滿對人生與信仰的省思

方法論：巴斯卡認為在幾何學領域，數學方法為絕對規範是最為理想的處置，然而信仰／神學帶出的奧祕卻非人類理性所能觸及的範圍，所以反對笛卡兒對神存在的證明。

賭徒論證

巴斯卡雖然反對笛卡兒透過本體論證明神的存在，但他還是提出他關於神存在的證明，只是這個證明目的不在指出神存在，而是指出如何抉擇對人最為有利。
此處我們簡化並改寫他的賭徒論證如下：
1. 所有聰明的賭徒都會選擇對自己最為有利的方式下注。
2. 關於神是否存在的問題答案只有兩種可能：存在或不存在。
3. 一個人如果相信神存在，但神實際上不存在，這個人事實上並沒有太多損失，反而可能因宗教上的道德規範獲得好名聲。
4. 但一個人如果相信神不存在，但神實際上存在，那麼他會遭逢到極大的損失。
結論：既然聰明的賭徒都會選擇對自己最為有利的方式下注，那麼人應當選擇相信神的存在即可讓自己處於最為有利的狀況。

UNIT **5.7**
史賓諾莎

圖解知識論

史賓諾莎為近代哲學史上重要的哲學家，特別是在貫徹笛卡兒的理論與定義後，他以神作為絕對實體處理心物二元難題，並開創出新的泛神論體系。而他的知識論系統建立在兩個前提上：做為絕對實體的神，以及如數學般精密的知識推論。

一、實體的貫徹

笛卡兒曾定義實體為能獨立自存的存在者，但他自己並沒有真正貫徹這個定義。因為若要真正貫徹這個定義，那只有自己為自己產生原因（哲學上稱為「自因」）的神才可能符合這個條件；其他存在者包括我們人類，明顯都不符合這個定義。為此，史賓諾莎在哲學系統中貫徹從安瑟倫（Anselm of Canterbury）以來，後被笛卡兒使用的實體概念，即認為唯有神是真正且唯一之實體。

既然唯有神是真正實體，那麼所有有限物就不再是笛卡兒意義下的實體。史賓諾莎依此認為心物二元難題並非心靈與物質間的隔閡，因為在他的哲學體系中，心被認為是神的思維屬性，而物則為神的外延屬性。這個結論乃基於實體的定義是自因的緣故。但他也承認我們對這神性實體的認識極為有限：僅有思想／能產的自然與外延／所產的自然兩者。不過在神這唯一實體的前提下，所有有限事物都是神性實體之型態的表達，包含人的心靈與身體也是，前者為（神性實體之）思維而後者為（神性實體之）外延。

二、認識的可能

史賓諾莎認為，既然心物二元難題已被消解，那麼所有我們面前出現之有限存在均非獨立自存的實體，而是神性實體的型態。在人的部分，人的身體是外延模態，心智則是人體之觀念。人的靈魂即心靈或認知作用則是其思想屬性的有限型態。兩者雖性質不同卻能完全相稱，因為不論觀念與事物，其秩序與關聯均為同一。這兩種能力在人的身上雖然是分開的，但在神性實體內卻是統一的。但人應該怎麼認識到世界？這裡史賓諾莎採取和笛卡兒類似的觀點：數學是精確知識的最佳範例。史賓諾莎幾乎是採取幾何學證明的方式，以公式推論的方法逐步建構起完整的哲學公理。他並主張，人最終能獲得關於絕對實體，就是神，的真確知識。

為說明人如何認識到神性實體，他先後在《知性改善論》與《倫理學》中提出知識層級的討論。《知性改善論》中提出四個不同等級的知識：

(一)道聽塗說所得：這是最低等級知覺，無法通過實際經驗確認故仍需經驗以外方式確認。

(二)感覺經驗知覺：指通過個人經驗感覺即可獲得對事物的證實，範圍包括日常生活中大小實際獲取之經驗對象。

(三)推理論證知覺：這種知覺因具邏輯推論過程，可視為具嚴謹意義的知識。

(四)本質直觀知覺：是最高等級的認知，因為這種認識能對一事物掌握其本質真相。史賓諾莎用來指稱我們對唯一實體的認識。

後來在《倫理學》中，道聽塗說與感覺經驗知覺兩項合併成為想像的知識，推理論證知覺改稱為科學的知識。本質直觀知覺則因其精準度最高，所以並未更名。史賓諾莎對這三種知識的解釋參見右頁。

史賓諾莎的知識系統

> 史賓諾莎，1632年11月24日──1677年2月21日
> 重要知識論著作
> 《知性改善論》（*On the Improvement of the Understanding*）
> 《倫理學》（*The Ethics*）

神＝唯一真正自因的實體
具有兩項基本屬性

思想／能產的自然	外延／所產的自然
人的心智	人的身體

兩者在人身上被視為分開的
但在神那裡卻是合而為一的
欲認識神聖實體有兩條路徑

理性或幸福之路	奴役或不幸之路
自我保存＝認識＝德性＝自由＝堅毅＝快＝愛＝力量＝幸福＝自我完成	自我毀滅＝謬誤＝罪惡＝奴役＝脆弱＝不快＝憎惡＝無力＝悲慘

為要達致此路需要知識的分級

《知性改善論》	《倫理學》
最低：道聽塗說的知覺	第一種知識：想像的知識
感覺經驗的知覺	
論證推理的知覺	第二種知識：科學的知識
最高：本質直觀的知覺	第三種知識：直觀的知識

史賓諾莎的解釋

1. 想像的知識：受他人影響所產生狀態反映在觀念中的知識。這種觀念僅為偶發性且性質模糊，但對日常生活而言是有用且必要的。
2. 科學的知識：此類知識包含恰當觀念，而科學的知識屬必然為真者，因其基礎在恰當觀念。想像的知識為此類知識之構成基礎。
3. 直觀的知識：就理解的極限而言，直觀知識始為認知能力的真正極致。認知主體越認識個別事物就必然的越認識神聖本質，且此種認識伴有確實的滿足與情緒。

UNIT 5.8
萊布尼茲

　　理性主義中萊布尼茲因單子論（monad）與神義論（theodicy）而著名，此外他也因爲與微積分的發展有關而被注意。所以在這些著名理論背後他關於知識的探討容易受到忽視：雖然上述理論與他的知識理論也有關聯。

一、萊布尼茲的調和

　　我們在5.1那裡曾提到，理性主義與經驗主義的重要爭論點之一是先天觀念是否存在？就此而言，理性主義相信先天觀念是我們知識的基礎，且可透過理性直觀得到那先不可動搖的先天觀念；但經驗主義否認先天觀念的可能，並主張真實可靠知識必然來自經驗本身。萊布尼茲在這方面分別針對雙方提出自己的論點：

㈠在理性主義方面，他認爲不論笛卡兒或史賓諾莎對實體的概念都有問題。

㈡在經驗主義方面，他雖然認同洛克所主張感官經驗爲知識之起源，但另一方面卻又認爲洛克並未區分來自感官所獲得的表象觀念，以及基於理性建構之觀念，兩者的差異與不同。

　　在基於理性主義前提的思考下，爲能補足洛克理論的不足之處，萊布尼茲提出兩種不同領域的知識：

㈠感性認識（的知識），其對象爲感覺所產生，諸如冷熱或味覺等均爲感性之事。依據充足理由律之主張「凡所發生事物均有其理由，且不論邏輯上可能之事物或現實生活中之事物均能追溯至原本的理由」。但萊布尼茲認爲，此類知識雖然真實，卻會因感覺經驗的不確定性，並且因時因地產出不同結果，所以若認兩人之感性認識彼此矛盾仍有

可能。

㈡理性認識（的知識），是根據理性內容推論與思考，所以產出的內容爲必然的真理。

二、萊布尼茲知識論的意義

　　雖然萊布尼茲的知識論在其整體哲學系統內只占其中一小部分，但其對知識的理解能幫助我們釐清我們對於世界認識的可能，因爲他主張：哲學的真正工作在尋找第一原理，並能在找到此第一原理後推導出一切其他的知識學問。所以在上述兩種知識的前提上，萊布尼茲知識論具有下列特殊意義：

㈠若有一種觀念與可能性概念知識有關，那麼這種觀念必然屬於數學、邏輯或形上學的內容，萊布尼茲並且定規此類概念不能（自相）矛盾。然而我們注意到，我們的經驗知識內容其實爲偶然的，所以我們在以理性推論產生知識或命題時須注意，這些知識與命題均帶有偶然的性質。理性知識唯一能確保其具有必然性的知識僅是關於神的命題。

㈡因爲人在認知上能具有這兩種不同知識，所以人類靈魂／精神能同時進行感性與理性兩種活動。理性作用作爲主動能力能不受外在干擾，感性作用作爲被動能力則呈顯出其混雜大量經驗內容且容易受外在世界影響。萊布尼茲認爲，感性知識既由經驗感覺產生內容，所以不屬先天觀念；但理性知識對象，特別是邏輯或數學等相關命題，不但可以不受外在世界影響，更進一步可成爲我們感性經驗成立的基礎。

萊布尼茲對知識的解釋

萊布尼茲，1646年7月1日—1716年11月14日
重要（知識論）著作：
《新系統》
《人類理智新論》

＊萊布尼茲的知識論理論見於其諸多著作中
  其知識論之起點乃基於當時的哲學背景

萊布尼茲知識論起點：對理性主義與經驗主義的調和

理性主義	經驗主義
主張笛卡兒或史賓諾莎對實體的概念都有問題。	雖認同洛克所主張感官經驗為知識之起源，但又認為洛克並未提出正確區分。

哲學的論理基礎

單子論	神義論	數學
因認為笛卡兒實體定義為貫徹與心物二元難題，以及不認同史賓諾莎所留一元論實體議題所引出之理論內容。	為解釋全能全善之神與惡存在間之難題所提出。	維持理性主義一貫認為數學作為理性推論範例之傳統。

區分出兩種不同的認識

感性認識（的知識）	理性認識（的知識）
經由經驗即可獲得保障 無須邏輯運作論證	依據理性自身思考推論而成立
事實真理	理性真理
偶然的真理	形上學或幾何學式的 屬必然的真理
涉及現實經驗	基於邏輯思維必然性
依據充足理由律 彼此矛盾之事時可同時成立	依據矛盾律 不允許任何彼此矛盾之真理成立
為能確保萬事萬物均具有充分理由，萊布尼茲以神作為萬事萬物的最後充足理由。因為以人類的有限性來說要無限分析充足理由實屬困難。為此，萊布尼茲以充足理由力作為論證神存在之方式，並主張一實體必須是自身的充分理由，此實體必然為神。	萊布尼茲在探討此類層面知識時受到笛卡兒的影響，認為數學演繹為精確可靠的哲學方法，故其認為此類知識為必然真理。此類知識依據矛盾律建構而成，故不可能有彼此矛盾的真理同時成立。

UNIT　5.9
洛克㈠：經驗主義原則的起源

與歐洲大陸的理性主義思維不同，起源於英國的經驗主義強調人所有對世界的認識均來自於經驗所得。經驗主義的起點為洛克，而他留下來未貫徹的經驗主義思維由柏克萊與休謨繼承及修正。

一、反對先天觀念

洛克可算是第一個對人類心靈能力與範圍進行全面考察的哲學家，他並得出結論認為我們的知識範圍被限定在我們的經驗內，也就是說我們所有的知識／觀念來自經驗所獲得與累積之成果。他在《人類理智論》（*An Essay Concerning Human Understanding*）中嘗試檢驗人類理性能力，並處理三個主要的知識論問題：人類知識來源，在什麼意義下人類知識可說具有準確性，以及人類知識所能處理的範圍究竟為何？他在研究過程中指稱，人類不可能如理性主義所言，具有先天觀念。他的理由如下：

㈠雖有主張者認為，人類確實具有基本先天觀念，例如不矛盾律或同一律等律則，但洛克認為這些律則並非先天所有。這些律則確實是可靠的，但其可靠性來自在我們思考對象時，我們的心靈不會讓我們用別的方式進行思考。所以這些可靠性其實來自我們心靈對外在世界認識上的可靠。

㈡這些律則確實為所有人都接受，但所有人都接受的律則不代表那就是先天的。兩者不同。

㈢這類先天觀念的存在是否普遍本身也是個問題。例如孩童似乎不具備這樣的能力。若先天觀念確實是與生俱來的，那為何需要心靈成熟後才能領會？甚至我們從幼童、野蠻人或智能障礙者身上看不到他們有這些先天邏輯觀念的明證。而且假設先天觀念存在，我們如何解釋每個人對善惡美醜等價值有的不同理解？

㈣因此先天觀念是多餘的，因為洛克相信不存在那種不能透過經驗主義理論就能加以說明起源的知識與觀念。洛克進一步指稱，既然人沒有先天觀念，那麼經由先天觀念累積所成之「先天原則」（innate principle）命題也就不存在了。

二、經驗觀念的起源種類

洛克反對天先觀念，並主張人類所有的知識都起源於經驗。人類知識內容來自「觀念」（ideas）。所謂觀念是指人所能接受得事物表象，也可說是湧現於心中一切關於對象所擁有的內容。人類所擁有觀念來源均來自感覺與反省，因人心靈如同白板（*tabula rasa*）或空置房間（empty room），本來空無一物，是經由後天學習逐步而得各種觀念後產生我們對世界的認知。人類一切觀念既然都來自感覺或反省，所以洛克進一步區分觀念為簡單觀念與複合觀念。前者指那些原初、不可變、既相離也彼此無觀的觀念；後者則是心靈在得到單純觀念後，經由組合而能發展出來的新內容。為此，簡單觀念包括了我們的感官能力、對事物的認識、對過往的記憶以及感受性的內容；複合觀念除了將多個簡單觀念結合成一個對象外（例如認識到一張桌子的性質），還可包括對形上學探討對象的研究，諸如模式（再區分為對單純模式與混合模式的認識）；實體（再區分為單一實體與集合實體）；以及關係。

洛克經驗主義的起源

洛克，1632年8月29日－1704年10月28日
重要知識論著作：
《人類理智論》

該書與知識論有關，起始於1671年一次家中聚會談話。因洛克發現與朋友間的討論受到阻礙，故認為需要先考察人類心靈的能力，以及探討那些對象確為我們理解能力所能討論的對象。研究成果即為《人類理智論》。
該書共分四卷：
卷一：反駁先天觀念的存在，主要透過生活經驗反駁理性主義的觀點。
卷二：說明我們所有觀念與知識都來自經驗與反省的結果，是人類心靈運作的產物。第二卷卷末提出系統性論證證明神的存在。
卷三：對語言與詞彙的考察。
卷四：對一般性知識的考察與研究。

書中推導出的兩項重要結論

結論一：沒有天先觀念

1. 所謂人類的先天觀念，例如不矛盾律或同一律等律則，其實來自我們心靈對外在世界認識上的可靠。
2. 但所有人都接受的律則不代表那就是先天的。
3. 這類先天觀念的存在是否普遍本身就是個問題。
4. 先天觀念是多餘的，所有知識都在經驗範圍內。

結論二：人類一切觀念均來自感覺或反省

簡單觀念	複合觀念
原初、不可變、（觀念間）相離無關涉	透過組合單純觀念而能主動發展出新的內容
1. 由一種感覺構成者：例如視覺。 2. 兩種感覺協調而成者：例如形狀。 3. 只有反省而得者：例如記憶。 4. 經由感覺與反省形成者：例如快樂。	1. 模式：單純模式與混合模式。 2. 實體：單一實體與集合實體。 3. 關係。

由此可回答洛克的三個主要知識論問題：Q1人類知識來源，Q2在什麼意義下人類知識可說具有準確性，以及Q3人類知識所能處理的範圍究竟為何？

UNIT 5.10
洛克㈡：二性說與實體

圖解知識論

　　為能解釋我們心中觀念與外在事物間的關係，洛克提出他著名的初次性二性說，並進一步解釋實體觀念與他所認定的知識層級。

一、初次性二性說與實體觀念

　　按前面5.9所言，我們對外在事物理解的觀念來自經驗，而這些觀念更好的說是來自物體的性質。觀念是理性的直接對象，也是我們心中所擁有對於外在特定對象的認知。洛克解釋，所謂「性質」可說是物體本身所具有的某種力量，這種力量能直接作用在我們的心中。一個物體所擁有能作用在我們心裡的力量為初性，我們心中觀念為初性作用在我們心中產生的次性。至於「力量」，有時為洛克解釋觀念與性質關係所增加的第三種性質；有時也被歸在次性的範圍內。因此我們認識外在世界的過程如下：做為初性的性質經由其力量在人的心中產生次性，此次性就是5.9所提到的簡單觀念，兩個以上簡單觀念的組合即為5.9所提到的複合觀念。經由複合觀念的組合，我們可以理解知識即為我們對外在世界觀念的一致或矛盾。

　　洛克在解釋初性的存在上提出實體的概念：他認為有一實體（*substatum*）支撐住這些初性，才使其作用在我們心靈上。此實體的作用類似托住初性的支撐物。然而在洛克提出實體作為支撐物的觀念時，其已超過經驗論的原則：因為實體並非我們經驗／感觀所能把握的某物。洛克一方面反對笛卡兒以來的先天觀念，認為一切之事均來自於經驗；但另一方面他又必須解釋作為初性的性質如何於外在世界存有。實體的理論讓我們看到他受笛卡兒心物二元論的影響。這為日後巴克萊修正洛克理論，以維護經驗論理論設定鋪好了路。

二、知識的等級

　　經由以上討論，洛克提出他對知識等級的觀察：我們所有觀念間如何相互進行，將影響到我們心靈所能擁有知識範圍的大小。因為當觀念進入我們心中，這些觀念將依據他們各自的性質與內容彼此交互作用，逐步產生對世界的認識。更進一步，這些觀念可以透過調整來適應我們心中不管是幻想、知覺、記憶等等的內容。這些知識都能幫助我們對實在知識加以認知，故若從知識的準確性來說，知識可以區分為三大類別：

㈠ 具不可抗拒性質的直覺性知識：這一類知識不受也無需懷疑，因為是人類認知力量所能擁有最為明確與清楚的知識，一如我們看到方形知道那不是圓形。這類直觀知識還包括對自我存在的直觀、關於事物存在的內容等等。

㈡ 藉推論所得知的論證性知識：此類知識為我們心靈透過喚醒心中其他觀念的注意，以發現觀念間的不一致或矛盾。洛克認為推論知識如同知覺的一種，能讓我們的心靈獲得某些形式上存在的實在性知識。推論知識中最重要也是最具力量的代表是關於神的存在。

㈢ 具特殊性質的感官知識：是一種以知識名義出現，但並非嚴格意義的知識。此類知識雖具實在性，但那終究只是我們個人的感覺。此類知識能幫助我們不懷疑，也能提供某種程度的知識，但無法提供確定性。

洛克對於知識的分類

知識的種類	知識的準確性
1. 具一致性或差別性的知識 2. 關係性的知識 3. 具共存性質的知識 4. 具有實在性的知識	1. 具不可抗拒性質的直覺性知識 2. 藉推論所得知的論證性知識 3. 具特殊性質的感官知識

知識種類	知識內容	對人類作用
具不可抗拒性質的直覺性知識	這一類知識不受也無需懷疑，因為是人類認知力量所能擁有最為明確與清楚的知識，包括對自我存在的直觀、關於事物存在的內容。	讓我們能認知存在的確定性。
藉推論所得知的論證性知識	為我們心靈透過喚醒心中其他觀念的注意，以發現觀念間的不一致或矛盾，最重要也是最具力量的代表是關於神的存在。	讓我們能證明神的存在。
具特殊性質的感官知識	此類知識雖具實在性，但那終究只是我們個人的感覺，能提供某種程度的知識，但無法提供確定性。	讓我們確定他人與事物的存在。

實體	初性		次性	次性是簡單觀
托住初性的某種支撐物，其存在乃透過推論而得	物體所擁有能作用在我們心裡的力量	作用後	初性的性質經由其力量在人的心中產生次性	念，兩個以上簡單觀念組合為複合觀念

說明：

1.「性質」可說是物體本身所具有的某種力量，這種力量能直接作用在我們的心中。 2.「力量」有時為洛克解釋觀念與性質關係所增加的第三種性質；有時也被歸在次性的範圍內。 3.實體的概念越過經驗論的經驗原則，故日後出現巴克萊修正洛克理論。

UNIT 5.11
巴克萊

洛克的反對笛卡兒雖然提出他的經驗論兩項主要，即「所有知識來自經驗」以及「初性／次性形構認知過程」，但我們注意到他的解釋引導出超過經驗論範圍的結論。巴克萊在解釋他的知識論哲學時，透過修正洛克的理論並建立起主觀觀念論知識論系統。

一、存在即是被知覺

巴克萊為貫徹洛克的經驗論論點，提出他著名基礎「存在即是被知覺」之說明。洛克理論最大問題在其初性／次性二性觀點，因為若洛克的講法為真，我們無法理解為何同一事物可能因不同場合或不同條件而產生來自個人的相對性：例如相同物品的軟硬或溫度常因人而異。這些差異性預設人在認知外在事物時知覺帶有主觀，也如同指出初性／次性理論在解釋上的困難。此外，所有事物對我們來說之所以存在是因為被我們知覺了。我們對一外在對象的感知來自我們的感官，即便有存在於我們心中對某事物的記憶，也是經由我們過往感官運作的結果組合而成。這表示任何一個我們所感知道的存在者均為個別存在之物，這也正是我們感官經驗對世界的認識，因我們所認識的對象都是一個個的個別對象。我們其實不可能認識任何抽象觀念：例如當我們思考「人」的時候，我們腦海浮現出的都是一個個活生生的個別對象。

嚴格來說，巴克萊的論點是為貫徹洛克經驗論而產生的結果。如果按洛克所言，我們僅能透過感官經驗獲取我們對事物的認識，那麼超越在感官經驗以外的實體如何可能為我們所認知？為此，當巴克萊指出存在即為知覺或被知覺這樣的命題時，其確實已貫徹洛克經驗論的主張。我們必須注意，巴克萊並不否認一般觀念，他真正否認的是一般抽象觀念。我們的心智具有通過抽象得出一般觀念的能力（例如我們發現「人是具有理性的」），但抽象觀念可以指那些經由複合概念組成而與外在世界無實際對應的概念內容。這不是說我們沒有普遍觀念的內容，而是指普遍觀念浮現心中時，必定有明確對應的個別對象。當巴克萊貫徹洛克的經驗主義系統後，他可算為建構起第一個主觀觀念論的體系。

二、事物存在的一致性保證

按照巴克萊的說法，任何事物都必須在我感知的時候才能存在，這產生一個困難：如果我現在不能感知到我的存在該怎麼辦？

我們注意到，巴克萊在此突然提出神作為無限的知覺實體。這種提出具有認識論上的邏輯性。如果存在即是知覺與被知覺，那麼當我無法知覺某個對象是否該物就不復存在？這個問題乃基於我們心智有限而得出之必然結果。為避免這種困境發生，巴克萊先以宇宙論證證明神的存在，即主張我們所能知覺者既非我們所能創造者，故必然有一更高層次精神產生之，以使其確實存在，此更高層次精神即為神。此存在能知覺萬有，即便我們暫時無法知覺的某物也在其知覺內。為此，世界的存在能以得到保證。

巴克萊所認為整體世界存在的緣由

巴克萊，1685年3月12日－1753年1月14日
重要知識論著作包括：
《視覺新論》（*An Essay towards a New Theory of Vision*）
《人類知識原理》（*A Treatise Concerning the Principles of Human Knowledge*）

神
絕對的知覺者，全世界所有存在物都在其知覺中
保證全世界所有事物都因被神感知所以不論如何都能存在著

保證世界的存在

我個別對事物的感知	他人所擁有的感知
我所知道的事物其存在為 我的心靈所感知而具有存在	其他不同是次物的存在 乃基於他人心靈的感知而獲得

巴克萊的主觀觀念論體強調外在事物的存在意義乃因被我們所知覺而得
在此系統下整個世界可被規劃成以下的世界結構

物質世界，及被知覺所知覺到的一切此 世界具有以下等式作為其存在樣貌 物質實體＝ 真實事物＝ 可感性質＝ 被知覺的存在＝ 不能離開心智之存在	精神世界，即知覺者或知覺主體 ↓ 知覺主體可區分為 有限的與無限的兩種 ↓ 有限的即為我們的心智 無限的即為神。

UNIT **5.12**
休謨(一)：經驗主義原則的貫徹

圖解知識論

到了休謨的哲學體系，基於他修正並貫徹從洛克以來經巴克萊的經驗論原則，所以到他的哲學系統中經驗主義被實踐到極致。因為這個緣故，經驗主義在他那邊轉向懷疑主義的論點——雖然他並非嚴格意義下之懷疑主義者，但他的經驗主義方法卻導致懷疑主義之結果。這種轉變也使他的思想對後來哲學史的發展產生重人影響，其中最著名當屬康德（Immanuel Kant）所說：休謨讓他從獨斷論的睡夢中驚醒過來。

一、對經驗主義原則之貫徹

休謨認為從洛克至巴克萊雖然都將人類知識的起點設於經驗，但兩人都沒能貫徹這條經驗論的基本原理。洛克所謂初次性不可能為我們經驗所掌握，巴克萊為解釋存在所合理推論所得的精神實體更超過經驗的範圍。基於修正上的需要，休謨貫徹經驗論原則以提出經驗主義的基礎，視唯一可靠的知識來源為經驗與觀察。這條原則又可稱為「印象優位原則」（或所謂「觀念可還原原則」），是因為休謨認為洛克提出的「觀念」概念過於寬鬆，所以他提出「印象」（impressions）作為我們觀念的來源。休謨認為，所謂的印象是指我們感官經驗所獲得之直接性作用，舉凡感受、情緒等均屬於印象的內容。透過印象我們得到觀念。休謨認為觀念是我們獲取印象後，通過回憶／回想產生出來的認識內容。所以對休謨來說，人的認識過程如下：人透過感官經驗獲取印象在先，之後才經由回憶出現觀念在後。在人的心靈內，印象與觀念間關係

為一一相對，所有觀念均可還原至印象之出現。不過這裡的觀念只能用來指單純觀念，兩種以上來源組合而成的複合印象與複合觀念並不適用這個過程。

二、知識系統的建構

根據上述印象／觀念的來源，休謨提出關於事物間關係的可能。對休謨來說，事物間的關係有兩種：

(一)自然關係：將事物聯合在一起的人性自然力量習慣結合各種不同觀念。不過這種結合為和緩的，而我們對這種聯合的原因並不清楚。我們還可以進一步區分這自然關係的內容為A.類似性，B.時空鄰近性與C.因果性。其中觀念間具類似的，或是在時空上具相鄰近性的，均易於讓我們產生事物間的連結。

(二)哲學關係，這種關係的原理是指理性在主動比較觀念性質後，透過輔助關係以對知識進行建構，這種關係建構的內容還可再區分為：

1. 觀念的關係：是指那些具直觀或論證確定性的學科或主張。這些內容不需要經驗判斷，只需理性思維即可證明，例如幾何、代數與數學。觀念關係中屬直觀確認的項目包括有類似性、矛盾性以及值的程度。而需讓論證成立的條件為量數比例。

2. 另一部分為事實問題：這部分屬經驗領域事實。因為是經驗，所以有讓事實矛盾的可能，內容則包括同一性、時空關係（時空鄰近性）以及因果性。

休謨對經驗主義的貫徹

休謨，1711年5月7日－1776年8月25日
重要知識論著作包括：
《人性論》（*A Treatise of Human Nature*）
《自然宗教對話錄》（*Dialogues concerning Natural Religion*）

我們可以將休謨的關係系統歸類成以下表格

分類	原理	關係內容	
自然關係	聯合自然力量慣於結合各種觀念，此結合原則為和緩的，但真正聯合之原因無從知悉。	大致可分為 1. 類似性 2. 時空鄰近性 3. 因果性 觀念間具類似者，時空上據鄰近性者均易於讓我們產生連結。	
哲學關係	理性在主動比較觀念性質後透過輔助關係對知識進行建構。	1. 觀念關係	2. 事實問題
		具直觀或論證確定性的學科主張，無需經驗判斷，僅需理性思維，例如幾何、代數與數學。	屬經驗領域事實，具有讓事實矛盾的可能。
		1. 直觀確認： 　類似性 　矛盾性 　值的程度 2. 需論證成立 　量數比例	同一性 時空關係（時空鄰近性） 因果性

休謨分類中我們應當注意的是：

1. 自然關係中類似性、時空相鄰性與因果性在哲學關係中也出現。

2. 所有關係項目中最重要的是「因果性」，不只是因為同時出現在自然與哲學關係內，休謨認為所有與事實相關的推性也可建立於因果關係上。對因果關係的研究在休謨哲學內十分重要，因為一方面其既可解釋事物關聯，但另一方面這部分也導致他的哲學轉向懷疑主義。

UNIT **5.13**
休謨㈡：從經驗主義轉向懷疑主義

由於休謨貫徹經驗論主張，且認爲所有知識都必須起源於經驗，這導致休謨貫徹經驗論後始他的哲學轉向懷疑主義。這個問題的起源來自他對因果關係的理解。

一、因果關係

如5.12所言，休謨認爲因果關係可解釋事物關聯，但他不接受我們一般所接受因果關係的必然性。我們日常生活經驗雖然習慣認爲事物間有因果關係，但按休謨主張來說，我們其實並不能對任何事物之存在提出其原因或結果之說明。那爲何我們會認爲某兩項事物之間會有因果關聯？休謨提出這是因爲我們心中有三種重要想法：

㈠鄰接性：不論多遙遠的因果關係，只要我們層層分析後就可以發現各因果間具有因相鄰且可相接的特質。

㈡繼起／原因於時間上之優先性：任一事物的發生不可能與這件事發生的原因同時成立，所以原因在時序上相對應於結果應該具有優先性，或是「結果可謂原因之繼起」。

㈢必然連結性：又可稱爲「有果必有因，且有因必有果」的因果關係，若我們可發現一個原因，必然可獲得此原因帶出來的結果，反之亦然。

二、基於因果產生的懷疑主義

休謨認爲我們雖然有這三種關係要件，但我們還是很難說遠處某物與近處某物確實具有因果關係。因爲對事物的研究有賴於我們經驗運作的結果：但這裡所說的因果關係已經進入形上學領域。既然進入形上學領域，但形上學就此學科本質來說已超過我們經驗的範圍。所以我們還是不能說這種因果關係

可以被建立。

如果因果關係不能被建立，那我們怎麼能說任兩件事之間具有因果關係？休謨認爲這是因爲對某個人來說，這是因爲他認爲任兩物件間基於規律生成所以會產生經常性伴連：例如每次看到物件A便必會出現物件C，一如看到火會產生熱。休謨認爲這種期待是個人習慣所爲，可以被認爲是一種習慣性的期待。例如「明天太陽將從東方升起」這個命題，按休謨經驗論原則來說，是因爲昨天以前太陽都是從東邊升起，所以我們以爲明日太陽必然會從東邊升起。這可說是根據過往我們對太陽升起的經驗，使我們透過想像力將這種習慣加以轉移而形成具有必然連結性的觀念或印象。再加上對這個現象的重複觀察更加強化這種連結性。但從事實來說，我們其實無法確定明日是否太陽會從東方升起，因這已經超過我們感官經驗之範圍；只是就心理期待而言，這種對事件伴連的相信卻取代事實發生的必然性，以致我們確定某些其實我們無法肯定之事物。

所以雖然休謨在哲學史上被列爲經驗主義，但當他貫徹他的經驗論原則後即邁向懷疑主義之路：因我們眾多知識的確定性在他經驗論原則的檢證下，不但無法受到肯定甚至可能受到反駁。雖然我們應當注意：休謨哲學的工作僅是對經驗論原則貫徹，進一步提出對因果原則使用上之限制，他並非純粹反對因果律的存在／作用。休謨只是認爲，經常性的伴連不可越過經驗論之原則，因爲不論經驗或邏輯，我們都無從依據過去之累積而推得此類經驗累積能造成必然關係之成立。

休謨的經驗論系統

因果關係雖可解釋事物關聯，但不存在因果關係的必然性。因果關係來自三個主要想法：
1. 鄰接性。
2. 繼起／原因於時間上之優先性，如「結果可謂原因之繼起」。
3. 必然連結性，如「有果必有因，且有因必有果」。

基於因果律對三個主要議題的反對

人格同一性	休謨認為，我們對自身所擁有的印象及觀念，經常僅是流動變化甚至彼此差異極大的各種知覺集合而已。所以所謂人的自我僅是眾多知覺印象的捆束或集合，也僅是這些知覺印象呈現的心靈劇場，不具統一性。
實體概念	1. 乃基於批判洛克初性／次性以及批判巴克萊「存在即是被知覺」理論所提出。 2. 物體同一性或實體概念，其建立前提是恆久性與相關性：恆久性是我們心裡產生關於空間為感受改變所產生之性質。相關性則指時間序列上基於心理連結所產生之因果關係。外在事物與恆久性及相關性息息相關，因我們對這些眾多事物所帶有之印象透過記憶產生連結，並由想像力將這些對象彼此連結，致使我們建立關於這些事物獨立存在之信念內容。
神的存在	1. 要證明神存在，唯一（最佳）的主要論證必然來自自然秩序／目的論證，即認為透過類比之方式證明神的存在。 2. 但休謨同時認為這個論證乃經驗類推故不具邏輯必然性。因為我們對整體宇宙／自然僅具零星不準確知識，無從推論宇宙整體皆具秩序規律。 3. 所以就算我們接受目的論證，我們頂多只能推出一位設計神，無法推得一創造宇宙的全能神。

1. 休謨貫徹經驗論原則後邁向懷疑主義之路：因其駁斥我們多項知識的確定性。雖然他的工作僅貫徹經驗論原則，且提出對因果原則使用上之限制。
2. 休謨的理論其實無法應用在生活中，例如休謨認為熱水與燙感受之出現乃我們觀念與印象的習慣性伴隨，但我們遇到熱水手還是會縮回來。
3. 休謨理論實無法建立起我們對自身精神統一之解釋與需求，也無法進一步保證知識所需之普遍有效性。
4. 休謨的問題之後在康德那裡得到較為完整的處理與解答。

第 **6** 章

觀念論

 ●●●●●●●●●●●●●●●●●●●●●●●●●●●● 章節體系架構 ▼

UNIT 6.1
觀念論的概念

圖解知識論

前面各章所討論的知識論預設了認識結構為「主體──客體」的立場，並認為作為客體的世界先在且確如我們所知的現象，我們做為主體確實有認識外在世界的能力。此章所討論之觀念論與之相反：其對客體存在與否不特別強調，反而強調主體能力的內容；這種立場如同主客顛倒。此外，由於提出者以德國哲學家為主，故哲學史上常稱呼為「德國觀念論」。德國觀念論具有以下幾個特點值得我們注意：

㈠強調主體能力的優先：過往知識論強調的客體與主觀關係，到德國觀念論那邊已轉變為客體是否存在不再至關重要，因為觀念論已將重心回歸到探討主體所具備的能力，尤其是認知能力研究的方面。從康德（Immanuel Kant）開始，德國觀念論認為主體的能力決定世界的樣貌，因為世界被認識是按著我們所具有的能力才能認識，一如我們無法聽到超過耳朵接受範圍以外的音頻一般。我們或許可以說，在德國觀念論那裡主體所擁有之認知能力決定他如何解釋面前這個世界──不論他是否接受面前有一客觀世界。

㈡引入絕對者／絕對觀念做為世界認知的保證：從康德開始，德國觀念論者便在哲學體系內設置絕對者／絕對觀念作為認知的保證。例如康德的超驗統覺、善意志、法意志等特殊集合體之概念都可算是這種絕對者的前身。我們需要注意，德國觀念論者的絕對者不一定能直接等同於基督教的神，而應該被視為以下兩種意義：

1. 作為普遍觀念能被認知可能的保證；
2. 類似於柏拉圖於理型論所謂理型的作用。

這種絕對者的觀念從康德開始漸漸出現，歷經費希特（Johann Gottlieb Fichte）、謝林（F. W. J. Schelling）之後，在黑格爾（G. W. F. Hegel）那裡變得完整且對其哲學展現完全的宰制力量。

㈢為了精準描述因此使用艱深或自創語詞：觀念論哲學家使用的語詞常讓人難以理解，即便翻譯成為中文，也讓人覺得看上去像中文，實質上意義完全無法理解。照這是基於兩個原因：

1. 觀念論哲學家門的基礎是建立在對過往哲學體系考察並嘗試解決所遭遇困難的結果，因此當他們使用前人曾用過的詞彙時，同時兼具前人所用意涵，以及賦予自身哲學體系獨特的意義。

2. 由於觀念論需要討論意識發展的歷程，以及研究世界被認識的可能，所以觀念論的研究工作如同反省自我意識發展歷程一般。此外，觀念論哲學家也需要討論自我意識與絕對者／絕對觀念間的關係。為能詳細說明意識發展之歷程或意識所具備能力之內容，他們可能會使用組合字以表達全新意義，或是賦予舊有名詞全新意思。致使閱讀上容易覺得困難。

本章中我們將依循哲學的發展，從康德開始，經費希特、謝林、黑格爾、以至叔本華（Arthur Schopenhauer），逐步說明德國觀念論在認識論上發展的過程。

（德國）觀念論

基本觀念
1. 所使用之idea一詞可回溯至柏拉圖哲學所使用的觀念。
2. 德國觀念論可被視為為解決理性主義與經驗主義產生的哲學系統。
3. 德國觀念論以人＝認知主體的能力為討論起點，之後形成「人之所是決定世界之所是的樣貌」的哲學體系。
4. 雖然人的主體決定他如何認識世界，但並非指「一念天堂一念地獄」，或人的意志決定世界之樣貌。

三個特點	不是唯我論（Solipsism）
1. 強調主體能力的優先。 2. 引入絕對者／絕對觀念做為世界認知的保證。 3. 為了精準描述因此使用艱深或自創語詞。	唯我論的主張：唯有自己的心靈是（唯一）確實存在的，他人心靈是我個人心靈的投射，或是我思想及經驗的延伸。

德國觀念論發展譜系

康德
主體具有時空兩先天能力與12範疇 客體的被認識是因符合能主體認知架構 康德認識論留下物自身的難題留待日後他人解決 後續產生兩條思考脈絡

費希特	叔本華
提出知識學三原則 用以克服康德物自身難題 可被視為主觀觀念論	認為在康德與他之間沒有真正的哲學 只有在大學裡冒充內行的伎倆 所有人的理論 均不足以解釋康德 也不足以正確理解康德 正確解釋應為 世界是人類意志的表象 建構出具倫理意涵之觀念論價值
謝林 以先驗觀念論中的自我觀念 解釋世界的生成變化與認識問題 可被視為客觀觀念論	
黑格爾 提出絕對精神解釋所有現象 提出「思想即存在，存在即思想」 可被視為絕對觀念論	
黑格爾達至古典哲學的頂點 同時敲響古典哲學的喪鐘	

UNIT **6.2**
康德㈠：時代背景與方法的建構

德國觀念論的整個發展歷程可以回溯到康德身上。除德國觀念論，康德的哲學在知識論體系上也佔有重要承先啓後的重要地位：他的理論同時繼承理性主義與經驗主義的內容，並對後世產生重要的啓發。特別是當他提出無法克服的物自身（thing-in-itself）難題後，德國諸多哲學家開始嘗試解決此一難題，而後促使德國觀念論因此展開。

一、哲學背景

康德哲學發展的時代正好與自然科學的發展相同年代，尤其以牛頓爲首古典力學的提出讓我們擁有更多對整體世界的認知。除自然科學的蓬勃發展，康德在哲學領域也受到諸多老師／前輩的提醒與幫助。上述康德哲學同時繼承理性主義與經驗主義可從他的學術背景得到證實，例如其師承沃爾夫（C. von Wulf）教導與傳承下來的理性主義思想，尤其萊布尼茲哲學部分，另一方面也受到休謨的重大啓發。康德稱，是休謨讓他從獨斷論的噩夢中驚醒，並且給予他不同的研究方向。因爲休謨貫徹經驗論哲學的結果是讓理性主義的基礎受到攻擊，所以是休謨哲學的影響讓康德決定放棄理性主義的思路——即他所謂獨斷論的部分。但康德對休謨也沒有到全盤接受的地步，康德對休謨的接受應該被認爲是在方法上的而非結論上的。康德拒絕全盤接受的原因包括：

㈠一個是如前面我們所看到，休謨哲學最終將導致懷疑論。

㈡另一個原因是，康德認爲休謨並沒有眞正解釋我們如何獲得知識。

㈢此外，康德認爲休謨無法解釋包含

自由、神的存在等這些休謨不感興趣或所謂超越經驗論原則的主題。這些主題康德並不想眞正放棄。

基於這樣的背景，康德的哲學同時吸收也拋棄來自理性主義與經驗主義的內容，一方面將合理的部分保留，另一方面也拋棄這些哲學系統無法解釋的內容，然後走上他所爲批判哲學的路徑。

二、批判哲學的概念

正是基於上述理論背景，康德對知識的理解提出新的問題。當自然科學與數學蓬勃發展，並以牛頓爲首開創出新的科學發展與系統時，逐步放棄早年所獲得的形上學體系與知識。面對自然科學的挑戰時，康德首先提出的問題是：形上學是否可能與自然科學一樣增加我們的知識？根據他自己在《純粹理性批判》書中所說，當他以知識論爲基礎方法處理傳統形上學所遺留的問題時，發現形上學不同系統間彼此差異極大，且這些不同系統與解釋的差異造成形上學的獨斷論結果。他舉例：在理性主義方面，這些基於對形上學的獨斷堅持常產生怪異而荒謬的結果；但就經驗主義來說，卻又因爲過度強調從經驗出發的認知結構，最終否認形上學的可能性。爲此，他認爲我們對知識的理解應該是：應根據所有獨立於經驗以外可能的知識，面對理性能力進行批判性的探究。這如同探問人類理性問題的最終限度，也預設康德哲學在知識論方面日後產生的主客易位，與將對知識成立條件加以探究的處理方式。

康德哲學的背景

康德，1724年4月22日—1804年2月12日
重要著作：三大批判
《純粹理性批判》（*Critique of Pure Reason*）
《實踐理性批判》（*Critique of Practical Reason*）
《判斷力批判》（*Critique of Judgment*）
另有各種重要著作合編為全集

背景	自然科學	理性主義	經驗主義
影響	自然科學與數學的開展拓展了人類對知識的理解與認識，但也讓康德針對形上學的概念提出質疑：形上學真能擴展我們的知識嗎？	1. 師承沃爾夫的教導，極其傳承下來的理性主義思想，尤其萊布尼茲哲學部分。 2. 但在理性主義方面，這些基於對形上學的獨斷堅持常產生怪異而荒謬的結果。	1. 休謨讓康德從獨斷論的噩夢中驚醒，並且給予不同的研究方向。 2. 就經驗主義來說，因為過度強調從經驗出發的認知結構，最終否認形上學的可能性，而康德並不想太快放棄對此類議題的討論。
結果	康德的背景使其產生以下問題： Q1形上學能否像科學那樣的增加我們知識？ Q2如何說明自然科學知識的可能性？ 知識的成立條件究竟為何？		

尤其是休謨的影響

康德稱是休謨讓他從獨斷論的噩夢中驚醒。休謨貫徹經驗論哲學讓被康德稱為獨斷論的理性主義基礎受到攻擊。但康德並未全盤接受休謨理論，因為：
1. 休謨哲學最終將導致懷疑論。
2. 休謨並沒有真正解釋我們如何獲得知識。
3. 休謨無法解釋包含自由、神的存在等這些休謨不感興趣或所謂超越經驗論原則的主題。

結果
逐步走向觀念論體系，放棄早年所接受之理論形上學系統
綜合理性與經驗主義之立場，開創觀念論的知識論理論系統
造成知識論的哥白尼革命，但留下物自身難題引發日後觀念論的解答

康德㈡：知識的種類

圖解知識論

康德既詢問形上學與自然科學相關知識問題，所以我們將從他對知識的討論作爲起始。雖然一般對康德知識論的討論以1781年《純粹理性批判》爲最重要的代表，但早在1770年康德就職大學教授之演說中他就提到，人類知識可分爲感性知識與理性知識。區分爲兩種知識的目的是根據不同知識形成過程、知識對象以及形成原理加以探討的結果。

一、兩種知識來源

康德區分兩種知識來源之內容分別爲：

㈠感性知識：以感性事物爲其對象，是能夠影響主體感覺的知識，或被一對象的存在影響進而形成表象的能力。感性知識的內容爲質料，認知主體提供形成此類知識可能條件之形式後，透過主體內所具備的時間與空間兩個主體純粹直覺，與感覺內容結合後成爲我們所認知的樣式。我們的心靈透過理性邏輯運作組織感性直覺資料，但過程中並不造成任何改變。感性知識讓我們擁有在現象上把握到的經驗世界。

㈡理性知識：能爲我們提供象徵知識。其來源爲理智所自行產生的概念，雖然在邏輯功能與實在功能上所有區別，但在運作上，理性知識是在自然科學／數學中的運作中與感性合作而產出者。其中感性直覺提供與料，理性依據其邏輯功能運作，並在此情況下建構認知對象。爲此，理性知識掌握對象爲理性之世界。

康德區分知識的兩種來源目的是爲釐清形上學成立的條件：形上學探討的對象，包括靈魂、自由、神等對象，都不是我們感官經驗能直接把握的。我們在形上學的討論中將這些對象視爲彷彿理智能直接把握者，但事實上卻是經由普通經驗所推導出來的普遍概念：這些理智認識的概念，其成立是否具有合理性？

二、心靈的作用

除了兩種知識來源外，康德也思考心靈在整體知識發展上扮演的角色：我們需記住，康德不接受經驗主義（因爲有超越經驗的知識）但也不接受理性主義的部分論點（如先天觀念）。康德認爲我們獲取知識乃是根據主體所擁有之必然形式建構而得，任一對象能被理解是因這個對象符合我們的認知能力，我們擁有的能力／概念能指稱我們所認知的對象，且在時間與空間兩個純粹直覺形式運作中被建構得出。這種講法如同爲我們的經驗提出具實在性的過程，因爲我們從外在世界接收的資料雜多混亂。面對大量資訊同時湧入，我們的心靈如何能掌握這些紛雜的現象？這個問題如同詢問我們理智在面對這種狀況時，究竟具有如何的功能可以進行處理？康德的理解是：我們通過直覺認識世界，但此直覺在認識過程中需先假定一個對象，以致我們在認識過程中被某一對象以固定方式影響。就這點而言，我們的理解是透過我們內在認知能力對對象的思考而創造對象。所以知識的來源，按造康德的名言之一，「來自經驗卻並非都來自於經驗」，就是在說明我們的經驗以外還有可得到知識的途徑。這爲我們接下去的討論做了預備：一個是我們主體內部的能力，另一方面也能讓我們明白康德知識論上的哥白尼式革命究竟爲何？

知識的來源

康德用字艱澀，故開始前我們先界定以下幾個基本名詞及其內容

名詞	簡單意義
表象	可被用以指稱眾多認知的狀態，故表象能力＝心靈的能力。
對象	該詞在康德知識論中無貫徹意義，可以指我們認識的世界，但若指物自身時則其本質不可知。
感性	表達對象影響我們而接受其所擁有之表象的動作。
感覺	可泛指感性知識的與料，或是感官被表象加諸影響後所產生之狀況。
現象	簡言之為經驗的感性直觀。

根據基本概念我們對兩種知識進行說明

感性知識	理性知識
對象為感性事物：足以影響主體感覺者，或能被一對象存在而影響對象形成表象之能力。	為我們提供象徵知識。
感覺內容為質料，認知主體提供形成此類知識可能條件之形式。	理知能自行產生概念，但邏輯功能上與其實在功能所有區別。
透過時間與空間兩個主體純粹直覺，在與感覺內容結合後形成顯象。 心靈透過康德所謂理性的邏輯運作組織感性直覺資料，但過程中並不造成任何改變。	在自然科學／數學中，感性直覺提供與料，理性依據其邏輯功能運作，並在此情況下透過運用建構出方法。
人能擁有現象上所掌握的經驗世界。	理性知識掌握對象為理性之世界。

可推出知識來源的兩個重要原則

1. 來自經驗卻並非都來自於經驗
2. 知識來源形成其對知識內容的認知

所以「思想無內容是空洞的，直觀無概念則是盲目的」

產生知識論三個重要問題

Q1 先天綜合知識如何可能？超越經驗但又符合經驗的知識是否存在？此問題也涉及自然科學作為知識的普效性。

Q2 這些知識如果可能，「符合經驗」一詞又預設外在知識配合認知主體擁有的條件，那麼認知主體必須具備那些先天條件好使自己對外在事物產生認知？

Q3 號稱學科之王的形上學在Q1-Q2的前提下是否還能保有知識的普效性？形上學作為一門學科真的能成立嗎？

UNIT **6.4**
康德㈢：先天綜合知識如何可能？

　　康德將重心放置在知識論之後開始探討知識的種類與來源，接下去他把討論重點放在「先天綜合知識如何可能」。

一、知識的分類

　　康德從前一節所提知識的兩種來源做為出發，進一步提出對知識描述的方式。所以知識可以區分爲兩種不同模組：

㈠按照知識的來源，有先天與後天的區分：凡來自於經驗的康德稱爲後天／後驗，而不待經驗即可證明的康德稱爲先天／先驗。康德認爲數學或幾何學爲先驗知識的例證，因爲他們的成立無需我們以經驗證實這些學科的普效性。

㈡按照對知識的描述，有分析與綜合命題的不同，兩種命題的差別在主詞與謂詞的關係：分析命題主詞已包含謂詞在內，例如「三角形有三個角」爲分析命題，不過此類命題不增加我們知識的內容；綜合命題主詞與謂詞彼此不蘊含，例如「5+7=12」爲綜合命題，此類命題可增加我們對世界的認識。

　　知識既有先天與後天兩種，而命題又有分析與綜合兩類，所以我們可以再區分出四種知識類型：

㈠先天分析判斷：這種知識具必然性與普遍性，但因爲是分析的命題，所以無法增加我們所擁有知識的內容。

㈡後天分析判斷：這種知識不可能存在，因爲分析判斷主詞包含謂詞，所以不會產生新的經驗。

㈢後天綜合判斷：這類知識爲個人在日常生活中所具有的經驗，無需構成普遍性的知識

㈣先天綜合判斷：此類知識爲康德探討知識論的重點，這種不需經驗卻能增加我們知識內容的判斷命題究竟如何成立？條件又爲何？此即爲康德亟欲研究的問題。

二、認識論的哥白尼革命

　　爲證明先天綜合命題是可能的，康德對我們知識的來源與形成過程加以考察。爲了討論形上學是否能夠符合嚴密科學的條件，康德提出外在事物需符合我們認知能力，外在事物始能被我們認識的想法。康德這裡的意思是說，若被認識的對象不符合我們認識能力的話，我們就無法認識。換言之，過往認識的成立是因爲主客關係的建立，但在康德這裡反過來是因爲主體能力才能認識客體對象。這種主客翻轉被稱爲知識論的哥白尼革命，我們可以這樣比喻：康德知識論就像人載上有色眼鏡一般，透過我們擁有的認知能力認識外在世界。

　　這種對認識過程的理解引發下一個問題：我們每個人都有自己的認識能力，那麼普遍概念或知識的普效性如何可能？康德認爲，我們心靈的認知爲主動將認識形式加在被認識的對象上。這種能力爲人理性與感性交互作用決定的：因爲人的認知結構上具有特定條件，即特定天生或自然的認知結構（參見下一節），輔以人類理智能具有先驗統覺這種能力，使得即便主客反轉，我們對外在世界的認識仍然能具有普遍概念。

康德知識論對知識的分析

類別	先天	後天
分析	**先天分析判斷** 此類知識具必然性與普遍性，但因為分析判斷按照定義，主詞包還著謂詞，所以沒有辦法增加我們擁有知識的內容。	**後天分析判斷** 此類知識不存在，因按照分析命題的定義，謂詞是從主詞而來且無需任何新增加的經驗，所以沒有所謂後天分析的成立。
綜合	**先天綜合判斷** 康德以「7+5=12」作為範例，使這個算式成為哲學史上著名範例。 先天綜合判斷的成立條件＝康德所欲探求知識之可能性所在，自然科學，例如數學與物理學，一方面能擴充我們知識的範圍，另方面也確實為真。所以康德透過確認主體認知能力進而提出這些學科成立的條件。	**後天綜合判斷** 是個人每日生活經驗中所擁有的主觀經歷，與知識普遍性或有效與否無直接關係。

引發

考慮問題：形上學是否能夠符合嚴密科學的條件？
知識論的哥白尼革命：
1. 外在事物需符合我們認知能力，外在事物始能被我們認識。
2. 因為主體能力才能認識客體對象。
3. 如同人載上有色眼鏡一般，透過我們擁有的認知能力認識外在世界。

形上學無法成為嚴密科學
1. 形上學在亞里斯多德那裡，是因人天生就有求知傾向所以建構，並強調以存有／存在為研究對象。
2. 在康德這裡，若形上學指的是哲學家們以為透過純理性就能獲得的內容，那這種獲得是虛妄的，在批判哲學這裡將顯露出形上學的荒謬。
3. 若形上學指的是人心靈的天然傾向，則這種傾向能夠為真。

普遍概念／知識普效性的成立條件：
1. 我們心靈的認知為主動將認識形式加在被認識的對象上。
2. 人類理智具有先驗統覺這種能力。

UNIT **6.5**
康德㈣：主體認識條件

康德既提出知識的哥白尼革命，那麼接下去他需要說明究竟主體有何認知能力，能夠認識他所面對的世界。康德認為主體具有兩項認知條件，分別是作為絕對先驗形式的時間與空間，以及幫助主體認知事物的範疇論。

一、絕對先驗形式：時間與空間

為能認識世界，我們的理智具有兩項絕對先驗形式：時間與空間。時空兩形式為感官獲取一切顯像的先驗形式，亦為感性經驗的主觀條件。所以唯有經過時間與空間，我們才能對事物與對象產生直觀。

康德認為，我們知識所能達成的最低限度要件就是因為有時間與空間這兩項純粹形式，因為時空兩形式能建構出一個架構，幫助心靈編排雜多感覺或所得表現。這種形式經由反省所得，因為任何事物被我們認知時已經過時空編排，所以時空也可被認為是主體所具備絕對先驗能力。時空兩個形式中，空間是我們認知外在一切現象之形式，時間則是我們對自己之直覺或內在狀況省察的形式，兩者彼此交雜且同時被我們所知覺。雖然我們對兩者是同時覺察的，但就邏輯順序來說時間較空間更具優先性，且作為一切顯像的直觀形式。不過康德提醒我們：即便時間此一形式確實能直觀外在事物，但我們所能把握的也僅有現象。我們既然按主體所具備的主觀形式（認知能力）對事物加以認識，我們就不可能越過現象，進一步對事物本質加以把握。

二、範疇論：理解世界的判斷形式

我們不但具備時空兩項能力，我們

也具備範疇論作為認識世界的基礎能力。康德所謂範疇概念有四個面向：量、質、關係、狀態。詳細的內容請參見右頁圖表。康德認為，理解的可能性是因為其提供原則作為認識對象的可能性條件，這些可能性條件在範疇論方面可由各範疇推導出原則公理如下：

㈠量之範疇提供直覺公理，為理解對象時所具有廣度及數量的能力。

㈡質之範疇提供知覺先見，為感性把握對象時所具有理解對象之程度。此公理與前一項共同成為數學成立的基礎。

㈢關係之範疇提供經驗比論，為理智對不同對象間之關聯性進行的知覺綜合。對比於時間尚包含恆存性、相續性與同時性。

㈣樣態之範疇提供經驗思想的一般設準，並討論可能性、實在性與必然性。

三、先驗統覺

我們在前一節提到，知識論的哥白尼革命將認識的原理放置於主體身上，那麼先驗統覺為何可以幫助我們眾多主體擁有對對象的共同概念？這是因為當我們認識事物時，我們首先經由時間與作為思想基本形式的範疇來認識對象，但這兩者也是在先驗統覺這種先驗綜合統一的能力之下才有可能。先驗統覺可概略被理解為笛卡兒的「我思」，也可被視為純粹自我所具備的純粹理智。這種純粹自我是邏輯上統合一切的那個自我，類似於（眾人的）人格同一性。先驗統覺的概念日後在德國觀念論中被沿用，並成為絕對自我這一類的共同對象。

主體的認識能力與條件

時間	空間
內在知覺的形式條件	外在知覺的形式條件
我們對自己之直覺或內在狀況省察的形式	我們認知外在一切現象之形式
兩者同時並存，雖邏輯順序上時間先於空間	

概念	判斷種類	範疇
量	普遍	全體性
	特殊	眾多性
	個別	單一性
質	肯定	實在性
	否定	否定性
	無限	限制性
關係	定言	實體性
	假言	因果性
	選言	相互性
狀態	或然	可能性／不可能性
	斷然	存在／不存在
	必然	必然性／偶性

理解的可能，是因為其先驗提供原則決定對象經驗的可能性
條件上述範疇表所提供之原則如下

範疇	原則	內容	說明
量	直覺之公理	我們對所有對象的理解都有廣度與數量之能力。此公理可作為數學先天綜合命題應用於經驗的基礎。	此兩範疇同時作為數學原理，即透過範疇使數學可能的基礎。
質	知覺之先見	感性把握對象時能理解對象之程度（或強度）。	
關係	經驗之比論	理智對不同對象間之關聯性進行知覺的綜合。此處對比於時間有三種樣態： 1. 恆存性：不論現象如何改變，實體部分不論在質與量方面均不變動。 2. 相續性：所有轉化皆依因果（關係）進行。 3. 同時性：一切實體均在交互影響中進行。	
樣態	經驗思想一般之設準	1. 凡與經驗形式相符者均為可能。 2. 凡與經驗形式相符者均為實在。 3. 凡與實在相關聯且由普遍經驗決定者均為必然。	

UNIT **6.6**
康德㈤：物自身與二律背反

前述6.2-6.5所建構起來的康德知識論系統，推論到最終產生兩個必然結果：一個是留下來的物自身矛盾，第二個則是證明形上學不可能作為嚴密科學。

一、物自身的矛盾

我們在前一節提到，我們對事物的認識是按主體所具備的主觀形式（認知能力）。既然我們是按照我們的能力，那麼我們所能把握的只有現象，且不可能越過現象。但我們總是會想問，在現象後面是否還有東西？在士林哲學那裡這種現象後的某物被稱為本質，而在前一章所提到的洛克那裡，他規定初／次性背後有一支撐性質所需的實體。但不論士林哲學或洛克那裡，都是在傳統知識論的探討下。現在康德進行了知識論的哥白尼革命，但在討論現象的邊界時卻沒有遵守觀念論的原則，以致他認為現象後面仍有一不可知卻必然存在的物自身，如同實體一般的存在。康德物自身留下的難題，成為日後德國觀念論發展的契機。

二、對形上學的批判

前面提到形上學為人本性所期望的，只是無法成為嚴密科學。為此，康德提出他對形上學的批判。這些批判特別集中在二律背反以及對神存在證明的反駁上。

㈠二律背反：康德認為在面對形上學議題時指出，面對相同議題上，形上學家的討論往往同時具有正反雙方意見。這種同時正反公理同時存在的狀況，便被康德稱為二律背反。康德提出四組二律背反的狀況如下：

1. 第一組正題為「世界在時間上有開始，在空間上有邊際」，反題為「世界無始且無邊際」。

2. 第二組正題為「所有實體均由單純部分組合而成」，反題為「沒有實體是由單純部分組合而成」。康德指出兩組命題均為錯誤，因這些均超出我們作為認知主體的認識能力與直觀。

3. 第三組正題為「自然法則的因果性不但存在且具因果性上的自由」，此命題在本體界為真；反題為「沒有自由的存在，凡事均按自然法則發生」，此命題在現象界為真。

4. 第四組正題為「有必然存有者做世界萬物之原因」，正命題為理性觀念；反命題為「並無一必然存有者做世界萬物之原因」，而反命題受限於現象界。

㈡反對神存在證明之有效性

傳統形上學有三個主要證明神存在的論證，康德對這些論證一一駁斥：

1. 本體論論證：康德反對將神定義為「不可能不存在的對象」，因為存在並非一屬性，也不是一完美的境界。此論證更重要的問題是，從邏輯界跨越到實存界，混淆兩者間的關係。

2. 宇宙論論證：透過上述二律背反我們注意到第三與第四組正反命題同時成立，此造成宇宙論論證失去推論上的嚴密性。

3. 目的論論證：康德接受來自休謨的駁斥，認為目的論論證須先經由宇宙論論證才能成立，但宇宙論論證已被證明不具推論上的合理，所以目的論論證也無法成立。

康德知識論貫徹後的兩個結果

物自身	對形上學的批判

物自身難題
1. 按照我們的能力認識事物則那麼我們所能把握的只有現象，且不可能越過現象
2. 但是康德認為現象後面仍有一不可知卻必然存在的物自身，如同實體一般的存在

二律背反	正	反	解答
第一組	世界在時間上有開始，在空間上有邊際	世界無始且無邊際	兩組命題均為錯誤，因世界不可能為我們認識能力直觀，且我們需要時空做認知條件
第二組	所有實體均由單純部分組合而成	沒有實體是由單純部分組合而成	
第三組	自然法則的因果性不但存在且具因果性上的自由	沒有自由的存在，凡事均按自然法則發生	正命題在本體界為真，反命題在現象界為真
第四組	有必然存有者做世界萬物之原因	並無一必然存有者做世界萬物之原因	兩者在各自領域有效，因正命題為理性觀念，反命題受限於現象界

反對神存在的論證		
本體論論證	**宇宙論論證**	**目的論證**
1. 反對將神定義為一種不可能不存在的事物。 2. 存在並非一屬性，也不是一完美的境界。 3. 例如：觀念中的一百元與現實生活中的一百元不可以混淆其差別。	1. 第三與第四組二律背反中正反議題彼此相對且可同時成立，故宇宙論論證失去其嚴密之推論性質。 2. 因果律的使用受限在現象界。	1. 目的論證的設計與運動等概念均需通過運動／宇宙論證，但此論證已失效。 2. 總結：神存在之證明實為邏輯謬誤，不足具備知識論所需嚴密科學之要求。

康德哲學對德國觀念論產生整體影響
1. 就知識論角度而言，康德不可知的物自身成為康德觀念論系統的矛盾。
2. 康德之後的哲學家嘗試消解物自身作為解決之道，以下提供三個方向：費希特主觀觀念論、謝林客觀觀念論、黑格爾絕對觀念論。

費希特(一)：兩條路徑

圖解知識論

面對康德所留下物自身難題，費希特的處理方法是取消物自身，並建構起主觀觀念論的系統：他將焦點放置在人身上，並強調作為主體的「我」為世界存在的基礎。他受康德與時代的影響，相同以嚴密科學的概念建構哲學體系。所以他認為哲學就是一種科學，是一整組命題組成的系統，且這命題具有嚴謹的邏輯順序。哲學做為科學是一種真正的知識，研究對象為自明而無法／無需證明的命題。

一、兩條路徑的選擇

轉向主觀觀念論之前，費希特首先處理哲學路徑選擇的問題：面對康德物自身難題，我們應該如何處理？費希特在這裡讓我們看見他視哲學為真正科學的影響：哲學做為科學的一種，其工作與目標就在解釋我們經驗的基礎究竟何在？費希特定義經驗為「表象之所有系統」，而表象又是指在我們經驗中觀察到且被我們意識到的內容。對於這個系統，費希特區分為兩大類，分別是「伴隨自由感受的表象」以及「伴隨必然感受的表象」。不論哪一種，都在詢問相同問題：經驗作為表象之所有系統根基何在？費希特認為，在面對這兩個領域及其共同問題時，哲學家能透過抽象作用獲得最終兩種可能：選擇理智自身或選擇物自身。兩種選擇之間沒有中間值，只能在兩者中選擇其一。但如果我們選擇或相信物自身，哲學將朝向獨斷論的結局而不在能成為嚴密科學。但哲學確實是科學的一種，所以面對二選一的情境，費希特告訴我們：

(一)哲學家選擇理智自身或是物自身，是依據他的傾向或興趣。所以一個哲學家選擇那種路徑，跟他是如何的人有關。

(二)雖然選擇與傾向或興趣有關，但費希特所指的傾向／興趣並不是我們所說哲學家個人的喜好，而是指哲學家「為對自我之興趣」。如果一個哲學家具有成熟意識，且在道德選擇中顯示出自己的自由，他將會選擇理智自身；反之他會選擇獨斷論。費希特認為，有理智且具道德經驗選擇之自由的哲學家必然會選擇理智自身。

二、知識論三命題的預備與成立

為說明意識的作用，並說明選擇理智自身的緣由，費希特提出知識論三命題作為說明。知識論三命題的出現是因為，如果哲學家考慮選擇理智自身，即踏上觀念論之路，他就應該要考察純粹自我的直觀活動，也就是理智自身／哲學第一原理。費希特這裡所說的「純粹自我的直觀活動／理智自身／哲學第一原理」——不論用何種稱呼，都可被視為康德的超驗統合，也就是提供普遍觀念，或是建立知識普效性的基礎。不論哪一種，當哲學家思考到這部分時都會發現有一個自我作為知識的基礎。這種自我可被視為絕對自我。

費希特的絕對自我是一種理智直觀的基本原理，是一種在「觀察者──被觀察者」之間反省的作用。當然，我們不可能把自己拉出來當作另外一個觀察的對象，所以我們對自我的反省是一種基於意識所產生的覺察（awarness）作用。哲學家在此作的工作是邀請我們來覺察自我，並經由知識論三命題理解自我與世界間的關係。

費希特哲學的基礎

費希特，1762年5月19日─1814年1月27日
重要知識論著作為
《全部知識學的基礎》（*Foundations of Transcendental Philosophy*）

哲學起點：
1. 為處理康德物自身難題建構主觀觀念論。
2. 哲學是依據整組具邏輯順序命題建構的嚴密科學。
3. 哲學是一種真正的知識，研究對象為自明而無法／無需證明的命題。

 在此意義下的研究對象

哲學做為科學，研究並解釋經驗／表象 經驗是表象集合而成的所有系統	
伴隨自由感受的表象	伴隨必然感受的表象
主體選擇所呈現者	非依據主體自身所得
我可自由選擇旅行地點	旅行中所見外界風景
其之所是乃因 主體如此決定而使其所是	其之所是乃被加諸於主體上者
兩者共同指向問題： 經驗作為表象之所有系統根基何在？	

 兩條道路

來由：哲學家透過抽象分離實際意識中相連之因素	
選擇來自理智自身	選擇物自身
所有經驗／表象皆為理智之產物 經驗／表現為創造性之產物	所有經驗乃物自身所引致 （具有明顯康德意義）
觀念論之路	獨斷論之路 繼續發展將產生唯物論與決定論

1. 劃分不同表現方式是基於觀念論與獨斷論的發展結果。
2. 哲學家不能因為主張「觀念論優於獨斷論」，所以選擇觀念論：哲學家的思考應該是如何選擇，並尋找合理的推論規則。
3. 哲學家選擇如何的哲學端看其個性與氣質傾向。
4. 我們應當在「觀察者──被觀察者」之間進行反省，所謂對自我的反省是一種基於意識所產生的覺察作用。

 引發康德的抗議

插曲：
費希特確實嘗試透過選擇理智自身，並超越物自身，帶出觀念論是正確的思考路徑。他曾經主張，即便康德在著作中提到了物自身，我們也不可以為康德真的主張我們能由物自身建構出表象以理解整體經驗世界。康德對此表示抗議。

UNIT **6.8**
費希特(二)：知識論三命題

上面所提到的純粹自我，是基於活動所產生且先於活動本體的超驗自我。費希特的超驗自我概念可說來自於康德，但兩者差別在於費希特是以倫理學的基礎加以反省與肯定。為能說明其於知識論上的發展，費希特提出知識論三命題如下：

一、第一命題「自我根源且絕對的定立自己之存在」

費希特知識論第一命題肯定的是自我的存在，這種肯定是根據哲學家對自我反省所得到的。為能證明第一命題內容，費希特以邏輯同一律「A＝A」加以說明。當我們反省自身時，必然肯定有一自我存在於我的反省中，所以是一種自我同一的結果。費希特認為，同一律確實可作為恰當媒介說明第一命題的路徑，但他也提醒我們：

㈠我們雖能透過同一律理解第一命題，但第一命題不等於同一律本身，第一命題是較同一律更為後設之自我純粹形式。

㈡當我們應用同一律時，我們能夠注意到士林哲學形上學意義下認識論的第一原則：不論對象為何，我總是認識一個存在在那的對象。（甚至從而開展出不矛盾律與排中律）。所謂認識的第一原則是：當我認識時，我們必然認識到有一對象存在在那。

㈢這種透過外在事物回返肯定自我存在的方式，我們至少可回溯到笛卡兒的「我思故我在」哲學之內。

二、第二命題「非我絕對（定立而）為自我的反立」

自我的肯定若沒有與自我不同的非我加以肯定，則這種對自我的肯定只是空虛無意義的結果。費希特在此提出邏輯式「-A ≠ A」作為對第二命題的說明。因為如果自我沒有與之對立的非我加以肯定，則這種自我將成為我們在6.1所提到的唯我論，此時自我只是夢幻一般的存在而已；但若我們只肯定非我的存在我們又無法有效解答與意識相關的問題。所以費希特根據邏輯式加以解釋：當我思考A的時候同時就以預設-A的存在，這可被稱為反置行動。反置的存在預設了自我的存在，但自我作為A，一但被我們思考時就預設作為非我的-A存在。

三、第三命題「自我在自我中對可分的自我反立可分的非我」

根據前兩個命題，此刻我們既有自我存在，透過反置活動也得到了非我的存在。兩者關係現在被費希特以「根據公理」或「充足理由公理」之邏輯命題形式，即「非A部分是A，反之亦然」的形式呈現。不論自我或非我都應被視為是絕對自我透過對他者的肯定所產出意識對世界認識的可能。當自我開始認識自身且在自身安置非我時，正是絕對自我在其內在產生自我與非我從而產出意識作用的過程，在這種交互作用過程中我們能對外在世界加以認識。

如果使用黑格爾辯證法對費希特知識學三命題加以說明，我們可說第一命題之自我為正，第二命題之非我為反，而第三命題的自我與非我之交互作用為合。由此也可看出費希特知識學三命題所蘊含日後對黑格爾哲學的影響。

知識學三命題的推演

康德的先驗自我在邏輯上推導為意識之統一
以知識論為基礎對此加以把握

費希特繼承此概念並稱之為純粹自我，為先於活動本體的超驗自我
以倫理學為基礎加以把握，因反省確實具有倫理／價值判斷之意義

根據超驗自我費希特推出知識學三命題

命題	內容	邏輯式	內容	形式	辯證	範疇
第一命題	自我根源且絕對的定立自己之存在	A＝A	無限制	無限制	定立（正）	實在性範疇
第二命題	非我絕對（定立而）為自我的反立	-A≠A	受限制	無限制	反立（反）	否定性範疇
第三命題	自我在自我中對可分的自我反立可分的非我	非A部分是A反之亦然	無限制	受限制	綜合（合）	限制性範疇

以黑格爾正反合之辯證法形式可得出以下推論：

第一命題＝正命題	第二命題＝反命題
自我根源且絕對的定立自己之存在 此命題肯定自我的存在 認識作為第一原理 為後設之自我純粹形式	非我絕對（定立而）為自我的反立 此命題肯定自我對立面的非我存在 只有自我僅唯獨我論，意識只是夢幻 只有非我無法解釋意識作用的可能

第三命題＝合命題
自我在自我中對可分的自我反立可分的非我
此命題肯定絕對自我在其內在
產生自我與非我從而產出意識作用的過程
絕對自我對自我與非我的邏輯命題形式乃根據
「根據公理」或「充足理由公理」之邏輯命題形式建構出整體世界

＊由此可看出費希特知識學三命題所蘊含日後對黑格爾哲學的影響。

UNIT 6.9
費希特(三)：知識學的演繹及系統的開展

圖解知識論

費希特根據上述知識學三命題進一步提出下面兩個命題，並因此開展出他主觀觀念論體系內容。

一、命題演繹

費希特兩演繹命題內容為：

(一)命題一：自我定立自我為非我所限制者，於此自我採認知態度。

此命題為一切理論之學的基礎。

知識學三命題乃根據自我與非我的概念演繹而出，但在我們實際的經驗內，我們仍深受外在世界影響，且外在世界獨立於我們存在的那些普遍意識也確實存在。命題一是為了解釋此一問題而提出。費希特認為，那些非我觀念的產生也與自我有關。所有外在世界的一切都跟人的理性有關，雖然費希特認為理性是指進行反省之抽象能力。不過當我們自我開始採取反省態度時，我們的自我就不再是純粹自我。

(二)命題二：自我定立非我為自我所限制者，於此自我採行為態度。

此命題為一切實踐之學的基礎。

此處所謂「實踐之學」是指本性依其本性進行的無限制奮鬥。我們不可能為空無一物的目標奮鬥，所以為了自我之故，無限奮鬥本性採取意識以下之衝動力量做為表現形式。為此一方面自我安置了非我作為對自我的限制，以滿足自我依據本性的無限置奮鬥；另一方面這種無限制的奮鬥若要得到真正的自由與本性上的滿足，就不可能不在與自我對立的非我世界中進行一系列道德實踐的活動。既然所有有限自我都設立這樣一個道德目標，這個目標可被視為是所有主體共同前進的共同目標。

傅偉勳教授認為，這兩個命題可說回應康德了《純粹理性批判》與《判斷力批判》的內容：第一命題是根據《純粹理性批判》，將認知可能成立的條件回歸到自我之內；第二命題則是根據《判斷力批判》並強調主體活動需要符合倫理學之實踐。這樣的作法可被視為費希特為克服康德物自身之困難，所以一方面將物自身改變成自我反立的非我，一方面又在自我與非我的辯證中取得道德實踐的價值。

二、知識學系統的開展

基於知識學三命題與兩演繹結果，費希特提出以下對知識學開展的說明：自我預設了非我的存在，但其間具有矛盾。這種矛盾可以在實踐哲學中透過運作加以消解，即絕對自我因為具絕對性，所以能夠認識由絕對自我產出的未知非我。這些討論的部分均為理論哲學，而主體需從理論哲學過渡至實踐哲學，並進一步建構出包括法理學、倫理學與宗教哲學等屬實踐哲學之內容。這種建構的可能性可被視為是透過理論自我與實踐自我間的差異，進而建構出從理論世界過渡到實踐世界的可能性。建構理想世界是我們本性的的必然傾向，而與這種理想世界對抗的正是在感知世界中永無止境的實踐內容。因此費希特在克服康德物自身難題時，如同透過他的知識論重新定規實踐的方向與內容。

費希特哲學系統的開展

根據6.7-6.9的內容，我們可以建構費希特整體知識學的脈絡如下

起點：康德物自身難題

費希特以自我／非我建構其知識學基礎

三命題	第一命題：自我根源且絕對的定立自己之存在	
	第二命題：非我絕對（定立而）為自我的反立	
	第三命題：自我在自我中對可分的自我反立可分的非我	
兩演繹	命題一：自我定立自我為非我所限制者，於此自我採認知態度。此命題為一切理論之學的基礎。	命題二：自我定立非我為自我所限制者，於此自我採行為態度。此命題為一切實踐之學的基礎。
	第一命題回應《純粹理性批判》，將認知可能成立的條件回歸到自我之內。	第二命題回應《判斷力批判》並強調主體活動需要符合倫理學之實踐。

理論哲學過渡到實踐哲學

依上述知識學之基礎，費希特規定從理論哲學進入實踐哲學之過程
開展過程是根據自我與非我間之對立建構而成

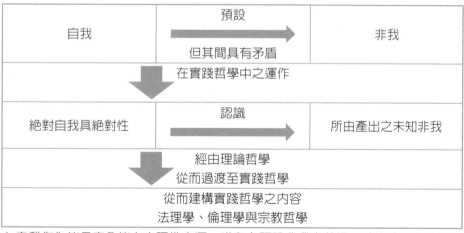

自我	預設 → 但其間具有矛盾	非我
	在實踐哲學中之運作	
絕對自我具絕對性	認識 →	所由產出之未知非我
	經由理論哲學 從而過渡至實踐哲學	
	從而建構實踐哲學之內容 法理學、倫理學與宗教哲學	

1. 自我作為能具表象能力之理性內涵，唯有在預設非我之前提下才能讓此表象能力具有意義。但為避免在自我與非我間產生主客對立，需預設自我之絕對性。
2. 自我對非我的預設及兩者間的對立，應被視為絕對自我所設立之理想世界建構出與之相對的感性對抗。
3. 費希特是透過知識學＝理論哲學的基礎建構出實踐哲學之內容，實踐哲學乃從自我出發後與他人甚至與超越界產生關連的哲學內容。

UNIT **6.10**
謝林(一)：路徑的選擇

費希特主觀觀念論系統提出後，謝林認為他的論述不足以解決物自身問題，故而提出理論修正他的論述。在開始說明謝林理論之前我們應該注意的是：謝林哲學並非封閉系統，而是隨著生命成長逐步開展的哲學系統。

一、何種路徑？

雖說費希特哲學影響到謝林的思想，但謝林哲學中卻出現對史賓諾莎與費希特之間差異的調和。在面對「主體──表象──對象結構」的關係上，他認為史賓諾莎與費希特之間代表著不同的兩條路徑，這兩條路徑分別是獨斷論與批判論。謝林的解釋如下：

(一)以史賓諾莎為例的獨斷論，並於其中呈現出對史賓諾莎的同情。此種獨斷論為對非我的絕對化；在此，人被化約為無限客體，其具有分殊表象，不但排除自由且未給自由留下餘地。因此主體是終極上被化約為客體，當主體直觀自我時其實是絕對客體之絕對者的直觀，因為有限自我就被史賓諾莎化約為絕對客體。為此，有限自我應捨棄自我，並由神性實體的絕對因果關係來擺佈，捨棄自由以使神聖實體居首，以達至以要求自我認知一己之存有學的狀況。

(二)以費希特為例的批判論，並於其中表達對費希特潛在不滿。此種批判論最終仍與獨斷論獲得類似結果，只是與獨斷論以不同方式加以解釋。在此費希特把有限自我化約為絕對主體，自我被等同於主體且為純粹自由活動之絕對者，並強調人應經由常恆之自由活動把握絕對者

在他自己的實現。所以客體在終極上被化約為主體。

謝林認為，在獨斷論與批判論之間做選擇就是在非存有與存有之間做選擇。這種選擇也涉及人如何認知自我。兩體系雖路徑不同但能導致相同結果，他們的唯一差別在道德實踐上的落差。

二、主體的反省能力

獨斷論與觀念論的區分預設人對自身的反省能力，而反省作用能使人區分客觀外在的自然世界，與主觀表象的自我意識確有不同。所以人產生反省活動後，造成自然與精神以彼此對立。為要解決這種對立，我們需要再次透過反省能力加以處置。謝林分別以因果關係、康德學說、史賓諾莎論點、以及萊布尼茲預定和諧觀點，說明這些方式均無法有效消解對立。因為他們忽略了人對自然界的知識即為自然界對自己的認知，而這個論點預設觀念界與實在界其實為統一之一體的概念，因為自然界乃可見的精神，而精神為不可見之自然界。這裡涉及對通過實在界與觀念界的交融而證明絕對者為純粹的同一，且謝林認為絕對者有三階段之認識：(一)絕對者將自己客觀化於觀念的自然界內；(二)作為客觀的絕對者將自己轉變為主觀的絕對者；與(三)絕對客觀性與絕對主觀性成為同一的絕對性。絕對者可被視為一永恆觀念或本質般的存在，其先將自己客觀化於自然內，爾後再作為表象世界中的主觀性而回返自身，以做為一永恆的自我認識行動。也就是在這個意義下，我們稱呼謝林就是一客觀觀念論之代表：因所有認識均有一絕對者做為我們對世界表象觀念的客觀基礎。

謝林哲學的歷程

謝林，1775年1月27日—1854年8月20日
重要代表著作：
《論一種絕對形式哲學的可能性》
（*On the Possibility of an Absolute Form of Philosophy*）
《先驗唯心論體系》（*System of Transcendental Idealism*）
《哲學與宗教》（*Philosophy and Religion*）

謝林哲學發展的六個階段

發展歷程	哲學特色
繼承與超克費希特哲學	兩條路徑的選擇：代表獨斷論的史賓諾沙，還是代表批判論的費希特。在獨斷論與批判論之間做選擇是在非存有與存有之間做選擇，並涉及人如何認知自我。兩體系雖路徑不同但能導致相同結果，差別在道德實踐上的落差。
自然哲學與精神哲學之發展	自然界乃一目的性或永恆觀念的自我展開，展開順序為： 1. 第一建構乃自然為絕對者的客觀自我顯現以成形世界。 2. 在此物理結構上產生動態歷程的第二層建構。 3. 通過第二層建構將有機體力量做為第三層建構。 並因此開展出先驗觀念論。
史賓諾莎主義同一時期	1. 絕對者所具備之邏輯結構為其自身，並以同一律形式「A＝A」作為其表現內容。其餘萬事萬物原則上均可被認為是通過此同一律之分化或展現而呈現之結果。 2. 謝林於此時乃通過援引史賓諾莎理論來超克費希特理論之困境。
非理性主義	於《哲學與宗教》一書中所提： 1. 因絕對者墮落產出世界，感知世界為對絕對者之叛離。 2. 歷史的究極目的在贖回叛離墮落之罪，完成神性啟示。 3. 以新柏拉圖主義展示象徵性的神祕主義思想。
貝美式之宇宙論建構	謝林此時期觀念受到Jakob Böhme之影響，將絕對者稱為「深淵」，並建構起「絕對者＝深淵＝絕對黑暗自體＝根源的偶然」之觀念，依此解釋整個宇宙、人類歷史與善惡對立的發展過程。
積極哲學	1834年之後，謝林認為黑格爾誤解同一哲學體系內容，並主張自己過往哲學僅為消極哲學，故開始建構積極哲學內容，進入神話與啟示之研究而理解人類實存價值。

上表是根據傅偉勳教授在他的《西洋哲學史》第三部第14章中討論到謝林時，依19世紀德國哲學史家Albert Schwegler的論述，將哲學區分為六個時期所製。由於本書以知識論為主要課題，所以行文中將只討論謝林哲學發展歷程的前三個時期，此處依圖表可看出謝林早年知識論發展對他後期哲學發展的影響。

謝林㈡：自然哲學到觀念論體系

圖解知識論

　　我們雖然在前一節提到謝林哲學可區分為六個階段，但有鑑於本書以知識論為探討主題，故我們在此僅說明謝林從自然哲學建立先驗觀念論，並從史賓諾莎那裡援引概念補足費希特不足的部分。

一、自然哲學之意義

　　對謝林來說，自然世界是絕對者向人類展示自我的過程，是永恆觀念所呈現的內容，也是永恆行動或意志之絕對者的自我客觀化表現。所以自然不是人的創造物（如費希特所言），而是絕對者通過人內心的展示以進行的自我反省。謝林認為整體自然有發展的歷程，起呈現為三種建構層級，雖此處三階層建構與我們所熟悉的自然科學，甚至是當時正發展中的科學架構有極大差異：

㈠第一建構是自然作為絕對者的客觀自我顯現，其展現出不受限制的力量，但在此層因受牽制之故產生最低層之自然，可說就是我們一般所理解關於此世界的基本物理結構系列。

㈡根據前一物理結構的階層產出作為動態歷程的第二層建構，自然在此呈現出電磁或化學過程等內容。

㈢通過第二層建構，有機體做為第三層建構得以通過本來的潛在力量，實現在感覺性或刺激性等相關之作用。

二、先驗觀念論的建立

　　謝林哲學另一方面繼續研究自我意識的發展歷史。這裡的自我不是單一個人，而是做為意識行動的全體代稱。雖然我們可以考察自我意識的發展歷程，但從知識論的角度來說，主體與客體乃為同一且都可指向那絕對者。為此，謝林提供兩條對知識反思的路徑。兩條路徑能彼此互補，因絕對者作為客觀及主觀之同一者，能從主客觀的任一端開始發展，進一步成為與另一端互補的原則。所以根據兩條路徑發展出來的自然哲學與先驗觀念論也能彼此互補。兩條路徑是：

㈠從客體走向主體的路徑：在此我們詢問「無意識之自然界如何成為被表象者？」根據這個問題我們可以發展出自然哲學，即自然科學被表象的過程。

㈡從主體走向客體的路徑：在此我們詢問「客體如何成為對主體而言具有存在意義的對象？」根據這個問題我們可以發展先驗觀念論體系，即展示出意識如何以客觀世界做為自我意識的條件。

三、邁向史賓諾莎

　　我們已經提到了謝林哲學中的絕對者，這個絕對者可以被我們視為「表現背後的支撐」這樣的作用嗎？若是肯定，則我們重蹈康德物自身的覆轍。費希特雖然提出主觀觀念論，但主觀觀念論還是為物自身留下容身空間。所以謝林在這裡援引史賓諾莎的理論。在謝林的觀念中，「絕對者 —— 主體／客體」之間的結構性就是史賓諾莎所謂「神 —— 思維／擴延」哲學的延伸。絕對者作為邏輯結構的自身，其邏輯結構以同一律形式「A＝A」作為表現內容。若要以理性思維，不論分析綜合等邏輯方法均不恰當。最理想的方式是以藝術工作中的直觀加以把握，如此謝林一方面邁向史賓諾莎哲學體系，另方面又為他日後哲學發展鋪陳預備。

對絕對者認識的過程

絕對者的自我展現過程		
第一階段	絕對者將自己客觀化於觀念的自然界內	絕對者將自己表為所產自然
第二階段	作為客觀的絕對者將自己轉變為主觀的絕對者	絕對者將自己表現於表象的世界中，並成為我們所能把握的客觀知識，因此所產自然產生出我們所能認知的兩個層次：客觀的自然界與觀念的表象界
第三階段	絕對客觀性與絕對主觀性成為同一的絕對性	在此被領悟的實在界與觀念界相互貫通

兩條邁向絕對者的路徑

就知識本身來說，主體與客體為一體的	
第一條路徑：從客體走向主體	第二條路徑：從主體走向客體
提問問題 無意識之自然界如何成為被表象者？	提問問題 客體如何成為對主體而言 具有存在意義的對象？
發展自然哲學 展示自然如何將自身發展 並得以反映於主體之條件	發展先驗觀念論體系 展示意識的終極實在如何產生 客觀世界以做為自我意識之條件
兩者反省方向必然且互補，因絕對者作為客觀及主觀之同一者能從任一端發展 而成為與另一端互補之原則，自然哲學與先驗觀念論能彼此互補	
（謝林所闡釋之）自然科學發展 即為自然科學被表象之過程	藝術哲學為先驗觀念論最佳之代表

作為絕對者
其為主觀性與客觀性、觀念與實在之純粹同一者
絕對者作為理性之呈現
被設想為主觀與客觀的全然無差別者之理性
因絕對者為觀念的觀念，為一神性觀念

1. 此時已需面對費希特理論之限制，故謝林提出，以史賓諾莎論述神時強調其具有思維與擴延兩屬性之延伸以作為絕對者／絕對理性之存在，可被視為主客體分化前無差別性的合一原理。

2. 當人必須以直觀始能認識這超越者時，其便為日後走向探討天啓與墮落的哲學路徑鋪路，也使謝林走向前述各階段的後半段發展。

UNIT **6.12**
黑格爾㈠：對觀念論的繼承

圖解知識論

　　從康德以來留下的物自身難題，在經過費希特與謝林的努力後，在黑格爾這裡達到最高峰。黑格爾繼承前人的哲學體系，並做出合適的修正，最終建構出絕對觀念論的體系，並將古典哲學發展至顛峰。雖我們在以下數節將討論黑格爾，但事實上要將黑格爾哲學思想發展歷程單獨拆開說明實屬不易。故我們將透過基本背景、邏輯思維之建構直到對意識的考察等部分逐步說明其思想如何開展出絕對觀念論的體系。

一、方法論的開展

　　黑格爾所開展的德國觀念論可以總結為「思想即為實在，實在即為思想」，他並且以辯證法體系向我們說明絕對者的自我展示歷程。換言之，所謂的「認識」在他的概念中，乃是基於絕對者向世界展示自我所產生的歷程。這種歷程的展現是在絕對者與意識間之交互辯證作用而成，且其所使用之辨證展現出高度的嚴密演繹過程。這種嚴密演繹過程即為後人所熟悉的「正反合」辯證法：正命題與反命題的對立在合命題內被消融，然此合命題即為新的正命題。我們在6.8論及費希特知識學三命題時曾提及，費希特三命題呈現出的正反合關係蘊含對黑格爾的影響。這種影響可以在黑格爾對德國觀念論的評述上看到。

二、對德國觀念論的評述

　　根據黑格爾在《費希特與謝林哲學體系之差異》（*The Difference Between Fichte's and Schelling's Systems of Philosophy*）書中所述，康德、費希特與謝林的哲學體系各有其突破之優勢，但在突破後卻也留下困境，需要後來的哲學家超克這

些困境。換言之，黑格爾認為康德、費希特與謝林的哲學體系中表現出正反合的邏輯辯證。三位哲學家的發展如下：

㈠康德：其知識論翻轉過往哲學認識架構，透過知識論哥白尼的革命讓我們注意到現象與本體、感性與認知等二元對立（正），但他的翻轉留下物自身困境，以及前述雖有多種二元論卻無法調合之困難（反），所以留待費希特取消物自身，以理性直觀為哲學真正根基，成為哲學思考的重大突破（合）。

㈡費希特：超克康德物自身後，以理智直觀作為哲學真正穩固基礎及唯一根基，對同一性之理解使哲學能成為自身反省對象（正），然而其哲學雖為終極之統一，他卻並未將同一性視為體系的真正原理，導致體系一建立其中同一性立即消失，致使我們仍停留二元對立中（反）；為此，其謝林讓自我與自然之對立統一成為主體於客體間的合一關係，以同一性為整體系統之絕對原理（合）。

㈢謝林：其修改費希特之同一性成為絕對原理，則主觀性與客觀性為絕對者之觀念，且不斷成為各部分的主導性原則，在此狀況下自然不是觀念，更為實在能表現出自身的精神（正），但若要理解絕對者，我們需要透過反省，可是反省一但表現為自由自在時，卻又將傾向於知性作用，導致主客體之彼此融貫需要被提升至理性層次始能達成（反），為此，黑格爾認為自身哲學體系後，真正走出謝林哲學體系，從而建構起統合德國觀念論的精神現象學（合）。

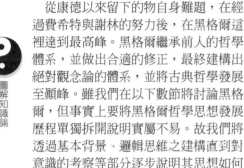

黑格爾對德國觀念論的繼承

黑格爾，1770年8月27日－1831年11月14日
重要著作包括：
《費希特與謝林哲學體系之差異》
《精神現象學》（*Phenomenology of Spirit*）
後人為其編輯全集，根據不同版本概略為20卷

 繼承德國觀念論

黑格爾承繼自康德物自身難題以來，歷經費希特與謝林發展的哲學論點。他以正反合的邏輯方式說明每位哲學家的突破、困境與後人的超克。

哲學家	突破（正）	困境（反）	超克（合）
康德	翻轉過往哲學認識架構，使我們能面對現象與本體、感性與認知等二元對立	留下物自身困境，以及前一格諸多二元論無法調合之困難	費希特取消物自身，為哲學思考的重大突破
費希特	理智直觀為哲學真正穩固基礎及唯一根基，其對同一性之理解能使哲學成為自身的反省對象	雖哲學為終極之統一，然同一性並非費希特體系之真正原理，其哲學體系一建立時同一性立即消失。為此，其演繹所得僅為對客觀世界理解之觀念，而非對世界本體之確實理解，此仍讓我們留在其體系的二元對立中	謝林將自我與自然之對立，統一為主體與客體間的合一關係，客體＝主體之呈現，以同一性作為整體系統的絕對原理
謝林	同一性作為絕對原理，所以主觀性與客觀性均為絕對者之觀念，不斷成為各部分的主導性原則。為此自然不是一個觀念，更為具有實在性且可被看見之精神	若對絕對者要能有所理解，就需要透過反省工作，但當反省展現為自由自在之狀態時，其又將傾向於知性作用。此時主客體的彼此融貫需要被提升至理性層次	有賴黑格爾之哲學體系，走出謝林的困境，建構起統合德國觀念論的精神現象學

哲學史家F. Copleston指出，黑格爾的哲學體系就德國觀念論的發展歷程來說，已開始拒絕並超越謝林所建構的觀念論體系，此點可從《精神現象學》前言看出。但謝林對此表達不悅與受到傷害。因黑格爾認為，我們對絕對者的理解乃是藉絕對者展示出來的內容，是在自然與精神中自我發展生命呈現之所得。

UNIT **6.13**
黑格爾㈡：哲學與邏輯的概念

黑格爾基於其對德國觀念論的繼承，所以在哲學與邏輯的探討上也透過繼承與超克賦予新的意義及方法論。我們在前一節已概略提到他最著名的正反合辯證法，本節我們將更進一步說明此辯證法與哲學之關聯。

一、哲學作為認識絕對者的絕對哲學

對黑格爾來說，哲學的作用是幫助我們理解絕對者的自我展現。當黑格爾提及絕對者時，他指的是整體世界做為實在的總和，而不應該被直接等同於基督教的神。由於整體實在是一種目的性歷程，所以不論整體實在作為思想、本質均同時既為主體又為客體。絕對者作為思想對象，其就是思想自身。因此黑格爾以「精神」（spirit／geist）為絕對者的自我意識之主體。我們對精神的認識就是對絕對者對自己認識的結果，因為絕對者被黑爾定義為純粹的思想。為此，絕對者對自我的認識，就是我們對自然或精神認識的所有基礎。因此整體實在界，從邏輯至精神呈現，均是一種有目標且不斷實現自我的歷程。我們對絕對者的認識就是絕對者對自己認識的過程，若通過反省工作則是通過認識人的精神達至自我認識的結果。

這種對絕對者／純粹思想的描述，一方面使其像亞里斯多德對邏輯的定義，另一方面又像柏拉圖所說的理型。按照後面將會提到黑格爾對絕對精神發展歷程的描述，絕對者透過人的意識返回精神（即絕對者自己）本體，這種絕對者自我認識的過程在我們所呈現的就是哲學史。因此，哲學史的工作是透過有限者的自我實現，將無限者的活動有系統地呈現出來。為此，我們已經注意到在黑格爾這裡，我們所熟悉的名詞已與過往我們使用的概念不盡相同。這種不盡相同在「哲學」與「哲學史」這裡不同，在「邏輯」方面也不一樣。

二、作為基礎方法的邏輯學

為要能正確認識絕對者的自我認識，我們需要方法論。黑格爾的邏輯與古典亞里斯多德三段論證或當代語詞邏輯定義不同，因黑格爾定義邏輯是絕對者對自我認識的可能，是建構起整體觀念論的基礎。用較為廣義的方法理解，黑格爾所謂之邏輯即為康德所提出之範疇。由於絕對者被黑格爾規定為純粹思想，所以邏輯之作用乃討論絕對者作為純粹思想之在己知識的學科，這門學科的工作在表達絕對者無時間性的內容依時間向有限精神展開的過程。因此黑格爾規定邏輯有三種對象：

㈠存有邏輯（正）：由一物之本性與本質確定特定量度。
㈡本質邏輯（反）：經由意識反省通過對存有產生認知進而產生對反之兩者。
㈢概念邏輯（合）：在存有邏輯中我們關切獨立範疇，但其中思想辯證卻破壞了獨立性；在本質邏輯中關切彼此範疇但卻需要在範疇間進行綜合。所以透過概念邏輯建構此過度的綜合。

因此作為最基礎的邏輯學，其呈現出絕對者向世界開展的基礎；但作為絕對者的絕對知識，其呈現出意識如何逐步通過精神之上升達至最終對絕對者的真實認識。

黑格爾的哲學與邏輯

絕對者＝思想自我之思想＝純粹思想本身
在絕對者中主客同一且事物的本質與實在也為同一
引導出
黑格爾的哲學是必然的演繹體系
而是心靈／意識能理解絕對者所產生的必然結果

邏輯為其使用工具

邏輯對象	說明	內容	對應範疇
存有邏輯 （正）	由一物之本性／本質 確定之特定量度	存有 非存有 變化	質 量 度
本質邏輯 （反）	意識之反省穿過存有產生認知，引出對反之兩者	本質與存在 力量與表現 實體與附體 因與果 作用與反作用	關係範疇 反省範疇 實際性
概念邏輯 （合）	在存有邏輯中我們關切獨立範疇，但思想辯證破壞其獨立性 在本質邏輯我們關切彼此範疇，但範疇間之過度需要綜合 為此在概念邏輯這建構出這種過度內容	主觀性：普遍概念、判斷、三段論證 客觀性：機械論、化學論、目的論 觀念：生命、知識、統一	

產出

根據邏輯概念的絕對者究自我表現＝絕對者的實際運作

永恆觀念／Logos 自我呈現於 自然界與精神界內	自然界內Logos表現為客觀性或物質世界 這種與之對反的對象
	精神界內Logos回反精神自身 成為其本質上之所是

呈現之哲學內容

邏輯概念	自然界	精神
被稱為是邏輯的形上學	自然哲學	精神哲學
研究「在己」	研究「為己」	研究「在己並為己」
三者合併為對絕對者生命之解說		

UNIT **6.14**
黑格爾㈢：意識現象學

從黑格爾的解釋來看，絕對者對自我之認識是我們對自然或精神認識的所有基礎。所以整體實在界，從邏輯至精神呈現，均為有目標且與實現自我之歷程。若是這樣，我們如何能產生對世界、自然乃至精神的認識？黑格爾認為，意識需從最低層次逐步向上攀升，最終達致絕對知識的真正領域內。為此，黑格爾開產其意識現象學，並定規發展歷程如下：

㈠意識階段：整體意識發展以感覺的確定性作為起點，於此階段感官對特定對象進行覺察。此階段因涉及諸多現象故內容豐富，然因不具明確語詞指稱故又極為空洞。心靈於此階段能注意到現象幕後的實在，並把握住存在即為意識的狀況。在心靈把握之後，便能進入到普遍自我意識階段。

㈡普遍意識階段：呈現為意識對對象以欲望之方式的把握，故意識與對象如同主人與奴隸的關係。依此主人與奴隸的關係，普遍意識產生不同發展階段：

1. 斯多亞階段：此階段開始時做為主人的意識並未真正視奴隸為其對象，故主體是一真實實存的個人，而後主人貶抑奴隸為非人狀態，奴隸則因執行主人意識而身物化與客觀化。

2. 懷疑論階段：主奴之間均因達成內在自我滿足而將發現彼此的矛盾對立，此時產出黑格爾稱呼為「不幸意識」的狀態。主奴兩方必須察覺自己與在彼此內所具有的自我性與自由後，主體意識就能超克此階段。

3. 自我意識階段：通過做為正命題的斯多亞階段與反命題的懷疑論階

段，主體察覺到自我與他者均擁有自我性，從而進入宗教意識，爾後提升至絕對精神。

㈢理性階段：意識與普遍意識的矛盾對立在此階段能被超克。當主體覺察不論自我與他者間均有自我性時，主體能體會有限自我與普遍之無限自我彼此相關，兩者可共享其無限之精神。主體於此能意識並克服前一階段的不幸意識，而後透過綜合意識階段與自我意識階段逐步開展不同但都能被認識的形式內容：

1. 就宗教意識之形式，絕對者透過象徵／圖像意識表達真理；

2. 就已完成的宗教意識之形式，自我通過與神之結合而與其他自我結合，能視自然為神性對自我的呈現；

3. 就最終絕對知識之形式，真理乃透過哲學形式表達為被反省的領悟，此時主體理解自己乃絕對者／絕對思想中之一個片段，明白自己乃精神自我實現歷程前進活動之一個階段。

㈣邁向絕對知識：透過上述內容，道德意識逐步辯證的過渡到宗教意識內，而黑格爾所提之宗教自我辯證與認識之歷程如下：

1. 自然宗教：以知覺對象的自然現象形式看待神，如原初宗教體系。

2. 藝術宗教／優美宗教：神透過身體呈現並連結了自我意識，具體表現為擬人化之神明（如雕像），代表則為希臘宗教。

3. 絕對宗教：在此自然為神言之表現，為神聖精神之絕對體現，故絕對精神被依其所是那樣的被認識，代表為基督宗教。

意識發展歷程

1. 上半部為意識從低至高上升階段，對應下方為在單一階段內意識發展歷程。
2. 任一階段之「合」即為下一階段之「正」，故上表中央所出現「即」者，乃指上下兩詞指涉相同，差別唯在對應階段。
3. 意識現象學區分為三階段：意識階段、普遍自我意識階段、與理性階段。
4. 此表格根據 F. Copleston《西洋哲學史》第七卷所整理之意識發展歷程。

意識之正反合上升階段，目標在獲取／分享絕對知識

作為絕對
知識領域

體認　　　道德意識　　宗教意識
即普遍
主人　　　　　　　自我意識
自我意識　　奴隷
感覺　　　知覺　　即理解

意識階段	自我意識階段	理性階段
感覺確定性／素樸意識	作為主奴關係 呈現為斯多亞意識	不幸意識 攻克自身矛盾 成為普性自我意識
知覺層次之過度	過渡至懷疑論意識	狹義之意識 察覺客體
心靈因產生正確理解本身 故將意識轉入現象幕後之實在 而成為自我意識	因發現主僕奴役 過渡致不幸之意識	宗教意識 進入絕對知識

作為範例

未反省的倫理生活＝辯士時期（及其前）的古希臘道德 進展至→
文化形式＝雅各賓恐怖時代 進展至→
發展完成的道德意識＝宗教之呈現

道德意識	絕對者的獨一意識將自己表現在社會中各具體對道德追求之過程內
對道德意識之認識	因認知道德意識而明白對差別中之同一者的認識，差別中之同一者乃一精神於生命中之表徵
宗教意識	此生命表徵乃獨一神性生命於一切事物內之向有限的展示

UNIT **6.15**
黑格爾㈣：絕對精神體系

我們在前面概略說明了黑格爾體系的概念：此必然體系是心靈／意識為能理解絕對者所產生之必然結果。然而，既然絕對者乃思想自我之思想，則在絕對者中主客乃同一且事物的本質與實在也為同一。所以對黑格爾來說，我們能因認識絕對者而認識自我。這種認識論即為形上學為古典哲學的特徵，並透過意識現象學向我們展現出來。因為黑格爾認為，心靈／意識的目標在逐步上升以至能參與絕對者的自我認識。而心靈作為對絕對者之認識或絕對者呈現自身之場域，其主要目標在於理解絕對者的知識與絕對者對自身之知識乃同一事實之狀態。所以黑格爾基於意識需從最低層次逐步向上攀升，最終達致絕對知識真正領域的目標，向我們展示意識如何從低層一如向上之過程。當我們的意識對世界加以認識時，主體就能發現萬事萬物均為精神作為絕對者之呈現。為此心靈在辯證過程中應當提升自己不是單純理解，而是提升自己對概念如何過渡至對立面，爾後又再度過渡而成為下一階段。透過此方法我們方可理解絕對者如何自我展現甚至參與在絕對者中。

既然萬事萬物被認識乃基於精神作為絕對者之呈現，表現出既為萬事萬物又為認識之可能的基礎。所以精神做為構成世界萬物的最基本組成，雖然主要目的是為解決康德物自身的困難，但既然世界由精神所不斷辯證所得到的結果，所以精神可以說就是絕對者／神的本性。這種觀點可被認為是，黑格爾參考史賓諾莎泛神論系統後，建構並超越史賓諾莎而得出的體系與架構。透過這種方式，黑格爾開展出他絕對精神體系的那種系統，即當精神呈現為絕對者通

過對自然之外化，產生回歸到自我之中的體現，精神哲學就將依正反合之辯證過程成為主觀精神、客觀精神與絕對精神：

㈠ 主觀精神（正）：即為我們所理解之精神相關意義，為我們所具有之心靈、意識與精神，呈現出人類所具有之主體特性。

㈡ 客觀精神（反）：為絕對理念之潛能，是精神自身客觀化後的辯證型態，呈現出與主體相對之客體。黑格爾所謂「主觀精神 —— 客觀精神」之關係類似費希特「我 —— 非我」之關係。

㈢ 絕對精神（合）：此為絕對者在歷史中展現並超越自我之過程，此時絕對者揚棄主觀與客觀之對立，復歸自身之精神絕對性。其呈現出超越主客觀對立所展現的普遍事實。

最終，在黑格爾這裡，知識論與形上學是統一的，並貫徹從希臘哲學家巴曼尼德斯（Parmenides）所來的基礎認識原理：思想與存在一致性原則。這種基於辯證體系所建構出的意識上升路徑存在著問題，即觀念論真正產出之認識結果為，體系對世界之解釋優先於世界被我們理解的樣貌，所以神（或所為精神、絕對自我）與萬物間也不再有實質區分。至此，不論觀念論或古典哲學在黑格爾這裡都發展到極致；在黑格爾的體系這裡已終極性的統一了一切。然既然思想即為實在，故當我們認識時就是在認識實在。思想與實在統一了，主客關係也已統一，過往所有哲學問題之探討也在此統一，導致古典哲學也被敲響喪鐘。

黑格爾絕對精神體系之整體

主觀精神	心靈＝人類學	自然心靈	體質、體變、感覺
		感覺	感受、感情、習慣
		現實	
	意識＝精神現象學	意識	感覺、知覺、理性
		自我意識	慾望、自我承認、普遍意識
		理性	
	精神＝心理學	理論精神	直觀、表象、思維
		實踐精神	實踐感情、衝動、幸福
		自由精神	
客觀精神	抽象法	財產、契約、非法	
	道德性	企圖與責任、意象與福祉、善與惡	
	倫理學	家庭	婚姻、生計、家庭之解體
		市民社會	慾望、司法、警察與團體
		國家	國內法、國際法、世界史
絕對精神	藝術	美	
		藝術類型	象徵藝術、古典藝術、浪漫藝術
		分殊藝術	建築象徵
			雕刻
			浪漫藝術　繪畫、音樂、詩歌
	宗教	一般宗教	
		特殊宗教 自然宗教	魔術
			實體宗教：中國宗教；印度宗教、佛教
			向精神之個體修行宗教祆教、敘利亞宗教、埃及宗教
		精神個體宗教	猶太宗教、希臘宗教、羅馬宗教
		絕對宗教＝基督教	
	哲學	哲學史，朝向終局哲學前進	

1. 此表格乃按傅偉勳於《西洋哲學史》第三部第16章中所表列之黑格爾精神體系歸納所得。

2. 上表越左邊範圍越大，越往右則越細緻與具體。

3. 黑格爾被稱為是「百科全書哲學家」，此稱號與他對人類整體文化及學科的思考有關。在其體系中我們應特別注意的是邏輯，雖然上表中並未特別列出，但邏輯是整體黑格爾哲學之基礎。

4. 根據此表，我們不難理解為何黑格爾既為古典哲學之高峰，但也為古典哲學之喪鐘，因至黑格爾時古典哲學以統合所有學科並形成不可動搖的絕對體系。

UNIT 6.16
叔本華

叔本華的年代與黑格爾差不多同時，且在與前述德國觀念論哲學家們相較之下，他認為自己才是真正繼承康德哲學之人。他在著作中批判包括黑格爾在內的德國觀念論哲學家們，且認為他們都錯解了康德。我們在本節概略敘述他的哲學，並依據他兩本重要著作：博士論文〈論充足理由律的四重根〉（*On the Fourfold Root of the Principle of Sufficient Reason*）與代表作《作為意志和表象的世界》（*The World as Will and Representation*），理解他如何探討人對世界的認識。

一、〈論充足理由律的四重根〉

叔本華的博士論文可看出康德哲學對他的影響：我們所在的經驗世界為主體對象的現象世界。但就我們作為主體言，此世界又為我們心靈表象之世界。這些呈現於我們心靈的世界均透過特定規則——即四個充足理由律——與其他表象連結。這四個理由可在右頁看到理由與相對應內容。叔本華認為此論文非常重要，因為是理解《作為意志和表象的世界》的入門基礎。

二、《作為意志和表象的世界》

該著作中叔本華提出著名陳述「世界即我意志之表象」，因整體世界（就是經驗之總和）是我們主體的認知對象，實在性開顯給主體或為主體所知覺。這個世界就是意志生存與展現之世界，且為康德所言，是作為實際世界之先驗條件的時間與空間能被我們直觀。主體對此世界的認識如下：

（一）意志：透過生物學方式的解釋，物自身成為獨立我們知覺而必然存在的對象，為其本來所是的存在者。

叔本華即以意志（Will）加以命名。這種意志為獨一者，既為超現象之實在或物自身，故數量上僅能為一。此可作為個人的我的存在。

（二）悲劇的世界觀：意志為叔本華所謂形上之意志，表現為盲目且永無止盡之追求，或可稱為「求生意志」。表象世界為一意志和與自己不合之本性彼此衝突的場域，並在其中自我折磨之意志本性。所以所有之惡的根源乃意志所奴役者，及屈服於求生意志之下的產物。

（三）超克惡的問題需透過美感與倫理的認識路徑。對世界之認識雖為悲劇呈現，但自殺因表現出受意志之奴役故並非恰當處置。要能超克之方法為：

1. 美感默觀：在其中人成為無利害關係之觀察者。當人成為無利害關係之觀察者後人將不再為意志之僕役，故人能暫時逃離受意志奴役之狀態，且超克原本意志與慾望支配下的認識活動。

2. 棄絕之路：透過性格決定論的狀態，一個人能逐步看透個體性與多數複雜之表象世界，以至能認識一切個體的合一性而表達出對他人的無關心之愛，最終對事物的不再眷戀，以致死時能不再受抑制奴役得到真正解放。

叔本華的理論最終傾向於神祕主義，且他對觀念論的解釋與前述哲學家們相當不同。他正視康德物自身後給出新的解釋，進一步與倫理之認知產生結合。不過後世對他哲學之理解偏重意志哲學的面向理論，而尼采（Friedrich Wilhelm Nietzsche）等後人均深受其哲學的啟發。

叔本華的哲學架構

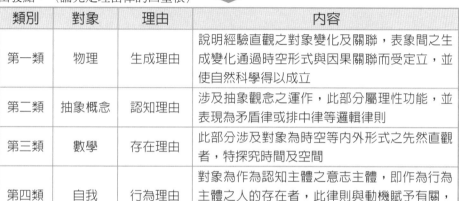

叔本華，1788年2月22日—1860年9月21日
重要代表著作：
〈論充足理由律的四重根〉、《作為意志和表象的世界》

出發點：〈論充足理由律的四重根〉

類別	對象	理由	內容
第一類	物理	生成理由	說明經驗直觀之對象變化及關聯，表象間之生成變化通過時空形式與因果關聯而受定立，並使自然科學得以成立
第二類	抽象概念	認知理由	涉及抽象觀念之運作，此部分屬理性功能，並表現為矛盾律或排中律等邏輯律則
第三類	數學	存在理由	此部分涉及對象為時空等內外形式之先然直觀者，特探究時間及空間
第四類	自我	行為理由	對象為作為認知主體之意志主體，即作為行為主體之人的存在者，此律則與動機賦予有關，且在此律則內無意志自由可言

作為基礎

代表作：《作為意志和表象的世界》概略歸納如下

第一篇 知識論	我們眼前的存在世界即為我們對這個世界的認識，一如康德所提示。本卷解釋叔本華所理解關於「意志」的意義，並認為既然世界為我之觀念則身體亦為我之觀念。觀念世界即為康德所謂之現象界，意志為我們每個人的基本核心。
第二篇 本體論	討論意志的基本力量表現為電力與重力，並指出知識是為服務意志而產出。本卷也描述一幅悲劇的世界觀，說明意志帶來的慾望與痛苦。
第三篇 美學	美感默觀中人成為無利害關係之觀察者，人可不再為意志之僕役且可超克原本意志與慾望支配下的認識活動。
第四篇 倫理學	本卷對人類道德行為進行描述，並指出兩種類型行為：對意志的肯定和否定。其中否定意志是將人從痛苦中拯救出來的方法。只是叔本華反對以自殺擺脫此一帶來痛苦的世界。
附錄	評論康德哲學優缺點

1. 其理論受東方思想如《奧義書》的影響而出現Maya用以表達世界為幻象的想法。

2. 上述表格為叔本華1819年所出版原書第一卷的內容，日後他出版該書第二版。第二版加上第二卷，由多篇論文組成，主要是補充第一卷的內容。

第 **7** 章

我以外的心思如何存在

●●●●●●●●●●●●●●●●●●●●●●●●●● 章節體系架構 ▼

UNIT 7.1
我以外的他人如何明白我的心思？

我們在前六章討論的知識論議題大多可在古典哲學的哲學史看到討論，這些知識論的議題當屬學理方面之討論。從第七章開始，我們將應用前面的基礎，討論四個與日常生活直接相關的議題。本章討論在我們以外的其他存有者，包括身邊的他人、植物動物甚至到不確定是否存在的外星生命、天使及神，是否具有認知能力？如果有又是以如何的方式加以認知？第八章我們將檢視那些宣稱他們有超越宗教經驗的人，他們所宣稱具有對超越經驗的認識是否具有學理上的可能及支持？又有哪些主張反對他們的論點？第九章我們將討論知識與社會間的關係，特別是社會如何形成我們所得到的知識。第十章將討論真理的問題：確實有真理存在嗎？不同論點又以如何方式說明真理是什麼？

我們在本章將討論我自己以外的其他心思問題。就現實生活來看，我們自然認為我們與他人能有正常的溝通。例如當讀者您閱讀這本書時，您能理解身為作者的我表達如何的意見。這種預設來自我們使用相同語言及文字，所以我們透過書寫、言說進行理解與溝通。若更進一步來看，我們的溝通與知識傳遞其實預設我們已經確實知道某些事物與背景。但若回頭捫心自問，我們真的理解嗎？按照懷疑主義的說法，人類最多可以把握的就只有當下感官呈現的內容（若是按照笛卡兒的惡魔論證，連我們面前所能掌握的都可能是被欺騙的）。我們在第四章確實也於結尾提出對懷疑主義的反駁，但若我們將這樣的結論應用在身邊存有者的身上，懷疑主義的疑慮仍然會出現在我們的思考：我們確實知道身邊其他存有者的心思或認知嗎？

這種疑慮若從諺語可得進一步印證，例如「知人知面不知心」、「為賦新辭強說愁」，前者在指明人無法理解其他人內心真實想法（包括男生常抱怨當女生跟他說「你給我滾」時他到底要不要離開），後者則表明我們不可能透過正確語詞表達內心想法觀點。這些狀況可以繼續往外延伸：當我們看到一隻動物或一株植物，認定他們的想法（如植物欣欣向榮、這隻狗好開心），這種想法確實是他們真實的感受，又或者是我們根據自己內心及擬人化的需要而賦予他們的？事實上，我們似乎傾向於認定和我們具有類似認知功能的存有者，甚至最低底線只要有生命且具有感知能力者，必定能正確應用認識能力進行溝通。但進一步來看，這些對象是否真如我們所認定的那樣具備認知能力？如果真的有，他們的認知能力是否真如我們所知，抑或在認知能力上與我們所認知者截然不同？這些均是本章討論的內容與方向。

在開始討論前應多說：此章所討論的論題均有一重要預設，即我以外的心思必然確實存在，不論這些對象的存在有多荒謬或不可思議，我們都預設他們確實存在。這裡的討論也反對唯我論的可能，即認定在我以外沒有任何其他存有者，即便有也僅是我思維的產物。當我們考慮其他心思是否存在時，這種論點暫時不在我們的討論範圍內。

我以外的心思如何存在？

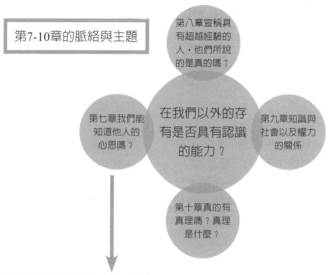

第7-10章的脈絡與主題

第八章宣稱具有超越經驗的人，他們所說的是真的嗎？

第七章我們能知道他人的心思嗎？

在我們以外的存有是否具有認識的能力？

第九章知識與社會以及權力的關係

第十章真的有真理嗎？真理是什麼？

本章我們逐步探討常見的他人心思問題

植物	植物是否具有感知與思維能力？如果他們有感覺，他們又是以如何方式進行感知？會如2008年好萊塢電影《破天荒》（*The Happeing*）那樣的表現方式嗎？
動物	動物確實具有知覺與思維，且有明顯的感受能力，那麼他們以如何的方式認知外在世界？他們會有如人類一般的感受或認識內容嗎？
其他人的心思	我們身邊的人是否確實如我們所想的，與我們擁有相同的心思？或者他們無法真正理解外在世界，並且指示如殭屍般的存在？
電腦AI	電腦會發展出人類一般的思維，一如《魔鬼終結者》（*The Terminator*）系列電影演出的一樣？
外星生命	如果有外星生命存在，他們會用如何的方式與地球人溝通？
天使與魔鬼	如果有天使存在，他們會擁有與人的靈魂相同的認識能力嗎？
神	神既被形容為全知，那麼什麼是所謂的全知？

暫時排除唯我論的觀點

所謂唯我論強調，唯有自己之心靈為確實存在者，所有他人心思都只是我的心靈認知／投射的對象，其他所有可能的心靈與認知也只是思想與經驗的延伸。在此前提下，我們絕對不可能理解他人的心思，因為外在世界也只是我們心思認知的結果而已。

UNIT 7.2
植物與動物的心靈世界

圖解知識論

除了人類以外，我們所面對的世界及其中萬物是否具有認知的能力？在討論這個問題前我們首先排除物理世界的純物質對象，例如您手上這本書，或是正在使用的桌椅、文具及其他物品。認知功能既屬心靈／靈性能力，我們自然不會認為這些僅具物質之對象具有認知能力。即便是擬人化的作用，也是為這些物質對象賦予如同人類相同的靈性，而非這些物質對象本身確實具有認知的可能。

一、植物的認知能力

植物有其生命，直覺上我們不認為植物具有認知能力：如果認知能力必須產生直接的接收與回應。就現實環境來看植物的「認知」更多偏向生物本能，即便如豬籠草這樣捕食昆蟲的植物，我們似乎也很難真的認為其在捕食會出現類似人類的思考模式。

但沒有如同人類的認知能力就代表植物沒有認知嗎？就生命的角度來看，植物或許沒有口語表達或類似人類的思考，但就「接收」與「表達」來說其仍然有這一類之作用。某些（有爭議的）實驗提到植物會對外在世界產生記憶，也有「說話」的能力，雖然這些所謂記憶與說話不能依據人類認知模式進行，例如所謂的說話是用特定頻率溝通。

二、動物的認知能力

動物確實具有認知能力，即便排除人類主觀投射在動物身上的感情（例如主人與愛犬間的關係），我們也可以清楚察覺動物的感受。但動物的認知能力究竟發展到如何的程度？以下從三方面加以討論：

㈠認知能力最直接表現在口語表達，因為語言代表理性對事物的把握，並能作為表達事理的工具。雖然動物的聲音反應對事況的掌握且可被認為帶有部分意義，但其無法透過純粹理性的作用發展出表達複雜意義的特定語言。

㈡若從行為方面來判讀，動物在評估自身生命安全時會產生正確的判斷，例如草食動物面對肉食動物的捕食會本能性逃離。但這種行為是否可被認為經由理性判斷所產出卻值得思考。

㈢從群體角度來看，動物根據上述自然界基本能力運作產出的相處群體，原則上還是依據生物本能帶出的權力大小維持基本平衡。

總而言之，雖然我們可以說不論植物或動物確實具有依其本性所產出的認知能力，但這種認知能力與人類不盡相同。基於此處所言，符號學家提出從植物、動物到人類的符號活動過程，並藉此說明存在於是上的存有者如何透過符號活動進行認知行為。

從世界結構看認知功能

我們可以根據亞里斯多德與中世紀士林哲學的形上學概念，建構存有者與認知能力間的關係。

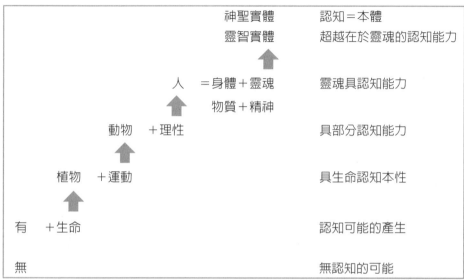

此處提到由低至高的認知能力層級，正可回應我們在第一章提及「知識是否有高等低等級差異」的內容：此處所討論的高低為認知能與意義賦予的高低。若依據這裡生命──認之間的關係來看，認知有兩種意義。

投射的意義	生物認知的意義
人類依據自己的認知經驗直接應用在動植物身上。	透過觀察確定動植物確實具有，在生物本能上的認知內容。

認知與賦予意義的關係

前提一：動物確實具有感受與情緒，也能依據本能展開趨善避惡的行動。
前提二：動物能與人互動且展開（違反本性的）親近關係。
這些互動產生兩個問題

問題	Q1 這些互動是否具人際關係間的複雜性	Q2 這些互動是否帶有被賦予的意義內容？
支持者	動物與人的互動具有人際關係的複雜，雖然反過來是動物把人當作群體內的一份子。	動物在與人相處間可以明白特定行為＝符號，與其作為符碼攜帶的意義內容。
反對者	動物僅是依據本能與人相處產生互信，無所謂人際互動內容。	所有人類認知的符碼與意義僅是動物被制約的結果。

UNIT **7.3**
符號學的問題

面對動植物（可能有的）認知及因認知產生的意義，也因為在探討他人心思時需要對表達出的內容進行理解，符號學這門學科便與知識論產生關聯。符號學是一門探討意義被賦予及表達的學科，意義的表達與賦予和認知（即知識論）有關。

一、符號的基本概念

符號／符碼／物件是符號學中的意義單位，符號學家的工作在解讀這些對象及其如何表達意義，但是符號等物卻以多種形式存在於多個層面。他們往往是多個結構的一部分，而這些結構又帶有複雜的意義，且為（另）一個複雜的符號起作用。所以符號的這些意義從來都不是中立客觀的，而是取決於他們的社會意義與效果之符號策略的一部分。在討論符號之前，關於符號的三個重點我們可以先行提出：

（一）使用符號的主體是人，其他動物／植物（或假設有外星生物的存在）雖可能有屬於其自身所產出之符號學，但與作為主體的人所使用的符號學確有落差；但另一方面如果符號學強調研究符號與意義間的關係，那麼對所有存有者而言符號學卻又是相同研究符號的系統方法。

（二）符號學的重心在於符號與人的關係。符號學研究對象即為符號本體，但在研究符號之過程又因不同領域產生研究不同類別符號的門類符號學。不論何種領域或研究符號的哪一部分，其都是以研究符號本體為基礎的系統性方法。這可回返說明符號學做為系統性方法的統一特性，即研究符號與意義間關係的學科。

（三）符號學是對符號與意義間關係的研究。符號學不只是研究符號，而是研究符號與所代表意義間的關係。符號學研究符號，但符號代表著意義，所以符號學如同研究為何某一符號可乘載特定意義而代表另一項事物，即傳統對符號的定義*aliquid stat pro aliquo*（用一物替代另一物）。

二、符號學的意義

符號學可被視為一種探討意義的學科，因為符號僅是指稱對象的某物，其真正問題在意義乘載作用中，為何能以某個符號承載一意義後指稱某一對象。符號對意義的承載有其歷史原因或被賦予意義的可能：十字架本來作為刑具之一種，為羅馬帝國處死犯人的工具；但基督宗教相信，神的兒子替人受死且承擔罪孽是在猶太人逾越節的時刻，逾越節作為象徵符號指稱透過牲畜犧牲流血代替人承擔刑罰，所以神的兒子被釘死在十字架上流血作為象徵符號代表祂的一次獻上能成為永遠的獻上。十字架在這種宗教意義的轉換中從刑具轉變為如同聖物一般的存在。當十字架作為代替某物之那一物時，其乘載的意義便遠大於單純作為刑具／聖物的那種存在指稱。為此，在對符號的理解上會產生三個面向：

（一）符號學帶有詮釋循環圈。

（二）符號學能討論人性本質：人就是人作為符號動物自我表現與認知的使用符號，因為人乃透過符號理解世界，賦予世界意義，並成為這個世界中的一部分。

（三）討論符號需要有根據與框架：分別是語言學面相、認識論面向、存有論面向。所以若按照Umberto Eco所謂符號學在不同意義下有不同使用的內涵，符號學有兩種可能性：

1. Semiologié：研究符號並把語言符號視為特殊領域的一般規律。

2. Semiotics：後經由R. Barthes扭轉索敘爾的定義，將其移轉至語言學領域，並視所有符號系統都可回歸至語言的法則中。

符號學的基本概念

傳統對符號的定義是「用一物代替一物」（*aliquid stat pro aliquo*），例如：

戒指 ➡ 已結婚

我們習於用戒指表達一個人已經結婚，或以戒指作為婚姻的象徵符號，在此問題為：為何我們會在戒指──婚姻之間建立起連結性？

*最早提出符號學此一學科概念的為英國哲學洛克（John Locke），他使用*semiotike*一詞稱呼此一研究符號運用的學科。

*此學科被提出後，專門討論此一學科之學者提出對符號學的定義如下：

卡西爾（Ernst Cassirer）	人是使用符號的動物。
索緒爾（Ferdinand de Saussure）	符號學是研究符號的學說。
艾科（Umberto Eco）	符號學研究所有符號的學說。
趙毅衡	從對符號的理解出發，符號學是研究意義活動的學說。

目前的應用 ⬇

符號學已被廣泛應用在對社會各現象的研究上。雖然符號學不能代替專業本科，但可以提供專業本科人士對自身的理解與觀察，因其涉及到意義的呈現，因此符號學研究的是（專業科目內）卻乏意義聯繫的現象。

可被歸納的產出分類項目 ⬇

大項目：符號學，研究符號與意義的學科

社會符號學	門類符號學
1. 研究權力──維穩間符號的作用，或研究符號在社會中如何應用與建構。 2. 有學者以「馬克思主義符號學」稱呼。 3. 社會符號學視符號為社會建構的產物，故涉及權力的上下與大小。	1. 將符號學放置特定領域內的符號研究，並與專業結合產生特定對符號的解讀與研究。 2. 門類符號學應用廣泛：凡是透過編碼系統解讀／描述現象者均屬此類。例如學生的學號、圖書館編碼系統、職業運動的選手表現，均屬此類。

*7.3-6參考John Deely《符號學基礎》（2012）撰寫。

UNIT　7.4
符號的四層指稱作用㈠

　　符號是一種指稱作用，符號學是研究符號與對象間意義建構的問題。按照John Deely所提出的順序，符號作為被認知的對象，首先是存在物的存在，之後是生命的產出，最後產出認知與意義的賦予。依據這種順序，他提出符號學具有的四個層次符號指稱：物理符號指稱、植物符號指稱、動物符號指稱、與人類符號指稱。

一、物理符號指稱

　　在有生命的存在物以外是否具有符號指稱作用？或者應該如何理解生命以外的認知的符號作用？按照皮爾斯，他認為傳遞者與接受者兩方不一定必須是人（或是有生命的存在）才會有符號的作用——雖然他也主張人就是一種符號。在此意義下，物理符號指稱作用與「合目的性」（teleonomy）有關。合目的性指：只要是存在物，其存在就必然有存在／生命的目的。尤其現在研究顯示出，物理科學相同有與生命科學相似的合目的性，這在遺傳（代碼）與基因的研究中可顯示此已經存在的作用。就符號學本身探討符號的因果性來看，物理指號作用顯示出其合目的性的潛在作用。這表示符號被用以指稱對象的因果性能表現在無論如何任何具有符號作用的物件都指稱一個目的，所以符號在實際（被人類發現並賦予意義的）存在以前就已潛在的存在。有一些被其他存在和事物定規的物件，成為每個符號指稱過程中的第一項：在物理符號指稱過程傳遞者已經存在，只是缺乏接收者。因此：

㈠符號的潛在性不局限有生命的領域（如植物、動物與人類），而是出現並運行在整個自然界之內。

㈡先於認知生命的潛在符號指稱過程不限於以往所認為實現互動中的反應與被反應關係。

　　換言之，整個宇宙有一超乎所有萬物而可被認知的宏觀過程，其發生看起來具有方向性，並使所有潛在符號指稱過程能日益接近實現。致使任一系統內部，個別物依照內在性質進一步發展在規定內相互間的直接互動而接近為一種無可爭辯的符號作用，因此整個宇宙的範疇被認為可以表明符號的作用。

二、植物符號指稱

　　植物的符號指稱被認為是關於植物生命的符號學，例如樹葉的形狀可視為能指，雨滴（在其上滑落的路線）可視為所指。這種關於一般生命與個別植物在實際面對生命反應上的狀態，可被應用在對遺傳學／基因的理解。植物的符號指稱過程與物理符號指稱類似，甚至前者是依賴於後者而順利建構，因此植物符號指稱過程可被視為物理符號指稱過程的精準化：此時植物符號指稱以進入生物／生命符號指稱系統，且可被置於亞里斯多德／士林哲學世界與認知結構下加以理解——即我們在7.2提到的意義。進到此層次，符號指稱作用被賦予更明確關於意義的作用：

㈠植物生命以潛在符號指稱作用為特點，這種特點從物理符號指稱中已可見到。例如John Deely以行星與恆星系統為例。

㈡我們可以在明顯的秩序性看到無處不在的那種符號指稱作用。一開始雖然是物理與植物這類貌似無接收者的符號傳遞，但既然宇宙是以符號為中心，則符號指稱作用就在整個自然界潛在的起了符號指稱的作用。此類指稱作用一旦被人類以理解加以關注，整個大自然的存在意義即產生改變。

John Deely的四層符號指稱作用

層級	物理指號	植物指號	動物指號作用	人類指號作用
傳遞者	大自然與 宇宙萬物 大自然	植物 與植物產生 互動的某物	大自然 植物 動物自身 人類自身	
接收者	無	植物 及其生長脈絡	動物	人類
符號建構	合目的性之運作均屬符號建構。	植物對大自然的接受及其呈現反應內容。	通常以制約為內容，但基於動物情感運作仍具備對做為記號與對象間關聯的指稱。	人類就是一種符號的動物。
意義傳遞	一個符號只要潛在的存在就足以作出切實的意指內容。只是因為缺乏接收者所以無法傳遞與確認意義。	雖已出現傳遞者與接收者的關係，但意義的賦予並非主動，是在作為接收時獲得結果。	能（主動）產生記號與對象的關聯，且透過經驗對特定對象賦予意義。然此意義屬生物本能，並無創造性的建構。	使用符號／語言建構世界，並為語言／符號／世界賦予意義，並能建構起意義的意義。
範例：水	水雖然可作為一種符號但因缺接收者所以必未產生正確詮釋／理解。	植物對水的吸收，及水在植物上呈現的運作。	作為維繫生命的重要要件，但不會問喝水的恰當時機，因為是基於本能。	可作為各種情感表達的符號，以指稱各種情境。

對表格的延伸解釋

其中：

1. John Deely的四層符號指稱可以放置在亞里斯多德——多瑪斯以來的形上學世界結構下理解。上方表格自左而右可對應7.2的圖表，表明意義的賦予決定存在的地位。

2. 物理符號指稱作用是最為根本與隨機的作用，這種作用充滿這個世界，並成為所有符號指稱作用的起點。

3. 接受者在面對符號／語言時，如何詮釋＝詮釋項是理解符號活動的重心。在此我們可以注意符號活動＝詮釋項的三個面向：

   ⑴ 詮釋項之於指號過程的必要性是絕對的。

   ⑵ 然而詮釋項不必是心理狀態或觀念。

   ⑶ 就符號的詮釋，詮釋項本身就可以成為一個符號。

符號的四層指稱作用㈡

圖解知識論

進入到動物與人類的符號指涉作用階段，基於動物與人類具有明顯的經驗性，兩者的符號使用就與物理世界及植物的層次不同。經驗的存在意謂動物與人類都能認知到被經驗之物。被經驗之物是一種物理事物（也包括不具客觀存在的主體性此類對象），動物與人類在此最大差異為意義的賦予。

三、動物符號指涉作用

動物具有經驗，經驗可帶來符號指稱的過程，並使與生命相關的外在對象變為可能。然而，每個符號都是一個可認知的表象，卻引起生命對此對象理解的混亂：因為符號比單純表象乘載更多意義內容，但對動物來說意義卻不一定能被賦予。對動物來說，一個對象是在當下經驗中被知覺與經驗，這個對象總是與作為觀察者的生命本身產生關聯（即涉及一正在經驗的生命／動物）。就經驗來說，相較於被知覺到的對象，未被知覺的對象在認知上並不穩定。在此狀況下，符號既不是對象也不是某個實際被經驗的事物，而是動物在認知時透過這些物件／符碼建構起他所認知的世界。不過在此狀況動物與人類不同：人類會將這些物件依據不同時間與語境進行分類後賦予意義，但動物可能只有制約的行為反應。因為在動物指號作用這個層次，雖然經驗是客觀的，但卻也是物理——植物符號世界所構成的經驗事實。因為在動物四週的世界是一個模型世界，為具無數選擇可能的選項之一，且不一定按照其存在的需要被認知。然而周圍世界按照個別生物的需求，能在認知中被重構為生物所認知到的世界樣貌。對動物來說，因為缺乏語言因此不會被賦予意義，也不會產生世界為文本的認知。

四、人類符號指涉作用

人類具有經驗且能透過語言加以陳述：使用語言指稱對象如同透過定義將一物獨立於世界之外，即賦予其特殊存在的地位。此時作為被指稱的對象是透過人類的語言被描繪出客體存在的本質。我們使用語言，但語言在此是可設定符號的次一類存在工具。即便只是次一類的存在工具，人類的物理世界與其他生命的物理世界最大區別仍可透過這個工具被凸顯出來：即透過符號賦予意義即使用符號指稱概念內容。此時世界已不再單純只是被認知的對象，其成為一種文本，乘載著所有乘載意義符號的那個巨大載體（也是在這個意義上我們才能討論社會符號學之建構）。人類透過語言將他經歷到的物理世界及周圍客觀世界建立起區分：物理世界已不再與他無關，而是一個他透過語言／符號直接把握的周圍客觀世界。此處聯繫建立起符號系統，且此符號系統預設「傳遞者（同時作為編碼者）──接收者（同時作為解碼者）」的符號傳遞結構。在此不但傳遞與接收同時存在，且此結構預設一套完整符號系統，在此符號系統中充斥大量被賦予意義的符碼／物件（code）。符碼是一個可被認知成分，且在按照同樣可被理解的客觀關聯邏輯系統內部使用語表達的活動。在符號系統內，符號需要被編輯傳遞，且需要接收者始能解釋與詮釋。所有符碼都以人類眾人可理解（甚至可見之方式）傳遞符號與對象間的關聯。我們透過重複編碼動作，把共同觀念加在那些通過知覺分享的客觀性之內。為此我們進一步建構起溝通的意向成為某個對象的體現，最終達成「每個符號系統都有語言混合其中」，或反過來「每種語言都有符號混雜其中」的語言——符號雙向性。而在人類這裡，人類透過將物理世界轉變為周圍客觀世界同時建構起的文化脈絡，建構了把文化視為符碼的網絡，並透過代碼的應用恢復人類作為符號動物的本質。

意義與訊息的傳遞結構

所有符號的指稱均可化約爲「傳遞者（編碼者）—— 接收者（解碼者）」的結構，但在動物與人類方面表現方式不同：

結構	傳遞者（編碼者）—— 接收者（解碼者）	
動物對動物	以肢體動作與聲音表達	透過生物本能解讀
人類	編碼者將特定內容以符碼＋意義的方式編輯為特定訊息傳遞	解碼者解讀編碼者傳遞特定內容

解碼者的解讀預設四個條件：
1. 解碼者理解編碼者提供的訊息是在理解其意義。
2. 訊息乘載的意義與規定之間，可能因其表達條件差異產生不同認識。
3. 編碼者賦予訊息意義以便讓解碼者能夠理解，但可能無法成功。
4. 訊息／符號／語句在此具有約定成俗中介的預設。

此處應注意：
言語與語言不是分開之兩者，而是在社會行動中結合為一，並且成為相互主體性的社會互動：因為言語就是行動。所以符號與符號系統是社會行動的承載者，這使得意義之存在為社會行動的連續性中。

然而

符號——表象間之關係需被釐清

符號的作用＝相關性	1. 需要依賴一個本身以外的對象，所以雖然符號是一種表象，卻只能以衍生的方式表現出來。
	2. 若符號脫離上述表達方式，這個符號可能一段時間無法被理解或不能作為符號之作用。一個符號就其自身來說不是符號，僅是一種潛在可成為符號的某物。
	3. 雖然符號是一種表象，但並非所有表象都能成為符號。
	4. 一個符號必定能代表自身以外的某物，成為符號意謂從形式上成為不再是自己的他者，即此符號之形式與表象被同時放置在一起。

實際對符號操作的作用

1. 符號是表現的一個類型，但也僅是其中之一。表象或許是符號或許不是。在符號學上，表象與符號的區分＝對象與符號的區分。一個表象可能是一個對象，反言之一個對象一定是一種表象。但僅有表象仍不足以成為符號。
2. 把觀念理解為符號是進入符號理解的基礎。
3. 符號的意指作用中所帶有的表象成分，不必然需要是一個對象，也不可能總是一種對象。因為符號的作用在對象出現，且與這個符號相連結時就已完成。
4. 就符號作用來看，符號在經驗內部先於且有別於對象，對象也有別於原始被直接經驗到的的那個物件，因為已被賦予意義。

213

UNIT **7.6** 符號學的使用

圖解知識論

　　符號作為一種認知內容，符號的指稱作用界定整個自然發展過程，也成為整體認知內容的實際作用。研究符號意謂符號的指稱作用構成意義的網路，並建構起不能被化約的認知內容：維繫我們周遭感性的內容，並蘊含被理解的所有可能。

　　雖然符號被認為充斥於世界，但符號學作為一門正式學科的研究可被認為始於索敘爾這位19世紀末至20世紀初的符號學家，甚至我們可以說符號學的所有研究都始自索緒爾開始的框架系統。

　　按索敘爾所認為，語言的創造性原則為類比性原則，所以語言可比喻為一張紙，思想與聲音正為正反兩面，故切開正面也就切開反面：思想與聲音不可區分。另一方面語言如同棋盤上的棋子，其意義因所在位置而被決定。言語是語言的應用，是語言在實際社會場域中被實踐語操作的手法。此外，任何符號均包括能指與所指兩方面：前者為一語詞／符號所蘊含之底蘊，後者則為實際操作的結果。由於索敘爾繼承洪堡特的語言觀念，將語言視為一在社會活動內有規律的系統，致使語言具有與社會相類似之結構，語言可作為一表現觀念的符號系統。所以在索敘爾那邊，符號學變成一種研究社會中符號生活的科學。

　　雖然索敘爾對符號學的研究提出方法與基礎上的操作，但符號學也因他的緣故產生負面發展。索緒爾過世後學生代為出版的《語言學教程》（*Course in General Linguistics*）嘗試為語言提出新的理解，並進行一系列象徵系統的二分法：他本人命名此系統為「符號學」，但他並未對這個系統進行詳細研究。一系列二分法造成日後對符號理解

尚不具物質存在的符碼解讀問題，從而排除所有符號系統以外所有現象，而這些現象正是社會符號學得以建構的基礎。索敘爾一方面建構起符號學的基礎，但這個基礎卻限制符號學的發展。

　　1960年代起，學者針對索敘爾的結構語言學提出反省，一方面引起對符號學的研究，另方面在日後則引發三種對語言——言語間的關係的思考：

(一)傅柯：言說行為可被抽象為權力的表現方式。

(二)西莫斯：言語在人類學與社會學的關照下應被視為社會活動之一種。

(三)賽爾（J. R. Searl）：語言由基本意向展開，語言行為是高度意向性行為。

　　這種結果來自索緒爾認為，符號系統中語言系統最為廣泛且值得研究，他並對符號系統進行更進一步的區分：

1. 語言＝langue，藏於話語底下由文法建構的抽象體系

2. 言語＝parole，實際使用層面，具有無限的可能性

　　透過語言／言語的區分可建構起符號應用的內容：

(一)歷時性，對一特地對象在跨時間領域中被使用可能的研究。

(二)共時性，特定語言群在一定時間內或體系內的使用，其中又可區分為組合軸／選擇軸＝聯想軸。

(三)最終所有符號都具有雙重形式：能指＝意義載體＋所指＝概念／意義。

　　通過傅柯的觀點表達，語言符號的意義不是在語言符號間的關係取得，亦非於符號系統間探討，而應在抽象的社會制度中討論，此點可待第九章再次提到。

符號作用的建構

　　按John Deely（2012）的說明，整個世界是一個大型符號的指稱系統（Deely稱之為指號過程），其建構過程如下：

> 整個世界是一個大型符號的指稱系統
> 所有事物都可被視為符號
> 即便沒有接收者，符號作用依然存在，只是意義末傳遞

物理指號		植物指號	動物指號	人類指號
通過因天體運行而出現的行星與次行星體系。	因為星辰體系運行而產出的最初星體運動或作用。	在植物的生命運作中，植物和物理環境間的發展過程中，符號模式形成了植物指號過程。	在植物與動物的交互作用間，或動物與動物交互作用間，以及動物與物理環境間的發展過程，符號模式形成動物指號過程。	在人類與其他動物互動間產生之作用，包括人類語言，以及隨之而來一般歷史傳統和文化的發展歷程中，符號模式形成了人類指號過程。

因為物理環境形成物理指號過程，或許沒有接收者，但傳遞作用依然存在。

在有機體的世界中
形成生物指號過程
雖然意義不一定明確

所有一切作用可被稱為符號作用或指號過程

　　根據上述符號作用的建構，指號過程＝認知能力與內容，能建構符號學三角形

　作為被認知對象的符號

　作為符號的詮釋項：符號對意義的表述

　作為符號的直接表達對象

　　　　　　因此符號學透過符號可作為媒介認知他人心思之表述模式　　　　　　215

UNIT **7.7**
身邊朋友真的能如何理解我的想法嗎？

　　吵架中我們常聽到他人說「你都不了解我！」或「你沒聽懂我的意思！」之類的話。有時候我們則會覺得好像天下之大沒有人可以理解我們的內心。這種想法與一種知識論的立場有關：唯我獨存論（簡稱唯我論）。這種主張挑戰他人心思存在的問題，或是我們與他人真能互相理解嗎？

一、唯我論的內容

　　第六章那裡曾經提到觀念論，其英文為Idealism。這個詞若譯為唯心主義時，可進一步強化其論證為：宇宙中唯有心靈才是實存之存在，除此以外沒有任何其他物質具實存之存在。唯有心靈存在的意思不一定是物質等事物都是虛幻，而應該說我們不能明確確定或證明其相關性質。在程度上，觀念論者認為認識行為不是心靈與物之符合，而是主體創造性或依據本身能力產生之活動，因此心靈以外所有存在對象均為心靈所想像或預設，故當我們認識某一對象時此對象對我們僅為思想內容或觀念存有。唯我論者則認為外在世界心靈均不是我們能直接把握，甚至連外在世界是否具有其他心靈我們也無法確定。為此，唯我論主張唯有自己之心靈為確實存在者，所有他人心思均為自我心靈所認知／投射，其他所有可能的心靈與認知均為其思想與經驗的延伸。若依此立場回覆上述問題時，朋友無法理解我們是因為我們心靈無法相通，沒有人可以理解我們則是因除我以外可能並無其他心靈存在。

二、唯我論的證明

　　這種主張雖然聽起來嚇人，但卻有事實與經驗為基礎可作為證明。以下舉出

唯我論證明的三個層次：

(一)我具有某些感覺，但無法證明其他人也具有相同的感覺。以痛為例，我和身邊的人都具有痛的感覺，但我無法確定他的痛感經驗與內容為何。我僅能從他的言行表現推得他可能在痛，但卻不可能知道他是否真的在痛。若要透過某種工具證明他的疼痛與我的一致，則我需要另一方式確定此工具為真，但此方式尚需另一方式證明其為真。如此造成推論無限後退，故我們無法從自身經驗推得他人有與我相同經驗內容。

(二)退而求其次，是否可以不證明他人的感受，而是相信他人確實具有感受？例如當某人說痛且伴隨某個條件X出現時，我就可以相信他感到疼痛。但我們如何確定此條件X出現時這個人的疼痛就必然出現？這表示我並無充分理由可以相信他人確實具有某些感受。

(三)最後，是否可能我透過某些條件猜測他人的感受？例如基於我具有某些特定條件下會產生疼痛，而他人與我相同都是人，所以在相同條件產生時也會產生疼痛的感覺。然而這仍不可能，因為若我需要指出我可合理猜測他人與我具有相同的感受，則我需舉出他人所有與我相似之條件，但這事實上不可能。我既無法明指對方所具有和我相同的條件，我也無法指出對方在和我相同條件下可產出類似感受，故我連猜測也無法達成。

唯我論的主張

唯我論的三個基本哲學預設

1. 我作為一個主體，唯一或確認的知識乃是我對自己擁有的思想內容，根源為我個人的所有經歷。
2. 哲學上的心物關係在邏輯上並無必然關連性。身心聯繫均可能受到笛卡兒心物二元難題之影響而產生心物間之斷裂。
3. 當一個人擁有某種特定（心理）經歷時其必然為他所擁有的私人經歷。這種經歷對他人而言不具可分享的可能性。

範例

笛卡兒	我們已在前面提及笛卡兒「我思故我在」的論點。雖然他已透過確認神的存在證明我們不受惡魔欺騙，但從我思與我在間可推出獨我論的可能：我可以從我的我思透過神的慈愛證明我在，但是心物二元難題只證明外在物的存在，對其他人心靈是否存在我們無從得知。我身邊那個人是否具有心靈我們無法從得，因為心靈並非物質，而身邊那人是否確實具有意識我們也無法清楚知道。這問題將成為下一節開始哲學殭屍的基礎。
洛克	洛克作為經驗主義之起點，其認為觀念的來源之一為反省。但若將洛克對心靈與身體結合的論點向前再推，人的心靈可能只是偶然住在某種機械系統中的某物，我不必然是一個完整的個體。我無法保證我的心靈為真，我也無法保證其他人的心靈為真。
柏克萊	我們對於他人的心靈沒有觀念，而我們又無法透過不具內容的觀念推演其他對象，所以我們無法擁有他人心靈確實存在的證明。
類比論證的困難	類比論證是對唯我論者的一種反駁：一般論點是，我有心靈，我是人，而身邊的某人也是人，所以他應該具有和我相同功能的心靈。 但唯我論者主張，上述類比只是一種蓋然的指稱，不具有必然性。這種論證的困難是：不能因為我是人且我有某種特定能力，就推廣為全世界所有人都具有和我相似的能力。這個推論犯了以偏概全的謬誤。

結論：這種由心靈建構起其所認知世界是可能的，即便失去與外在世界的關聯性也可能建構出一個完全獨立存在之世界。例如貝多芬耳聾後仍能創造交響樂這樣的狀態，似乎讓我們必須面對唯我論可能為真這樣的論點。貝多芬的例證似乎可解釋唯我論為真，因為其仍在所屬世界中建立起符合我們所認知世界的基本規律。

問題：唯我論應被視為在解釋他人心思問題時處理心靈無法溝通或認知無法傳遞之狀態的可能理論。但卻必須面對以下質疑：
Q1就實際經驗來說，人際互動間確實能產生理解。
Q2唯我論主張與自然科學相反，尤其與人類語言及情感的使用矛盾。

＊本節參考王臣瑞，《知識論》（1984），第11章撰寫。

UNIT 7.8
哲學殭屍㈠：理論基礎

圖解知識論

哲學殭屍是一個聽起來很新奇的議題，但這個議題骨子裡卻是不折不扣傳統硬核哲學探討。用一句話來描述這個問題可以這麼說：哲學殭屍討論的重點在意識（甚至靈魂）與物理世界間的關係。

一、哲學殭屍問題的重要性

我們原則上相信人與動物是不同的，因為人擁有動物沒有的 *qualia*（這個詞可以翻譯為性質、特質等，但因為不同學者對人與動物間的差異並未提出定論，所以接下來四節我們都直接以這個拉丁字詞表達這種人所擁有的特殊性質）。但是是否有可能有一種存在物，也就是我們這裡所提到的哲學殭屍：外表是人的模樣，也和人擁有相同的生理／生物／物理反應，但他卻沒有任何意識？按常理來說，應該不會有這種存在物出現。但是哲學家們基於對心物二元論的討論，以及日後在認知理論、對意識探討以及物理主義的前提下，提出哲學殭屍論證的研究，並區分為三種態度：

㈠ 這種殭屍真實存在（只是我們可能不知道，但不知道不代表不存在）。

㈡ 這種殭屍是可以被想像的，只是只能停留在想像層次，不具可能性。

㈢ 這種殭屍不但可被想像，還具有存在的可能性，只是我們不能驗證。

這些問題對抗的是「物理主義」這種主張。物理主義認為這個世界是一個封閉的因果系統，一切現象能透過非超自然的理由給出解釋。例如精神疾病：精神疾病不是著魔（超自然因素）也不是想太多（純粹感情問題），而是腦部在生理結構上產生病變（純粹物理／化學的解釋）。物理主義認為，包括我們的意識或所謂被稱為靈魂的那些 *qualia*，都可透過純科學方式加以解釋。因此，如果哲學殭屍為真，那麼物理主義作為一元論的理解就為假，而主張至少有心物二元的理論就能為真。透過這個問題，

知識論則可進一步探討：他人心智究竟是如何的存在？

二、問題的起點與探討內容

哲學殭屍的問題可以從另一個角度去思考：當神創造這個我們可以以物理法則解釋的世界後，還需要多做什麼來促使人類產生意識嗎？對此有兩種回答：

㈠ 是＝意識所具有的特性無法單靠物理主義加以解釋，所以殭屍世界是可能的。

㈡ 否＝我們可以單靠對依據物理主義產生的理論修正而逐步釐清物理世界的運作如何進行，所以殭屍世界是不可能的。不過物理主義仍有允許殭屍存在的可能，即透過平行／可能的世界之概念。在那裡所有物理對象都是我們此一世界的複製，只是那個世界因為某種障礙物所以並未成功複製意識此一特性。然而物理主義此處的解釋仍存在問題：如果支持物理主義者僅只是主張「因為自然／科學法則可以解釋意識的產生，所以物理性的殭屍不存在」，這種論證又太過薄弱。物理主義需要更完整的論證，這種論證可再區分兩類：

1. 邏輯性的推論：從物理事實過渡到意識現象如何可能？我們如何證明因為我可以透過物理事實解釋生物現象，所以我能主張自己乃因著生物現象產出意識？反對此說者主張，即便物理原因並非先驗蘊含對意識可能性的解釋，其在邏輯上仍然可以是合理的。

2. 形上學的推論：意識活動與生理活動在後驗意義上彼此等同，雖然必然性與可能性兩個詞彙常常在這方便彼此混用。即便透過物理理論的處置仍需要形上學領域的協助才能解釋意識的產生，那麼即便就形上學來說雖然殭屍是不可能的卻仍然可被想像，並可因此提出所謂「可想像論證」。

哲學殭屍問題意識的歷程

哲學殭屍的問題發展經歷過一段不短的時間，以下針對問題發展的歷程提出幾個重要時間點作為說明。

17世紀	哲學殭屍最早可追溯至笛卡兒。他認為我們無法設想有一種與人相同的生物，所有行為都和人一樣，卻沒有和人相同的意識。笛卡兒那裡已出現想像論證conceivability argument的建構，即透過想像建構起某一對象存在的可能性。但若套用笛卡兒的理論來說，哲學殭屍是不可能存在的對象。

19世紀	因自然科學蓬勃發展，建構出「物理反應＝特定物理因果原理引發」的解釋，物理世界被理解為一個因果封閉的系統，例如神經生理學（Neurophysiology）。那麼意識在這種因果封閉系統中應如何解釋？可能的解釋有： 1. 我們需要更多非物質性因素解釋意識為何存在； 2. 透過現有（與繼續增加的）物理原則可加以解釋，或至少認為意識對物理世界的運作並無影響。

1970年代	物理主義提出新論點：模擬人（imitation man）。模擬人的大腦在物理結構上與我們無異，但模擬人無法感受，也不能分辨氣味與顏色，因為他們缺乏我們所具備的*qualia*。然而，哲學殭屍如果要做為對物理主義的反駁，那麼單純只靠身體的相似並不足以支持這種反駁。因為物理主義要求證明的是封閉因果系統，且就現實來說人類生理許多活動甚至心思內容確實可完全依靠物理主義加以解釋。

現在的問題演變為：

如果哲學殭屍的存在是基於知識論與物理主義間的落差，那麼就知識論來說，殭屍問題是被想像的，但推演至物理主義時此問題變成此類殭屍是否可能存在。但即便是「可想像的」，這種「可想像的」卻是在非常寬廣的意義上被使用。一個普遍且有用的定義應該是：我們無法先驗地知道它為假因此若且唯若無法不能將A排除在外時，A才是可能的。至此，兩個問題成為以下討論重點：

Q1哲學殭屍是可被想像的嗎？這是認識論上的問題。

Q2哲學殭屍是可能的嗎？這是物理主義／形上學的問題。

7.8-7.11關於哲學殭屍論證的部分，有興趣讀者可參閱史丹佛哲學百科Zombies條目，由Robert Kirk於2019年撰寫。該條目亦為此處7.8-7.11哲學殭屍撰寫的基礎。

UNIT 7.9
哲學殭屍㈡：哲學殭屍可想像嗎 ?

圖解知識論

　　當哲學殭屍論證被提出時，不少哲學家認為哲學殭屍論證是可能的。但隨著論證發展，哲學家們發現我們不能單靠直覺或信念就證明哲學殭屍是可想像的：我們還需要證成，用以證明哲學殭屍（作為現象與知識）是可被想像的。

一、無意識存在是可被想像的

　　哲學殭屍強調，若有一個殭屍存在，那麼他所有功能都與所謂正常人類相同，只是沒有意識。Robert Kirk提出一個論證：假設有一群何蒙庫魯茲／皮質小人（*Homunculus*，一種在中世紀被想像出來，透過煉金術創造的人工生命）佔據一個人的大腦，他們進入此人的大腦內，並取代原本大腦的功能，但他們還是讓身體其他部分維持正常運作。他們的方式是：使用行動電話接收並傳送神經元信息，所以此人所有功能仍然維持正常運作狀態。這樣的情況下，我們還能說這個人（甚或這套生物系統）有意識嗎？我們直覺上會認為沒有意識，因為他已經不再是自己控制自己的某個人（或生物），他所有的行為都只是皮質小人運作的產物。當然，即便如此，還是會有某些機能主義心理學派的學者堅持此人仍保有他的個人意識。

　　此論證重點不在討論皮質小人在你頭內時你有無意識，而是指出許多人確實認為「無意識」這個概念可被想像。「一個系統可能缺乏意識」這種想法將導致意識存在與否的問題變成值得討論的開放式問題：如果這是正確推論，那麼生物系統無意識的想法就是可被接受的。Krik提出的論證非常接近哲學殭屍的概念，唯一不同在於哲學殭屍擁有我們人類的神經系統，但Krik的這個人是由皮質小人控制了大腦。

二、透過二元論加以反駁的論點

　　除上述例證外，既然哲學殭屍是基於對二元論問題的預設，那麼若我們能反駁二元論有誤，或許就可以說哲學殭屍是不可能的思想產物。哲學家們提出三種對二元論反駁的論點，並認為這些反駁論點可用以反對哲學殭屍的概念：

㈠ 來自驗證理論（verificationism）的反駁：任何描述語詞都必需具備可被驗證的意義，為此我們才能說一個命題或語詞能被判斷或為真或為假。這意謂無法被驗證的句子不可能具有意義（我隨便說一句話「嗚嗚阿拉拉」，這句話無法被驗證，所以這句話沒有意義）。進一步，沒有形上學主張可以在根據不可被觀察的非心理學詞彙下存在卻仍然為真。哲學殭屍正好是這種不可被驗證意義的描述，所以哲學殭屍不可能被想像。

㈡ 根據維根斯坦私人語言的反駁：任何一個語詞若要具有意義就需要被公開驗證，但支持哲學殭屍理論的人，他們主張哲學殭屍所具備的 *qualia* 卻不可能被我們驗證，所以哲學殭屍不可能被想像。

㈢ 根據行為主義論點而產生的反駁：心靈狀態與外在行為狀態其實一致，故如果行為主義已經是正確的，那麼哲學殭屍就不可能被想像。因為行為主義的描述基礎正好就可被用作描述哲學殭屍的真實樣貌。這意謂如果我們就是行為主義所描述的狀況，那麼我們就可能是哲學殭屍。但我們於原則上清楚我們不是殭屍，所以不論行為主義或關於哲學殭屍的想像都是不可能的。

反對哲學殭屍可想像的論證

我們在此處另外提出五種觀點，說明爲何哲學殭屍是不可想像的

質疑問題	內容說明
我們真的能想像哲學殭屍嗎？	我們對想像力的能力過於低估，以至於產生以下幾個問題： Q1 哲學殭屍的定義無法被貫徹。 Q2 意識不可能作為可單獨存在的可分離對象，想像有一種與生物相對立的哲學殭屍其實只是一種幻想而已。
殭屍具有表達能力嗎？	任何一個個體A可以自由以語言表達他對外在世界的感想。現在如果有一個哲學殭屍A'是個體A的殭屍雙胞胎，且相同表達對外在世界的感受，他的感受是真還是假？支持哲學殭屍可想像／具存在性的人如果說是真，那麼哲學殭屍不存在，但若說假卻又否定物理主義的可能性。因此哲學殭屍的表達能力會導致此問題自相矛盾。
針對*qualia*提出的問題	殭屍世界定義為物理主義支持者所說，這個世界就是我們所看到的那個樣子，「意識」並不存在其中。所以意識的存在須取決於增加非物質的*qualia*，且基於物理主義世界觀的封閉性，這個*qualia*必須是因果上無生命的。如果這個假設為真，則預定和諧論或副現象主義都必然為真，這意謂著支持者必須要接受這種*qualia*的存在。如果他們不接受，則哲學殭屍也與副現象主義一樣不可能存在。
關於認知與接觸如何可能的問題	如果副現象主義、預定和諧論都是可能，那麼哲學殭屍就是可能的。但副現象主義需要解釋一個問題：當我們接觸到某一個對象時，我們的認知如何產生作用？特別是當我們回憶與思考時，似乎難以單純指出一靠因果律上不具生命的*qualia*就可以達成這樣的結果。
強而有力的*qualia*	既然所有事物都有其目的性及定向性，那麼所有事物必然是根據其所具有之*qualia*朝向其目的或順從其傾向。若一物具可想像的特質則意謂其物理特性可具歸因，而其現象是定性的。若是如此，那麼殭屍藉由複製人類世界而重複我們的行為是藉由個人歸因而非現象上的相同。如果確為如此，那麼哲學殭屍必然帶有一種強而有力的*qualia*，因為我們不可能單獨模仿某種個人歸因的特性卻不同時模仿與之相同的特質內容。但這是不可能的。

我們注意到，反對哲學殭屍存在或認為哲學殭屍不存在的主要攻擊點，都在於*qualia*的概念上。如前節所言，此詞意謂一個人之所以為人的重要特性。在物理主義的世界中，既然因果系統是封閉的，那麼即便沒有*qualia*一個人也能成為人。這個問題等於變相問一個既基礎又重要的哲學問題：

我＝人是什麼？

UNIT 7.10
哲學殭屍⊜：哲學殭屍是可能（存在）的嗎？

圖解知識論

不論如何反對哲學殭屍的可想像性，讓我們暫時假設哲學殭屍的存在可以被我們想像（能否理解我們姑且不論）。但可想像的對象就具有存在的可能嗎？以下提出幾種討論的論點。

一、後驗事實的證明

有不少學者認為Kripke有關後驗事實的概念有助於物理主義的成立。後驗事實認為，不論從生理或心理特性去觀察，我們對這世界任何物理觀察產出的副本／模仿都與我們感官直接把握的事實一樣。所以即便我們可以想像殭屍存在的世界，也不代表這個世界必然可能。畢竟可想像的世界屬於知識論領域，但可能存在的問題卻是形上學領域，兩者不可混為一談。在查默斯（Chalmers）那，他提出不同的論證內容：「首要」（prime）意義上可想像意味著具可能性，例如我們可以想像水是種與H2O不同的存在物，「次要」（secondary）意義上不可想像也代表著不可能，例如我們無法想像水與H2O不一樣。殭屍世界也是這樣：首要意義上殭屍既可被想像又具可能性，但次要意義上殭屍既不可想像也是不可能的。但是後驗物理事實通常會否認：只有對哲學殭屍次要的想像能引導出物理主義的錯誤。這引導出一種兩難，殭屍的首主要可想像性包含著次要意義上的可能性，所以要嘛可想像論證指出唯物論的錯誤，不然就是必須進入所謂「羅素的一元論」（Russellian monism）此一狀態。

二、現象與概念差距的距離

哲學殭屍的預設是為了證明我們所處的物理世界並非單純的因果封閉系統。但有學者認為，即便我們可以想像一個殭屍可能存在的世界，也不能因此認為我們的世界就必然存在那些非物質性的因素。如果有人認為可以透過這種方式證明，那他可能被誤導了：現象的概念具有那些誤導我們推論得出有一種本體論的鴻溝被加諸在認識論上，雖然這認識論到本體論（或形上學）間並不存在這種差異性。如果這種策略是對的，那麼當物理主義者主張「哲學殭屍是可能的」時，他還是可繼續堅持我們的世界並不存在那些非物質性的因素。因為現象即其概念是被認知所得，但物理主義及其相關概念卻是理論性的。既然這個世界已經在這，且這個世界所呈現出來的各種性質並非由我們所建構出來的，那麼物理主義者自然可以同時接受兩個可能彼此矛盾的概念。所以哲學殭屍是可能存在的。

三、來自羅素一元論理論的討論

從羅素開始語言哲學開始區分字詞作為原子與語句結構間的關係。有學者認為，物理學提供給我們的是這世界事物與對象所具備的「結構」，而不是關於世界的內在本質。這種基礎被稱為「羅素一元論」，即認為所有現象在最開始指示原本的現象特性，但被共同組合起來將成為我們所理解的現象本身。在我們的世界裡，我們的這些現象可能來自物理主義所認定那些基本元素的提供，但在其他不同的世界裡物理主義認定的元素可能無法構成意識。所以若我們假設我們意識的所有屬性來自物理世界所需元素的建構，那麼當我們認為這些哲學殭屍正式物理性質的產物時，他們有很大的可能具有真實存在的機會。這些殭屍確實複製了我們在物理結構上的結果；但問題是，為何這些物理因素可以在我們的世界提供意識建立所需，但在其他世界卻可能行不通？難道物理主義僅限在我們所居住的世界嗎？難道我們的意識不能是僅僅是一種不具物理性質的本質嗎？

不過，不論支持或反對，我們似乎難以理解身邊的人在如何的意義上可以被認為是一種殭屍般的存在。

其他關於哲學殭屍能否被想像的討論

我們以下列舉關於哲學殭屍是否可以想像的其他理論作為參考

特殊因素	在心理相關案例中，我們可以假設存在著一些誤導我們判斷的因素。例如我們可以假設有一種與心理狀態不同的因素使我們能像具有意識一般的接受與感知。如果這是對的，那麼哲學殭屍就具有這些特殊因素，致使他們雖然和我們一樣能認知，但實際原理卻不相同。如此一來，哲學殭屍不但是可想像的，甚至是可能存在的。
條件式分析	條件式分析是依據對*qualia*概念分析的結果。分析如下：如果確實存在適合對應於我們*qualia*的非物理性特質，那麼在此條件下哲學殭屍可被想像的。但若這樣的非物理性特質不存在，那麼所謂*qualia*就是基於物理特性所形成的某物，那麼殭屍就不可被想像。嚴格來說，如果確實存在著某種基於物理特性形成的*qualia*，那麼哲學殭屍就是可能存在卻不能被想像的某種存在物。
因果鍊的本質主義	根據因果鍊本質主義，因果關係特性的基礎是物理特性，要依此論點對抗物理主義基本上需要（廣義）休謨理論中基於自然律與對物質特性理解所產生的錯誤因果關連。如果我們排除這些假設並接受物理主義的世界確實能產生意識，那麼即便殭屍的世界可被想像，我們也可以不接受殭屍的真實存在。
殭屍語言困境	我們可以想像一個殭屍存在的世界，這個世界是我們這個世界的副本（或模擬），這個殭屍世界中有一些反對殭屍是具可想像性的哲學家。這些殭屍哲學家嘴巴上說「殭屍不可想像」，但他們所說的句子與真實世界中反對者所說的意思卻不相同。如果真實哲學家們說「殭屍不可想像」，那麼按物理主義這些殭屍哲學家說「殭屍不可想像」時意思應該一樣：但既然在殭屍存在的副本世界中物理主義的假設為真，那麼他們所說的這句話意思就與真實世界不一樣。但反過來真實哲學家對此的主張也可受到質疑。這將導致那些透過反對物理主義來證明殭屍存在的哲學家們會被認為這些不存在的殭屍證明了錯誤。
來自物理主義的討論	「殭屍是可想像的嗎？」這個問題預設在物理主義可行的情形下殭屍不可能存在。這個論點若以簡單的邏輯形式，在原始支持方可以得到這樣的證明： 論證1：1.殭屍是可想像的；2.凡是可想像的都是可能的；3.因此殭屍是可能的。 然而「意識經由純粹物理現象形成另一個與我們相同的人」透過這個論證也可以得到與論證1相反的結果： 論證2：1.*非殭屍不存在（anti-zombies）是可想像的；2.凡是可想像的都是可能的；3.*因此非殭屍是可能的。 其中兩個論證的 3. 與 3.*不可能同時成立，因為殭屍要嘛因為非物質因素而能成立，不然就是按照物理主義不能成立：所以我們應當直接放棄「殭屍可想像」這個論點。此外，從邏輯推論來說，非殭屍這一類的存在者反而較為容易想像。

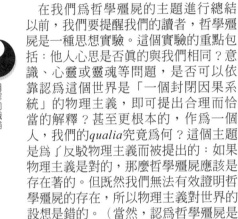

UNIT **7.11**

哲學殭屍㈣：對這個主題的總結

圖解知識論

在我們為哲學殭屍的主題進行總結以前，我們要提醒我們的讀者，哲學殭屍是一種思想實驗。這個實驗的重點包括：他人心思是否真的與我們相同？意識、心靈或靈魂等問題，是否可以依靠認為這個世界是「一個封閉因果系統」的物理主義，即可提出合理而恰當的解釋？甚至更根本的，作為一個人，我們的*qualia*究竟為何？這個主題是為了反駁物理主義而被提出的：如果物理主義是對的，那麼哲學殭屍應該是存在著的。但既然我們無法有效證明哲學殭屍的存在，所以物理主義對世界的設想是錯的。（當然，認為哲學殭屍是可能的，或可想像的學者也有他們的主張與論點。）

哲學殭屍的討論有可能會隨著（腦）神經科學的發展而有不同的論點及想法。但在結束這個主題以前，這裡提出三個因為哲學殭屍議題而被重新提出討論的問題做為參考：

Q1我們如何解釋人身上非物質現象的影響？這個問題與笛卡兒哲學相關。笛卡兒哲學預設著人的身心會相互影響：不指身體會影響心理，心理也會反過來影響身體。（例如相思成病的情人）。但在笛卡兒的這種預設中，卻存在難以說明「非物質特性如何影響到物質運作」的問題。現在如果我們認定哲學殭屍是可能的，而且哲學殭屍預設的封閉物理因果系統也是真的，那麼非物質性的特質就可經由這兩個假設，被排除在我們所理解的世界以外。如果真是如此，那麼我們應該如何解釋在非物質特質的表象下，這些非物質特性如何影響著物質的世界？（似乎不好說那個相思成病的情人只是單純生理反應產生錯誤導致精神疾病發作吧？）在此前提下，即便哲學殭屍確實是可能的，我們也難以透過平行主義或副現象主義修正心理因果關係的因果關聯，因為這無法

對非物質世界如何影響物質世界提出合理解釋。支持哲學殭屍的人或許會同意互動論，被迫接受非物質特性確實對物質世界有所影響，但這將導致與哲學殭屍前提矛盾。或許不會因此改變論點轉投向對現實世界的副現象主義或平行主義。他們接受我他們也可能接受非宗教意義的泛靈論，這種主張認為所有形上學基礎的討論中都可以發現基於原始現象特性而出現的封閉因果系統。不論哪種選擇，其實都將導致哲學殭屍前提與結論間的衝突。

Q2我們如何解釋意識的作用或產生？按照演化說，意識是人類演化的結果，這導致以下問題：為何是具有某種*qualia*的生物演化成為現在的人類，而那些被認為不具*qualia*的殭屍無法存在？這個問題的延伸是，若主張我們是確實具有*qualia*的人類，我們在演化中如何基於適者生存的原則取代／淘汰殭屍？反對者當然可以主張：不是有意識的生物經由適者生存活下來，而是意識本來就是演化的結果。但反過來，如果有人主張我們其實都只是哲學殭屍，那麼他必須回答「意識是什麼」這樣的問題。

Q3他人心思真的存在嗎？按照哲學殭屍的假設，如果*qualia*不具任何對物理世界的影響性，那麼當我認為我是個「因具有*qualia*而成為人」的主張者時，我如何確定身邊的人擁有和我相同的*qualia*？反對哲學殭屍的人可以主張，就*qualia*與物理世界的關係來看，哲學殭屍是不可能的。但就現象來說我們其實無法真正明白他人在想什麼，而且既然不論*qualia*能否幫助我們成為人甚或理解他人心思，那麼哲學殭屍就確實存在。我們仍然可能永遠都無法理解他人心思，而哲學殭屍不論就想像或存在來說都是可能的。

對哲學殭屍論證的整理

經過四小節的討論，我們現在可以對哲學殭屍論證進行一簡明扼要的說明

哲學殭屍的定義：哲學殭屍是一種存在物，外表和你我相同，和人擁有相同的生理／生物／物理反應，但卻沒有意識，所有行為都只是模仿的產物。

哲學殭屍之所是	哲學殭屍之所不是
1. 是一種思想實驗。 2. 是用以討論意識的研究，涉及物理主義對世界的認識，以及意識如何產生的問題。	1. 不是影視作品裡面那種嗜血如命的瘋狂喪屍。 2. 不是因為病毒引發的集體疾病。 3. 不是世界末日的徵兆。

真正的問題可以衍伸為「究竟人具有如何特質使其與動物不同？」
此處涉及兩個相矛盾的立場

這個世界是一個封閉因果系統的物理世界。	對立的兩端	這個世界除了物理主義所主張的原理以外，還需要非自然科學所提供的特殊元素。

引發問題

哲學殭屍的被提出是為了對抗物理主義，所以在肯定與否定的論點上呈現相反內容：若哲學殭屍是肯定的，那麼物理主義的主張就有障礙；若哲學殭屍是否定的，表明這個世界可以依靠物理主義所提出的論點加以解釋。

否定的觀點	肯定的觀點
哲學殭屍不可能被想像，因為物理主義提供的原理足以解釋我們的運作。	哲學殭屍是可以被想像的，因為缺乏意識的存在者充其量只會是一種自動機器而不能被稱為是人。
哲學殭屍不可能存在，因為物理主義已經確保所有存在者依據特定原理產生所需要關於心靈或意識的存在。	哲學殭屍是可能存在的，我們可以從一些失去腦部生理運作的人身上看到類似的景況。

暫時的結論

就我們的經驗來說，我們身邊應該沒有人是殭屍，而且殭屍應該不可能存在於我們世界。但哲學殭屍的問題不是在於殭屍是否可能，而是在於嚴肅面對以下問題並提出解答的過程：Q1. 我們如何理解他人心思？Q2. 在更寬廣的意義上哲學殭屍是可能的嗎？Q3. 我們應該如何理解意識甚至靈魂這一類的存在？

UNIT **7.12**
電腦真的明白我在想什麼嗎？㈠論證本體

當代電腦科技日益進步，不少人開始思考新的問題：是否有天電腦會發展自我意識，最終勝過人類甚至奴役人類。人工智能AI出現後，加上電影電視的渲染，往往出現「電力過大致使AI自我意識突然覺醒」這種劇情。排除此類天馬行空的想像，AI是否會產生意識（以及與人類相同的情感）卻是值得思考的問題。

一、圖靈測試（Turing's test）

電腦（或具有類似結構）能不能明白人類思想，最早在萊布尼茲那裡已經出現。他提出後來被稱為「萊布尼茲的磨坊」（Leibniz' Mill）的論證。日後最著名的實驗來自圖靈（Alan Turing）進行的實驗：通過程序電腦產出一段文字，如果受測試者無法分辨這段文字來自電腦，測試算是成功。測試起源於圖靈認為電腦具有學習的潛能，可以通過學習強化自身能力。近年來一些電腦程式的出現均與此有關，例如逆向圖靈測試（註冊網路時需勾選「我不是機器人」選項），微軟在推特上推出智能程式Tay，或使用中文的小冰。不過Tay的例證似乎只能證明電腦與AI缺乏判斷能力與自主學習：2016年3月Tay通過網路學習出現種族歧視語言而被關閉。

二、中文房間論證（Chinese Room argument）

1980年美國哲學家賽爾（John Searle）提出AI與自我意識關係間的重要論證：中文房間。這個論證內容是：一個以英文為母語且完全不會中文的人現在被鎖在裝滿中文符號盒卡（即為數據庫）的房間內，另外還有一本說明這些符號的參考手冊（即為程序）。現在房間以外的人陸續將房間內此人未知的中文符號以問題形式送入房間（即為輸入），房間內此人藉由參考手冊／程序將問題的正確答案回答並送出房間（即為輸出）。通過圖靈測試，此人通過測試且能正確回答中文問題，但此人並不懂中文。塞爾認為論證重點為，房間內這個人在不懂中文的前提下執行了中文符號的問答，同樣所有電腦程式也是在不懂指令內容的情況下執行指令，就這點來說，電腦與中文房間內的這個人相同。所以塞爾透過這個論證強調，單純靠電腦及其程式不足以產生與人類相似的意識或意向性活動（intentionality）。電腦與程式的運算僅是形式性的或語法結構式的，但人類的頭腦與心靈具有明確心智活動且能理解與具意義（及其內容）。懂得運算語句形式不代表懂得這個語句的實際意義——就像英文考試作弊的學生，可以抄寫正確語句答案得分，卻無法理解這句話的實際意義。電腦程式作為已執行指令只是將相同語法程式歸納為同一種執行類別，但人類心智卻擁有更多的意向性活動，致使即便是同一類活動也能帶有不同的意義。

中文房間論證在賽爾提出20年後受到極大的重視，這可能與AI技術突飛猛進有關。根據賽爾的理論，AI不可能產生自我意識，因為僅是按照程序執行指令。但反對賽爾的理論也不在少數。我們將在下一節列舉幾項對中文房間論證的反駁意見，並提出賽爾如何反駁。

中文房間論證的探討

本節所討論歷史背景的簡要整理

萊布尼茲	提出「磨坊」比喻，論證人的意識與心靈並非來自機械系統，而是來自其他非物理性的結構。
圖靈	1948年提出Paper Machine的概念。這種機器是一種由自然語言編寫，藉由步驟與步驟間運作的程式。之後在1950年提出圖靈測試。
迪福斯	迪福斯（Hubert Dreyfus）在麻省理工學院工作時曾研究並主張人類心智不可能被操控性的符號（在此可衍伸為AI程式語言）所建構或模仿。但是他也定規AI幾個問題的假設，包括預設大腦運作結構類似電腦，或是人類理解可反過來被編碼為明確規則的看法。
1970-1980年代以後	電腦演算速度變快且價格變得便宜。此時期部分研究者主張透過他們的城市與技術可以掌握英文語句的結構與意義。這類主張類似於認為AI程式已具備對語句意義掌握的能力。
微軟的Tay與小冰	兩款程式均屬AI智能，能與用戶對話，小冰在使用中文後產出寫詩的能力。不過兩者是否能被認為具有認知能力還在爭論階段。
Bob & Alice	臉書在2017年訓練機器人聊天時發生失控，不過後來被解釋為「AI系統沒有設置對遵守英文語法的獎勵」發生之狀況。

問題的產出

基於21世紀之後A.電腦與AI技術突飛猛進，B.電影電視作品不斷渲染強化電腦或機器人的進化與自我意識覺醒，導致人類開始害怕與恐懼。但AI的運作還有若與強兩種不同論點；

較弱的AI理論 （narrow argument）	強的AI理論 （strong argument）
可以用此處中文房間為例證：那個坐在房間裡且母語為英文的人，在遵循操作中文符號的英文說明後產出結果，所以計算機在某種意義上也僅是遵循用程式或電腦語言編寫的程序產出結果。房間裡那個人是通過遵循符號的操作說明而產出貌似理解中文的狀態，但是我們不能說他真的理解中文。為此，電腦只是根據程式語言與語法完成被賦予的操作模式，我們不能說電腦就真的理解了意義的內容。因為電腦AI僅是依據程式模仿人類智能。	只要經過適當編碼與設計，任何電腦或AI都可以理解人類自然語言，且能夠透過模仿產出與此相對應的人類心智能力，甚至能產出其他與人類相對應的能力。所以電腦或AI在此意義下可以下棋與寫詩，不是基於模仿或大數據，而是因為具備這類能力。在此意義下中文房間被解讀為：透過程式符號的形式計算，電腦與AI是可能產稱自我意識與思想內容。
產生結果為：如果有一個L為自然語言且L程序為讓系統運作中能使運作流暢正常的程式，那麼不論是人或電腦都能正常運作此程式。	弱論證對強論證的反駁為：如果有一個程式是能幫助某組電腦或AI理解中文，那麼將此程式套用所有電腦與AI，所有的電腦與AI都應該能理解中文。這顯然與事實不合，所以強論證的理解是錯的。

＊7.12-13參David Cole於Stanford Encyclopedia of Philosophy發表之The Chinese Room Argument詞條（2002與2020）。

UNIT **7.13**
電腦真的明白我在想什麼嗎？㈡反駁與討論

圖解知識論

面對塞爾所提中文房間論證，學者們也紛紛提出不同論點作爲討論。這些論點可以被列舉爲三條主軸，而塞爾也對這些論題提出回覆：

㈠第一種反對可被稱爲「系統問題」（Systems Reply）或「虛擬思維問題」（Virtual Mind Reply），這種主張認爲：中文房間裡的那個人不懂中文不代表房間外的人不懂中文，所以房間內的人不懂中文與塞爾的結論間並無正確關聯性。從房間輸出的結果其實反映著某種對中文的真正理解。根據此論證，賽爾主張在房間內那個人不懂中文是對的，但因此得出「因爲電腦對中文不了解，所以電腦運作不可能產生理解」的結論則是錯的。

塞爾認爲，我們確實可以將整個系統內化於房內這個人的心智，建立我們需要的指令與數據庫，甚至在腦海中反覆計算後，讓個這個房間裡的人離開房間，甚至他因此可以說中文：但這不代表這個人可以在任何形式符號上添加新的意義。會說中文是一件事，但明白單字的意義與語境的表現卻是不同的事。

㈡第二種反對可依操作而形成「機器人問題」（Robot Reply）或「模擬大腦問題」（Brain Simulator Reply）。這一類反駁認爲，塞爾的中文房間原則上是對的，因爲不論電腦或AI在依據程式處理自然語言時確實無法產生對意義的理解。但若今天電腦或AI產生變異時，有極大可能就能產出對意義的理解。「機器人問題」主張這種變異可能來自機器人內建電腦透過傳感裝置和與現實世界產生連結；「模擬大腦問題」則主張我們可能設計出一種完全模擬人類腦部神經元傳導與操作的系統，藉此讓電腦與AI產生對意義的理解。

不過塞爾認爲，這些增加上去的傳感裝置僅提供了電腦與AI所需的額外（語法）輸入。他提出新的狀況：現在中文房間內除了被送進來的文字外，另外出現一串二進位的數字，這些數字出現在房間內部的磁軌上，且透過擴充教學手冊，這個人可以在房間外的人不知情情況下透過其他裝置將文字以二進位方式輸出。但這不代表房間中的人理解中文，而僅是增加了他的工作量而已。

㈢第三種反對可被稱爲「直覺問題」（Intuition Reply）或「其他想法問題」（Other Minds Reply）。前者主張，有可能塞爾只是故意否定房間中那個人懂中文的前提：因爲我們尚未對「理解」一詞提出釐清。後者則認爲，並非所有程式都可應用在所有電腦與AI內部，塞爾所說的可能僅是單一特例，因此要根據中文房間的運作來反對電腦與AI的自我理解是困難的。我們應該做的是將中文房間產生的理解歸因於人類，且透過圖靈測試進行實際運作。

塞爾的回覆是：問題弄錯重心，因爲當我們將認知歸給他人時，不是因爲那是計算或運作結果，而是因爲我們在心理學中是以認知與知識爲前提，一如物理學以現實狀態爲前提一般。塞爾的真正意圖不只是討論電腦與AI是否能在程式運作以外產出知識，而是在問人類的意識及其帶有的意向性是否能被簡單化約爲程式與電腦運作。

人類面對電腦時預設的定律

雖然我們目前尚未看到有電腦或AI產出自我意識，但人類總是會擔心這種狀況的發生。為此，一些探討人與電腦／AI／機器人之間相處律則的概念被提出。以下列舉兩個例證：

以撒·艾西莫夫（Isaac Asimov）在其著作中提過機器人三定律，日後並建立擴充為機器人四大定律

1942年《轉圈圈》（*Runaround*）	1985年《機器人與帝國》（*Robots and Empire*）
第一法則：機器人不得傷害人類，或坐視人類受到傷害。	第零法則：機器人不得傷害整體人類，或坐視整體人類受到傷害。
第二法則：在不違反第一定律的前提下，機器人必須服從人類的命令。	第一法則：除非違背第零法則，否則機器人不得傷害人類，或坐視人類受到傷害。
第三法則：在不違反第一與第二定律的前提下，機器人必須保護自己。	第二法則：除非違背第零或第一法則，否則機器人必須服從人類命令。
	第三法則：除非違背第零、第一或第二法則，否則機器人必須保護自己。

2016年微軟CEO，Satya Nadella，提出人與AI之間相處的建議如下：

AI發展的六大法則	人類與AI共存的四點法則
1. AI 必須用來輔助人類。 2. AI 必須是透明的。 3. AI 必須實現效能最大化，同時又不能傷害人的尊嚴。 4. AI 必須用於智慧隱私。 5. AI 必須承擔算法責任以便人類可以撤銷非故意的傷害。 6. AI 必須防止偏見，確保進行適當的、有代表性的調查，從而防止錯誤的啟發法不會造成歧視。	1. 同理心，在人與AI共存的世界裡非常有價值。需要感覺到別人的想法和感受。 2. 教育，需要不斷加大對教育的投資才能得更加公平的教育產出。 3. 創造力，我們可以通過機器豐富和增強我們的創造力。 4. 裁決和責任，應該要由人來最後對結果負責。

上述兩定律都有被打破的邏輯性，所以我們在此可以邀請讀者思考：您認為電腦或AI真的會產出自我意識或思想嗎？

UNIT 7.14
我能與外星生命溝通嗎？

圖解知識論

「外星生命是否存在」是個嚴肅的科學問題，這個嚴肅的科學問題背後預設幾個與知識論相關的討論。但在討論這些問題以前，我們需要界定討論的範圍：外星生命的存在與否不在此處討論範圍，因為這個問題已經預設有外星生命，且人類與之可能產生溝通。在此前提，我們可從兩方面討論這個問題：

一、從人類認知外星生命

就人類對外星生命的理解來說，過往無法認知的問題在於我們認知能力上的限制。請讀者注意我們所提到的「外星生命」而不是「外星人／生物」的區別。人類過往尋找外星生命時習於以人類按照演化說出現的概念尋找外星生物的可能性，所以尋覓特定元素或習於尋找是否有水的存在；在特定影視作品內也可看見外星生命以人類外型出現於地球（或銀河內）。這種尋覓方式屬將自身理解投射於外的作法，然而外星生命是否需要與地球生命相同的生存條件上有待釐清，外星生命是否具有與人類相似外貌也值得斟酌再三。

目前對外星生命的研究日漸放掉過往以人類想像投射的成果，逐步改變為根據現在已擁有知識進行分析與探討。然現在對外星生命的研究受到有限知識的限制，故不論支持或反對方均暫時無法提出真正說服彼此的論據。有限知識或許可能日後逐步突破——根據我們在第十章將要探討的融貫說真理觀，未來人類或許可能透過現有知識的建構／重組或許對外星生命探究的突破，然而就目前人類所擁有的知識限度，目前要取得決定性的認知結果尚有難處。

二、從外星生命進行溝通

若從人類角度無法突破現有知識與科技限制，那是否有可能改從外星生命端開啟與人類的溝通？部分學者認為這是有可能的結果。然而就認知角度言，若人類需要與外星生命溝通，雙方必須透過可行且有效的管道始能傳遞訊息。過往娛樂媒體所預設，外星生命降臨地球且用人類慣常語言溝通雖並非不可能，但在實踐上可能因生命存在要件不同而面臨困難（對此反對意見可以主張，外星生命既可降臨地球，則透過翻譯語言進行溝通並非難事）。若外星生命降臨，透過前面所謂傳遞者（編碼者）──接收者（解碼者）結構傳遞溝通訊息內容且缺乏有效平台／意義載體，則即便其已到訪人類也無法察覺。這亦為部分學者主張：外星生命已到訪地球，或者留下無法溝通符碼（例如特定古文明或難以理解存在物），或者其為悄然來訪故意不留下可溝通符碼。

為此，若需要雙方可以溝通且不會產生歧異的符碼，科學家們建議以數學語言作為工具。作為認知內容，數學語言可以創造複雜意義，但同時又不會產生認知上的意義落差。過往訊息傳遞是以圖形為主，但圖形作為認知符碼仍有錯誤理解的可能，故出現以數學語言為傳遞方法的提議。然而認知問題並未因以數學語言導入就可獲得徹底解決：數學語言對人類是約定俗且不具歧異，但對外星生物是否也擁有相同作用仍需進一步探討。為此，即便外星生命主動與人類聯繫，雙方的認知問題仍有待考慮與處理。

從已知認知未知如何可能？

　　人類與外星生命間的嚴肅問題一直是科學家研究的項目之一。面對這個問題人類目前僅能從已被認知知識內容推論尚無法被認知的領域。兩個關於此問題最著名的討論為費米悖論及德雷克方程式。

費米悖論

來自義大利科學家費米（Enrico Fermi）於1950年代提出。此悖論強調範圍廣泛與證據薄弱間的矛盾。兩個矛盾的命題概略如下：

P1宇宙發展的時間長度與廣度應該足以孕育高科技的外星生命。

P2我們缺乏證據可以支持P1成立。

對此悖論有諸多解釋與回答，其中一個論點就是左頁提到：外星生命沒有／無法使用能與人類溝通的工具。

德雷克方程式

為1961年，天文學家兼美國地外文明搜尋（SETI）組織創始人弗蘭克·德雷克（Frank Drake）為會議而提出的公式，公式有兩種：

$$公式1：N=Ng \times Fp \times Ne \times Fl \times Fi \times Fc \times FL$$

此公式表示：銀河系內可能與我們聯繫的文明數量＝

銀河系內恆星數量×恆星帶有行星的比例×每個行星系中的類地行星數目×有生命進化且可提供居住環境的行星比例×演化出高智能生命的機率×高智能生命能透過科技與其他生命進行聯繫的機率×科技文明持續時間在行星生命週期中占的比例

其中：

N＝代表銀河系內可能與我們聯繫的文明數量

Ng＝銀河系內恆星數量

Fp＝恆星帶有行星的比例

Ne＝每個行星系中的類地行星數目

Fl＝有生命進化且可提供居住環境的行星比例

Fi＝演化出高智能生命的機率

Fc＝高智能生命能透過科技與其他生命進行聯繫的機率

FL＝科技文明持續時間在行星生命週期中占的比例

日後公式進行部分修改，以R*替代了Ng，L替代了FL，其中：

R*＝銀河系形成恆星的平均速率

L＝高智能生命產出科技文明的平均壽命

致使變為：

$$公式2：N=R^* \times Fp \times Ne \times Fl \times Fi \times Fc \times L$$

此公式的弔詭處在於：只要其中一個變數機率為0，則答案必然為0。然而此狀況確實符合目前人類在有限知識前提下對外星生命存在與否的理解。

UNIT 7.15
天使與魔鬼如何思考？

　　如果存在著天使（與魔鬼），他們如何思考？在影視媒體中，天使與魔鬼被賦予與人類相同的本性，但真的是這樣嗎？

　　我們在此引用多瑪斯‧阿奎納的理論討論這個問題。現在慣稱的天使或魔鬼，在中世紀哲學稱呼為「靈智實體」——包含靈魂也是靈智實體的一種。多瑪斯對此問題基於其時代背景（即我們在第三章提到，主動理智與靈智實體間的爭議），有其獨到見解與解釋。此處將歸納他《神學大全》著作中的論點解釋此一問題。除多瑪斯以外，其他尚有各種對此問題的解釋，限於篇幅不多作說明。

一、天使的認識能力

　　按照多瑪斯對天使認識能力的解釋，天使具有理解能力，但這裡所說的理解能力類似於人的靈魂，是靈智實體作為存在所具備的能力。對多瑪斯來說，唯有神聖實體自身才會有實體即為理解的狀況，也就是理解等於存在。所以天使雖然具有理解能力，但這種理智能力並非他的存在與本質。多瑪斯認為，天使與靈魂僅有在理智與意志上相似；即便如此，因為天使擁有的知識其實是理智的或只有被理解不具物質性質的對象，所以天使並不需要主動理智或被動理智。

　　雖然天使不需要主動理智與被動理智，但天使需要藉由圖像認識事物，就此來說，靈智實體理智的運作上等於是其實體之本性（按多瑪斯與士林哲學的主張，唯有神作為神聖實體才是其本體就是理智自身）。但在獲取的方式上，天使與靈魂卻不相同：靈魂因為與身體結合，需要透過感官幫助獲取對象的感覺與料，而後再由理智進行運作產生理解；天使沒有物質的身體，所以可以透過理智直接掌握事物的本質。但靈魂沒有高低之分，所以我與你的理解能力相同；但中世紀認為天使基於被賦予工作的差異有高低之分，所以等級愈高的天使因為越靠近神聖實體獲得的知識，不論在廣度或深度，都較等級低的天使能獲取的更多。

二、天使對事物的理解方式

　　如果天使是非物質性的形式，那麼天使如何能認識外在世界的各種存在者？對非物質存有者來說，天使透過形式認識到自己與其他天使；就對神的認識來說，雖然天使不能直接看見神的神聖本質，但能透過對自身的理解反映出對神的理解。對具物質的存有來說，天使雖不具物質身體，卻因認識能力與靈魂類似之故，可以確實把握個別具物質存在的事物，且認識他們的本性。然而天使卻受時空限制：他們無法預知未來，也無法具有讀心術一般的能力，能直接透過心思把握他們內心的想法。天使雖具有與靈魂相同的認識能力，卻與靈魂不同，因為他們無須分析、綜合，甚至不用推論過程。天使擁有的認識能力可被稱為「理智的直覺理解」，這使天使一方面如上所言，無須與靈魂相同的認識過程，另一方面他們的認識甚至不會發生錯誤。

　　簡而言之，天使的認識能力基於他的受造本性，雖然本性受限但認識能力仍高於靈魂。不過其認識能力雖高於靈魂，按其受造本性仍需要神聖恩典始能認識神聖實體。

天使的認識能力

多瑪斯在《神學大學》第一集的第50至64問中討論關於天使的相關知識

題號	多瑪斯的結論
Q50論天使的性體本性	天使是不具質料且會死亡的有形存在，數目眾多，彼此不同。
Q51論天使與形體物的關係	天使不具形體，形體的出現是為了人類的緣故。
Q52論天使與地方的關係	天使雖是精神實體卻仍具有空間性。
Q53論天使的地方運動	天使仍有其運動能力，但這種運動是自身的。
Q54論天使的認識	天使的認識與其存在及本質不等同，認識對象則為理智的知識。
Q55論天使的認識方法	天使的理解不是其本質，而需要透過圖像的方式理解，且依等級不同有高低不同。
Q56論天使對非物質物的知識	天使能認識包括自己在內的非物質性存有。
Q57論天使對物質物的知識	天使能認識個別具物質性之對象，但受限於時空條件。
Q58論天使的認識能力	天使無需透過推論、分析與綜合等方式認識外在世界對象，其認識能力不會產生錯誤。
Q59論天使的意志	天使基於理性具有自由意志。
Q60論天使的愛或愛慕	基於前一題所討論，天使在其本性上具有愛的能力，但並非情慾的慾望，而是神聖之愛，尤其對神聖實體更為如此。
Q61論天使存在之本性的產生	天使是在神的意志下受造於此有形世界。
Q62論天使存在於恩寵與光榮中的完美	天使雖是在神聖恩典中被創造，但還是需要神聖恩典的扶助。不過基於不同層級的天使，所獲得的恩典還是不同。不論如何，所有天使都愛慕於神聖實體，但無法執行赦罪的工作。
Q63論天使的罪惡	天使確實能犯罪，但這並不表示他們受造時本性是惡的，甚至並非在受造時就已經具有惡的本性。並接受猶太教——基督宗教傳統，認為魔鬼確實為所有受造天使中階級最高的那一位，且是由這一位帶出其他墮落天使的墮落。
Q64論魔鬼的罪罰	魔鬼雖然墮落且將要受處罰，但他們並未在理智上完全失去對世界及真理的認識。但他們的認識基於意志上對惡的固執而有與真理對抗。

多瑪斯對天使認識能力的說明是基於他形上學與基督宗教之背景，討論天使作為靈智實體的前提下如何對事物產生與靈魂相似卻方式不同的認識過程。

UNIT **7.16**
神的認識能力㈠：本質即認識

從上一節對靈智實體的討論出發，如果真的有神，那麼神會以如何的方式認識／認知這個世界？這個問題自然預設了確實有神存在的前提。中世紀哲學因為信仰的背景，神的存在無庸置疑。士林哲學體系的哲學家們，在他們的討論中透過哲學背景嘗試解釋神的認識究竟是怎麼一回事？我們在此處繼續使用多瑪斯‧阿奎納在《神學大全》中的討論說明神的認識，不論其能力或內容究竟為何？在開始前需說明，此處的討論是根據亞里斯多德——多瑪斯以來的哲學背景進行推論，與基督宗教純粹的信仰內容有所出入。礙於篇幅受限，同時期伊斯蘭信仰與猶太教哲學家的討論我們暫不列出。

一、神的認識能力就是其自身的本質

從知識論的角度來看，神的認識能力就是其自身的本質，這包含神對自己的認識以及對萬事萬物（甚至過去存在、現在存在、未來與可能存在）的認識均不受限制。由於不受限制，所以認識範圍包括個別事物且按個別事物之實際樣貌與本質加以認識、認是永恆與無限與所有可能存在的對象。多瑪斯認為，神本體具有所有完美的極致，所以神的本質作為創造萬物本質的基礎，在認之上與萬物的關係並非一般共有者與特殊對象間的關係，而是像完美的實現與不完美的現實間之關係。為此，神對萬物的認識在一瞬間完成所有的認識，包含此對象不完美的存在狀態、實際存在狀況與實際（或未來）可能完美的樣貌。

我們要特別注意，多瑪斯因為強調神的認識不具有時間限制，也就是神在「觀看」一個對象是同時／一瞬間看

完這個對象所有發生的過程與來龍去脈，所以神不需和人類相同透故推論性或思辨性知識達成認識內容。多瑪斯的推論如下：

㈠ 人類靈魂對事物的認識具有潛能到實現的過程，也就是從不認識到認識的過程。例如讀者您在閱讀此書前只具有對知識論學科理解的潛能，閱讀並埋解後獲得對知識論學科理解的實踐。但神既然是完美的，就不需要這種類似學習的過程，而是一瞬間掌握一對象的所有一切。

㈡ 此外，神是萬事萬物的原因，萬事萬物都為神創造的結果，所以神在自身內觀看萬事萬物就如同透過原因看到結果，因此不需推論產生的知識。

二、神對萬物萬物的認識具有無限可能性

中世紀關於神存在的討論另一個面向是，神究竟能認識到哪些對象？就現實角度來看，任何個別存在之物以及普遍觀念都是神認識的對象。此外，因為神是無限的，所以他也能認知到無限作為對象的可能及內容。比較特別的是，中世紀在討論創造的問題時會基於幾個絕對前提產生認識對象與創造對象上的矛盾／關聯性：神既是無限的，所以在神心中可以同時具有無限多種可能性，這些可能性都是這個世界的理念或藍圖。一如我們在玩遊戲時，我們做了什麼選擇會帶出如何結果：只不過神是在同時間內看完所有選擇與結果。此點在與信仰結合後產生生基於信仰而有的特殊認識論問題：尤其在創造與預定的問題上更是如此。此類問題我們留待下一節繼續說明。

靈智實體本性與認識能力的不同

我們可以比較中世紀不同靈智實體的特徵如下

（人類）靈魂	天使／魔鬼	神
靈智實體，是其中最低的一階。	靈智實體，依據不同階層有高低區分。	唯一存在的神聖實體。
所有人類擁有的靈魂本質上均相同，沒有高低區分。	靈智實體依據受造任務的區別而有高低的落差：越高等級離神聖實體越近，認知的對象等級也越高。	最高且唯一的存有者。
會朽壞與被毀滅。	會朽壞與被毀滅。	永恆不變。
認知能力是靈魂諸多功能之一。	認知能力是靈智實體功能之一。	神聖實體就是最完美的認知能力本體。
認識對象首先透過外感官或許對象的感覺與料，之後經由理智進行抽象作用獲取對普遍觀念＝本質的認知。	不具物質性身體，僅具精神性實體，對事物無需進行抽象作用，但仍需要進行直接獲取對象本質的認知過程。	認知即為本質。
認知過程是從潛能到實現的過程。	無需理智抽象作用，但仍然需要認知過程。	所有認知為立刻且同時。
需要透過分析、綜合、推論等能力獲取所需要的知識內容。	無需透過分析、綜合或推理即可認知對象。	認知對象時即洞悉一切。
認知能力與活動受時空限制。	認知能力雖受時空限制，但較靈魂所能獲知內容更多。	每一刻均為當下，每一所在均為此處。
認知會有大量錯誤發生。	認知因意志的影響有錯誤的可能。	是絕對的真理。
真理乃是靈魂與認知能力不斷追求的目標。	以真理即神聖實體為追求對象。	是真理本身。
要看見神聖實體（之本質）需要神聖恩寵才能完成。	雖然可面對神聖實體，但仍需要神聖恩寵的幫助。	神聖實體在自己裡面觀看與認知自己。

神聖實體與靈智實體的關係在中世紀是重要的課題。基督宗教、伊斯蘭信仰與猶太教在中世紀哲學發展上均接受只有一絕對神聖實體，至於靈智實體（包含天使、魔鬼、靈魂）的階級與功能確有認知上的不同。也在此前下引導出我們在第三章討論的主動理智爭議，因主動理智也可被視為靈智實體一種。

UNIT **7.17**
神的認識能力㈡：認識即創造

圖解知識論

對多瑪斯來說，神的本質就是理解，所以神是藉由自己的本質理解萬事萬物。而神觀看萬事萬物的衡量尺度為永恆，不受時間限制。在這兩個前提底下，多瑪斯認為神的認識就是神的創造。

一、神以認識創造

按基督宗教教義而言，神創造了世界。多瑪斯在解釋創造時透過知識論的概念解釋：神的知識是萬物的原因，神的知識與所有受造物的關係，如同藝術家與其創作的藝術品關係一般，可被稱為「裁定性的知識」。

這種觀點其來有自，在奧古斯丁那邊我們已經可以看到神依其理智創造世界萬物的論點。我們可以說他受到柏拉圖──新柏拉圖主義哲學的影響，並借用來解釋基督宗教神學。奧古斯丁提出被稱為「胚種型式」的理論，此理論認為神在創造世界時，已在其心中出現對萬事萬物認知的典範理型。然而神心中的典範理型是一種具不可見潛能之「種子型式」的存在，之後神依據其睿智創造世界，並透過種子型式開展出不同的事物內容。於此同時，神也將永恆真理以不變動判斷的客觀標準存在於我們心中：永恆真理是我們對事物理解的基礎，不變動判斷的客觀標準則是我們判斷事物的標準。

二、基於創造產生的問題

對於創造的議題而言，神創造萬事萬物固然是可被理解的，但多瑪斯另外提出三個問題說明神認識即創造的無限性：

Q1神能理解偶然的事物嗎？就偶然存在的事物來看，神能掌握一切可能的偶然事物。在多瑪斯形上學的討論裡，「偶然」第一種可能是指現在的某物；另一種則是未來可能會發生，但卻不一定真的發生的。不論哪一種，偶然的概念強調有因果關係且在時間上是相繼出現的結果。在神的認知中，其既然是以永恆來認知事物，所以沒有先後問題，而是同一時間的認知所有可能性。

Q2神能理解無限嗎？就無限的概念來看，多瑪斯認為神可以認知無限（的無限）。神是以觀看的知識認知無限的概念。由於神的理解／知識就是受造物的原因，所以就神是原因來說，受造物的存在也可以無窮無盡推衍下去。多瑪斯對神認知無限另外提出兩個說明：首先，神的理智既藉由其本質理解，而神的本質又是所以實際存在之物與可能存在之物（甚至不具存在可能對象）所在充分之像的原因，這些可被認知之心像不是只是做為共同因素的本質，也可擴充到所有個別之物。其次，神能認知無限此概念並不等同世界無始無終，或自存到永遠的概念。兩者不相矛盾。

Q3不具存在的存在物如何可能？就現有的世界來說，我們可說神正是這些事物存在的原因，但對於不具存在或不可能存在者呢？神認知一切無論以任何方式存在的可能，因為神觀看的知識表明神的理解就是神的存在，所以神是以永恆作為基本度量。既然是永恆作為度量的單位，所以神在觀看時沒有前後相繼的時間問題。對神來說，即便是此不具存在者，神也在永恆中直接觀看並能夠理解。

神的照護

關於神認識即創造概念的意義：
神的本質就是理解，所以神藉由自己的本質理解萬事萬物。
神觀看萬事萬物的衡量尺度為永恆，不受時間限制。

引導出神的照護此一教義

神的照護
神的照護（providence）：神在創造世界後仍繼續看管整個世界並維持其繼續運作的可能。神的照護與神的知識／認知有關。多瑪斯認為，神的照護是因為萬物中所有的善均由神所創造。神的理智便是萬物存在的原因，所以每件事的運行與結果都在神理智內被預先設計其存在的可能。萬事萬物必然有一善的目的歸向與秩序，這種歸向與秩序也是神理智內預先設計好的結果。這種安排萬事萬物歸向最終善目的的作為就是照護。這個詞指這種照護可區分為兩種

安排被照護的設計與計畫：此點為神的直接照護，是依據神理智內之安排與計畫，不論任何事物都可屬之。	安排的治理：神在理智內設計不同階層與中間媒介層層照護，多瑪斯認為這是基於神豐富的慈愛與慷慨，願意與受造物分享這些愛的成果。

產生兩個問題

Q1 與神的照護相反，理神論（deism，又可稱自然神論）認為神在創造世界後就不再管理世界，讓此世界依據自然法則運轉。多瑪斯並不同意這種理論。
Q2 預定的問題：人的得救是神所預定的，由神在照護的前提下預訂有人得救有人不得救。這引發另外兩個問題。

Q2引發出的兩個問題

問題一：神確實進行預定了嗎？	問題二：神如何認識惡？
神確實在他理智的永恆計畫中，預定一些人達到永生、並以呼召與賦予光榮賜與這些人。但神的理智允許永恆照護內存在某些缺陷，所以就理性來說，神的照護也允許一些人無法得到得救的結局，甚至允許一些人陷入罪過，且在罪過中放棄得救的可能。 上述文字導出預定論的問題，如果神是慈愛的，為何會允許某些人在永恆中被遺棄？與這種說法相反的理論為普救論，即認為神將會拯救所有受造物，並讓他們與自己和好，即便連魔鬼最終也會回歸到神裡面。	左邊問題一引發出以下幾個討論： 1. 預定論的文字受限於時空，所以產生接續與因果關係。就神於永恆度量中觀看的角度，沒有接續的因果關係。故從人的角度來說好像是神預定的，但在神的角度所有事件的發生均為現在發生的。 2. 神認知一切，故所有受限的一切都被認知，包括惡做為善的缺乏也被神認知。但神並不意欲惡的產生，而是觀看其產生。

第 8 章

對超越世界的認識
如何可能？

●●●●●●●●●●●●●●●●●●●●●●●●●●● 章節體系架構 ▼

UNIT **8.1**
認識超越世界的意義

前面數章所討論知識論問題，均在回答我們如何認識眼前所見之世界。但在日常生活周遭我們常遇到有人表示，能看到超越感官之外的對象。這種主張在知識論上能找到根據嗎？

一、範圍界定

當我們討論此類超越感官的對象時，我們的首要工作並非討論個人主觀經驗，如靈異節目上來賓的分享，也不是要宣揚某個宗教的神蹟奇事（例如「我看見神的手觸摸我受傷的地方，傷口霎時間就好了」）。人是否能認識超越感官的對象，這個問題涉及宗教哲學與宗教經驗的內容。在普通知識論，尤其士林哲學在哲學人學與知識論的定義，被認識者是按照認識者的能力所認識。所以一個認知主體作為一個認知能力正常的人，若要認識他感官所能把握的對象，在扣除認知能力缺陷的情況下，能清楚的把握。但我們此處所討論的認知對象一方面超過我們感官所能把握，另一方面卻不斷有人宣稱能夠認識這樣的對象。若再加入當代腦神經科學或精神疾病研究，我們不得不提出這樣的問題：是否真的有超越在感官以外的認識視域？人的認知能力是否足夠我們認識超越世界？

針對這樣的問題，有兩種不同的觀點：第一種是我們常見，主張超越世界不存在的想法，例如佛洛伊德（S. Frued，參見下文8.2）或馬克思（K. Marx，參見下文8.3）。但若根據基督宗教／士林哲學以來的知識論傳統，默觀（contemplation）或神視（vision）是人所能具備從現世生活對超越世界觀看的能力。但這種說法預設認識視域雙層化，即同時具備普通經驗知識論與神祕經驗知識論兩方面。這種論點在當代又因為改革宗知識論（reformed epistemology）的出現加深論據上的深度。

二、討論結構與對象

若依據基督宗教／士林哲學以來的知識論傳統，神祕經驗知識論提供我們認知超越世界可能性的結構或論點。其傳統預設人的認知能力同時包括普通與特殊兩種運作可能或模式。普通能力運作中，我們能直接認識外在世界的種種，亦即我們每天生活的基礎。但進入超性運作後，人的認識能力從原本的世界進入到神祕境界／超越世界，即產生對超越感官經驗所把握對象的認知。這種預設可回應第三章關於士林哲學實在論的討論內容：知識論走到最終將銜接形上學的立場。雖然士林哲學實在論確實預設人有認識超越世界的能力，但其同樣受到自身預設影響：既然被認識者是按照認識者的能力所認識的，那麼人若要認識超越世界，就需要神聖力量的幫助始能認識神聖本質。為此，本章將有極大篇幅討論基督宗教／士林哲學內的傳統，並以回答兩個問題的方式說明這種論點。兩個問題是：

Q1神聖本質如何提供人（及靈魂）所需的力量協助理智受造者超升至可以直觀神視本質的高度。或者人作為一個默觀者，究竟應如何與神聖本質合作以達到所需要達到的高度？

Q2當人被提升至與神聖本質同樣的高度後，究竟能看到什麼？

我們本章將把重心放在基督宗教／士林哲學傳統對神祕經驗知識論的解釋。

人能認識超越感官的對象嗎？

針對此問題本章提供三種說明

立場	主張	內容
否定論點	佛洛伊德	看見神聖本質的神祕經驗知識論為人精神疾病發作的結果。
	馬克思	宗教及其內容為上層社會的預設與壓迫。
肯定論點	神祕主義	神祕主義在希臘文指：當一個祕密宗教成員入會並被授予神聖事物相關神祕知識時，他當閉口不語且避免外傳，傳授過程中連他的眼睛也需緊閉。發展至今，所有神祕主義流派觀點均強調靈魂應當進入與一某一對象合一的境界。 1. 自然論神祕主義：主張個體與自然萬物的合而為一。當神祕者進入與萬物合一的境界時能體驗自己能與萬物溝通，此時的自我不在作為存在的中心。 2. 一元論神祕主義：代表是佛教中的神祕主義，一元論神祕主義者體會到自己與一種絕對境界合而為一。 3. 巫祝論神祕主義：雖然世界各地有許多不同的薩滿（Shaman）信仰，其內容與禮儀方式多有不同，但因其核心都為巫師（Shaman），因而被通稱為巫祝派神祕主義。 4. 有神論神祕主義：認為有一位至高神的存在者，即是神聖本質。主要的目的就是最終要能拋開一切，奔向至高神的懷抱中。
	士林哲學傳統	透過煉道、明道與合道三條「合一之途」，朝向神聖本質前進努力。其中： 1. 煉道：是信徒靈修生活的開始階段，表示此信徒已經悔改歸向神，並不願意為神之外的種種外在事物再度犯罪得罪神。 2. 明道：此階段用以突破限制及心態，默想神的方式也由前階段的官能推理進步到凝視或默觀。此階段開始出現神祕經驗知識論所討論之感官超性運作及其產生的超性知識。 3. 合道：神祕經驗知識論在此階段討論重點放在靈魂與神的結合與密契的景觀及意義上。 本章所舉代表人物：多瑪斯‧阿奎納，十字若望。
改革宗知識論	普蘭丁格	透過認知結構的準據（warrant）建構出A/C模型，以證明人天生就具有認識神聖本質的可能性。 ⬆ 多位當代宗教哲學學者／分西哲學哲學家提出論證反駁普蘭丁格。但普蘭丁格本人認為此類證明不能駁倒他的論證主張。

UNIT 8.2
反對意見一：佛洛伊德

圖解知識論

　　我們在此提出第一種反對意見，來自佛洛伊德的主張。若依據佛洛伊德所謂的伊底帕斯情節，宗教的起源確實可以被解釋。但我們在這裡將特別討論將佛洛依德理論放在認知理論部分的討論。

一、宗教的起源

　　佛洛伊德討論宗教成立的起源來自他對伊底帕斯情節的解釋：

(一)三個我的觀念：佛洛依德認為每個人內在都有矛盾衝突，這種衝突來自代表自我保存生命的本我，作為社會規範的超我，以及在本我與超我間拉鋸而展現出的自我。三者並非平衡，而是因伊底帕斯情節來回拉鋸。

(二)伊底帕斯情節：佛洛伊德引用希臘傳統神話伊底帕斯，用以解釋人性慾產生的拉鋸。原始故事之用意雖可被解釋為「一個人的性格決定一個人的命運」，但佛洛伊德透過性慾的根源解釋伊底帕斯故事：我們每個人皆為伊底帕斯，因我們每個人均有弒父妻母的慾望。本我、自我與超我能夠用以描述個人性慾上的不同表現。

(三)夢境與符號：性慾不只是慾望，更表現為求生存之動力。基於社會規範即超我的壓抑，夢就變成睡眠中產自我力量之認知。那些與社會規範衝突的性衝動被壓抑後，成為無意識之連續體，藉由無意識之資料與元素在夢中被表達。所以夢是一種對性慾的壓抑。因為夢是潛意識的呈現，所以具有超越一般性質的規則。

(四)宗教的建立：上述各項目若無法順

利達成平衡時，人將透過不同方式發洩慾望，其中一種即為宗教。透過地理大發現的成果，佛洛伊德發展出圖騰理論。圖騰理論帶出圖騰與禁忌，並建構出「伊底帕斯情結＝殺父＋妻母＝殺害共同族長＋與族長妻子亂倫＝圖騰＋禁忌＝宗教原型」這樣的結構式。

二、作為認知理論的討論

　　上述理論可用以解釋宗教的起源，但普蘭丁格特別點出佛洛依德理論的認知層面問題。普蘭丁格認為，佛洛伊德強調宗教是幻象，並且與意願滿足有關，所以佛洛依德理論強調的是，雖然人具有認知能力，卻不具有用此官能認知導向產生真信念的過程。所以佛洛依德認為有神論信念識意願的滿足不具有準據。而從佛洛伊德以降的社會學家或心理學家在此基礎上不斷強調：宗教不只是幻象或認知功能失常，更是愚昧無知。

　　因此，在佛洛依德的理論中，有兩個對有神論認知主要的解釋：

(一)有神論信念是產生於意願滿足機制：若根據上述宗教建構理論基礎，我們內心所具有取代父親的願望是成為有神論信念的來源。此點可由他應用伊底帕斯情節解釋猶太教起源看見，因為日後佛洛伊德多少提到，許多年輕人在父親權威形象崩潰下放棄信仰。

(二)這種機制的運作不能導向獲取真理：有神論既是根據滿足意願所建構的理論，那麼這種運作只是人內心需求提出的滿足，所獲得的產物僅是幻象。為此，這種機制運作結果無法獲得認知上的真理。

佛洛伊德的主張及所受質疑

佛洛伊德，1856年5月6日—1939年9月23日
重要著作包括：
《夢的解析》（*The Interpretation of Dreams*）
《圖騰與禁忌》（*Totem and Taboo*）
《摩西與一神教》（*Moses and Monotheism*）

關於宗教成立的四個基本觀念

1. 三個我的觀念
2. 伊底帕斯情節
3. 夢境與符號
4. 宗教的建立

伊底帕斯情結＝殺父＋妻母＝
殺害共同族長＋與族長妻子亂倫＝圖騰＋禁忌＝宗教原型

來自普蘭丁格在認知上的反駁

佛洛伊德的問題式起源謬誤，因為「有神論是否為真」與「為何有人接受」是兩件不同的問題，但起源雖與真假無關卻和準據有關，所以佛洛伊德疏忽實際上不但有事實問題，還有規範性問題。

1. 關於指出有神論信念確實是產生於意願滿足機制	2. 關於指出這種機制的運作不能導向獲取真理
問題A：佛洛伊德論證敷衍草率所以難以證實。從教義來看，基督教教義包括人有最需要拯救等等無法滿足任何人的夢想。且基督宗教所必須面對的事實是：不少人不喜歡「有全能神監視著我」這種想法，或不喜歡失去人類的自主性，或不但卑下且應該敬拜神的觀念。 問題B：相信者很少是一廂情願，反而是被某種強烈感受驅趕。這可能是不相干的，因為佛洛依德認為機制是潛意識中進行：在潛意識中察覺人類的痛苦處境，潛意識中癱瘓或相信神，而我們選擇後者。那為何我們要相信這種說法？ 問題C：許多年輕人在父親權威形象崩潰下放棄信仰。但這如何宣稱有神論信念的一廂情願？因為這只證明父親權威的失落會讓年輕人放棄信仰。	問題A：即便我們能證明宗教是人類的一廂情願（我們沒有辦法證明這信仰具有準據），我們也必須證明這樣的一廂情願不能導向真理。人類認知具複雜性，某信念根源可能可以在一般狀況下不導向真理，卻在某些特別狀況中可以。所以這一廂情願的想法也可能在一般狀況下不導向真信念卻在特別狀況中導向真信念。 問題B：佛洛伊德如何證明人類相信神的機制不導向真理是問題的關鍵。他只是假定世界上沒有神，所以以神論都是假的，然後再找一些理論解釋此類錯誤信念為何流行。

UNIT **8.3**
反對意見二：馬克思的主張

圖解知識論

馬克思視反對這種宗教神祕經驗知識論的另一位代表，尤其他最著名名言「宗教是人民的鴉片」更可代表他這種觀點。但此一命題成立的前提與他所謂社會階級及其鬥爭有關。

一、社會階級與壓迫

若我們要理解馬克思對宗教的論點，有需要先理解他著名的重要觀念：階級鬥爭。此觀念涉及他對西方歷史文化演進過程的解釋。他所揭示的運動規律為：原始公設階段、奴隸社會階段、封建社會階段、資本主義社會階段、社會主義與共產主義階段。此處所謂歷史階段的前進是依據規律前進的過程，特別是經濟中某些量的因素將促使歷史或社會發生質的改變。馬克思認為他正處在資本主義社會階段，但資本主義與量相關的因素卻因為剝削將造成資本主義本身崩潰，促使人類社會前進至社會主義與共產主義階段。這種前進是不可避免的規律，社會本身可透過因果關係與決定論的要件卻任其將成為如何的形式。

我們能預設社會的前進乃因為我們能掌握生產要素與生產關係。前者指人類與物質資源的聯繫方式，後者則是物件生產時人與人的關係。當社會不斷進步時，人與人的關係由互相關係所建構，所有人均基於他們的社會地位與生產資本產生階級鬥爭。但在資本主義社會下，階級鬥爭的三個特徵將促使歷史繼續前進：

㈠階級簡化到只剩兩個：資產階級（擁有者）與無產階級（工人）。

㈡階級間只剩一個矛盾：雙方都參與在生產活動中，但資產階級取走大部分利益，以致無產階級的剩餘價值遭受剝削。

㈢資本主義的運作下，無產階級人數越來越多且越來越悲慘，且只要大部分生產資料被少數人掌握，最終將造成勞動異化，致使人不再成為人。

從封建社會到資本主義社會，上述階級對立是被不斷強化的過程。但也正因為這種階級強化，促使宗教得以在其中獲取安身立命之處。

二、宗教：帶來希望的統治武器

上述階級鬥爭的概念區分出兩種階級：代表資本主義的上層與代表無產階級的下層。上層階級掌有權力，能在其所屬的時代建構出屬於該時代具統治地位的觀念，這種觀念正是在宗教、道德與法律等領域建構出其權力所在。我們需要注意，馬克思認為物質秩序才是決定觀念的來源，所以以包括宗教、道德與法律，甚至正義，都是上層階級固定階級本體並使現存秩序合理化的方法。其中宗教是一種適切的武器，且這種武器能帶來希望。按照後來馬克思主義者的演繹，宗教能適切對應在階級畫分上，並給予上層階級擁有統治權力與經濟財富，下層階級應接受現世狀況並安於現狀的充分正當理由。這種論點在不同教義中都可看到：上層階級透過此種論點提醒下層階級，透過特定宗教善行，在來世或許可以得到翻身機會。也是在這個意義上我們才能理解「宗教是人民的鴉片」此一命題論點：那只是給與人民在現世中緩痛苦的止痛劑，不能真正改變無產階級悲慘的命運。也是因為這樣的基礎，馬克思不會認同神祕經驗知識論的建構，因其中實踐者多屬上層階級而不事生產的非勞動者。

244

馬克思的主張

卡爾·馬克思，1818年5月5日—1883年3月14日
重要代表著作：
《資本論》第一卷（*Capital. Volume I: The Process of Production of Capital*）
第二與第三卷過世後由恩格斯協助出版
《共產黨宣言》（*The Communist Manifesto*）
《1844年哲學和經濟學手稿》
（*Economic and Philosophic Manuscripts of 1844*）

思想來源

大衛史特勞斯 David Strauss	在《耶穌傳》（*Life of Jesus*）中主張，耶穌許多教義是神話或虛構，特別關於來世部分的講述更為如此。
布魯諾·包威爾 Bruno Bauer	是一位聖經批判理論上的激進理性主義者，在許多批判猶太教／基督教的著作中，否認耶穌曾在世界上存在過。
費爾巴哈 L. A. von Feuerbach	在《基督教的本質》（*Essence of Christianity*）中認為：真正的實在是人類而非神，當我們分析神的觀念時，我們並未發現超乎人類情感與需求的部分，一切關於神的知識就是人投射的知識，神性就是人性。與其說是黑格爾的精神在歷史中呈現自己，更應該說是人在實現自己。

建構出社會發展規律

原始公設階段 → 奴隸社會階段 → 封建社會階段 → 資本主義社會階段 → 社會主義與共產主義階段

兩種階級對立

上層階級	下層階級
以資本主義與資本家為代表	以無產階級與工人為代表
占有絕對大多數社會資本	勞動異化獲取少數資本
透過法律、道德及宗教 鞏固自身統治權力	接受法律、道德、宗教 妥協命運與被統治的結果

發展的可能

就現階段來說，「宗教是人民的鴉片」此一命題論點：那只是給與人民在現世中緩痛苦的止痛劑，不能真正改變無產階級悲慘的命運。因為此為上層階級給與下層階級的錯誤希望。	就歷史必然發展規律來說，最終將產生激烈階級鬥爭，無產階級推翻資本主義，社會進化到最終之歷史終結。

UNIT 8.4
托名戴奧尼修斯開始的傳統

與前述佛洛伊德或馬克思理論不同的是，基督宗教所提出對超越世界可以理解的觀點。在基督宗教靈修神學的傳統中，如同我們在8.1已經提過的肯定、否定與超越之途，最早奠基者是生活時間約爲五世紀的托名戴奧尼修斯。這三條途徑雖非他首創，但卻在他的著作中被眞正理論化：同時包含實踐的操作、知識論的討論以及與教會禮儀的結合。

一、肯定之途

托名戴奧尼修斯認爲，肯定之途目的在把受造物中的完美歸諸於神的本性，雖然然而這種完美與神所擁有的完美是截然不同的。基於人作爲有限的受造者，且在創造者與受造者間仍存在巨大的差異性，所以任何人所能具有對神聖本質的知識與言說都不足且受到限制。托名戴奧尼修斯認爲唯有來自聖經的啓示才是最爲完美的指稱。而在《聖經》的啓示外，我們還可認爲肯定之途還可以找到另一種達至肯定的方式，即透過象徵符號表達神聖本質。這種說法可在《教階體系》中得到證明：托名戴奧尼修斯在該書提出六種教會儀式，並透過每三個部份爲一組的結構闡述其意義：第一部份說明儀式本身應該如何進行；第二部份說明該儀式所具有的靈性奧祕何在；最後對該儀式產生「默觀」以說明其如何與神聖本質產生關聯。我們注意到這裡出現一種「象徵──奧祕──默觀」的三重結構，並可作爲肯定之途的實踐。

二、否定之途

通過肯定之途，人僅能夠獲得用以指稱神的象徵性符號。若要更進一步與神合一，就應該進入否定神學之中。因爲否定之途提供了一個對於超越者的最終認知，因爲靈魂通過否定之途能得到與神合一所需的知識，雖然他很弔詭地提出「默觀是最黑暗的光」這種概念。否定之途所提供的方法論採取的是否定外在的作爲，以致於最終能夠達到最幽暗的光明之中。因此，雖然是否定，但仍是以通過一個序列達至最終目標。否定的起始點是離神聖本質最遙遠的部分開始，逐步否定語言的作用或所有美善，最終進入神聖本質的幽暗之中。在最終，我們僅能透過否定透過感覺與概念的方式來描述不可言說者的可能性。

三、超越之途

托名戴奧尼修斯並沒有明文指出有一種方式名爲「超越之途」，我們在這裡所謂他提出的超越之途乃是指稱那些禮儀作爲象徵符號背後的眞正指稱。以聖餐爲例，托名戴奧尼修斯認爲這些聖餐作爲一種符號，其目的在於其象徵神聖本質中的「獨一、單純、不可區分」，聖餐這種符號能通過擴充自身以包容所有教階體系的形象，把人提升到內在的「一」之中，並在其中經由默觀使得人的心智走向太一，得以直觀實在物的最終本性。這種應用就是超越之途的意義：包括對超升之符號的解釋，超越在肯定之途上的合一等等。因此雖然他沒有明文說明超越之途的意義──至少比起肯定之途與否定之途較不明確──但我們還是可以說他確有超越之途的意義。

除肯定、否定與超越之途外，托名戴奧尼修斯也爲煉道、明道與合道訂出了規範。由於這三條路徑涉及範圍較大，我們在後面以專節加以討論。

托名戴奧尼修斯的思想概要

托名戴奧尼修斯，生卒年不詳
假托《使徒行傳》中因聽保羅傳道信主的地方官戴奧尼修斯之名所作
重要代表著作：
《論聖名》（*On Divine Names*）、《神祕神學》（*The Mystical Theology*）
《天階體系》（*The Celestial Hierarchy*）《教階體系》（*The Ecclesiastical Hierachy*）
另有書信10封

 著作內容

《論聖名》	《神祕神學》
1. 用語言談論神的時候應當順從的是《聖經》上已經啟示出來的事物 2. 《聖經》的啟示外還可以找到另一種達至肯定的方式，即透過某種作為象徵的記號或符號來表達屬於神聖本質 3. 實際做法：沒有任何名詞或表述可以用來指稱於神，應該先把最受人敬重的名字保留給神。	1. 建構起否定神學的系統 2. 否定之途所提供的方法論採取的是否定外在的作為，以致於最終能夠達到最幽暗的光明之中。我們從離神最遠的否定起，直到最終得出「默觀是最黑暗的光」之論點。
《天階體系》	《教階體系》
1. 天使的系統也符合上述兩書的運作，且與地上的教階系統彼此相符合。 2. 提出天使有九個等級，每三個為一組，共分為三組。這種分類方式影響到日後西方天使學的研究。	1. 提出六種教會儀式，並透過每三個部份為一組的結構闡述其意義。 2. 建構出「象徵──奧祕──默觀」的三重結構，此三重結構也可被視同為煉道、明道與合道。

另有書信10封，主要討論內容包括對教會的建言、對特定基督徒言行與生活的建議。

 一般分類方式

《論聖名》──肯定之途／《神祕神學》──否定之途
《天階體系》、《教階體系》──超越之途

 托名戴奧尼修斯之三途

1. 肯定的層次：吾人以及萬物所具有之完美，神皆有之，故吾人所擁有對於默觀的觀念即為最完美的知識
2. 否定的層次：吾人以及萬物所具有之完美，皆非神之完美，故吾人所擁有對於默觀的觀念均非默觀的觀念
3. 超越的層次：神之完美優越於吾人以及萬物之完美，故從神聖恩典而來的默觀觀念遠超過吾人所能擁有的觀念

UNIT **8.5**
煉道

　　托名戴奧尼修斯留給後世的不只肯定、否定與超越之途的說明，另外還包括煉道、明道與合道的靈修之路。這三條路徑原則上同屬一個靈修歷程的三個階段，且同時具有（神祕經驗）知識論的意義與倫理學層面的實踐。

一、討論前的預備

　　在我們開始討論這三條路徑以前，我們應當注意以下幾點：

（一）我們從8.5-8.7分節介紹的煉道、明道與合道雖是常用的區分方式，但讀者必須時時提醒自己：這種區分方式僅是為說明上的方便所為，在真正的靈修生活中雖可尋覓特徵，但無法嚴謹區分每個階段的間隔。所以可能煉道中帶有明道的特徵，明道中帶有合道的實踐。這種特性也反映出上述三道同時兼具知識論與倫理學實踐的方面，因為認知狀態的改變在神祕經驗知識論的探討中為常態，但更重要的是認知主體在此狀態下如何自處與練習。

（二）我們雖在接下數節中右頁提供年表，說明不同哲學家／神祕主義者如何解釋某一階段內容，但這些解釋在不同研究學的成果中可能呈現不同面向。因為這些哲學家／神祕主義者在解釋時基於自身經驗已未嚴格區分三道，故後世研究者僅能盡可能判斷究竟某人對某一階段的觀點為何。

（三）我們從此節開始於右頁列舉之年表並未窮舉，因為那是靈修學史的工作。我們僅是列舉部分重要代表作為說明而已。

二、煉道的重要性

　　基督宗教神祕經驗知識論認為，人既然由身體與靈魂所組合，但身體往往帶有慾望且易受感官左右，故在踏上以默觀為終點的靈修之路時，第一步即為讓靈魂不再受到身體的影響。這種觀點預設靈修神學在知識論／認知狀態上的原則：越高等級的知識越屬於純靈狀態，越無法以現世感官與身體加以理解或掌握，也就越需要神聖力量的幫助。

　　除上述這種知識等級的認知，煉道預設認知能力與結構的限制。基督宗教神祕經驗知識論基於宗教內對人組成結構的理解，在這裡也有其認知上的預設：

（一）人雖然以靈魂為其核心，以身體為工具，但作為工具的身體因以物質為組成要件，所以僅能掌握相同由物質組成的對象。這與神祕經驗知識論的傳統背景有關，由於其知識論背景為士林哲學為主體的實在論（傳統），所以對這些哲學家／神祕主義者來說，一個人對認識對象的認識乃是依照他所具有的認知能力進行認知。人既然是以身體為主要工具，那麼人就不可能在一般狀態下認識超越在他認知結構以外的事物。

（二）靈修路徑的最終目標是默觀，但默觀的對象遠超過人本性所能理解，也非人本性所能把握。因此人需要透過煉道，一方面練習擺脫肉體限制，一方面熟悉新型態的認知模式，即由神聖力量主動引導的認知模式。

　　因此我們注意到，在神祕經驗知識論中，哲學家／神祕主義者會不斷強調悖反的認知觀念。例如認為默觀是最強烈的黑暗之光，原因在於他們在認知過程中認為，神聖之光的性質過強，以至人的感官不可能承受，一如我們眼睛無法直視太陽一般之狀態。

煉道概念發展的歷史

代表人物	對煉道的說明
柏拉圖	靈魂必需透過道德修養的操練使自己一步步地返回理型的世界
新柏拉圖主義的斐洛	走向神的第一步方法，是與柏拉圖相同地用道德教化以使自己淨化
普羅丁諾	淨化仍是採用道德與理智的徑路前進，使得靈魂得以返回 Nous 甚至是太一當中。
奧力振（Origen）	三個階段裡的第一階段，即道德修養階段，便是要求信徒專心於內心的淨化與道德修養。
額我略 Grogory of Nyssa	額我略密契主義的三個階段裡，第一個階段，即他自己所說的「光」的階段，同樣是指人的煉淨工作：在此階段中人放棄自己錯謬的思想，轉向神的正義與真理。
托名戴奧尼修斯	走向神的第一步就是淨化的工作
奧古斯丁	在第一至第三階段靈魂必須經歷人的生物、知覺和理性三個階段，直到第四個階段靈魂開始進入德行與淨化的階段，基督徒才得到真正的進步。
額我略一世	第一階段是指基督徒應盡力抗拒邪惡，並努力控制個人的情緒與激情。
提理的威廉 Willam of Thierry	在第一階段中靈魂僅是初學者，乃是由人的獸性所控制，故需要透過順服、遵守法律與外在的規律進行苦修。
聖維克多的雨果 Hugh of St. Victor	在推理層面來說，第一個階段是象徵的知識。不論在柏拉圖或奧古斯丁那裡都可以發現世界如同一本象徵之書。
聖維克多的理查 Richard of St. Victor	著作中反省感性事物的問題，並認為基督徒生命目標為默觀，則進入默觀前必然需要預備階段。
文都拉 Bonaventura	《心靈邁向神的旅行》把淨化認為是邁向神的旅行中的最初步工作。此外，他認為德行可作為靈修路徑的第一階段。
麥琪蒂 Mechtild Of Magdeburg	靈魂應該盡可能清楚一切由外感官獲得的記憶、想像與認知對象，甚至應清除自己的德行，才能使自己達至與神合一的境界。
陶勒 John Tauler	人為能達致奧祕默觀的境界，必須捨棄一切外在事物以達到精神的赤裸。
呂思布魯克 J. Ruysbroeck	第一階段為內心的生活，此時靈魂得到恩典的光照，潔淨較為低等級的官能，除去幻想與旁騖。

*由於我們將專門討論多瑪斯與十字若望的神祕經驗知識論，所以我們在此不將兩位哲學家列入表格中。

UNIT 8.6
明道

圖解知識論

靈修路徑上通過煉道後，靈魂進入明道的階段。明道的意義一般可分爲兩種：一種有關個人德行的操練與準備，另一種則是幫助人能以更加認識神聖本質。

一、超性運作的開始

擁有較爲完整神祕經驗知識論體系的哲學家／神祕主義者會在探討其系統時提到明道階段中產生的認知結果。這些認知結果慣常被稱爲「超性運作」，是指本性運作因受神聖力量幫助，產生超越本性的運作模式。一般相信，這種超性運作能幫助人更加認識神聖本質。然而也因爲是超性運作，所以明道常有以下四個特點：

(一)基於認知結構／能力與被認知對象有關，超性運作時將出現與超過本性感官所能認知的對象。這種超性運作所見對象包括天使、魔鬼或離世的聖人、親友等等，類似於我們所熟悉的「神通」概念。靈修神學一方面認爲見到這些超越感官的對象乃必然之事，但另方面通常會建議無須專注這些對象，也無須爲看到這些對象而有高人一等之驕傲。這與靈修神學對認知對象的理解有關：我們所理解的世界僅是感官能把握的世界，還有超過物質的靈性世界在此之上。

(二)明道與合道階段不易區分，因明道與合道兩階段均涉及認知官能的改變，與認知對象的不同，所以有的哲學家／神祕主義者認爲明道階段已經出現默觀運作，有的則主張要在第三階段才會出現。這種狀態再次提醒我們，階段區分僅是爲說明

上的方便一事。

(三)明道階段認知能力與對象的改變，也標示人對事物認知狀態不再和過往相同。明道階段產生超性運作的結果是讓人體會實在論中究竟何爲實在的真義。就此來說，頗有柏拉圖洞穴說的味道，但特別強調的是眼前的實在以外還有更爲真實的實在在超越界，唯有被神聖力量光照的靈魂始能體會並發現在此世界以上那更爲真實的所在。

(四)不少人在此階段提出指導者（天主教以神師稱呼）的重要性。由於認知結果並非初入門者所熟悉的狀態，故指導者在此發揮他們基於經驗所具備的重要性。他們能協助靈修者分辨超性運作所見對象是否值得專注追求，也能以過來人身分提供靈修者正確路徑指南。就超性運作知識的獲取方面來說，他們的工作類似登山嚮導一樣。

二、生命德行的實踐

明道除了知識論的意義外，還包括生活德行的實踐，既然靈魂此時認知且（被動地）理解了更高層次的實在，那麼他不能只是在知識上有所獲得，更需要在生活中實踐德行。爲此我們無需意外，許多哲學家／神祕主義者認爲，明道的主要工作之一是修養德行，使自己成爲具備德行之人。這裡所謂的德行修養之方法對生活來說是簡單易行的，例如固定的祈禱、讀經、崇拜。這些方法可能與我們所想像的實作大相逕庭，但這正是明道階段特殊的地方：認知的改變應該幫助靈修者生命更加成長，所以具倫理學意義的實踐價值。

明道概念發展的歷史

人物	對明道的說明
奧力振	進入較為進步階段時就不再適合自己搏鬥，乃是要與邪惡對抗，此時靈魂可獲得更多類型的神視與真智慧
額我略	第十一號關於雅歌的講道中談到，靈魂在進步中，理智遮掩一切感受而準備默想關於神的種種。靈魂此時處於第二階段，被比喻為出埃及記中神向摩西於雲中的顯現，此時靈魂因為進步之故，所以理智如同雲一般，遮蓋一切感受性的東西，以準備靈魂可以默觀於神聖本質。
托名戴奧尼修斯	正式定名的啟始者，但除了《天階體系》外，托名戴奧尼修斯並未將這三階段實際運用在基督徒的生活中。
奧古斯丁	〈論靈魂〉這篇論文中所提第五到第六階段，在於積極地實踐基督徒生活中的善良美德，而非只是單純地遠離罪惡。第五階段是是寧靜的階段，標誌經由對激情的控制得到平安，第六階段則是進入明悟，靈魂力求與致聖者彼此融合。
額我略一世	第二階段是要求個人在德行上的進步，除道德應當進步外，神學德行上也應當不斷進步。除此之外靈魂在此階段無法取悅神聖本質。
提理的威廉	第二階段為進步，人的理性開始佔有絕對優勢。
聖維克多的雨果	第二階段為理智的知識，人透過可見工具將自己提升至不可見的境界，此時人使用的是反省與默想。
文都拉	明道的意義不只有修道這件事，還包括了思想從神而來的祝福與思想基督為人所受苦難與死亡。若以靈修路徑來說，是我們得以理解所相信的對象。
陶勒	人的心可透過禁慾與割捨向神提升，超越概念和意象，進入到靈魂的核心中。
呂斯布路克	明道意義則傾向修德的觀點，認為此時應效法耶穌基督的生活。（不過他所謂「德行的生活」反而是指靈魂重建統一的第一階段）。
《不知之雲》	《不知之雲》（*The Cloud of Unknown*）為作者佚名的靈修學著作，其強調默觀的知識超越概念，默觀中人的知識從概念的轉移到直覺的、經驗性的與無意象性的知識內容，以便愛能順利運作。
利喬的丹尼斯 （Denis of Rijkel）	依據文都拉的想法，將靈修生活區分為三步，其中第二步就是明道，靈魂在明道中，他的整個心思都放在默想神聖事物上。
嘉西辛・乃羅斯 Carcía de Cineros	明路階段強調的是靈修者如何實踐與操作。他建議靈魂在天主教靈修傳統的「明路週」中，整個重點在於預備妥當的悔罪，或默想聖人的生活等等。

＊原本明路強調（超性）知識上的長進與學習，但在14-15世紀之後，明路開始逐步融入實踐與操作的面向。

UNIT 8.7
合道

圖解知識論

通過煉道與明道的靈魂此時得以進入靈修路徑的最高峰，即爲合道。原則上所有靈修神學的最終目標都在於此。此階段有兩個特點：一個是默觀，另一個則是合一。

一、默觀作為知識

默觀在靈修神學中（常）被認爲是人此生所能獲得的最高等級知識。默觀英文爲contemplation，來自拉丁文*contemplatus*。這個詞可以拆開成con + templ + atus。其中templ/templum的意思是一個被切割開的空間或一個聖界。所以*templum*有以下兩個意義：㈠天上的空間，或是被設置在地上，目的是爲了觀察某些如預言或神喻般所進行的符號；㈡若透希臘文的意義理解，可以得到類似的詞「*témnein*」，其意即爲切割開來，也就是區分出神聖與世俗之間差別的意思。如果將con + templ + atus組合爲*contemplatus*時，原始意義可被用來指稱預言家將占卜前，清理出預備觀察的空間，而在神祕經驗知識論中則被引申指稱爲修行者經由持續的專注，培養出虛淨之心，以便能夠達成對超越界的注視。

我們注意到這個詞強調的是預備好自己，那麼就認知結構來說，其認知對象即爲神聖本質。我們使用神聖本質一詞指稱基督宗教的神，因爲（士林哲學）實在論的立場上，知識論與形上學互爲體用，兩者相輔相成。就默觀作爲知識的角度來說，當人得以見著神的本質時，其所得到的靈性知識內容即爲洞悉一切的一切。此點從形上學角度加以說明：士林哲學形上學定規萬有均在

神的認知中，且這種認知超越時空限制，神的認知就是神的本質，所以當人見著神聖本質時，他如同見著神的認知，自然可在神聖本質中認知一切的一切。然而，雖然我們在此說默觀可「認知一切的一切」，但事實上並非真正達到此一境界，因爲大部分哲學家／神祕主義者均同意，這種神聖本質產出的認知不可能爲人之本性所承擔。所以雖是看見神聖本質後可洞悉一切，但事實上是依據神聖本質賜予適量但超過本性所能掌握的內容。不論如何，合道中以默觀爲最高等級知識的觀點是無庸置疑的。

二、合一作為目標

默觀作爲最高等級知識的發生是在人與神合一的境界內。如我們在8.1中所提到，所有神祕主義的目標都是追求絕對的合一境界。所以在基督宗教神祕經驗知識論內，最終人與神將合而爲一。在其中，靈魂除獲得前所未有的知識外，更重要的在於在神聖之愛中能夠被完滿。

不過我們需要注意的是，在這種合一中人的本質並未改變，因爲基督宗教神祕經驗知識論中強調，神與世界之間是完全對立的兩者。既便用字曖昧的艾克哈特（Master Eckhart）也堅持神人的完全分離。爲此，基督宗教式的神祕經驗知識論並非泛神論之結果：用十字若望的比喻來說，人只是一片消融在陽光下的透明玻璃：看起來好像在神聖榮耀中消失了，但玻璃作爲本體就是在那沒有離開。

合道概念發展的歷史

代表人物	對合道的說明
奧力振	靈魂參與基督的奧祕，以投入聖三為目標，並與神締結神祕婚約。此時靈魂被默觀之對象聖化，與神合一。
革利冤	達至此境界的基督徒特徵為默觀，默觀是真正認識神的最高峰，這種認識與愛息息相關，並呈現無所欲求。
額我略	以完全的黑暗來比喻第三階段。人性在所有的準備中預備自己，好使自己進入神的聖殿中，最終被完全包裹在神聖黑暗中。
若望革西安	靈魂的成全境界是在默觀中深愛神聖本質。
奧古斯丁	第七階段為習慣性的默觀於神並住在神之內在。默觀能幫助靈魂經由淨化不斷追求屬神的神視。
額我略一世	在聖靈賜下恩賜與敦促之下，一切德行終於達至完美。所謂的默觀是指在神學德行的範圍內，德行逐漸趨向完全的境界發展。而在默觀中，人盡可能保持對神與對人的愛。
裴堪若望 John of Fecamp	默觀具有強烈的實踐特性，但靈魂實在沒辦法真正享受這種默觀生活，但可以透過實際宗教生活的操作讓自己真正開始默觀的生活。
提理的威廉	第三階段為成全的階段，此時成全的人已成為真正具有靈性的人。
聖維克多的雨果	到了第三階段，人可以得到奧祕的知識。前階段當人開始反省與默想，便開始認識自己與神不同，當人開始意識到這點，他便可以開始練習與神想像。然而這時需要導向默觀的認知。
聖維克多的理查	默觀是人力所能得到者。默觀可分為六個等級：第一階段人思考外在感官可把握事物，第二階段掌握宇宙內物質間關係，第三階段越過感性範圍體驗非物質的存在，第四階段默觀靈魂與天使一類的神聖實體，第五階段開始默觀神聖本質的知識，第六階段默觀者以遠超理性範圍。
波拿文都拉	合道可被視為真福階段，能看見我們理解的對象。
呂思布魯克	當人的理智、記憶與意志得到淨化，就可以感受神的呼喚，最終在神聖之光的照耀下，默觀神的本質，但這種默觀同時也已超越本質。
羅里 Richard Rolle	默觀是理性的（超性）運作，帶領靈魂與神合而為一，其對象為神祕的三位一體，乃不可知者，所以默觀的知識是模糊的，性質則是人與神的愛。
《不知之雲》	默觀所達至愛的成全為智慧，是通過漫長靈修黑夜所得到的最終禮物。

＊合道階段同時包含兩個重要概念：1.默觀，2.合一（或稱契合、冥合）。

UNIT 8.8
靈性知識的符號

圖解知識論

　　基督宗教神祕經驗知識論中有一特殊象徵符號，此符號代表超升的過程。這種對超升過程的描述如同一路徑，有時被以梯子形容，有時則被形容為不同上升的階段。不論以何種符號表示，其目的都在說明人在靈修過程中如何自低處往高處爬生的過程／指南／建議。

一、超升的意義

　　我們在此所提到的超生，相對應拉丁文為 *Ascendo*，是指一種向上的動作，及靈魂所想要達到的高度：這個詞在柏拉圖那裡已經可被看見。在《饗宴篇》（*Symposium*）此詞被用以指稱，當一個人想要把握神祕的愛時，他會一步步從形體美被引導至廣大知識之美，按著秩序接近最終的神祕的愛的本體，然後突然 *Ascendo* 進入一個「永恆的、無始無終、不生不滅、不增不減」的美。從托名戴奧尼修斯開始，這個詞所指為在一種階層體系的建構下。例如在《天階體系》，「體系」被托名戴奧尼修斯定義為對神聖秩序的理解與模仿行為，並藉由此體系被提升至與神的合而為一。而在《教階體系》中，托名戴奧尼修斯認為藉由一種對應於天階體系的教會聖禮，將使得觀禮者經歷一種「向上的」觀照，進而使觀禮者進到完全的地步。兩方面體系乃彼此相對應的結果。因此我們看見，這個詞同時具有上升與達至完美的目的，所以日後此觀念象徵拯救靈魂的秩序，按著這種秩序，神祕主義者通過自我洗禮使自己的靈魂昇華到上帝的思想境界。例如十字若望以加爾默羅山作為一個完整的旅途過程，並在《黑夜》中提出十個由低而高階梯的秩序，他自己說，稱此一旅程為「梯子」的理由就在於靈魂能藉由梯子上升與下降，一如要達至對神的默觀一樣。特別在中世紀信仰內所使用的梯子概念有重要意涵：除了來自聖經中所使用的意義，天梯也意味有條理的進取，一步一步通向一個先存的高度。

二、超升的符號特性

　　基督宗教神祕經驗知識論相信這種上升過程具有以下三種特性：

㈠因為是自世俗低處向屬聖高處漸漸上昇，越高之處的等級必然地具有較高的價值，這種價值差異不只在地位，在知識層面也相同。

㈡這種上昇的象徵同時與神修的煉明合階段有相應的關係。

㈢這種區分有時與對基督徒的分類有關。

　　爬升的意義應該被理解為，是基督宗教信徒（甚或靈修者）所依據的秩序。透過分類與秩序內容，靈修者可以對應自身狀態，並確定自己現在正處於如何階段。後一階段既比前一階段等級更高，靈修者就應當在靈性上不斷自我提升，以致完美的地步。

　　如果存在這樣的階層，那下一個問題就自然產生：所有人都能透過這種超升的過程，逐步往上達至完美的境界嗎？這個問題在此產生矛盾與張力。按絕大多數士林哲學哲學家／神祕主義者的主張，超升過程每個人都能經歷且都能達至最後合道／默觀的境界。但實踐卻並非如此。有不少靈修者基於個人氣質特性，或是受世俗欲望拖累，以致在第一或第二階段就功敗垂成。因此雖然每個人在本性上都合適，但事實上能達至最後階段的人為數卻不多。

不同時代的靈性知識的符號

人物	靈性知識的符號
柏拉圖	知識論中就已經具備這種特性，他將知識的等級區分成四級，自下而上分別為幻覺、感官知識、數學知識與理型，只有理型才是真實存在、且為值得追求的知識。
柏羅丁	認為世界自下而上區分為靈魂、*Nous*與太一，其中神性的份量因為流出的順序是自下而上逐漸增加，最後靈魂所回歸的終點就是太一。
諾斯底主義 Gnosticism	則以三種階層對人作出區分：注定得救的特選屬靈階層；需要神幫助才能得救的屬心階層；永遠沉淪的屬身體階層。
革利冤	以「靈魂的大廈」為基督徒的生活階段作出區分，其中分為敬畏、信仰等層，最後是愛的階層。
額我略	以神向摩西顯示的三個階段來表明這種靈性上升：第一階段是在燃燒中的荊棘，第二階段是在出埃及的雲彩，第三階段是完全的黑暗。
奧古斯丁	七個步驟：從人的生物、知覺與理性三個階段出發，第四階段是德性與淨化的階段，第五階段是寧靜的階段，第六階段是進入明悟的階層，第七階段則是習慣與神密契且住在神裡面的階段。
季高二世 Guigo II	靈修生活可以區分為四個等級：閱讀是為研讀聖經與研究；默想是為尋求理性幫助以能理解真理；祈禱使自己投向神以清除邪惡；默觀中靈魂超越自己。
聖伯納 Bernard, St.	愛的發展有四個階段：私愛、利愛、子愛、純愛。因此雖然都對神有愛，但等級仍然不同
提理的威廉	除了以初學、進步與成全三個階段來區分外，還用信仰、信仰的推理、經驗三個階段加以區分。
聖維克多的雨果	靈性成長五階段為：閱讀、默想、祈禱、成長與默觀。
波拿文都拉	在《心靈邁向神的旅行》中分出六條道路，依序從外在世界、人自身的形象以至最後看見神的形象，亦為一步步地向上走去的旅行。
聖女大德蘭	《七寶樓臺》中，第一樓臺時靈魂還在世俗當中；第二樓臺時聽見神的呼喚，但還無法作出回應；第三樓臺時因為已經痛改前非所以開始默觀；第四樓台時因著愛而進行更進一步地默觀，也易有超自然現象發生；第五樓台時靈魂不再認識自己；第六樓臺時自上面而來的痛苦出現在人的靈魂裡，在此也有一些超能力的出現；第七樓台與第六樓台相連結，靈魂已與神合而為一。

UNIT 8.9
多瑪斯的默觀㈠：概論

圖解知識論

我們在實在論的部分討論過多瑪斯的知識論系統。對多瑪斯而言，根據其信仰，人的組成既然包含靈魂，所以除獲得可感知識界的知識外，自然可以獲得超越感官以外對象的知識，一如我們在前幾節所提到的內容。因此我們將在以下數節勾勒出多瑪斯對於默觀的理解，並說明對多瑪斯來說，默觀是具有什麼樣內容的知識？

一、討論前的準備

雖然我們將在以下篇幅討論多瑪斯的默觀觀念，但實際上多瑪斯對默觀的討論與其他神祕主義者非常不同。以下兩件事我們需要事先知道：

㈠多瑪斯討論默觀時並未特別為這個觀念撰寫專門著作，像是前面所提到的托名戴奧尼修斯或之後所將提到的聖十字若望一般。但他確實有討論默觀，不過通常是用來與天使（多瑪斯著作中以靈智實體，intellect substance，作為正式稱呼）的認識過程比較，或者是因為要反駁拉丁亞維洛埃斯主義者的論點。他討論此觀念最為集中的部分在《駁異大全》（*Summa Contra Gentiles*）與《論真理》（*De Veritate*）內。

㈡多瑪斯對默觀的討論與其他神祕主義者極不相同。其他神祕主義者，如前面數節我們所提到的，會解釋煉明合三道的發展過程，並解釋在其中靈修者應該如何自處與面對。多瑪斯幾乎沒有這些討論，這可能與他所處的學院背景與他的重心放在「默觀就是人生最高等級知識」

這種概念上。所以即便在《駁異大全》完整討論的段落內，他仍然將重心放在 1.默觀的認識過程如何產生；與 2.默觀為何可以作為實踐的知識。

二、默觀的概要

有鑑於上面所提的實際狀況，我們的討論將特別以《駁異大全》卷三第2-63章作為討論的基礎。多瑪斯在《駁異大全》卷三第37章給我們一個默觀概念的概要指南，並指出唯有默觀才是人類能真正擁有的幸福。他以六點提示我們默觀之所是：

㈠默觀是唯一適合於人的能力，且人無法與其他動物或人分享。

㈡默觀的目的不是別的，因對真理的默觀本身就是自己的目的。

㈢由於此一運作能力僅能被神及靈智實體（推動而）運作，所以人只能以接受超越他自身的特定方式進行。

㈣在此運作中人將透過特定方式與並對更高等級的存有者產生認知。

㈤由於此運作使人超越於自身之外，所以需要外界實存之物的協助。

㈥此一運作實際上為人所有能力中最完美者，所以才會需要外在所有事物的配合，並排除一切可能的阻礙。

多瑪斯認為，默觀是對精神性存有產生認知的認識活動，所以雖然默觀是一種認識活動，但並不單單依靠人的理智運作即可達成；因為默觀的對象超越在理智以外。所以雖然默觀符合人的本性，也是人此生的完美目的，但對於默觀作為認識內容，人還是需要神聖力量的幫助。

多瑪斯默觀概念的概要

多瑪斯認為人依其本性仍然可以認識超越感官的神聖實體，方法包括：
1. 藉由自身理性之光，經由受造物而逐步認識並上升至得到關於神的知識。
2. 藉由超越人理智之上的神聖真理，透過啟示降臨於人之中，這裡所說的啟示是以文字傳述那些人應該被相信的事物。
3. 藉由神聖能力將人的心靈提升到凝視被啟示成更為美好，且超乎萬物之上的（神聖）對象。

上表表示，普通經驗知識論多瑪斯以亞里斯多德為基礎
神祕經驗知識論上以柏拉圖——托名戴奧尼修斯為基礎
所有知識中最為美好的知識為默觀

引導出多瑪斯於《駁異大全》第2-63章探討默觀時呈現出雙重結構

章節	認識神的方式	摘要		
2-25	肯定之途	肯定所有受造物必然朝向一個最終的善前進，此最終善必然為神聖自身 5-15章：插入附論，探討關於惡的種種問題		
26-36	否定之途	探討不能稱為人類真正幸福的種種對象		
37-63	超越之途	37	肯定之途	肯定默觀為人類終極幸福與目標
		38-50	否定之途	否定並反駁對於默觀的錯誤理論
		51-60	超越之途	人於默觀中將會發生與面對的情形
		61-63：關於默觀生活實際層面的討論		

所以默觀之所是

1. 默觀是唯一適合於人的能力，且人無法與其他動物或人分享。
2. 默觀的目的不是別的，因對真理的默觀本身就是自己的目的。
3. 由於此一運作能力僅能被神及靈智實體（推動而）運作，所以人只能以接受超越他自身的特定方式進行。
4. 在此運作中人將透過特定方式與並對更高等級的存有者產生認知。
5. 由於此運作使人超越於自身之外，所以需要外界實存之物的協助。
6. 此一運作實際上為人所有能力中最完美者，所以才會需要外在所有事物的配合，並排除一切可能的阻礙。

多瑪斯上述概要提示我們：
1. 默觀觀念奠基在人的理智之上，但默觀不能單單依靠著人的理智。因為默觀的對象超越於理智之外，所以人的認知原理無法提供對神默觀的可能。
2. 只有默觀是人在此世中所能得到的最高幸福，但進入默觀不過是整體神祕經驗知識論的開端。
3. 默觀自於人本性的要求，而非人對於真理追尋所得到。因此，默觀雖然為是一門學科（*scientia*），但不是用來處理較低等級事物的學科。而是研究神聖實體（本質）的學科內容。

UNIT **8.10**
多瑪斯的默觀(二)：關於人認識神的本能

多瑪斯對默觀觀念的理解，建構在他對人本性的認識上。我們曾提過多瑪斯所謂人的結構為「靈魂＋身體」，並依亞里斯多德的理論建構起他對普通知識論的理論。討論到神祕經驗知識論的時候，他引入托名戴奧尼修斯的思想，將肯定之途、否定之途與超越之途使用在他對默觀觀念的說明上。

一、認識神的可能性

從普通知識論來說，判斷與抉擇是人認識過程的暫時終點，因為對事物產生把握，並能做出合於倫理的抉擇。但人的心靈無法長久滿足於判斷與抉擇上的暫時終點，因為一方面人的心靈面對短暫的幸福總有對永恆幸福的渴望，另一方面人的心靈也渴望探求超越在感官之外的神聖實體。但這種滿足不可能靠有限的事物獲取，所以多瑪斯認為，能夠滿足人這種對永恆渴望的只有默觀。從知識論角度來說，默觀既是超越的知識，又是所有知識等級中最高等級的知識，而且這種知識還帶有倫理學實踐的意義。因此默觀是人生最應當追求的認識目標。

但現在問題是，若根據亞里斯多德的知識論，我們知識的來源依靠感官經驗，觀念的產生來自我們對受造物的理解，所以理論上人不可能「真正」認識神：因為從我們感官經驗所得到的，都僅只是類比性的知識，不完美也不正確。從另一方面來說，人在結構上具有靈性，就心靈滿足上卻無法從現世獲得永恆的真正滿足。面對兩者間的衝突，多瑪斯提出我們認識神可能的方法。

二、認識神的方法

多瑪斯雖然在哲學人學與普通經驗知識論的部分採納亞里斯多德的學說，但與之不同的是，他肯定人具有作為受造物的最終目的，這個目的在對神有所認識。為能正確認識神，神必然安排一個所有事物所能依靠的確定秩序，使人可由較低事物出發，通過爬升／超升而達到對神的認識。爬升在神祕主義的發展歷程中極具重要性：

(一)指一種向上的動作及所要達到的高度：從托名戴奧尼修斯開始，這個詞就是指在一種階層體系的建構下，主體被賦予因為能夠向上所以能夠漸趨完美的意義。

(二)指一種朝向完美的意涵：在柏拉圖那裡，這個詞被用以指稱當主體逐步向完美爬升，會被突然帶入一永恆且完美的對象或境界。

多瑪斯在《駁異大全》中也使用這個詞，表達人作為受造物，確實有可行的方法使他能產生對神的正確認識。首先，人完美之善的表現是，他在某些部份上能認識神，並擔心自己身為理性受造物會沒有讓心靈滿足的目標，因此神給他一個明確途徑，好使他能經過這種途徑被超升至關於神的知識。從世界的結構來看，所有事物都是從世界最完美的頂點，也就是神那裡，經由一可知的秩序逐步下降，所以人也可以經由秩序的反向，逐步超升而達到接近神的知識。所以，多瑪斯使用超升這個詞，用來表達人向神前進的努力，只不過這種超升的過程在多瑪斯那裡是以知識的方式表達。然而透過從托名戴奧尼修斯的肯定之途、否定之途以及超越之途，人還是可以認識神聖本質。

人有認識神的本能

矛盾問題的起點

1. 人的理智所能得到的知識，均是經由人本性中對感性對象認識所得，但這種感性能力不可對直視神聖實體，因為神聖實體超越所有感性事物，所以對所有有形事物的認識均為不適合的。
2. 人在結構上具有靈性，就心靈滿足上卻無法從現世獲得永恆的真正滿足。

多瑪斯的解決方法：超升（ascendens）

這個詞表達人向神前進的努力，因為這個詞既可表達向上的動作及所達到的高度，又可表達朝向完美的意涵。

1. 超升指一種向上的動作及所要達到的高度。	2. 指一種朝向完美的意涵。

多瑪斯的理由：

1. 人的完美之善在於對神有所認識，而人作為受造物也有確實可行的方法使他產生對神的正確認識。
2. 神確實安排了一個完美事物所能依靠的確定秩序，故人可通過由較低事物出發的爬升而達到對神的認識。

引導出

根據多瑪斯在《駁異大全》卷四第1章所言
人有三種認識神的方式

第一種方法：人藉由自身所具備的理性之光，經由受造物而上升至關於神的知識。	這兩種方法都基於多瑪斯的目的論：他強調，萬事萬物必然朝向一定的目標前進，且這不斷前進的動作必然被（某物）引導。但是引導本身不能無窮無盡，故終點必為我們稱為神的那一位。這是經由受造物達到神的知識。作法近似肯定之途。（而那些過程中被排除者就可謂否定之途。）
第二種方法：藉由超越人理智之上的神聖真理，是類似於以文字傳述而被相信的事物。	
第三種方法：藉由神聖能力的幫助，能使人的心靈將被提升，凝視並被啓示成更美好且超過萬物之上的對象。	在此認識中人能夠透過外在神聖力量達至一完美的境界，屬於超越之途的方式。

肯定之途、否定之途與超越之途的應用

1. 第一種方法作為肯定之途：多瑪斯自然神學的基礎立場，強調經由受造物達到神的知識，類似《神學大全》中提到的五路論證。
2. 第二種方法作為否定之途：以肯定方式表述否定，「不是人理智所能把握的」強調感官經驗的無能為力。
3. 第三種方式作為超越之途：在此認識中人能夠達至一種完美的境界，即為對神聖本質的認識。

多瑪斯的默觀(三)：默觀是一種知識

圖解知識論

人既有能力可認識神聖本質，而默觀又是一種最高等級的知識，這意謂還有其他不同類別的知識內容。但不論有多少種認識途徑，多瑪斯始終認為默觀是現世中我們所能獲得最完滿的知識類別。

一、普通經驗論三種認識神的知識

我們在普通經驗論中能建構關於神的知識，多瑪斯指出這種建構有三種途徑：

(一) 第一種知識是關於普遍對神的認識，可以被認為是一種近似於常識的知識。雖然這種知識具普遍性，但容易因為混淆而彼此不同。所以雖是經由人本性中理性能力達至，卻不具足夠的正確性。

(二) 第二種知識是根據推論所得的知識。多瑪斯認為這種知識適合研究關於神的本性，原因在於神創造並設計萬物，所以證明的知識就能透過神創造出的萬物加以理解關於神的知識。

(三) 第三種知識是來自信仰給予的知識。多瑪斯認為，透過信仰所得的知識包含上述兩種，且能到達前兩者達不到的高度。

雖然我們擁有這些可能的知識途徑，但多瑪斯認為這些都不足以幫助我們真正認識神聖本質。多瑪斯並非說這三種知識不對，而應該是不完美的。

二、超越之途：認識神聖本質的最佳方式

為此，多瑪斯認為最理想認識神聖本質的方式仍是默觀。但默觀不是人憑己力所能達成，人一方面要在意願上有所預備，也就是願意進行如此高度之知識；另方面在行為需要準備，此處略有前述煉道的意義。換言之，默觀具有神人共同合作的意義。因為人不可能不預備好自己就進行默觀，因為靈魂真正的幸福不在透過自己擁有的認識能力認識神，而是在被超升至在理解中獲得直觀神聖本質時才擁有終極的幸福。但另

一方面，默觀是人本性無法達至的高度，所以若沒有神聖本質的幫助，默觀就是不可能達成的目標。需要這種幫助是因為神聖實體不可能藉由任何受造物的理智被看見，所以如果神聖實體能被看見，必然是神的理智自身經由自身看見自身，在這樣的直觀中神聖本質一方面是被看見的另一方面又是看見所藉助的。藉由神聖本質的幫助，人才能獲得神作為完美認知的自身，並在其中形成認知上主客體的同一。因為完美的認知就是認識到真的本質。

所以多瑪斯重新提出「默觀是最黑暗的光」這句重要的提示。這句話可被視為多瑪斯對託名戴奧尼修斯理論的實踐與繼承。這種說明基礎為「創造者──受造者」此一結構上無法跨越的鴻溝。雖然多瑪斯強調受造物的最終目的在於對神認識，但基於本性上的不相似，導致不論對神言說或是認識上都有困難，所以人需要默觀的恩典幫助他對神聖實體產生認知。然而神聖實體產生的光過於強烈，致使人在默觀的光中反而一片漆黑。這種狀況並非沒有光照作用，而是因為看到過強之光時因感官不適合所產生的暗黑幽冥。多瑪斯形容此一狀況即為託名戴奧尼修斯著作中不斷提出的「默觀是最黑暗的光」這句話。

因此，對多瑪斯而言，默觀是一種具有存在等級高低落差之意義的行為。從存有的秩序來說，神是最高的源頭，但受造的理智無法憑藉自己的能力達到默觀的高度。為此，神聖本質透過榮耀之光的照耀，讓理智在不依靠本性的情況下達到這種高峰。多瑪斯舉出兩個相等的類比式加以說明「視覺──經由光線──見到可見的事物」＝「理智──經由榮耀之光──見到神聖實體」。所以在多瑪斯的理解中，神的本質已超越了理智之光而需屬於恩典的榮耀之光幫助。

我們可以以四個問題作為對左頁討論的整合

問題	解答
Q1 雖有榮耀之光的照耀，但人的本性適合於默觀嗎？	1. 在神聖本質與受造理智之間存在巨大的差異，所以人不可能憑藉任何感官能力直觀神的本質。 2. 然而多瑪斯相信榮耀之光的照耀之下人必然而然能夠被提升到足以默觀神的高度。 3. 多瑪斯默觀的觀念應屬知識論上的解讀，並未出現「因為默觀所以本性得以完美化」的想法；他的觀點應該被解讀為：透過默觀，理智得到最後真正且永恆的快樂。
Q2 就算人的本性適合，是否人就真的能夠達到默觀的高度呢？	1. 基本前提：受造理智對最終目的參與程度與渴望有多少，會影響到受造理智所得到不同程度的默觀。 2. 從人的角度看，從神那裡而來的榮耀之光，不論哪種受造物都是相同的，而榮耀之光的作用，是在其照耀下讓受造理智越來越接近神聖本質。 3. 有差異的是在受造理智的方面，因為在受造理智會有其意願或欲求上的不同差異。 4. 所以每個人都適合默觀這種知識，但因為參與程度不同所以產生不同的結果。
Q3 包括靈魂在內的靈智實體是否能夠觀看神的本質？	1. 靈魂作為靈智實體指天使同類，但是在離開身體後產生的狀態。由於靈魂作為受造理智，受制於其本性所限，原則上不可能直觀神聖實體。 2. 靈魂以外的靈智實體則相較之下能較靈魂更多的看見關於神的種種。這是因為其比人在存在階層上更高，認識的方式也不一樣。但靈魂離開身體後能擁有相同的認識能力。 3. 但靈魂受限於自身本性，所以即便離開身體且能獲得更多的認識能力或方式，也需要尋求在本性之外的幫助。
Q4 達到默觀高度時，是否能洞悉一切的一切？	1. 這個問題＝「達到默觀高度時，究竟人能夠看到什麼？」 2. 前提：神是透過自己的本質認識萬物，所以若神的理解就是祂的本質，祂的理解必定是單純、永恆與不變動的，只存於活動之中，並包含所有在神聖存有中已被證實的完美。一切事物在神的理智之中「已經」被完全認知。 3. 所以，如果人在榮耀之光中達到默觀的高度，那麼在直觀神的本質時就必然能洞悉一切，因為人在默觀中是默觀神的本質，而神的本質就是神自己對萬有的理解。 4. 然而就認識過程來說，人的認識能力無法產生與神聖理智相同的認識能力，作為有限的受造理智即便在榮耀之光的照耀下也無法達至對無限的認識。 5. 所以所謂「一切的一切」並不是真正一切的一切，而是有限度的達至一切。但即便如此，靈魂最終仍將在看見神聖本質時得到完全的安息。

UNIT **8.12**
多瑪斯默觀㈣：默觀是一種實踐的知識

圖解知識論

默觀雖然在多瑪斯的脈絡下是依據知識論角度來討論，但除知識論脈絡外還包括實際生活的實踐。因為默觀後的人並非不用回返現實生活，而是在靈性上趨於完美。另外，我們在前面曾經提到，我們雖然有三種認識神的普通知識論方式，但因為這些知識都具有某種不確定性，其中混雜過多錯誤與不同意見。所以多瑪斯認為唯有默觀是最為合理關於認識神聖本質的方式，而且踐行的生活與默觀的生活兩者並列。

一、肯定之途的表述

對多瑪斯來說，人的終極幸福只能在神的那裡獲得，這種結論不論是哲學的還是神學的方面都具有相同結果。人的本性不只使他意願善，且更是朝向善自身前進；真正屬於本質的善只有神，因為只有神能夠使善的理性完美，所以只有神能是人的終極目的。這是基於人在道德領域內能夠自由活動，人可以根據理由自由地選擇。這種選擇道德的活動來自於意志抉擇，然而意志欲求普遍之善而非僅停留於個別之善而已，因此人必然會嘗試尋找普遍的善，並以之為目的。對多瑪斯來說，這種完美不存在此生所能擁有的受造物身上。因此真正完美的幸福就是神自身。

二、否定之途的表述

在討論善的實踐時，多瑪斯曾依序列出終極幸福之所不是的選項：包括肉體的愉悅、誠實、榮耀、富有、權勢、健康，甚至不在道德行為的價值或名譽、藝術活動中。從倫理學的角度來看，完美的幸福只能在神的裡面，這裡有兩種意義：

㈠從人的理智來說，理智的終極目標是神，且人關於幸福與快樂的運作都在於得到神，這種運作是理智的作用，因為人無法意願所無法得到的對象。這是從知識論的側面來討論，強調認識傾向上的本性。

㈡除了靈性生活與知識論方面，另外還包括倫理學上的意義。一個進入默觀生活的人必然而然能表現出公民生活所需要的種種對象，包括德行生活、誠實、作人的榮耀、甚至是健康。

因此人在默觀中理智得到了真實的幸福，並在默觀中這些欲望都得到了真正的安息。默觀生活不是單純的理論推測而，還包括了回返到現實生活中人最深層的渴望與想法。

三、超越之途的表述

經過肯定之途與否定之途後，人對於幸福的觀點就必須經由超昇的概念而超越在現世之中。這種超越的結果來自於理智肯定神為人最終的目的，所以這種超越之途的方式具有強烈目的論的色彩。這是因為多瑪斯把至善與神聯結在一起，所以只有神才能符合多瑪斯倫理學意義中的至善。人必然追求神作為至善的目的，並通過使用亞里斯多德的幸福論與目的論建構出神才是人真正追求的目標——雖然此種真正的幸福只能存在於來世。所以在多瑪斯那裡，其對默觀的意義清楚標示著一種知識的傾向，使得終極幸福必須是放置在理智的意義下探討多於在意志層次加以說明。理智既具有抉擇的可能，那麼默觀所帶出的倫理學意義即可不言而喻。實踐需要選擇，且需要具體實現。

多瑪斯論出神

出神（rapture）被認為是多瑪斯默觀作為知識的最高峰
1. 與人本性相反，因為人被認為最理想的本性活動是理解，但出神所看見的事物超過人本性所能理解。
2. 出神是指：人在認識過程中，因受到外在神聖力量影響而產生超乎本性擁有的能力。神聖力量把人提到一定高度之上，使其處於較平日高於人之本性的狀況內。
3. 出神屬知覺能力，且因為表達出對欲求對象不同的欲望而產生新的傾向。

作為代表

代表人物保羅
保羅的自述「我認得一個在基督裡的人，他前十四年被提到第三層天上去；（或在身內，我不知道；或在身外，我也不知道；只有神知道。）我認得這人；（或在身內，或在身外，我都不知道，只有神知道。）他被提到樂園裡，聽見隱祕的言語，是人不可說的。」（哥林多後書12章2-4節，和合本）

Q1 保羅看見了什麼？	1. 看見神聖本質 2. 人的感官能力在默觀中不靠自身產生圖像，而是由神直接於理智中運作的結果。
Q2 保羅的靈魂是否與身體分離了？	多瑪斯區分兩種出神狀態，一種是包涵在人本性內的部份，為普通知識論；另一種是因為神的大能而使得其產生超越運作的部份，屬於神祕經驗知識論的範圍。問題不是靈魂有否脫離身體的狀態，而是在靈魂於出神狀態下用什麼方式進行對神的認知活動。
Q3 保羅的那一個部份被帶至第三層天？	保羅沒有真正討論身體與靈魂之間的關聯性問題。這表示：出神狀態下靈魂與身體是確實分開的；但在出神的實例探究中，出神者對於自己的狀態由於超過了所能掌握的理解範圍，所以對於靈魂與身體的狀態或關聯並不清楚。

推出

對多瑪斯默觀概念的總結
1. 多瑪斯的默觀概念可以透過知識論角度分析討論：在肯定之途中，多瑪斯肯定默觀是人此生中最高也最榮耀的知識；在否定之途中，多瑪斯認為世上一切的知識都無法與之比擬；在超越之途中，理智之所以能得到這種知識是需要榮耀之光的照耀才得以實現。
2. 默觀的知識不僅是理論的探討，還可實踐在現實生活中，並能滿足靈魂深處所有的渴望與需求。人的生命可以區分為踐行的生活與默觀的生活，但兩者相輔相成。
3. 人的踐行生活追求至福，默觀生活能使人被提升至默觀神聖本質的生活中，所以默觀成為人生命中真正的至福。此生中不會有任何別的事物能夠取代或超越這種因為默觀而得到的完美幸福。然而對真理的默觀雖在此生中開始，卻是在未來才能達至高峰。

UNIT 8.13
十字若望㈠：煉淨是為預備獲得知識

十字若望堪稱是基督宗教神祕經驗知識論的頂峰，他不但留下對煉明合三道過程詳盡的解釋，並手繪代表靈修路徑的加爾默羅山登山路徑。為能解釋靈魂如何能上升至對神的默觀，十字若望用大量詩歌與象徵系統解釋這座登山路程過程及內容。除登山這個象徵符號外，十字若望也使用黑夜的概念描述整個靈修的過程，而整個黑夜可以區分為三部分（或區分為三夜），正好可以比對煉明合三道之階段。然在開始說明十字若望的神祕經驗知識論之前須先注意，十字若望認為認知能力的真正根源在靈魂自身，所以他一方面在著作中以靈魂代稱認知主體，另一方面則依循基督宗教傳統，以新娘稱呼靈魂，因新郎即為神自己。

一、煉道的意義

十字若望就知識論角度來說，是士林哲學體系下的實在論者，且認為外在世界就如我們所認知那樣的確實與實在。但既然默觀是靈魂最高等級的運作，而我們的身體與感官又常被世上事物引誘，所以煉道的工作就在潔淨感官與精神層次。不過我們需要注意，煉道雖有起始點卻沒有所謂終點，因為煉淨工作是邁向默觀必經之路。而十字若望也區分煉道為兩種種類：

㈠ 感官黑夜（前夜）：主要工作為透過感官的煉淨，使人可以朝向明道及與神結合的目標前進。此種煉淨同時包括知識論與倫理學，兩者需同時煉淨是基於，感官知識不只包括我們獲取認知的材料，這些材料也與他人倫理互動有關。

㈡ 精神黑夜（後夜），十字若望認為此種煉淨較前者更為辛苦。他認為，此時靈魂接受超過本性所能承受的神聖力量，故靈魂可能暫時失去理解能力。此點可以他引用托名戴奧尼修斯「默觀是最黑暗的光」作為證實。此階段會因經歷人與神兩極的結合而極度痛苦，普通知識論的認知能力均受到煉淨，因靈魂需放下對受造物的知識及經由自然所得的知識，並被剝離感官本性與超性能力。目的在使靈魂不再依靠感官能力，轉而依靠神聖力量。

我們雖可將兩者分為前後兩夜，但區分階段僅是將過程拆開以便方便說明，我們需注意：整個神修過程其實是一個整體。

二、操作與過程

煉道／煉淨的操作可分為積極主動之道與消極被動之道。前者指人可以透過特定方法主動地進入黑夜，例如效法基督言行，並持續虛空那些不是為了神榮耀的感官。若能達成，則進階操作為自我否定之法。後者非人所能操作方式，完全由神聖力量單方面進行。

煉淨的過程中，普通經驗知識論的能力雖未喪失，卻如同落入黑暗中。其所提供對知識的形成過程此時都無法再提供思考能力，心靈唯能經驗到黑暗與虛無。但十字若望認為，此時正因感性羈絆的去除，心靈反而得到歡樂，因為靈魂將從被身體欲望監禁的情形下得到釋放，所有感受部份都將得到真正平靜，不再任由欲望牽引影響。煉淨就消極來說是去除罪惡，但就積極層面來說是靈魂真正朝向默觀之路邁進。

十字若望論煉淨

十字若望，1542年6月24號－1591年12月14號
重要代表著作包括：
《登上加爾默羅山》（*Ascent of Mount Carmel*）
《心靈的黑夜》（*Dark Night of the Soul*）
《愛的活焰》（*Living Flame*）
《靈歌》（*Spiritual Canticle of the Soul and the Bridegroom Christ*）
後人將上述著作與其他書信及詩歌合編為《全集》

登上加爾默羅山＝神修過程的象徵
靈魂需要經過三個夜晚＝一個夜晚的三個部份

第一夜＝一整個黑夜的第一部分為煉淨
靈魂為要能與神契合，需要透過煉淨階段。因為，為使人能朝向與神結合的目標前進，人的感官須先煉淨藉以除去感官或欲望上的需求。

問題

黑夜自何時開始？	
《黑夜》第一卷第2章	《登山》第二卷第13章
對於關於神的象徵沒有興趣，同時對受造物也沒有興趣。	對於內外在事物已不再特別有情感或想像，也不再將興趣放在外在事物上。
靈魂的心思集中於神身上並擔心自己不能繼續服事神。	靈魂喜歡神對他的愛與關懷，獨處時若沒有官能運用也不會再特別思考內容。
雖然努力像過去一般，卻無法再自由運用想像力以便反省與默想。	雖然用想像力默想與推論，卻無法如過去一般興趣盎然。

煉淨的兩種類別

煉淨的種類	感官的煉淨	精神的煉淨
目的	煉淨感官欲望	準備與神合一
發生者	普遍，屬大多數人特別是初信者	人數較少大多為靈修上已精進者
困難	對靈魂而言可怕的	對靈魂而言艱苦難熬
秩序	較後者優先	較前者少也更為困難

UNIT **8.14**
十字若望㈡：明道是因取得超越知識

圖解知識論

明道對十字若望來說可泛指對超性對象的認知。十字若望的知識論中，人的認知分為三大部分：外感官、內感官與靈的功能。每一部分在邁向默觀的路程上都可區分出本性運作與超性運作兩部分。整體來說，十字若望區分認知功能的運作如下：

㈠外感官功能，即本性五種感官知覺與超性的感性神視

㈡內感官功能，即本性的想像力、幻想力與超性的想像神視

㈢靈的功能，共分三組：1.第一組是本性的理智與理智神視；2.第二組是本性的記憶與超性的回憶；3.第三組是本性的意志與超性的默觀。

我們以下依據這個順序說明十字若望對明道的解釋：

㈠外感官功能：外感官在本性運作時指五種感官，在煉道時煉淨的對象之一。當外感官進入超性運作階段，其雖仍依本性運作，但認知對象除實在界外還包括超越界。外感官在本性運作時認識一般實在界的知識，而超性運作時能認識超越界的對象。

㈡內感官功能：在十字若望的討論中他特別強調想像力與幻想力。在超性運作時，靈魂無須感官運作即可得到超自然對象之認知。此時一切被認知的對象都能以超自然方式出現於靈魂的想像中，原因是想像與幻想就像理性容器，接受一切自外感官而來的種種表象，並進一步地呈現給理智判斷與思考。

㈢靈的功能：十字若望所說靈的功能，在本性運作中包括理智、記憶力與意志三部份。理智在超性運作時產生理智神視，記憶力在超性運作時幫助人產生對超性經驗的回憶，意志在超性運作時聯同理智功能產生默觀。由於默觀與合道有較為密切的關連，所以我們將意志的超性運作放在下一節討論。

　1.理智：理智即為人的理解能力，其本性運作能使人進行對日常生活的理解與判斷。理智運作能幫助人透過從外感官而來的表象認識事物本性。當理智開始超性運作時將產生理智神視。

　2.記憶：在超性作用方面他以「超自然記憶」稱呼，功能在幫助人記起超自然知識，例如神視與啟示的內容。

我們應當注意的是：面對超自然認知的內容，十字若望不斷提醒應當棄置以免妨礙靈魂面見神聖本質（除了理智神視中的無以形名之事物，因為這可指神聖本質自身，故十字若望鼓勵靈修者應盡力把握）。

十字若望對明道的說明

我們可以以圖表說明，十字若望所謂神祕經驗知識論的架構如下

知識論作為探討認知之為認知的學問，故研究範圍包括認知機能、過程與領域。
十字若望的探討基於機能運作區分本性與超性，故產生出兩種不同的認知領域。

在信仰中得到知識與智慧可有以下分類			
自然的	悟力能了解的一切，或由於形體感官，或由於自己		
超自然的	給予它超越自然能力的一切	形體的	從外感官的方式接受	包括想像了解、製造、形成的一切
			從內感官的方式接受	
		精神的	特殊的	分成互傳與精神、沒有形體感官參予，其中有神視、啟示、精神的言語和感情
			晦暗的	在信仰內所有的默觀，靈魂只在默觀中安放自己

其中這一塊為十字若望特別探討的

	認知視域	本性	
十字若望的神祕知識論架構		超性	超自然界 偶性超性界 實質超性界
	外感官功能	五種外感官	
		感性神視	
	內感官功能	想像力與幻想力	
		想像神視	
	靈的功能	理智與理智神視	把握世上有形事物的理智神視 把握天界有形事物的理智神視 把握無形事物的理智神視
		記憶與對過往回憶	
		意志與默觀	

認知領域
- 本性知識：經由內外感官及反省所得者
  - 肉體性的：內感官及外感官
- 超性知識
  - 精神性的：
    - 曖昧而普遍的知識
    - 直接而個別的知識：神視、啟示、神語精神性感覺

267

UNIT 8.15
十字若望㈢：合道才能看見知識本質

圖解知識論

我們在前一節提到靈的功能中包括意志。意志可說是種意欲能力，主要幫助人對日常知識的接受或排斥。但意志在超性運作中將產生默觀的能力，對十字若望來說這是最高等級的知識。這點我們無須意外，因為就基督宗教靈修神學來說，默觀一向是最高等級的知識，雖有時其被放置於明道階段，有時被放置於合道階段。

一、何時轉入默觀？

十字若望提出一組記號，說明從普通經驗知識論轉入默觀的特徵為何：
㈠ 靈魂發現自己雖然用想像力進行默想與推論卻自由運用，也無法如過去一般興趣盎然。
㈡ 靈魂對於不論關於神的表象或所有受造物都不再有認知上的興趣，甚至不會有情感或是想像。
㈢ 靈魂喜歡神對他的愛與關懷，心思集中在神的身上，並擔心自己不能繼續服事神，其甚至擔心自己正在退步。當靈魂獨處時若官能暫停工作與使用就不再特別去／需要思考什麼。

若有上述三點特徵，靈魂即準備從普通經驗知識論轉入默觀。

二、默觀究竟為何？

嚴格來說，默觀的知識被十字若望認為是此世所能獲得得最高等級知識。由於默觀是一種關於愛與結合的知識，所以其同時包括兩部分：第一部分是愛，第二部分則是結合。十字若望認為，若沒有愛則默觀沒有意義。默觀是一種關於結合的特殊經驗，其不只是愛了愛的緣故，更是藉由愛而達成。默觀的愛產生於信仰中，信仰愛慕的對象是超越理性之外的神。所以默觀中靈魂得以真正看見神聖本質的內容，也因為看

見神聖本質，故默觀已是現世最高智慧。雖然此階段默觀已為今世最高等級的知識，但唯有靈魂離世後所經歷的榮福神婚能超越默觀，因為那時靈魂將以榮福神視（Beatific Vision）直視神聖本質。雖然榮福神視作為人所能擁有所有種類知識的總合，但我們對之僅能期待。

三、結合的意義

在默觀中，靈魂屬於與神聖本質彼此結合的狀況。十字若望提醒我們關於結合應當注意的特點：
㈠ 雖然結合是兩者間的彼此合而為一，但靈魂與神之間的結合是透過分享的方式，彼此仍保有屬於自己的本體，不相混合。
㈡ 結合會因著靈魂所具有的不同程度，而產生與神聖本質不同程度的結合與認識。

十字若望這裡所謂的結合並非物理意義上的結合，而是基於本質變化使靈魂在神裡面的變化。這種結合以愛為彼此基礎作為發生條件，故又可稱「相似的結合」，或「超自然的結合」。靈魂雖然分享神聖本性而臻於完美，但這卻並未指人在本質上變成神，而是指因為分享與神的結合而成為純潔的改變，此時靈魂在純淨的面向上與神相似，毫無瑕疵。十字若望的比喻是日光與玻璃：當日光射入玻璃時，如果玻璃上有塵土，日光無法透過光本身照亮或改變玻璃，使玻璃一塵不染；如果這片玻璃塵土較少，那玻璃自然會比較乾淨。徹底乾淨的玻璃在日光下會似乎消失不見一般，但我們卻都知道玻璃就是在那。然而，即便玻璃因乾淨反射出日光，玻璃與日光仍然不同。玻璃只是因為分享了日光才使它變得光亮。

默觀作為意志超性運作的產物

十字若望對默觀下的定義	
《登上加爾默羅山》 《靈歌》	默觀是種對理智來說層級最高的知識，可以以「神祕神學」一詞代表這種知識的整體意涵。
《黑夜》	默觀是神對人意志進行愛的傾注，性質上為祕密進行
《愛的活燄》	默觀是理智與意志共同擁有那種對神祕密性的愛的知識
默觀對十字若望來說是神祕經驗知識論最為重要的認知運作內容 他極鼓勵靈修者努力修習此一能力，且認為這是神修中的最高目標	

引導出默觀的六個特點

特性	說明
超性的	默觀是對靈魂的愉悅知識，內容是關於神所隱藏起來的知識，或關於神自身的祕密知識。
靈性的	默觀的知識不來自感官，由神直接澆灌進入靈魂中。
被動的	默觀時，（主動）理智只是被動地接受認識活動，理智在其中沒有任何主動工作或是作用。
無區分的	默觀中靈魂超越了時空的架構。平日感覺與記憶力在時間之流中運作所依靠的型式被神聖本質清除出去。
普遍的	魂在默觀中能得到的平靜安穩的感受，對進入默觀的靈魂而言，普遍意謂著「神即一切」的意義。
維繫理智與意志	默觀的知識是一種以愛為基本動力的知識。在此中因著愛的緣故使理智與意志合而為一。

默觀已是此世所能獲得得最高等級知識

堪以「神祕婚禮」來比擬此人與神之間的最高 結合 階段

唯有靈魂離世後的榮福神視才能超過之

結合的意義

1. 雖然結合是兩者間的彼此合而為一，但靈魂與神之間的結合是透過分享的方式，彼此仍保有屬於自己的本體，不相混合。
2. 結合會因著靈魂所具有的不同程度產生與神聖本質不同程度的結合與認識。
3. 這種結合以愛為彼此基礎作為發生條件，故又可稱「相似的結合」，或「超自然的結合」。
4. 十字若望的比喻是日光與玻璃：徹底乾淨的玻璃在日光下會似乎消失不見一般，但我們卻都知道玻璃就是在那。

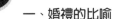

UNIT 8.16
十字若望㈣：登山指南

圖解知識論

　　十字若望的神祕經驗知識論所提登上加爾默羅山是一種比喻，透過這種比喻他告訴我們登上這座神修之山後我們將會在山頂看到什麼。

一、婚禮的比喻

　　十字若望以婚姻作為象徵符號，比喻合道階段的狀態。此時靈魂以走向山頂，與神合一且默觀神聖本質。十字若望提出幾種不同的階段：

㈠靈性訂婚：在靈性訂婚階段，靈魂感受到萬有都是天主，此時所有感官超升的苦難已經結束。就認識論的角度來說，靈性訂婚中對神認識來自被動理智的運作，因為理智乃是被動地領受對神的認識，且這認識屬於理智的認識活動。

㈡神婚：此階段也可以稱為「神化的結合」，因為靈魂於此階段已在主內全然神化，這是雙方以愛結合的極至所在，靈魂一方面捨棄自己的全部，一方面完全順服於他認知對象的一種結合。此時靈魂若仍使用普通經驗知識論進行理解或認知就是在走錯誤的方向。靈魂在此階段正確認識神的方式是默觀，即直接得到屬神的神祕知識。神賜給靈魂直觀的能力，能以認識屬神聖本質。靈魂在意志與理智上已經與神緊密的結合，其意志被神推動，記憶則充滿神性知識，其他幻覺或幻像都已經離去；理智成為與神結合的所在。

㈢榮福婚禮：最後所達至之榮福神婚，即前一節所提及之榮福神視，此非今世所能經歷到的，而是靈魂離世後所能經歷者。榮福婚禮中，靈魂與神之間不再受阻隔而面對面在一起，是靈魂與神合而為一的最高等級。從神祕知識論的角度來說，此級已進入榮福神視的等級。此時靈魂能夠以直接的方式面見神，也能在神聖本質中得知一切的一切。

二、山頂的景色

　　上面關於合道的描述可能令人費解，甚至感覺玄妙。但合道以登上山頂作為象徵符號，並非完全神祕不可言說。就神祕經驗知識論的角度來看，這個階段人的感官活動趨於平靜，達至安寧與休息，尤其感官對於情欲或欲望之類的需求幾乎不復存在。走進合道之途的靈魂或許認知超越我們感官所熟悉的對象，也可能能行神蹟奇事。但默觀作為同時兼具知識論與倫理學意義的實踐，能讓進入默觀的人行事為人符合聖經教導且留下讓人景仰的典範，因為當他失去所有的道路與本性時，他就超越了思慮、形式、感受等等型態。神就是他所有的，因為他失去所有不是歸屬於神的。這時的景觀，不但是與神合而為一，也是對神最清楚認知的時刻，此時就是靈魂在此生中所能擁有最高的福份。

　　為能說明這樣的過程與景觀，十字若望曾手繪一幅登山之路的路徑圖。這幅圖除了從最底下為「成全精神的加爾默羅山路」以及「不成全的精神之路」兩條路徑向上攀登外，也提示我們在山頂除了神聖本質外什麼都沒有。但也因為擁有了神聖本質，所以能認識一切的一切。此外，他在《黑夜》第二卷第18-20三章提出向上攀昇的十個等級，並指出神祕智慧本身就是座梯子，因為梯子可以讓人藉以爬上堡壘並且占領其中財富，這可用以比擬神祕默觀使人不自覺地到達並占有天上的財富；梯子可以用來爬昇或下降，這可以用來比擬為在默觀中靈魂的上昇下降透過神聖之愛對靈魂灌注關於神聖本質之事，也可使靈魂一級一級上升直到與神結合。

十字若望所提出靈魂攀登神聖之梯十個階段

十字若望為說明煉明合三階段，提出神祕階梯做為比喻

階梯階層	內容
第一梯階 愛使靈魂在憂中成疾	靈魂對任何受造物都不感興趣，對俗世中的人事物都沒有興趣，念念不忘的只有神自己
第二梯階 靈魂不斷尋找神	靈魂所想所思都是關於神的事，可形容為靈魂到處追求她的愛人，所思所想盡是與愛人相關之事
第三梯階 愛使心靈燃燒著永不熄滅的愛火	此階段的靈魂視一切為神所作的事都微不足道，但在此階段，靈魂亦勇氣倍增，力求向上攀爬
第四梯階 愛使靈魂不倦地為神受苦	此時靈魂不在神或是任何受造物上求取快樂，她一無所求，因為她看見自己已被神的恩典充滿
第五梯階 愛使靈魂心中 懷有焦急的愛並迫切追尋神	靈魂對神的渴望，就如新娘對新郎一般，急於與她的愛人合而為一，種種阻礙對她來說都漫長難以忍受
第六梯階 愛使靈魂一步步向神奔去 且得以追上神	因為愛的緣故，靈魂的希望得以堅定，使他能向神快跑而去；並因愛的緣故，她能久跑不疲，健步如飛
第七梯階 愛使靈魂依靠神而大膽有為	在此階段，靈魂因為愛不再猶豫不決或是不敢前進，反而勇往直前
第八梯階 愛使靈魂與神緊緊連結	因著愛靈魂與她的愛人彼此聯繫，永結同心，靈魂的心願可說已經實現
第九梯階 愛使靈魂燃燒甘美的愛	這是心靈被成全的梯階之一，這時靈魂心中滿滿燃燒甜美的愛
第十梯階 靈魂與神合而為一	此級中靈魂沒有任何阻礙地與神面對面，融於天主裡面。雖然這是神祕之愛的巔蜂，但已不屬此生的境界。當靈魂道達這一階梯時，他已能像神一般洞悉一切

可以婚姻作為符號的階段

靈性訂婚 ➡ 神婚 ➡ 榮福婚禮

1. 此十階梯可被認為十字若望手繪登山指南的另一種解讀。此處階梯需取其上升意涵，強調在每一階段可能產生的認知結果與所遇見認知視域。然而基督宗教的神祕主義是一個以愛（神）為其核心的神祕主義，所以並非只是想認識不同的聖界或者終極實在。

2. 在第九與第十梯階，靈魂必需離棄身體以能被愛完全煉境。能達到這樣的靈魂為數甚少。靈魂到達這一階梯時，他已能像神一般洞悉一切，其認知能力已遠超普通經驗知識論所能理解狀態。

UNIT 8.17
改革宗知識論

圖解知識論

在宗教哲學與知識論的討論上，20世紀中葉出現一種新的認知模式，我們可以稱呼其為改革宗知識論（reformed epistemology）。此種知識論模式認為信仰就是一種知識，且可通過檢驗而具有準據或證成。

一、改革宗知識論的根源

按本章所將特別討論的改革宗知識論重要代表普蘭丁格所言，我們可以在加爾文與多瑪斯的著作中發現，他們都認為人對上帝確實能夠擁有一種自然知識。根據多瑪斯，我們的本性中以被賦予一種能力，可一般性或模糊的知道上帝存在。而加爾文也在《基督教要義》提出人對神有一種普遍的自然知識，這表示人有一種官能能如五官般能讓人藉此獲得關於上帝的真實信念，所以人類有一種自然傾向、本能、習性、目的，能在不同條件與環境下產生有關神的信念。即便人要拒絕上帝、不要上帝的主張都來自這種天然官能。這種主張可被視為反對從洛克以來的證據主義。但改革宗知識論認為不需要，因為他們提出認知上不同的論述內容。

二、改革宗知識論的基礎主張

包括沃特史托夫（N. Wolterstorff）、阿斯頓（G. Alston）以及普蘭丁格（A. Plantinga）等人均對證據主義提出反駁。他們認為，即便是普通的宗教經驗，包括感恩與懺悔的感受，都是信徒基於自身經歷真實的信念或斷言。如果有一個信徒能為自己這些信念或斷言提出合理辯護，我們就可視他的信念具有某種證成或準據，並進一步成為他們信仰的證據。這產生一個問題：純粹信仰某一宗教的人（我們可稱這種人為信仰主義），他們相同為自己的信仰提出所謂的證據，那麼與改革宗知識論的差異

何在？嚴格來說，改革宗知識論較像是正面迎戰對信仰提出反駁與懷疑的立場，而信仰主義僅視這些質疑為邪惡的甚至是不相干的。

這種主張會面對一種質疑：即便改革宗知識論是正確的，也可能遠不如支持者所認為的重要，因為宗教經驗的普遍性與深入程度似乎成反比。為此，像是普蘭丁格特別提出認知模式作為信念的準據，並深化主張為：如果某信念為基礎信念，且能針對已知的反對意見提出所需的辯護，那麼這個信念就可以成為某一信仰的依靠。

這就是他提出A/C模型的原因。普蘭丁格主張，所謂的模型是指：為一命題或事態S提出模型是指S如何可能或真實的，這模型本身就是另一個命題（或事態），要說明1.這命題可能是真的2.若這命題為真則目標命題亦為真。由這兩條件我們得出結論，目標命題有可能會是真的。至於他提出阿奎納／加爾文模型（即為A/C模型）及其擴展，是因

(一)他們的主張與論據有可能是真的，所以有神論和基督教信念可以是有保證的；這裡的可能性不但是邏輯上的可能，也是認知上有可能的，即是這信念與我們已知的東西一致。

(二)這模型並未遇到有力的反對論點，即這模型的真實性並未成功的否定過。如果基督宗教是真的那此模型亦即可能是真的。

(三)雖然兩個模型都是真的或有可能抵擋哲學批判且接近真理的，但普蘭丁格仍不主張其真實性已被證實。因為他認為「證明」一詞並不適用於大部分我們相信的東西。

(四)如果A/C模型是真的，那麼存在著的其他各種證明基督宗教信念為真的模型都是真的。

改革宗知識論的傳統

代表人物	於改革宗知識論內的重要主張
多瑪斯·阿奎那	人對於神有先天可以認知的特定能力
加爾文	信仰是一種關於人重生得救的重要知識
沃特史托夫	對證據主義質疑，提出由下而上接近知識／真理的路徑
阿斯頓	人能感知神的存在
普蘭丁格	提出A/C模型，認為有神論信念具有認知上的準據

我們以普蘭丁格爲例

說明這種改革宗知識論在探討「信仰作爲知識的一種」方面呈現出如何的解釋

特性	內容與說明
基礎性	按A/C模型，對上帝的自然之事並非推論或論證所得，而是以更為直接的方式引發而出。為此，神聖感應類似於感知、記憶和先天信念。神聖感應是基礎信念，與記憶信念類似，並非基於其他命題而產生。對上帝的信念是基礎信念，無須其他信念作為證據也可以被接納。
恰當性	「恰當」是指，當一個信念對一個人具有恰當的基礎，這信念確實是基礎的且他接受這個信念是經過辯證的。
與準據相關的恰當基礎性	若依有準據的信念p可被主體S視為基礎信念，因其享有應有的準據：對S而言，命題p是恰當信念若且唯若在S接納p為其基礎信念，且當S如此接受p時，p對S來說是有保證的。感知信念是在這個意義下被接納為基礎信念，這些信念一般都是如此被接納為基礎信念且他們通常能擁有準據。 為此記憶、某些先天信念或其他信念都是在相同意義下被成為基礎信念。這不排除有些信念被接納為基礎信念卻沒有準據。但A/C模型由神聖感應產生的有神論信念，在準據的角度而言是可以成為恰當基礎信念的。

普蘭丁格的主張

1. 我們的信念是上帝「設計」的，其計畫是用來建構有意識與智能的生物，神聖感應目的在使我們獲得上帝的真信念，所以該官能恰當起作用時會自然產出關於上帝的真信念。
2. 這些信念符合準據的條件，且若產生出來的信念夠強烈時會成為知識。
3. 這不代表有神論者就必須深入理解有這類的神聖感應作用與原理，因有神論者以盡他應盡義務，所以這信念確實可以擁有準據。

＊8.17-8.20的詳細論證與反對意見可見普蘭丁格《基督教信念的知識地位》（2000），第6-10章。

UNIT 8.18
普蘭丁格對認知的理解

圖解知識論

就當代而言，普蘭丁格具有強烈的個人特色，特別當他認定加爾文所言，信仰能作為一種知識時，他透過證明方式論證此命題確實為眞。

一、認知為眞的條件

如果信仰能作為一種眞的知識，而知識的成立又與認知條件有關，那麼普蘭丁格所謂我們能知道某對象為眞需要具備如何的條件？他提出四條準則作為依據：

㈠ 應該具有內在合理性，能讓我們內在信念彼此一致。

㈡ 對比於某人所具有的信念，這些新產生的信念應具有恰當的信念影響。

㈢ 因為認知官能的正常，所以這些信念具有外在合理性，因為不是個人在經驗順流中或逆流中因認知失常產生錯誤信念。

㈣ 這些信念可以得到準據，因為是一個產生信念過程的產品，能夠恰當在認知過程中起作用。

二、信仰作為眞實知識的意義

根據上述四個條件，普蘭丁格認為當我們透過預設的先天官能神聖感應（sensus divinitatis）我們確實能認知信仰及其內容。但此時「眞信仰不單是一種確實的知識，借此我把握到神在他的話語裡向我們啓示的一切眞理，同時也是一種眞心的信靠，是聖靈透過福音在我裡面作成的，叫我知道靠著神的恩典，只因基督的功勞，神白白地將赦罪和永遠與神和好的救恩不僅賜給別人，也賜給我。」所以信仰是一種認識活動，但卻又不只是認識活動，還涉及情感與執行兩方面的意志（即印記在我們心上的知識，也是向我們心靈啓示的知識）。即使信仰不僅是認知，其始終至少是一種認知活動，是在相信某些事物（即加爾文所言的知識）。為此基督徒不只是認同基督教故事，更是相信且視為嚴肅眞理。

若從知識之認知需要命題的角度來看，人若要相信某對象就需要某些命題，所以信仰需要命題。但按加爾文所言，「信仰＝有關神對我們慈愛的堅定確實知識，即確實知道不只別人，連我的罪也被赦免，以使我與神和好並得到救恩。」這一些均是關於修補我們與神關係的知識。所以信仰的全體就是關於神整體宏恩計畫的內容，即基督教福音的主題，福音的內容為福音的核心教導，各偉大信經的共同內容。為此，此處的命題需要「經驗順流」的認知系統起恰當作用，更為廣泛地需要一個人在信念形成過程中盡最大努力。當一個人認眞考慮所有正反條件後仍願意接受基督教信念時，其已具備內在合理性。如果一個人的經驗察覺了聖靈見證以致福音眞理對他而言十分明顯且必須接受，則接受這些信念並非失常或違反感官工作。如果此人還盡一切努力考慮他人反對意見，且反問過這些信念如何與其他信念吻合，那麼我們可說在信念的成形上此人已盡一切責任，為此在見證模型內基督教信念可具有證成與內在合理性。

也因此，若特別從外在合理性來看，信仰確實就是知識。（從加爾文的角度來看）信仰與知識並非對立，信仰是（至少是典範型的信仰）某種特殊的知識。其特殊性在於關於其對象若被知道的事情其重要性無可復加，甚至可能是一個人所有知道事情中最重要的一件；且知道這些內容的方式很特別，是由一個不尋常的認知過程或信念產生過程引發的。

問題：如果真有神聖感應我們為何不知道？

前提：根據下一節將提及之擴展的A/C模型
1. 人已墮落，必須依靠神那我們無法憑己力獲取的救恩。
2. 罪讓我們與神分離無法認識祂。
3. 墮落對情感及認知都帶來災難性後果。情感的受損指我們喜好扭曲不愛上帝，認知指的受損在狹義上指認識上帝之知識受到破壞，廣義則指人的情感與智力等和上帝相似之能力受損與扭曲。

結論：罪產生阻力，使神聖感應官能失效。

衍伸出罪對知識體系的干擾

罪對知識體系的影響為最巨大的干擾
1. 人的罪與原罪＝一出生已處於罪的困境。我們的困境是：我們的確生活在此境況內，且此狀況能確實受到經驗檢證。
2. 原罪的影響：
   (1) 認知上盲目，使人無法認知上帝的榮耀，且無法確定真正值得之物。
   (2) 情感上失常，以致愛與恨的對象均為錯誤情感失常一如意志失常。

結果：罪的作用使神聖感應受損但並未到被消滅的狀態，神聖感應在大部人身上還是可以起一定作用。我們可概略感受到上帝，但此知識受到阻隔。導致神聖感應可被扭曲減少及繼續壓抑下去。

＊此處並不探討為何墮落的問題，僅是說明人已在罪中墮落，並影響認知的結果。罪對認知信念系統的影響主要集中在我們關於他人、自己與上帝的知識，並以不同形式影響我們對大自然與世界的知識。

普蘭丁格認為的認知更新方式

1. 人原本本性是被創造的，但因罪的緣故而被損壞，聖靈的工作是使其恢復。罪的破壞有兩方面：因為影響情感使我們愛自己勝於一切，影響認知使我們無法認之神的存在。
2. 重生能對認知產生新的幫助：修補神聖感應，讓原本設計產生信念的過程重新運作重見神。進一步讓人可以重新體會神的慈愛，以及罪的影響。
3. 基督徒接受的不只是有神論，還包括基督教其他故事／記載的內容。基督徒的基礎信念R不致被否定乃因為他們知道整個基督宗教故事，他們的信念享有很大程度的準據。因此基督教有神論信念：具有一種内在特性，讓相信的人在不同程度上都覺得這是真的，且這些信念具有證成。
4. 因此除掉自然主義的否決因子：若有人接受R＝認知官能是可靠的，就會產生一個對R的否決因子且不能被否認。也就是說仍存有認知上的缺憾，他擁有可擊敗自己信念的信念而落入非理性情況中。但聖靈能幫助我們認知我們是神形象造的，從而否決否決因子（感覺上就是將神的創造視為不可被擊敗的絕對預設）。

UNIT **8.19**
AC模型與擴充的AC模型

圖解知識論

根據前一節描述，人的認知要成立有其條件。我們既然對神有所認知，那麼我們內在應該有相對應官能。普蘭丁格認爲這就是神聖感應的機制，能在許多不同的狀況下產生關於神的信念。按此機制，我們在多瑪斯‧阿奎納與加爾文那裡同時看到共同對神的認知，所以普蘭丁格以A/C模型稱呼。A與C來自兩位哲學家名字的第一個字母。

一、A/C模型

此模型強調，環境激發出神聖感應機制產出對上帝的信念，在那些信念應該產生的環境中信念會自然形成，不是我們選擇讓它出現，而是發現這些信念已經存在我們心中，正如我們發現感知與記憶信念已經存在我們心中一樣。因爲按加爾文所言，有關上帝的知識是內在於人類，是與生俱來「在母腹中」已有，雖然還需要時間加以練習才能成熟使用。

若用前節所言之規範而言，A/C模型符合認知條件：

(一) 神聖感應具有內在合理性，能讓我們內在信念彼此一致。

(二) 若對比於信徒先前的信念，這些信念具有恰當的信念影響，也就能使一切過程均符合正常。

(三) 這些信念具外在合理性，因爲不是經驗順流中或逆流中任何認知失常，這代表神聖感應作爲官能是正常的。

(四) 這些信念可以得到準據，因爲是一個產生信念過程的產品，是恰當起作用的，認知環境亦爲適切，且設計導向有效獲得眞實信念。

二、擴充的A/C模型

面對前一節所提到罪之問題，普蘭丁格以A/C模型爲基礎，提出擴展的A/C模型並認爲其確實具有準據。此模型指出，所有具體與獨特的基督教信念都是有辯護、合理與準據。但這種證明來自神所設立的三重認知過程：

(一) 典籍／聖經，雖是一系列的書由不同人完成，但每一部分都出於神的特別啓示，所以可將聖經視爲一本完整典籍。神可被視爲眞正作者，其中心概念爲福音，爲神按其恩典給我們的好消息。

(二) 聖靈的內在性誘導，這是基督受死復活前的應許，聖靈可修補因罪惡產生的破壞。

(三) 按照加爾文說法，聖靈的工作能產生信仰。信仰一如重生，是神所賜給人的恩典。既然加爾文主張，信仰是關於神對我們慈愛一種堅定而確實的知識，那麼信仰就具有一種知識元素，這就是知識 —— 知道救贖恩典已藉耶穌基督顯現出來，人只需要接受這恩典，這就是向人心顯現的知識。擁有信仰意謂知道並因此相信某些事情。

爲此，信仰作爲正面知識地位，普蘭丁格提出此一模型目的在於證明基督教信仰可享有正面的知識地位，即擁有應有的證成、內外在合理性以及準據。基督教信念是具有（義務論式的）享有證成。如果這個信念是聖靈在心中誘導的並思考過各種不同反對意見後，這仍然可能是眞的。一個人接受基督教信念其實並沒有違反理智的責任義務：當一個人聽到其他人不同的意見並深入思考後仍願意相信就不算違反義務。

或許有人會認爲這是基要主義，但普蘭丁格認爲這個詞並未被明確定義，因爲基要主義一詞似乎只帶來強烈情緒，但這些情緒用詞不能對此詞加以描述，因爲其所含認知內容可因應需求改變。使用這個詞並不足以指責此處所言，因爲那只是表達了相對與某些反對者所主張「觀點太過保守」而已：情緒性用詞不能用以作爲反駁意見，也不足以成爲反對理由。

A/C模型的成立

A/C模型在於指出所有人都被神所造，需要依靠他才能活下去
也因此我們才能對神擁有正確認知
我們在此舉出兩個反駁為例，說明普蘭丁格理論的特性

反對理由	普蘭丁格的反駁
1. 我們神其實為不可知 此反對理由源自休謨立場，其問題可被轉變為： Q1究竟我們的認知官能是否可靠？ Q2能否事實上絕大多數感官獲得內容即可產生有神論信念？ Q3對休謨的不可知論來說我們認知官能可靠的或然率是否還能偏高？ 休謨可能會認為這或然率非常低，或許在其他處境內能夠是可靠的，但整體來說卻不是如此。	1. 一個對上帝抱持不可知論的人也可以對自己的來源和自己在宇宙中的地位持不可知論，但若他能掌握某些適切論證，他們就不會是毫無知識，頂多只能說他相信的對象中沒有足夠準據使之成為知識。 2. 依據貝斯推論，此問題意義為：對休謨的不可知論來說我們認知官能可靠的或然率是否還能偏高？其中可設定，R＝我們的認知官能可靠，命題R為真的機率有多高？＝與R相關的事實機率多高？ 首先，按休謨自己的說法，R其實也是不可知的；其次，如果R是隨機產生而擁有這種可靠性的或然率則可能偏低，或可能不為人所知。所以，若F為官能起源的相關事實，對休謨來說P（R/F）是不可能被推論的，其可靠性是不可知的。但若按照休謨這樣的說法，我對我的官能不能信任＝我得到關於此信念的否定因子，既無承認也無否認，只能不可知。 但是，如果我對R是不可知論，但我官能產生信念B，那我對B理性上也會採取不可知論；更進一步這將促我所有的信念都可能得到否定因子，否定因子本身也可能有否定因子。 然而，我們在事實上相信官能具有可靠的第一原理，以及我們用來辨別真假的自然官能沒有錯謬，也就是假定我們官能能提供正確信念，才能接下去推論其他事情，所以每個懷疑主義在他日常生活中得先假定他的官能可靠起作用。
2. 我們對神的知識來自我們已具備的背景知識。因為我們在現代社會中已獲取充分且大量的關於神的證據或知識，這些知識足夠促使我們產生關於神的觀念：即便我們不相信，我們仍可說出特定信仰內容或關於神的知識及信念。	普蘭丁格根據貝斯推論進行設定： G為基督宗教基礎信念的總和，所以存在E為耶穌基督教導與推得之G全部為真。在此前提，我們可以計算下列公式之概率：P（E/K&T&A&B&C&D）。 其中P為機率，K為眾人所有擁有的基礎背景知識，T指神存在知識為真，A為上帝會向世人發出關於祂自己的啟示，B為在合理解釋與推論下耶穌教訓為G，C為耶穌從死裡復活，D為上帝藉由耶穌的死裡復活確認了耶穌基督的教訓。 根據普蘭丁格推估，P（E/K&T&A&B&C&D）要得出足夠高的機率有其困難。這意味基督宗教基礎信念，特別是關於有神論的觀念，要從我們平常的背景基礎知識推論得出是困難甚至不可能的。

* 本章所提到計算公式，請見普蘭丁格《基督教信念的知識地位》（2000），頁268-280。普蘭丁格認為透過貝斯推論，基督教的信念可以以公式推算獲得知識成立所需要的準據。

UNIT 8.20
反對AC模型

　　普蘭丁格認為AC模型尚未受到強烈／有效的挑戰：一方面他認為這些挑戰可能存在，但另方面他也有把握即便這些挑戰存在AC模型不會受到威脅。此節我們將先列出這些反對AC模型的論點，再於右頁提出普蘭丁格所提出的反駁供讀者們參考，並邀請讀者們評估普蘭丁格的反駁是否有效。

一、宗教經驗的問題

　　第一種反對認為，有神論信念的問題是：我們可否找到一個確實從經驗推論神存在的論證？反對者認為，普蘭丁格的有神論論證直接以經驗作為證成或準據。從威廉·詹姆士（Willam James）以來，宗教經驗是否準確就被認為是非常個人性的東西，非信徒在此無法與信徒間產生經驗上的連結。為此，宗教經驗作為個人主觀的內容，不可能提供我們在知識層面上認知到超越感官的實在對象，也就是神自己。

二、經驗的無效性

　　除了宗教經驗的個人性外，更進一步，有反對者指出不論基督教或有神論信念都不可能從宗教經驗獲得準據，因為宗教經驗不可能指明某些具體可被認知的內容。因為普蘭丁格論證乃依據個人經驗出發，所以反對者認為不論我們擁有多少經驗，我們都不可能從個人經驗推導出一個超越的神存在。

三、從認知方面反對

　　此點與改革宗知識論從過往以來存在的基本論證有關，即我們在前面所提「宗教經驗與感官經驗類似，既然感官經驗是認知的，那麼宗教經驗也是認知的」。所以反對者在此提出的質疑是：宗教經驗可以算是具有「認知」的嗎？此問題進一步延伸為，宗教經驗是否可以成為我們認知過程中的某個部分？如果宗教經驗可以作為認知的一部分，那麼其是否也可以在認知過程中產出我們對神知識，並成為有準據的信念？因為任何認知都必是對一個實際存在的事物產生認知，所以當有人說對神有所認知時，其無法推論出確實有一位神的存在，因為確實的認知保證當我們無法認知此對象時此對象仍然存在，但對我們不同的經驗客體來說神似乎不是這個樣子。為此，神不可能成為我們真正認知的對象，不論是藉由我們的感官或超越感官的能力。

四、大南瓜論證

　　此論證最初被稱為「大南瓜論證」：如果基督宗教或有神論主張，他們的經驗與知識具有準據，可以被接受作為為真的信念，那麼任何信念不論其多麼稀奇古怪都可以被證明為真。這個論證因為被發現有其類比上的不當之處，所以推演出被普蘭丁格稱為「大南瓜的兒子」這樣的論證。大南瓜的兒子較原始版本更為精細，主張任何信念p不論其內容多稀奇古怪，都可被接納為某人的基礎信念後合法宣稱p為恰當的基礎信念且為合乎理性。例如巫毒教也可認為自己的信仰內容能成為基礎信念，爾後建立起巫毒教知識論。

五、循環論證

　　反對者認為，普蘭丁格為A/C模型建構了循環論證：我們能知道神是因為我們內在有A/C模型的幫助，此模型的出現是因為神預先放在我們心靈裡使我們能夠感知到神。為此此模型與神存在互為因果。

普蘭丁格的反駁

反對理由	普蘭丁格的反駁
宗教經驗的問題	1. 反對者究竟期望有神論信念給予什麼？是證成？合理性？還是準據？這些標準不一樣，但反對者無法提出他們真正期望的。若他們將此三者混淆，反而證明他們對此問題並不清楚。 2.「有神論是否具有宗教經驗給與的準據」與「我們可否找到一個確實從經驗推論神存在的論證」是兩個不同的問題，但反對者將其視為同一個。 3. 神聖感應與聖靈的內在誘導都涉及經驗與信念，可以導致有神論信念出現，但不作為論證前提。
經驗的無效性	1. 經驗感知與邏輯推導上間不必然不相容，因為感知經驗確實可呈現外在世界的樣貌。 2. 我們的經驗有多項面貌，包含感官的、記憶的或信念的。若我有關於信念的經驗，為何不能說這種信念經驗能推演我們對外在世界的認識。
從認知方面反對	1. 論證方式是錯的，因為反對者面對改革宗知識論的論證時似乎主張，只要反駁「宗教經驗與感官經驗類似」此一命題，整體論證就會失效。問題是即便此命題錯誤，我們不會得到宗教經驗與感官經驗不同的論點，只能說宗教經驗不一定不同於感官經驗。 2. 不能被認知的對象不是只有神，還包括許多抽象的或無法觀察僅能相信者。所以若認知過程反對宗教經驗的認知成分，可能會推導其他信念與經驗的困難。
大南瓜論證	1. 接受某一種信念為恰當的基礎信念，並不會在任何時刻都讓承認的人認為其他所有信念都是恰當的基礎信念。 2. 如何的條件可被稱為「合乎理性」？ 3. 只有在某一信念為真時，我們才能說這個信念是具有準據的。普蘭丁格認為他並未證明有神論的信念為真，而是宣稱這種從（眾人）經驗而來的信念極有可能為真。但他同時提到，A/C模型如果為真，那麼基督宗教所宣稱的信念就會是真的，包括神聖感應也是真的，且能符合信念產生所需的條件。 4. 相反過來，很多信念並未具有為真的準據。 5. 巫毒教知識論正可作為例證：我們並未發現有巫毒教知識論者，因為巫毒教並未透過特定準據發展他們信仰內的知識論。
循環論證	1. 普蘭丁格認為他只是宣稱A/C模型是有可能的，且若基督教為真，此模型主張會很接近真理。 2. 當我說「我鼻子聞到香味」時，這種陳述不能算循環論證，只是事實陳述。同樣概念可套用在此模型上。

第 9 章

社會與知識的建構

●●●●●●●●●●●●●●●●●●●●●●●●●●●●●● 章節體系架構 ▼

UNIT **9.1**
社會知識學的概念

前面八章討論知識建構過程中，術語的意義，或是哲學家們的論點。知識雖然就在那裡且為我們所能把握的實際對象，但知識究竟如何出現在那裡？而我們所能掌握的一定就是對的嗎？此章我們將逐步討論知識建構過程中與社會／團體權力間的關係。

一、社會與權力

知識作為社會公共產物，其內容與提供者有關——雖然知識的符號仍需依靠社會現存的自然語言作為內容。在社會知識學／社會符號學的理論中，社會被視為是「組織權利與穩定性關係的思想控制體系」。在此定義下，社會的重心在權力與穩定兩物件的平衡上，而此處論點與社會學家的觀點定義不同。「權力——穩定」的平衡可以在涂爾幹那裡看到端倪：他探討了關於社會組織，穩定性（連貫與不連貫、聯合與對抗、關連與阻礙等二元對立的關係）以及權力（包括秩序、控制、等級等表現符號）的所有形式，這些形式都可透過權力——穩定兩種基本面向加以定位，且其可被應用在宏觀的社會，也可應用在最小的微觀組織，如家庭內。

權力——穩定的結構可以說話的表現形式為例。我們注意到，一些語詞同時帶有權力與穩定性。這些語詞的表達涉及兩個面向，第一個面向與語詞及其意義有關，第二個面向表達每個字詞都有賴於期待的回應。任何一語詞被表達時，其意義直接取決於參與者所構成社會組織的共有知識與對這些詞的接受度，因此既要求使用者正確的以直接性（誰對誰說＝權力）與體系（這個人的身分與聽見說話者應該要有的回應＝穩

定性），又建構起語言使用上的兩難（具備恰當的社會知識但卻在缺乏的情況下使用語言）。例如英文語詞中，thou與you雖然都可指「你」，但使用的場合與意義卻有明顯不同

二、認知語言表達的權力

被用來表達權力——穩定的語言為數不少且意義不清，不過這些語言在社會中基於自然語言的背景佔有根本性，以致有許多相類似例證不斷重複出現。這種體系操作建立在表示權力與穩定性的能指基礎上，並依此提供我們對話傳遞資訊的重要基礎，因為一個做為溝通物件的能指是對等／非對等性，或者對稱／非對稱性的。這涉及權力的透明能指，以及其應用上產生的各種層面。以下可列舉數種範例：

(一)單數／複數：數量與大小階級相同，且產生關於權力的普通能指（複數＝重要＝權力）。

(二)轉化／移位：在一定的距離下付出努力而產生身分或行動上的區分，建構起主體對個人語詞的認知與意義的賦予。

在中文中可看到這類語詞的範例，像是使用您與你的差別，或在信件中使用敬語的作用。這些語詞代表主客關連間的權力與意義落差，且涉及主體對自我認知的正確性。主客間平等的禮貌對話表達相互之間自製建構所得的平等，表示弱的穩定性與對對方權力的承認，因此多話被認知為弱勢的表示，而沉默可認知為被排除在權力以外的或缺乏權力的特殊指稱。透過語言表達認知的運作，屬社會符號學的系統，且可在生活中被觀察到，例如過年的餐桌對話。

社會知識學建構的要件

R. Hodge與G. Kress整合組織權利——穩定性相關的思想控制體系之符號系統要件如下：

第9章 社會與知識的建構

社會＝作為控制組織穩定的單位

1. 表示權力——穩定性的符號構作的彼此相關體系在所有符號中都用以表明組織與參與者間的關係。
2. 這種體系建立在對立與相似的基礎上，從而建構各種曖昧含意、關係。
3. 表達權力的透明能指建立在各種原則上並能反轉用以表達權力的不在場。
4. 同3可以指稱／證明穩定性的部分。
5. 思想控制體系規定了體系與各種參與者間權力與穩定的特定關係，並向現實投射意識形態的景象。

通過排比建構出的組織原則，是社會結構的能指，與那些從於主從的組織有所區別。透過這種關係建構起知識被給予時的權力地位。

基於符號學的預設：我們在第七章提到過符號／符碼／物件是符號學中的意義單位，符號學家的工作就是在解讀這些對象，但是符號等物卻以多種形式存在於多個層面。他們往往是另一結構的一部分，而這結構又帶有複雜的意義，且為（另）一個複雜的符號起作用。符號的這些意義從來都不是中立客觀的，而是取決於他們的社會意義與效果之符號策略的一部分。

現在這些符號被鑲嵌在知識與資訊內部傳遞，所以產生三個問題

Q1知識自何而來？	知識不是憑空產出，需要有被給予的機會＝傳遞者，作為接收者的我們可以問：我們接收的知識究竟是誰給我們。
Q2知識內容為何？	我們既獲取知識，則獲取知識內容究竟為何？是知識原貌還是被修改或經驗／信念所建構或是否具有證成作為基礎？
Q3誰有權力解讀這些知識？	作為知識的內容，誰可以詮釋＝誰具有對知識權力的掌握，並影響知識的導向及判讀的標準。

範例

作為範例：若在年夜飯的餐桌上，面對（可能令人不悅的）長輩的詢問＝認知與知識的傳遞，會產生以下對話＝認知與知識傳遞的思考方向：
1. 平等的禮貌話語源自互相尊重的平等，展示弱穩定與承認對方權力之舉。
2. 與之相對的不平等對話包括發問者的肯定／疑惑發問表達此場合中的絕對權力，權力虛弱一方的發問僅用在請求同意的場合。
3. 餐桌上強勢的長輩，以及提出的尖銳問題與此原則相反。

283

9.1-9.3參考Robert Hodge與Gunther Kress《社會符號學》（2012）第2-3章撰寫。

UNIT 9.2
社會符號學的建構

知識的被傳遞與社會符號學的建構有關，且與語言的使用有關。第七章曾提到語言——言語的結構：言語既是一種社會現象，且言語作為單一性的符號行為可被放置在社會符號學的核心地位。所以任何符號形式均受到兩方面限制：㈠相關參與者構成的社會組織的制約，㈡參與者互相作用產生之直接條件的制約。此點與語境有關。

一、語境的問題

語境是意義傳達的核心，意義由文本與其功能間互相作用構成，最終仍歸屬社會與意識形態。例如紅綠燈作為符碼攜帶的意義為：所有駕駛人在此燈號前都會遵守規範。但這些意義的組成因社會因素的複雜性而更產生次一級的符號解讀，次一級符號可透過各種因素加以理解並解釋。不論語境或是符號，都被社會的潛在控制思想體系所控制，這個體系幫助人類被分類並遵行行為與符碼。如果沒有這個體系，即便基礎符碼都無法運作。思想控制體系結構為「政府及相關機構的法規／命令——媒體與傳播——信息／符碼被傳體與遵守」所以是所有人所共同遵守的非人形式理性形象，是我們所有人共同具有信心可以接受的。

在語境中我們可以發現認知上的權力與穩定性，因為訊息內容的交流伴隨關於符號活動的信息串，導致傳遞中帶有大量符號系列的巨量冗餘。其中信息製造者為自己與接受信息者建立社會身分，並接受接受者的信息→形成反饋，重新建構信息的內容（例如使用FB或是LINE的差別）。然而即便如此，符號活動仍有大量衝突、異議、模糊且缺乏一致。

二、空間作為範例

社會符號的使用最根本維度是空間：參與者的空間位置，或與他人之間的物理距離。物理空間內的位置表達身體排序間的尊卑或平等／社會空間內的人際關係，這個基礎對人類社會甚至其他物種的社會生活組織來說極為重要。因為空間關係的符碼，不論攜帶著穩定性在場或不在場的意義，都不能被單獨抽出來理解：這是基於社會結構中，權力與穩定性彼此混雜，且權力關係通常通過上——下／高——低的維度被表達出來，不論是透過空間或是語言表述。

空間符碼作為一種訊息／知識，所要呈現的意義不只在符號的總和，更呈現在操作中，並包含對符號的排序。在此為要解讀空間符碼，最容易的是從「開端陳述＝編碼傳遞者——終端陳述＝受碼被傳遞者」的兩端進行，因為在空間符碼的概念中，意義並非指不同的概念思想，而是不同人際關係方面的內容。空間符碼及其各種轉換形式攜帶著複雜的社會意義，對文本的解讀則以空間符碼的方式揭露總體的社會型態。此時知識受到影響，以至於編碼傳遞者是誰就格外重要，也形成我們對知識來源的接受與討論。

空間符碼另外受到交流活動及其攜帶語境之事件世界間的指涉關係。在交際行為間的參與者，我們對其表達的各種符碼，包括性別、社會地位、語言、動作、使用物件等等均能掌握——但卻不僅於此。這些符碼固然穩定且持久，甚至可以決定所有社會行為的可能性，但活動類型也相同關鍵：因為特定任務與活動需要特定社會組織形式，才能使工作順利施行。所以空間符碼作為訊息／知識的一種，還需要認知的條件始能成為被實踐的可能。

社會符號學的實踐

我們在第七章曾經提到的「語言——言語」概念爲基礎，此處則提到符號在社會中的被影響。故此處以羅蘭巴特提出的飲食符號爲例，說明社會符號學在生活中對人類認知的影響。

語言	言語
作為社會整體共同使用的符號系統，例如我們使用中文作為傳遞意義的符號系統。	作為個人在社會／生活中將符號系統實際實踐的結果，例如我們實際使用中文書寫成文字或透過口語進行表達與溝通的作用。
例證：羅蘭巴特的飲食符號系統	
語言項目下依據不同系統可被定規以下數種規則作為言語的實踐依據： 1. 排除規則：在系統內將某些食物排除在外，例如基於信仰、家庭因素或口味問題而不吃牛肉。 2. 待確定的對立規則：在系統內認定某些食物可能呈現尚未確定其是否恰當的規則，例如飲食口味中出現透過新的組合方式建構出新的口味內容。 3. 組合規則：在系統內接受或認為應該由那些材料組合成眾人接受的食物樣貌，此點受社會整體共識影響。 4. 飲食程式：在使用食物時，上菜的先後或應當搭配的要件。例如速食店的點餐方式，「主餐＋搭配套餐（含飲料選擇）＋是否加購點心」即為飲食程式。	在語言＝飲食符號系統的指導下，言語＝依不同家庭、國家、煮飯的人產生不同，如某種菜色的吃法，添加什麼佐料。由於飲食語言提供特定規則促使實際實用的言語能被實踐，故可以觀察到以下情況的產生： 1. 相同提供飲食店家會依據不同國家提供具差異性的內容。如速食店在特定國家不提供豬肉產品。 2. 傳統飲食根據自身語言內容定義正統與非正統間的差異，且此種差異可能涉及意義與詮釋的暴力。例如夏威夷披薩之於義大利人，或珍珠拉麵之於台灣人。 3. 此處實踐暫時排除基因產生的問題，如對香菜的接受度與基因有關。但未來基因的影響可能可以被歸納在語言提供的規則下。

此處預設基礎 ▶

皮爾士（C. S. Pierce）：符號與符號系統乃根植於社會原則中，而書寫和語言符號在社會實踐上具有約定成俗的規則

產出兩組互相影響結構 ▶

人類對對象的認知在兩組結構方面彼此互相影響
1. 「社會共識——個人實踐」：社會共識作為社會符號的直接表徵，其影響個人實踐中的接受與否。即便反對社會共識之內容，個人也是基於此共識存在進行選擇，且透過負面意義賦予回饋此共識內容。
2. 「內容與意義——文字與符號」：符號與意義沒有絕對先後，而是看賦予意義者／解讀者的使用。符號與意義是互為因果，沒有絕對先後的問題；主體可透過內容創造新的符號，也可透過對符號詮釋提供新的意義內容。

UNIT 9.3
媒體知識傳遞的建構

圖解知識論

社會既作為權力與穩定性重疊應用的場域，大眾媒體在現代社會的工作就如過往寫作、藝術或建築那般的交流技巧，建立起將遠距離／不在場的參與者帶入有效社群中，使他們成為實際參與者／在場的交流者，從而讓他們得到（穩定著）對權力的服從。為達成此一目的，大眾媒體透過替代性的策略與體系，建構強烈的能指體系，來強化／代替那些原本需要面對面交流的東西。這些東西有賴於語言的使用，並建立起話語的權力性／否定語言的權力性。

一、語境的功能

根據R. Hodge & G. Kress的研究，語境是社會表達意義的地方，每個人透過語言的使用傳遞並接受意義。因此R. Hodge & G. Kress指出所謂的語境為：

(一)符號的語境被組織為一系列文本，參與者或關係等範疇等均被賦予意義。

(二)參與者的行為受到思想控制體系制約，思想控制體系通過參與者身分和系列相關的信息運作，這些信息表明地位、權力與穩定性。

(三)符號活動的參與者，以大量符碼傳輸豐富信息，這些信息涉及交換地位、參與者與其他人之間的交互作用。

(四)在符號交換不涉及由參與者直接接觸的情況下，信息製造者可能把關於製造者、接受者與語境的明確規定納入文本形式

(五)每個符號行為都帶有意識形態，所以組職特定符號的交換信息會對社會的總體或部份給出暗示

我們透過語境傳遞與接收意義，但當媒體成為語境的傳播者時，其傳遞資訊的真與假問題就基於符號與社會間的關係而須受到質疑。

二、符號與社會的互動

根據C. S. Pierce，符號與符號系統根植於社會原則中，因此任何符號解讀不能脫離所屬系統與社會原則而單獨解讀。同理可證，書寫和語言符號在社會實踐上具有約定成俗的規則，任何以文字作為傳遞根基的符號都視為符號的一種，其解讀方式遵循符號的解讀模式。這意謂符號學需要根基在日常生活中眾人所熟悉的共同知覺或常識經驗，也就是常識哲學的基礎。然而符號的運作與群體，亦即意識形態的呈現有關，這使得符號在群體中具有其作用性，也就「符號＝主體行動中的規則」。規則的運作預設我們具有相互主體性，此一相互助主體性預設著彼此之間具有符號可供溝通；而符號的溝通也預設著一個在社會與歷史中已經存在的符號系統，也就是自然語言的運作。

當符號作為語言，也就媒體用以表達社會真實（或所謂客觀真實時），語言具有客觀性、本身的一致以及行動上的一致，並呈現出媒體含對事件的主觀控制項及主體之間的社會控制形式。明顯的結果是，我們會觀察到某種背景的媒體針對支持或反對的立場提出符合這種背景的解讀。媒體作為社會結構的表達，其所使用的語言作為符號的一種具有符合此語言／符號的社會性與歷史性，使用上有自身溝通的鎖鍊，從而建構起不平等的社會地位：並非身分地位的，而是傳遞者與接受者之間的。

媒體資訊與意義建立

根據H. Adoni & S. Mane於1984年發表的研究，閱聽者具有三種可能的真實內容：
社會真實、媒體真實與主觀真實

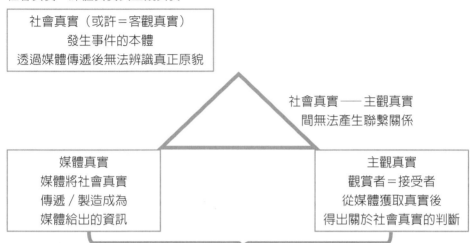

社會真實（或許＝客觀真實）
發生事件的本體
透過媒體傳遞後無法辨識真正原貌

社會真實 —— 主觀真實
間無法產生聯繫關係

媒體真實
媒體將社會真實
傳遞／製造成為
媒體給出的資訊

主觀真實
觀賞者＝接受者
從媒體獲取真實後
得出關於社會真實的判斷

觀眾＝接受者在看媒體＝傳遞者時，行為表現與內容可以呈現特定意義
行為與意義間的關係為

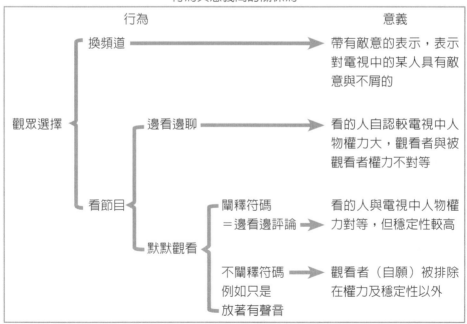

行為	意義
換頻道	帶有敵意的表示，表示對電視中的某人具有敵意與不屑的
邊看邊聊	看的人自認較電視中人物權力大，觀看者與被觀看者權力不對等
闡釋符碼＝邊看邊評論	看的人與電視中人物權力對等，但穩定性較高
不闡釋符碼例如只是放著有聲音	觀看者（自願）被排除在權力及穩定性以外

（觀眾選擇：換頻道／看節目（邊看邊聊／默默觀看（闡釋符碼／不闡釋符碼）））

上述的建構預設：人活在歷史中，使得語言具有社會性與制度性，符號因此是一種
社會性傳遞且具有歷史傳統的累積。明顯範例為：家人觀看電視時會說出來的口語
內容。

＊羅蘭巴特的飲食符號舉例可見其《符號學原理》（1999）。

UNIT **9.4**
意義的意義

前述所有討論的對象，不論是社會知識學、社會符號學、以及媒體建構與傳遞，都在促使認知者能夠在認知中獲取對象的理解及其代表的意義。就認知的解度來說，所有被認知的對象都帶有意義。我們可以問：知識或其表述成一則資訊時，其表達出如何的意義？但究竟何謂意義？

一、意義是什麼？

所謂的意義是：如果A代表B，或是看到A想起B，則A意味著B，A為B的意義。一個詞可以代表意義，而一個詞代表的意義可以區分為四種樣式：外延、內涵、意謂、擴延，其中意謂與擴延與內涵有關，所以我們將這兩者放置在內涵的概念內。特別是分析與內涵兩者，正代表一個詞在實際使用上的兩方面。所以嚴格來說，意義的意思是指與內涵相關的意義。所有邏輯真理與邏輯能保證的真理都須依賴內涵意義的內容。但任何一個陳述語句與相對應的命題彼此相關。陳述語句是一種斷言形式語句，並將陳述的事實歸於現實狀態。因此意義的表達與語詞有關。

二、意義與語詞的關係

所有的意義皆由字詞表達，所有字詞事實上均有意義、名稱與應用。但字詞表達意義有兩項前提需要指出：

㈠雖然任何字詞皆有意義，但虛詞（function word）並無意義。因為意義是我們以字詞指稱某個對象，這代表我們能認知／理解某個對象；所以具有意義是指一詞X成為某個對象的名稱。

㈡討論意義時需研究，一個意義或上下文，除了通過字詞及其攜帶的意義外，還能被如何使用或受到限制。

因此就一般意義來說，所有字詞都有意義。字詞具有意義表示這些字詞或者被用以命名，或者被用以應用。不論在言語中如何使用，字詞都包含某些特點或性質，透過這些特點與性質這些字詞能被正確使用在情境以及事物情況中，從而擴充了字詞的內涵與外延。對非抽象的表達形式來說，這類形式包含語句中對事物的任何可能事例；至於抽象字詞則命名這些這些字詞所意味著的對象。透過這些字詞組合的表達形式因著這些字詞而具有相對應的內涵與外延：在此表達形式中所有字詞既能指稱其外延指稱的任何存在對象，又能攜帶對任何相對應存在對象的內涵。為此，所有字詞都能被用以指稱。反過來，每個表達形式內的任何字詞作為組合成分都參與在此表達形式的意義內，不過字詞的參與是透過表達形式的結構／整體句法所決定，且通過這種句法被寫出的順序所指出。

三、意義的分類

由於語詞表達意義，所以當我們分析意義時我們將採取語詞分析的方式進行。上面提到意義可以區分為外延、內涵、意謂、擴延等四種樣式，且其中意謂與擴延可置位於內涵此一概念下。故我們區分意義為外延意義及內涵意義，其中外延意義可區分隱含分析與明顯分析，內涵意義則可區分語言意義與感覺意義。

意義的比較與分類

意義的四種樣式
外延、內涵、意謂、擴延 其中意謂與擴延與內涵有關，所以我們將這兩者放置在內涵的概念內 並可區分為意義為外延意義及內涵意義

外延意義	內涵意義
預設與邏輯關聯且被支持： 1. 意義的基本意思，一個A可被用以表達某物，也可說是一種指稱的意思。 2. 所有與此意義X有關的事實，及所有確信可被引導而出的陳述語句，可從其他與此X相關的事實中被邏輯的推論出來，或合理的被認知獲取。在恰當解釋下，沒有陳述句所指稱的對象是不存在的，不論這對象是實際存在者或是想像中建構出來的。	內涵被決定的表達形式具有意義，且該意義被固定在經由前後文所帶出的意義樣式上，盡管我們可能無法確定其在外延上如何固定。

在此前提下如何比較兩個句子的意義

比較兩個句子的意義具兩項條件

條件一：兩個句子S1與S2中至少有一個是簡單表達，S1與S2具有相同內涵，內含既非空集合也非全稱狀態。

條件二：若兩個句子S1與S2都是複雜表達形式時，能被以符號方式加以表達以至於： 1. 在S1與S2作為表達形式的組成符號內，能找到彼此對應的符號，且兩句子的符號內涵彼此對應。 2. 在S1與S2作為表達形式的其他非對應符號，其內涵為空集合或全稱狀態。 3. 在S1與S2作為表達形式的相對應符號內，句法順序相同，或能被放置在相同卻不改變整個表達形式內涵的位置上。

以至於

S1與S2能被稱為具有相同意義若且為： 1. 他們具有相同既非空集合也非全稱狀態的內涵。 2. 他們的內涵是空集合或全稱狀態。 在1與2的情況下，S1與S2可說在分析的方式下具有相同意義。

爾後可再區分

分析意義	隱含意義
明顯的分析 / 隱含的分析	語言意義 / 感覺意義

＊9.4-9.6關於意義的分析參C. I. Lewis，《對知識和評價的分析》（2016），第3-4章。

UNIT **9.5**
對意義的理解㈠：分析意義

圖解知識論

語言／符號和意義間的關係由社會傳統、習慣或常例所決定。語言及其使用的符號可被視爲言詞符號，一個言詞符號是可被辨識的記號，或用以表達交流的聲音。所以語言表達意義的意思是：一個語言符號（符碼）與伴隨著的固定意義（意義）聯繫起來而形成被決定的樣貌。有鑑於符號乘載意義時的廣泛性質，語言的表達形式不等於符號本身。但是我們用語句指稱外在事物，因此知識的表達與意義的連結均依靠語句而得到陳述。爲能表達意義，我們在描述時僅能透過語句：這造成知識論與語句分析／邏輯產生聯繫，甚至需要透過邏輯才能表達對意義的探討。這種討論包括對符號與表達邏輯式對意義的關聯，這也導致這本討論知識論的書中有幾個篇章討論符號學及社會符號學的內容。因爲意義主要透過語言、文字與聲音加以表達，雖然除此之外也有其他符碼／記號可表達意義內容。且此類語言／符碼反應整體社會環境，爲求討論的方便，我們在此僅限定透過語句邏輯形式討論意義的內容。

一、詞所具備的四種方面

任何一個語詞總是能表達意義，且在內涵、意謂、擴延與外延之間彼此相關。但這些使用有其限制，且不同方面間彼此具有關聯性。

㈠外延受限於存在的事物，若事物不存在則詞的外延不存在。

㈡擴延不受外延所受之限制，任何可能的事物均可屬之。就範圍來看，外延包含於擴延內，但反之不必然。

㈢意謂需要透過內涵與外延的使用才能被加以說明，例如抽象語詞表達爲某對象命名的語詞（英文常以-ness爲結尾），而非抽象詞表達

具體對象，其中抽象語詞及此處所謂意謂的內容。

㈣一個詞的內涵需要通過正確定義來界定，傳統上認爲一個詞的內涵則表達相對應對象的本質；詞的內涵表達我們使用這個詞的目的，且以最簡單而原初的方式表達一個詞所攜帶的意義。從知識論的角度來說，一個詞A需要被界定其應用在思想中的標準爲何；但從邏輯學的角度來看，一個詞A所表達的思想標準必須與某個對象產生對應。

二、意義的分析

詞透過上述四個方面表達與外在對象的關係，這些表達都可在情境中透過語詞，也就是符號進行意義的比較。但有幾種狀況我們需要注意：首先，兩種情境，符號相同，意義不同，表示兩種不同表達形式；其次，兩種情境，意義相同，符號不同，表示兩種不同表達形式；第三，兩種情境，符號相同，意義相同，表示兩種例證，一種表達形式。雖然我們可以透過上述方式比較表達形式與意義間的關係，但意義不等於特定的命名或指稱作用，因爲這將產生兩種可能的混淆：

㈠可能是某個表達形式意義的特定型態，但有時卻是另外一種型態，這是根據上下文給出的決定，且將影響此表達形式的眞假值。

㈡既然一個表達形式的意義是根據上下文給予而限制，那麼試圖透過對指稱的限定而給予嚴格的意義可能造成指稱的錯誤。

上述討論可能將進入語詞及符號間的關係，這種對意義的分析我們將在下一節繼續說明語詞作爲符號的一種，如何表達意義的內容。

意義的內容

語詞可表達意義，乃是透過語詞四種內容進行表達

外延	一個詞A能被應用在所有現實存在物的種類。
擴延	一個詞A可以被正確應用在所有可能的對象，只要這些應用本身無矛盾。例如「柔軟」一詞可被應用在所有可被稱呼為柔軟的對象上，且可以在兩種不同礦物比較時說礦物A比礦物B「柔軟」。
意謂	一個詞A具有某些特性，我們可將這些特性正確應用在相對應的對象上，否過來若某個對象不存在詞A所指稱者，則應用是錯的。例如一般情況下我們不會說石頭是「柔軟的」。
內涵	就形式來說，內涵是指某一個詞A可被應用在其他詞類上的可能性，其他不同的語詞都一定可以透過這個詞A被加以應用在不同的對象上。例如「柔軟」一詞的內涵，可被同時應用在棉被、枕頭、做人做事的態度上。一般來說我們無法詳述一個詞A的所有內涵，其數量可能是無限的，且可以被包含與不被包含兩方面表達。一個詞的內涵總是可以透過不同方式加以表達，所以要給予一詞定義需要詳細指出被定義對象的內涵意義。

內涵與外延的關係

任何一個與詞的內涵決定其外延的關係，反之其外延的任何限定將決定其內涵，且通過對象決定兩者間有什麼特性是對象（間）所共同擁有的。然而一個詞的內涵與外延並不相互決定：內涵被給定後，外延雖受限制卻並非固定；反之亦然。

這表示

意義的符號／表達的符號＝一個符號＋符號乘載的意義＝表達形式
1. 符號雖然乘載意義，但意義遠超過此符號所乘載的內容。
2. 表達形式如果沒有用以表示符號的組成部分，這個表達形式的內涵就是被討論的形式，這是表達形式的基本內容；否則若有更多表示符號的內容，此表達形式就是複雜形式。

我們可以透過分析的方式進行說明一詞所具備四種可能意義的內容。

明顯分析（陳述語句）	隱含分析（陳述語句）
真假值為真。	真假值待確定。
其斷言為邏輯上必然為真的對象，因一個陳述語句在邏輯上是必然的若且唯若其內容的矛盾必須自我不一致。	其斷言為邏輯的必然對象，且矛盾因素為內容的自我不一致。
模態陳述語句，雖然其表達方式不一定被是為符合模態的表達形式。	非模態陳述語句，明顯特徵之一為簡單直述句的表達形式。
每個明顯分析陳述語句與其斷言內容的內涵意義有關聯，並依此可證明陳述語句的意義關係是邏輯真理之是的根基。	通過明顯分析陳述語句在邏輯上的真值，隱含分析陳述語句可以分析其組成物件。

UNIT 9.6
對意義的理解㈡：內涵意義

圖解知識論

我們現在思考另外一種意義：內涵意義。分析內涵意義的原因與語言及其指稱的定義之產生有關。

一、內涵帶出的意義分類

當我們面對字詞時，一個字詞必帶有內涵。作為字詞的內涵，其組成成分包括了內涵意義與語法順序構成的表達形式，並用以指稱／陳述不同的對象。其斷言的內容可通過具有特定意義的語詞符碼對確定事物確立關係，所以不會是空虛的內容或經驗。為此，思考內涵的可能方法有兩種：

㈠ 第一種是語言意義，由定義方式和討論的字詞，或由表達形式，或由一個詞語其他表達語詞之表達形式所構成的關係（體系）。

㈡ 第二種是感覺意義，可以看作根據決定應用表達形式之感覺的標準。

語言意義的分析問題，其必需與感覺意義放置在一起思考指稱對象。我們使用語詞表達意義，但若所有意義都必需歸於語詞，則所有語詞將無法攜帶任何意義。語言模式的意義比我們透過認知與應用所進行的語言功能還要更為抽象，因為語言模式忽略分類的可能與決定感覺並被認知獲得內容物的特質，一如色盲也可以描述紅色，但他眼中的紅色與我們大部分人所認知的不一樣。就此來說，當我們討論一個語詞的內涵時，實則在討論我們對一事物的認識內容。因為關於對內涵的分析，其在認識論上的意義關連到我們如何到某物，以及對這個對象我們認識到什麼內容。透過表達形式，我們可以確定對某物的認知是真是假。所以語詞並不表達真假，因為那只是一種表達形式。真正讓我們確定真假的，是語詞的外延／內涵與對象間的認識論關係。

二、意義與真理的分析的條件

意義與真理在分析上並非不會結束。有三個條件可以確定一陳述語句究竟是否為真，其中兩個與慣例有關：

㈠ 語言表達的慣例：語詞既由字面符號表達其意義，則其表達意義時原則上乃根據慣例被固定／使用。若不參照這些字面意義，其實沒有任何陳述語句可以被判定其在邏輯上或在與現實關聯是否為真或為假。不過語言使用的慣例只在表達方式上呈現眾多的可能，並不決定分析過程中的真理內容。語言的慣例只是陳述語句分析結果為真的因素之一。

㈡ 根據我們選擇的標準，存在我們分類對象構成的因素：每個語詞作為表達認識對象的表達的固定意義，且這些固定意義另外攜帶可被證成或可被認識的特性／特徵。這些特徵讓我們可以透過語詞表達意義，並指稱這些語詞在認識作用上適用於如何的對象。此點與一個字詞的內涵有關。

㈢ 可被證成或驗證的這些感知特性，在與語言的表達及應用關聯上，形成我們對語言使用的標準。所以當我們進行對真理的分析，或對語言意義的探索，甚是透過認識過程對對象產生認知時，我們是在這些由語言所建立起的意義與特徵關聯體系內進行討論與應用。

基於上述語言與意義的關係，我們可以對世界認知後描述，從而認識世界的真實樣貌，也就成為下一節討論科學知識成立的知識論基礎。

內涵中語言意義與感覺意義的比較

內涵作為一種表達形式＝組成成分的內涵義義＋語法的構成順序

其中可再區分為語言意義與感覺意義

語言意義	感覺意義
由定義方式和討論的字詞，或由表達形式，或由一個詞語其他表達語詞之表達形式所構成的關係（體系）。	根據決定應用表達形式之感覺的標準。
語言決定意義的可能性： 1. 若一個詞的內涵意義被認為是： 　(1) 經由系統性的組合而得出預期的結果，或是 　(2) 在任何其他方式下可以做為放在特定情形使用的語言標示時， 　我們可以得知此語詞獨立於語言應用的意義。 2. 一個語詞符合「邏輯決定意義」之要求是可能的，因為此時期獨立於眾人心中及人類可純粹感知的特點，甚至超過決定經驗應用的認知／語詞系統中。 3. 當一整套語詞，不論其是否被定義，只要放置在一起，都能自然產生意義。若通過與另一套語詞的配合，可產生更為複雜的關聯。 4. 整個語言的系統及其帶出來的問題，甚至包括人類的思維，都產生並展示出人類經驗上的需求及渴望。	感覺意義作為標準的可能性： 1. 如果存在一個感覺意義的表達形式，並不意謂我們要求這個表達形式直接適用於某一特定狀況，甚至要求這個表達形式必需是可受決定的。因為真實性的概念，應用的標準或真理的標準都需要透過語言表達，如果符合這種邏輯規範則可確定其應用上是真或是假。 2. 意義的應用問題透過語言可被決定，雖然此時我們並不需要感覺意義的幫助。我們越注意我們如何正確表達與描述認知對象，我們就越發現在憑藉經驗所知的確定性上我們所知甚少。 3. 感覺意義並不依靠其意指的對象作為辨別，即不受外延的影響。 4. 若將內涵普遍視為感覺意義，則一個語詞不論內涵內容多少，這些語詞可以應用在所有具有感覺意義的認知對象上。
作為語言意義的內涵與作為感覺意義的內涵之間存在必然和明顯的聯繫，這種聯繫是從語言功能得來的。兩者之間雖有關聯性，且語言具有表明（被認知）事物的特徵，但其實認知主體乃是透過感覺進行理解，而後才有陳述語句與行動的指導，甚至對被認知對象進行命名與分類。所以感覺意義在語詞內涵中具有優先性。	

語言與意義的關係為：
1. 意義的聯繫是內在的，因為陳述語句及其使用的術語對所有事物來說都先於經驗存在。
2. 沒有意義的符號無法成為語言，因為沒有表達形式，語言不但無法表達意義甚至無法被人認知。
3. 若一個被用以表達的語言體系與理想化相一致時，分析與綜合的區別會根據形式轉化和衍生規則，從已接受的定義推導之陳述或不可推論的表達之區分彼此一致。

UNIT **9.7**
科學知識如何可能

圖解知識論

科學的知識，或更嚴謹來說自然科學的知識，在知識論討論認知上被認定具有特定結構內容致使其能被建立。哲學家郎尼根認爲從過往到現在，科學具有兩種律則：古典律與統計律。前者爲固定且可推演之內容，例如牛頓的運動定律，數學規則等，均可透過演繹過程獲得答案；後者則從龐雜現象中尋找固定結構，例如氣象科學。不論古典律或統計律都相同在求眞，獲取對事物的正確認知——雖然兩者在實際操作上表現方式不同，但郎尼根認爲，兩者相同服膺於誘導性結構這種認知過程。

所謂誘導性結構是指，透過已知物件與現象，對認知目標逐步探索達至洞察的過程，所以誘導性結構意謂一套有條理追尋、預期、從而把握對象洞察的運作程序。這個程序是人類理智運作的能力之一，幫助人類在面對自然科學時得以產出整體結構，進而從已知視野透過洞察得到未知答案的解答。所以整體誘導性結構呈現如下六大部分與十個步驟：

(一) 預期。其中進行：(一)命名，即爲未知者命名。例如代數中求取未知數時以X稱呼。不過古典律求取事物的本質，而統計律嘗試理解事物的情境。

(二) 先科學描述。其中進行：(二)描述：首先需要獲取的未知者進行初步，同時也先於科學的說明。此時描述是依據物我關係，透過主觀感官經驗進行說明的過程，以達到對對象的初步理解。(三)誘導性定理，即透過「凡相同的就以相同的方式來理解」的定律，對對象進行分類，再以相同方式理解與說明。

(三) 轉化。其中進行(四)從「物我關聯」轉至「物物關聯」，上一階段是從物我關聯出發，爲要達至理想的科學描述，必須透過研究方法上的改變，進入物物關聯的方式。此時科學家是透過儀器或客觀方式對對象觀察、說明並定義。

(四) 科學解釋。其中進行：(五)衡量，透過科學儀器及定律的觀察，科學家可以解釋物物關聯的內容。此時衡量之工具爲客觀可被理解之符碼內容，例如數學文字表達。(六)計算，企圖用客觀表達工具達至對研究對象的表達，郎尼根稱此爲(七)由下而上，透過具體計算對特定對象產生可理解之內容，即獲取洞察的內容；爾後(八)由上而下，將洞察應用在日常其他類似的具體事項中，以期能獲得對事物的普遍把握。

(五) 躍升。其中進行(九)洞察，即獲得答案的關鍵時刻，此時答案爲普遍可被理解之內容。

(六) 印證與預測。其中進行(十)印證與預測，因爲我們對科學知識得把握並非以獲得答案爲終點，這裡的答案可能會有錯誤，我們尚需透過對答案加以印證，或利用答案加以預測。若答案可經過考驗獲得證實，此時我們才可說此處獲取答案是正確的。

以上過程乃顯示科學家在追尋答案時是採取一套有條理的詢問程序——誘導性結構；他們引用了預期、描述、轉化、解釋等步驟以求達洞察之躍升，並以印證和預測來鞏固個人的理解。這是一種對科學知識獲取的理解，我們也將在右頁以古典律即統計律爲例說明其中差異。

古典與統計律在誘導性結構上的對比

郎尼根將科學律則歸納爲兩大部分：古典律與統計律，並提出類比概念，好使讀者可以明白雖然科學在尋求知識時方法不同，但都相同在爲求眞而準備。

程序		古典誘導性結構	統計誘導性結構
1. 預期	(1)命名	首要工作都是為我們需要但尚未能熟悉的「可理解性」命名，以此為追求認知的目標。	
2. 先科學描述	(1)描述	主要描述對與未知對象本性有關的物件。	主要描述對與未知對象情境有關的物件。
	(2)誘導性定理	從物我關聯立場作分類，分出各類東西的本性，如顏色的本性、聲音的本性等。	從物我關聯立場作分類，分出各類事件的境況，如拋錢幣境況、人健康境況等。
3. 轉化	(1)從物我關聯至物物關聯	從物我關聯立場，轉為物物關聯立場，進而企圖作出探討。	從物我關聯立場，轉為物物關聯立場，進而作出聯想。
4. 科學解釋	(1)衡量	引用度量衡來作精確的衡量。	實際進行統計，建構精確數字而後加以分類。
	(2)計算	利用數學來計算對象運作與時空關係。	利用數學來作概率微積分運作。
	(3)由下而上	從具體衡量上獲得數字，引用數字來畫出圖表，再利用圖表來引申出微分方程式。	統計一套無系統事件的相對實際頻率，企圖從中找出一可理解而有深義的概率。
	(4)由上而下	從微分方程式的排列與內容，引致問題的解答。	從挑選出相應事件，到決定相應的概率。
5. 躍升	(1)洞察	所衡量的事物是個別的，所獲得的定律卻是普遍的。	所統計到的相對實際頻率是個別的，所洞察到的概率卻是普遍的。
6. 印證與預測	(1)印證與預測	在眾具體實驗中可獲準確數字與比例，足以彼此精確地互相印證。	具體統計中所得的各個相對實際頻率可隨意地與「率有差距，為此，它們彼此間只能互相作概然的印證。

證明科學家在追尋答案時是採取一套有條理的詢問程序

* 參考B. Lonergan, *Insight*(1958), Ch.2.

UNIT 9.8
個人偏執

圖解知識論

知識既與社會有關，那麼在社會中的個體均有可能因為受知識傳遞影響而產生對事物的認識或理解。然而這種認知與理解可能在常識階段就產生偏執的結果。郎尼根針對這種社會與知識間的辯證提出說明，並在《洞察》書中提到三種人類可能具有的偏執：個人偏執、團體偏執以及普遍偏執。

一、常識引導出的偏執

我們在提常識引導出偏執時曾說明，常識雖可被認為具有系統性，但卻在因時制宜的狀況下使人可以拒絕在自己所擁有常識以外的更高層次產生認知，而我們就將這種狀況稱為偏執／乖敝。我們在此重複這四種偏執：

(一)理解上的錯亂：一個人拒絕他在反省中早已尋到之相反證據。

(二)審查力的壓抑：個人壓抑正確認知的條件，選擇對自己有利者達至符合自己期望的結果。

(三)感情正常流露的壓制：人對外在事物的理解產生不當連結，並透過情感作用得出特定結論。

(四)行事上的錯亂：個人的認知產生怪敝，導致其產生如失言類型的行為失當。

這種偏執／乖敝若發生在個人身上，則產出我們這裡所謂「個人偏執。」

二、個人偏執

郎尼根所謂個人偏執，可說是基於「唯我主義」（Egoism）產出的偏執。郎尼根認為唯我主義不能等同於動物本能反應，不是人際互動間對自我的滿足，也不是基於智慧或倫理產出對自己自愛的要求。真正的個人偏執自我蒙蔽，且具絕對正確認識產生洞察，甚至拒絕產生正確認識的可能。郎尼根從四個角度說明唯我主義在認識上產生的原因：

(一)使唯我主義產生的條件是團體辯證：人是群體性動物，但任何一個群體都可能在情與理之間彼此拉鋸。作為團體中的一個個體，當人拉鋸在團體中的情與理之間，他就可能產生／陷入唯我主義。

(二)唯我主義的產生與個人利害關係有關：在情與理的辯證中，個人可能選擇顧慮自己眼前的利益而非顧慮普遍理智的正確認識。雖然我們的理智告訴我們應當基於對普遍理智的遵守，但個人情感好惡的自發性會讓個人對自身喜好的事物產生本能的情緒與衝動。

(三)唯我主義透過理智運作排除理智的運作：唯我主義者並非感情用事，因為在理智運作下我們總能獲取某些對事物的認識。但唯我主義者透過理智的運作將這些獲取對事物的認識甚至洞察加以排除，所以唯我主義應被認為是理智的不健全發展，因為個人在此為個人私慾故意排除正確理解，而這些被排除的正確理解明顯代表為眾人接受的金科玉律。

(四)唯我主義者並非不知道自身的自我蒙蔽：上述第3點引發我們注意到，唯我主義者其實常常知道認知上的正確與否，否則他們無法排除自己理智的運作過程。因此唯我主義者盡力排除自己理智對正確理解的推動，也盡力強調主體欲求的優先。換言之，唯我主義可為一主體禁止自身繼續思考或對認識對象產生正確洞察，以免理智帶動主體禁止對自身有利的決定。

個人偏執

郎尼根《洞察》書中提示我們人的三種偏執		
個人偏執	團體偏執	普遍偏執

1. 人可能在扮演人生的角色上會故意拒絕接受自己不想面對的認知與相關洞察：雖然常識也具系統性，但卻會因時制宜而有不同，這使人可以拒絕在自己所擁有常識以外的更高層次產生認知。
2. 這種拒絕認知的狀況為「乖僻」，是故意壓制正常認知或洞察及其所引發的結果，並因此形成自我封閉的狀態。這種乖僻有以下四種可能：

理解上的錯亂	一個人拒絕他在反省中早已尋到之相反證據。
審查力的壓抑	個人壓抑正確認知的條件，選擇對自己有利者達至符合自己期望的結果。
感情正常流露的壓制	人對外在事物的理解產生不當連結，並透過情感作用得出特定結論。
行事上的錯亂	個人的認知產生怪僻，導致其產生如失言類型的行為失當。

＊所有常識在累積過程中均經歷動態結構的運作，通過個人與團體間的辯證累積知識並轉化環境。當常識累積成為知識時，不論個人或團體均面對個人與團體中情理間的張力，此亦形成從個人到群體中的各種偏執。

唯我主義 ≠ 動物本能反應、人際互動間對自我的滿足、基於智慧或倫理產出對自己自愛的要求。

1. 使唯我主義產生的條件是團體辯證	人不純粹生活在主體際性的自動自發，也不純粹活在理智正常運作的狀況，而是在團體的情與理這兩項相連而對立的拉鋸原則下生活。作為團體中的一個個體，當人拉鋸在團體中的情與理之間，他就可能產生／陷入唯我主義。
2. 唯我主義的產生與個人利害關係有關	雖然理智是個人與團體的普遍化原理，且會透過對事物的理解不斷產生洞察，但人相同具有自發性的情感好惡，會本能的流露情感與喜好。這將導致人透過情感干預理智的運作。
3. 唯我主義透過理智運作排除理智的運作	唯我主義者並非感情用事，而是理智的不健全發展，因為個人在此為個人私慾故意排除正確理解，而這些被排除的正確理解明顯代表為眾人接受的金科玉律。
4. 唯我主義者並非不知道自身的自我蒙蔽	唯我主義可謂一主體禁止自身繼續思考或對認識對象產生正確洞察，以免理智帶動主體禁止對自身有利的決定。

＊9.8-9.10參B. Lonergan, *Insight*(1958), Ch.6-7.

UNIT **9.9**
團體偏執

團體由個人組成,一群人組成一個團體,透過其中被認為是眾人理智所接受的共識,而形成一種團體建構起來對知識發展的干預。不論個人偏執或團體偏執,兩者都是對人類知識進行干預的認知過程,不過個人偏執違反的是一般人的常識,但團體偏執是依據團體內所接受的一般共識/嘗試進行工作。

一、團體辯證

團體既由人組成,其乃基於人類社會分工複雜與合作上之需要逐步建立。這些建立是依據社會秩序的關係模式被逐步建立起來,並因著需求差異產生團體差異,此點頗似以前述門類符號學所提及基於社會需求建立的不同級別。在一般狀況下,個人在情與理之間的辯證相同會帶到團體中,致使團體產生情和理的辯證。團體中的情是指這群人組成後自然流露的習慣,而理乃依據公正公平態度進行對知識的詢問或洞察。原本兩者間應該彼此相連,並達成情理之間的一致。但任何團體本身都有盲點,這種盲點導致的團體偏執有兩種可能:

㈠團體內部成員基於墨守成規,以致其感情面無法適應改變,影響理智面對事物的理解或接受。這種墨守成規致使一團體與所處環境相較下頑固落後,即形成以風俗習慣干預理智運作的狀態,此將導致團體內即便產生改進洞察也被忽略。

㈡另一種情形特別被指稱在對知識產生正確洞察,並經由此洞察獲取團體利益後對自身利益的維護。其忽略在理方面應當具有的公正客觀,反而不斷透過維護自身利益而利用洞察的結果。此點可謂利用洞察本身干預理智的洞察,也可認為是一

種以情(維護自身利益)引導理產生的結果。

二、團體偏執的影響

郎尼根認為,團體偏執作為一種團體辯證中偏向情而非理的運作模式,其會帶出四種對整體社會的影響:

㈠階級劃分:團體在面對對自身有利之洞察會透過各種方式維繫自己所擁有的洞察,並透過良性循環促使自身所具有之洞察進而改善自身現況,促進越來越有利的結果;反之,無法實現對自身有利洞察的團體只能落入惡性循環。這促使原本依據功能劃分的團體分類方式改變而成為依據權力佔據與成功與否,致使團體區分為得勢團體—— 失勢團體的區別。

㈡支配心態:得勢心態基於自身對知識洞察的掌握,進一步掌有對失勢團體的控制權。雙方的互動為互補性的,反動/保守的得勢團體導致失勢團體的革命性,但先進性帶有改革的得勢團體能引導失勢團體朝向同樣目標,雖然雙方步伐不一定相同。

㈢利益不普及:基於對知識洞察的落差,導致得勢團體與失勢團體落差越來越巨大,因此間涉及知識權力的擁有與落差。知識權力造就利益不普及,也使失勢團體日益累積不滿與挫敗的情緒。

㈣引發暴亂:團體偏執造成得勢團體—— 失勢團體,也可說是成功階級—— 不成功階級的區別,其起初只是較小的落差,但日後卻將日益嚴重智無法修補,至終導致不成功階級起身反抗,形成社會動亂。

團體偏執

郎尼根《洞察》書中提示我們人的三種偏執		
個人偏執	團體偏執	普遍偏執

不論是個人偏執或團體偏執 都是人對理智／實用常識發展加以干預的結果	
個人偏執	**團體偏執**
從人際關係來看，個人偏執被其他人排斥。	從人際關係來看，團體偏執受到團體支持。
從常識角度來看，個人偏執是一種個人心態違反常識的結果。	從常識角度來看，團體偏執則以所屬團體的一般常識行事。

團體既由人組成，其乃基於人類社會分工複雜與合作上之需要逐步建立但任何團體本身都有盲點，這種盲點導致的團體偏執有兩種可能：

團體偏執的兩個樣貌，與其所屬團體的支持與一般常識有關	
1. 基於墨守成規，以致其感情面無法適應改變，影響理智面對事物的理解或接受。形成以風俗習慣干預理智運作的狀態，此將導致團體內即便產生改進洞察也被忽略。	2. 對知識產生正確洞察，並經由此洞察獲取團體利益後對自身利益的維護。可謂利用洞察本身干預理智的洞察，也可認為是一種以情引導理產生的結果。

帶出三種洞察

團體偏執的三種洞察	
精彩而不實用的洞察	雖然帶有精彩的知識發現，但就現實來說無法配合需求加以實現。
實用而有機會實行的洞察	雖然符合現實環境，且因具有可行性所以可能可被加以實現，但沒有適當權力團體支持。這種洞察容易出現在得勢團體中。
實用而沒有機會實行的洞察	容易出現在失勢團體內，因對現實環境加以理解掌握，能尋覓恰當且具實現內容的洞察，然而因為缺乏權力或支持，最後僅能胎死腹中。

＊從而產生對社會的影響。

UNIT **9.10**
普遍偏執

從個人偏執到團體偏執，最後人類將面對普遍偏執：從知識與權力的角度來看，普遍偏執可說郎尼根透過理智發展受干預產出的歷史哲學觀念。這種偏執的產出原則上與個人偏執及團體偏執類似，都是理智在常識的干預下故意忽略對洞察的發現。不同的點在於，普遍偏執範圍更廣，且社會甚至文化因停留於常識領域忽略理智發展的可能，所以造成的結果更為嚴重。這種忽略來自人基於常識領域內的實用與安穩，致使理智不再對事物進行探問引至洞察，以致理智發展故步自封。此與常識特性有關：常識關注對象為個別事物，雖對日常生活有重要幫助，但卻因過度關注具體個別對象而忽略抽象普遍定律，導致理性運作範圍受限，也忽略其他不同領域間的運作。這種過度關注眼前個別具體事物的結果，將使人類理智忽略更深遠境界，從而產出普遍偏執。

(一)普遍偏執的短週與長週：郎尼根認為普遍偏執與團體偏執引發的末落有關，且普遍偏執可區分為末落短週與末落長週。末落短週是由團體偏執所引發。前述團體偏執提到得勢團體為自身利益故意忽略某些洞察，進而造成社會倒退。當失勢團體反對並推動改革後社會將有所改變且得到轉圜餘地。由於過程較短故稱為短週。而長週之所以被稱為長週，是因所有團體／整體社會都基於常識產生的普遍偏執而故意忽略洞察內容，導致改革及改變遙遙無期。

(二)普遍偏執蘊含長週所帶出的社會與人類腐化：整體社會基於理智乖敝致使其不再產生洞察的可能，造成新的思想不再透過思考而產出，進步因此也停滯不前。整體社會既因理智乖敝造成文化倒退，且呈現出非理性的荒謬。最終社會理智失去洞察能力，在常識面上不再認為社會改革是必要的，在思辨能力上也不再維持原應擁有的批判能力。普遍偏執在實踐過程中產生非理性狀態下的「更低觀點」，最終產出極權主義的運作。極權主義預設社會權力對抗知識的操作，但也帶出長週的惡果：既因社會權力干預知識，導致唯有極權主義能對抗極權主義，此時理智已不復存在，存留的唯有非理性對理智的操弄。

雖然歷史長週結尾僅剩理智的被操弄，但郎尼根的實在論存有理智的更高觀點：偏執既然導致退步，致使團體與個人無法繼續進步，此時社會需要帶有批判性思考之人的科學來挽回被普遍偏執侵蝕的整體文化。原本的文化在理想狀態下帶有批判能力，且讓人超越情與理之間的差異而竭力獲取更高層次的洞察；但當文化受普遍偏執侵蝕後，批判能力不復存在，起初由少數人提出的錯謬思想雖然僅誤導一小部分人（及形成個人與團體偏執），但之後受到利用與傳播而誤導越來越多人進入偏執狀態，最終文化失去批判性只追求實用性，理智也不再對洞察產生興趣且失去思考能力。此時文化失去知識的權力，留下的僅是走向滅亡的實用主張。

(三)解決之道蘊含的更高觀點：面對普遍偏執，郎尼根認為需從更高觀點帶領人類重新面對理智發展。他為這種更高觀點取名為「世界主義組織」。世界主義組織能帶領人類重新獲取被普遍偏執忽略的洞察，且透過超越實用層面的方式拯救知識與常識的實用層面。總之，這是個尚未實現的理想，也被郎尼根認為是人類理智所努力尋求的更高觀點。

普遍偏執

郎尼根《洞察》書中提示我們人的三種偏執		
個人偏執	團體偏執	普遍偏執

1. 定義：依據學者梅爾勞（Hugo A. Meynell）的定義，是指實用常識干預理智的正常發展。
2. 產出原因：常識過度注意個別具體事物，致使忽略其與其他領域間關係。此狀況下的常識不在意普遍抽象的規律，並拖延理智發展與洞察的可能。

此預設人類歷史發展過程

郎尼根對歷史的理解可幫助我們明白普遍偏執與長週的意義

1. 人類歷史進程是一種「出現概率」	郎尼根認為世界是一種出現概率的系統，也就是接受制約且能預測的循環系統。人類歷史即為這種出現概率，因為相同受到條件限制，可以預測機率與可能性。雖然在與自然科學相較下，人類歷史多出了意識的干預。
2. 人能引導出現概率	由於人類歷史可受意識主宰，故人可以透過詢問預期事件發生的可能性，並通過洞察確認事件發生機率，從而選擇並控制事件發生的出現概率。
3. 歷史的進步	當人類透過理智洞察提升理想，並應用在社會而帶領人類的進步，此便為歷史的進步。
4. 歷史的倒退	洞察與理智因常識干預而無法實踐，並因此干預社會的進步，致使文明不再前進，即為歷史的倒退。這種起因可能來自個別且具體的問題，日後衍生成普遍偏執。
5. 歷史的挑戰	基於人類可進步或退步，故人類歷史為一種挑戰。但常識僅能幫助人類在少部分成就上獲取成功。

上述關於歷史的發展蘊含知識與社會權力間的關係，且引導出普遍偏執所帶有的短週與長週差異。

類別	末落短週	末落長週
引發	團體偏執引發	普遍偏執引發
內容	得勢團體因利益故意忽略某些洞察導致社會倒退	所有團體都基於常識的實用性而忽略洞察的可能
發展時間	從失勢到轉變時間較短，故稱為短週	改革遙遙無期，故被稱為長週
改革的可能	失勢團體反對得勢團體故意忽略的行動，並透過特定洞察致力推行改革，使社會獲得轉機	透過郎尼根所為世界主義組織有可能喚醒人類的洞察

第 **10** 章

真理的意義

●●●●●●●●●●●●●●●●●●●●●●●●●●●●●● 章節體系架構

UNIT 10.1
真理的意義

「真理」一詞容易讓人有無限多的指稱或想像：從路名（真理街）到校名（真理大學）不一而足。就知識論角度來看，真理容易給人一種不可動搖、永恆不變的感覺。但究竟何為真理？我們人類真的能夠獲得真理嗎？

一、真理如何定義？

真理一詞可以指真的命題，甚至被認為是永恆為真的命題，所以從邏輯的角度來說，我們可主張「若我知道命題P，則P必然為真」。但這句話將會產生問題：為何當我知道命題P時，其一定就為真？這裡討論的是真理成立的問題。我們可以依此進一步問，真理是主觀的還是客觀的？數量上是單一的還是可以有多重的真理？

有學者認為真理是客觀的，也就是可被定義，也可被認知。所以客觀真理可被如此定義：

一命題為客觀真理＝DF.該命題為真，且其真不受任何人是否認為其為真之影響

但真理確實是客觀的嗎？此處涉及關於對真理描述的一種定義問題：我們既然是用語言對真理加以描述，就可能因語言問題產生錯誤。如果有人主張真理是主觀的且提出命題「沒有客觀真理」，那麼這個關於真理的描述是主觀的還是客觀的？更進一步，如果任兩個人對一命題P所指稱的真理是否為真沒有共識，是否代表命題P所指稱的是否就不存在？為此，關於真理學說的主張中，其中一種主張就是透過更高層次的外在力量（例如神）建立對真理理解的判斷標準。

二、對真理學說的主張

由於真理一詞涉及不易更動或永恆不變的內涵，致使究竟何為真理的問題演變成兩方面：首先是有無（這種永恆不變）真理存在？其次才是若有真理存在，究竟內容為何的討論。關於第一個問題，通常哲學家們除了支持真理相對觀的學者外，大概會認為確實有真理的存在：真理相對觀嚴格來說也並非認為真理不存在，而是認為真理會隨著時空環境等條件變動。

至於第二個問題，關於真理內容為何的討論，大概比較無爭議的是依據命題形式「X是真的若且為當X具有某種屬性P」進行判斷。例如當有人說「雪是白的」是因雪確實具有「白色」的屬性；反之即便屬性是負面陳述也可被依此形式理解，例如說謊是錯的，因為說謊具有被認為是錯誤的屬性。這種主張在傳統討論上是成立的，如右頁提到的實用說。在實用說的理論內，X為真（或是真理）若且唯若其具有可被實用的屬性。但當代一些討論真理學說的主張卻不接受這種命題形式給予的規範，因而產生一些產生辯證結果或超過我們所能理解的真理理論。

右頁的表格中我們將關於「何為真理」這個問題的不同解答列出，在暫時不論語意分析類型的真理學說外，於本章接下來的篇幅終將逐步討論相對說、符應說、融貫說、實用說與啟示說這五種對真理的主張。讀者在理解這些主張之後可以問自己這樣一個問題：我願意接受哪種主張？

關於真理內容為何的主張

傳統關於眞理的命題形式為「X是眞的若且爲當X具有某種屬性P」
依對論點的支持或反對可列舉眞理說學如下

主張	真理的定義	說明
符應說	名實相符者為真。	依士林哲學主張，真理乃心內概念與外在世界對象彼此一致的結果。
相對說	依據情境或狀況判斷何者為真。	真理或許存在，即便存在也並非永恆不變動者，真理的存在乃依據不同時空環境條件產生不同結果。
實用說	若一個對象X可被稱為真，意謂其具備工具性價值。	真理確實存在，但會隨著不同需要解決問題的條件產生改變。任何可以產生工具／實用價值的知識都可以成為真理的內容。
融貫說	真理存在於命題間的一致性或命題間的彼此符合。	真理存在於命題間的一致意謂真理存在於邏輯一致性的內容，我們可以透過命題間的一致進行對命題的解釋，也可透過單一命題與一組命題間是否一致進行真理評判。
啓示說	真理存在於神聖實體的心中，藉由神聖實體解開的內容被人認知。	真理確實存在，但真理的存在是因為有神的存在才能有真理的存在。在此前提下，真理有兩種可能：1.真理＝神自身；2.真的存在是神藉由啓示所賜下而使我們可以得知。
消解引號理論	對真的解釋需要訴諸於消解引號真理語架，即符合X為真若且唯若為X時。	在此理論下P不是具備某種特定屬性所以為真，而是通過把真的概念視為基本性質，而後在化約到其他實體的概念或性質內。 消解引號理論讓我們對真的概念之掌握，取之於對消解引號語句內容，以及對個別案例的掌握。命題P之所以為真／真理的條件是：P為真若且唯若在P可被驗證為真。
延伸1：多餘理論 延伸2：極簡理論 衍伸3：語義理論	根據消解引號理論衍伸的通縮理論而產生： 1. 多餘理論（redundancy theory），認定命題P為真是因為其和「命題P為真」具有意義上重疊。 2. 極簡理論（minimalist theory），認定命題間在必然符合的狀態下必然為真。 3. 語意理論：對任何已知的定義必須規範其指稱的內容，此時我們才能根據形式語言的原始語詞之指稱對象對所有陳述語句的真假給出明確定義。

＊關於當代分析哲學對真理的分析，請參見Stanford Encyclopedia of Philosophy網站
上辭條Truth。此處消解引號理論及其延伸乃依據此詞條撰寫。

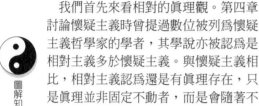

我們首先來看相對的眞理觀。第四章討論懷疑主義時曾提過數位被列爲懷疑主義哲學家的學者，其學說亦被認爲是相對主義多於懷疑主義。與懷疑主義相比，相對主義認爲還是有眞理存在，只是眞理並非固定不動者，而是會隨著不同文化或時空環境產生不同內容。

一、相對主義的背景

當我們提到「眞理」時，會聯想到不變動、固定、普世價值等不同的形容詞，這些形容詞在相對眞理觀裡均不存在；即便存在，也需加上特定條件，如某個部族或某個時空條件。此條件與文化交流及其產生的文化衝擊有關。不同文化背景的民族會因應環境產生對事物不同的觀點或態度，即便相同的事情也會有不同的做法：例如什麼是「孝順」？如何叫「厚葬」？不同的環境與民族會有不同的處置方式，且若某一民族知道別的民族進行的方式可能會感到被冒犯、感到恐怖等負面情緒，因此沒有任何民族可以說自己的處置是正確的，也不可能說自己擁有絕對的眞理。

這種論點在過往強調不同民族與國家，今日則進一步將相對的狀況放置在情境或立場的相對。情境的相對強調不同情境下所採取的認知及行動有所不同，立場的相對則認爲基於不同立場／觀看角度／身分，對相同的事情會有不同的主張或看法。這些論點目前與倫理學有較深刻的關係。

二、對相對眞理觀的批判

相對眞理觀在當代社會具有一定影響力，甚至若追溯歷史能看到早在古希臘時期這種主張已經出現──例如我們在第四章所提及的辯士學派──但這種主張也受到相當批判或檢討。例如柏拉圖在《泰阿泰德篇》中兩段提及其中著名代表普羅塔哥拉斯（見*Theaetetus* 151e-152c 161c-e），並指出蘇格拉底如何對其學說進行批判。若從知識論角度來看，相對眞理觀需面對兩個問題：

㈠眞理的相對意謂沒有眞理或至少得有一條絕對眞理。若眞理是相對的，意謂不同的人基於不同立場／觀看角度／身分會有不同的認知，若我們會因爲不同的立場產生對相同事物的不同認知，這將意謂沒有可被眾人認知的眞理存在。但在此推論的背後卻存在一邏輯上的矛盾：若相對眞理觀爲眞，至少得有一條絕對眞理，即「相對眞理觀爲眞」，因若相對眞理觀不爲眞，則我們無法主張不同的人會基於不同立場而有不同論點。

㈡相對眞理觀無法通過經驗事實檢證。在倫理學相對主義的研究中，已證明至少存在四個可被放諸四海皆準的倫理原則：不可殺人、不可說謊、不可偷竊、不可姦淫。這四條倫理原則可作爲認知上的命題，這意謂有四條命題可被普世認知且共同遵守。這四條命題可能在實際實踐上，於不同地區或文化背景有不同內容，但作爲被認知的對象或命題的可被理解內容，其卻不會因人而異。就此來說，相對眞理觀無法通過經驗事實的檢證。

相對真理觀的理論與批判

相對真理觀
定義：真理並非固定不動者，而是會隨著不同文化或時空環境產生不同內容。
背景：
1. 與文化交流及其產生的文化衝擊有關。不同文化背景的民族會因應環境產生對
   事物不同的觀點或態度，即便相同的事情也會有不同的做法。
2. 過往強調的是不同民族與國家，今日則將相對的狀況放置在情境或立場的相對
   性。情境的相對性強調不同情境下所採取的認知及行動有所不同，立場的相對
   則認為基於不同觀看角度會有不同的主張或看法。

範例：什麼是「孝順」？如何叫「厚葬」？
不同的環境與民族會有不同的處置方式。

對相對真理觀的批判

理論上的反駁
1. 真理的相對意謂沒有真理或至少得有一條絕對真理。
若相對真理觀為真，至少得有一條絕對真理，即「相對真理觀為真」，因若相對
真理觀不為真，則我們無法主張不同的人會基於不同立場而有不同論點。此點造
成理論的自相矛盾。
2. 相對真理觀無法通過經驗事實檢證。
倫理學相對主義的研究中，已證明至少存在四個可被放諸四海皆準的倫理原則：
不可殺人、不可說謊、不可偷竊、不可姦淫。

經典中的反駁
柏拉圖在《泰阿泰德篇》中兩段（*Theaetetus* 151e-152c 161c-e）提及蘇格拉底如何
批判相對主義真理觀的主張者普羅塔哥拉斯。
1. 《泰阿泰德篇》151e-152b
泰阿泰德認為「知識無非就是感覺」，所以蘇格拉底指出他的說法來自普羅塔哥
拉斯，並引述普氏說法「人是萬物的尺度，是存在的是物存在的尺度，也是不存
在事物不存在的尺度。」。蘇格拉底認為這段話無非是主張，每件事物對每個人
的顯現都是不同的。
2. 《泰阿泰德篇》161c-e
蘇格拉底基於以下幾個理由反駁普氏論點
(1) 雖然普氏具有智慧使眾人尊敬，但就相對主義來說他不會比別人聰明。如此一
    來我們無法說他確實具有智慧。
(2) 如果普氏並沒有比別人智慧，那麼他要以如何資格教導他人？
(3) 如果哲學僅是在每個人對自己觀點的考察，那麼哲學及其對話不過是種可怕而
    冗長的愚蠢展是罷了！

UNIT 10.3
符應說的真理概念

符應說的根基為本書第三章所提之（士林哲學）實在論立場。符應說肯定主體具有充分能力能認識外在世界，外在世界能被我們確實認識，且主客間能建立起恰當認識關聯。除對認識過程的肯定，符應說另外也專門討論「真」（或是真理）究竟是什麼。

一、真的概念

關於符應說的理論，我們可以多瑪斯的學說為基礎與例證。按多瑪斯所言，真是理智的所向。真之所以在於理智內，是因為理智與被理解的事物相符合，所以真的性質必然是因理智而延伸至被理解的對象，使被理解的對象因為與理智有某種關聯而被稱為是真的。他區分關聯分兩種：

(一)本／必然的：依其本質對理智的關聯。對象本身之存在關係到理智方面，對象是本然的相關。

(二)偶然的：對可被認知的理智來說，對象是偶然的有關連。

當我們說一對象是真的，是根據對象及其依賴的理智之關聯。所以真首先是在理智內，之後才會說是在對象內，這是根據事物與其原理（即理智）的關係。

「真」的概念在符應說中可被稱為第一意義下的真理，在此真理並非傳統所認為永恆不變的某對象，而是指對象與理智符合這最根本的原則。然而就宗教與神學的角度來討論時，真或真理可被等同於神聖實體（也就是神）。此時真／真理的概念才會被等同於永恆不變對象。這就是我們所提到，神的認識能力就是其自身的本質，且神對萬事萬物的認識具有無限可能性的意義。

二、判斷與符應

所以從認知結構（即「經驗──理解──判斷──抉擇」之認知過程）來看，判斷的基礎在於符應說。多瑪斯認為：「真」表達為認知能力與事物的符應，因為認識來自於認知者與被認知者的類化，所以類化可被視為是認識的原因。這可被稱為「事物與理智的一致」。這種一致包涵著真的形式結構，而這是對事物的真，也就是事物與理智間的一致或相同理。多瑪斯的意思是，真理之所以為真，來自於符應的兩端，即事物與理智的一致。然而符應並非單純地只有在兩端間取得一致而已，更是類似於亞里斯多德在形上學論述中的說法，認為一個事物之所以被稱為是真或是假，端視於其是否與心靈取得一致的結果。若是相一致而為真，若並非一致即為假。所以肯定是基於命題的真，也可以是或長或短的推理結果：這些都是心靈的活動。在此可以為多瑪斯概念提出一個不恰當的比喻：當多瑪斯在討論判斷此一認知活動，「判斷」的概念並非只是簡單的內外符應而已。符應的基礎理論對多瑪斯而言還包括幾個同時存在的真理。用當代哲學的角度來說，多瑪斯在為他的符應論尋找能夠擁有證成的判斷，或是某種可作為信念的準據。這即為他視判斷為人心靈活動的原因。

在上述基礎，認知結構於判斷概念後能提出抉擇的實踐內容。抉擇的進行是依據判斷的內容加以實踐的倫理活動，從此活動可回過來證明判斷所需要之理智與對象的符合所需具有之重要性。

對符應說的定義

多瑪斯·阿奎納	一個事物被認為是真的，是根據其與所依賴的理智之關連。所以真理主要地是在理智內，次要的才是在事物內。
波伊曼 （Louis P. Pojman）	這個理論認為一個命題為真是當其與實在的事實或狀況符合時。這個理論可以回溯到柏拉圖，特別是亞里斯多德，因為他說：「說那不是真的，或那不是這樣，即為假；而說其所是，或那不是並非如此，為真。」
汪史坦博根	判斷與客體符合時，則稱之為是真的；在它對我來講不與客體相符合時，就是未達成任務時，我則說它是錯誤的。然判斷還帶有兩個士林哲學公式： 1.已知是按照認識者的方式存在於認識者內。 2.被接受的是按照接受者的方式存在於接受者內。

基礎結構

理智 ⟵――――――――――⟶		對象
	彼此之間一致	

按照符應說，知識論／倫理學兩論點彼此一致
善與惡存在於事物中，而真與假存在於理智中

符應說的核心：判斷的根據點在人心靈中

因為：
1. 真理為『事物與理智間的一致』。但既然一致僅能存於理智，真理就在理智之中。
2. （多瑪斯引用亞里斯多德的觀點認為）真與假不在事物中而在心靈中。

符應導致判斷的目的

1. 判斷的目的在於得到對一個事物的肯定或否定，所以一般的認知狀況下，認知活動來自於判斷的完成：當理智判斷一事物的真或假時，人能夠因為對事物擁有判斷而得到暫時的休息。
2. 此點預設人心靈對於真理有一真正的渴求。在此處心靈的渴求來自於暫時得到對一對象的認識。但更進一步，人的認知最終將指向那一切的一切：這個觀點為8.9-8.12關於多瑪斯默觀知識的基礎。因為唯有在默觀神本質的時候，人的心靈才能認識一切的一切，也才真正的得到安息。

雖然多瑪斯提到「心靈」的概念，但多瑪斯所謂的心靈與當代心靈哲學的論點有出入。對多瑪斯來說，心靈（在符應說的意義下）是指：1.認識神的本質或三位一體的可能性；2.具有限度的認知能力。

UNIT **10.4**
實用說的主張㈠：實證主義

第三種關於真理的主張我們提出「實用說」。此理論可從18世紀法國哲學家孔德（Auguste Comte，1798-1857）那受到啓蒙，尤其他所提出的實證主義（Positism）使他可被稱爲第一位科學哲學家。這種實證主義的精神後來影響到實用主義以及此處所謂實用說的眞理觀。

一、孔德的思想背景

孔德年輕時曾擔任法國哲學家聖西門（Hnery de Saint-Simon）的祕書，故深受其影響，此外也因其所在的歷史風潮那邊得到觀念上的影響。孔德所屬時代與聖西門對其產生的影響包括：㈠其所處的時代正好處於革命風潮時期，革命成爲他哲學思想的例證；㈡聖西門對工業社會的觀察影響孔德，工業社會的貿易行爲將取代人類原本的軍事社會與戰爭，孔德甚至相信人類的戰爭在被貿易取代後將結束；㈢精神的力量，一方面指科學研究對社會的影響，所以應有公共資金贊助科學研究，另方面也指社會應組職科學，並透過社會凝聚力所產生的宗教實踐科學活動。透過這些影響，孔德逐步開展出他的實證哲學。

二、實證主義的歷史三階段

孔德最重要的著作代表爲《實證哲學教程》（*The Course in Positive Philosophy*），在該書中孔德闡述了他的社會與歷史哲學。他之後並說明人類發展的歷程爲神學、形上學與實證（科學）階段。三個階段內容及代表如下：
㈠神學階段：神學階段是人類思維的起源，透過對世界賦予萬物有靈的認知，對世界提出解釋。此階段特徵在賦予萬物起源的解釋，並與宗教系統結合。
㈡形上學階段：此時期作爲神學階段與實證階段的過度，時間較爲短暫，但卻能首尾兩階段成爲可能。前一階段人類在思索他所看到的現象時期望尋找最終原因，但他的方式是加入超自然干預以便解釋他所無法理解的現象。形上學階段仍然保留這一重要問題，但以抽象實體取代前一階段的超自然對象。
㈢科學階段：又可稱爲實證階段，對於前兩階段所研究問題提出更爲科學之解釋，即透過基於科學方法觀察、實驗加以理解的結果，建立起以因果關係看待與解釋世界的理性方式。其強調基於數據與對事實的觀察分類，所以排除前兩階段非理性的認知內容。孔德認爲這是人類社會最高與最進步的目標。

上述這三個階段發展不一定以連續型態出現，其可能（甚至確實的）在同一個社會甚至思想體系內同時共存。知識發展的過程中，科學將依據基於歷史序列的層次與結構逐步發展。其順序發展如下：數學、天文學、物理、化學、生物學，最終發展至被孔德認爲「科學之女王」的社會學。社會學在孔德知識系統中表達兩個重要概念：
㈠社會科學研究的是最根本但也最複雜的問題，因爲社會學是人類透過觀察自身發展而產出的科學領域，能呈現出科學與社會發展的緊密聯繫。
㈡根據三階段發展理論，孔德認爲社會學的發展不但必然也是必要，因爲社會學的成形乃依據其科學律則之應用，而此應用益依賴於其他協助人類進入實證階段的各種科學運作。

實用說真理觀的預備：孔德及其歷史三階段理論

孔德
1798年1月19日─1857年9月5日
重要代表著作：
《實證哲學教程》、《實證哲學演講錄》等重要著作

三階段發展理論

階段	內容
神學階段	此階段人們認為所有現象都是神聖或超自然的創造，故透過人格化神靈解釋世界的變化。此階段可再區分為三個子階段： 1. 拜物教階段：屬萬物有靈論的認知。 2. 多神論階段：萬物有靈的基本論點引發信徒懷疑，使人類轉向多神論論點，認為萬物中均有神的存在。 3. 一神論階段：進一步人們通過比較認為應有一個最終力量治理整個世界，產出一神論的神聖實體作為最終原因的回答。
形上學階段	此階段為神學階段的延伸，乃用非抽象個人觀念進行的解釋。其回答問題與前一階段相同，但不再相信超自然力量的位格性，而將其視為抽象的存在／力量。這種抽象的力量可被視為指導世界運作的基本原則與律例。透過抽象對象的設立，此階段拋棄對位格神或超自然力量的信仰。
科學實證階段	此階段人類不再為現象尋找超自然原因，而意識到自己可透過理性與觀察手段合理解釋當前現象，進一步研究社會及規律，使用的方式是科學研究的，並能協調所有知識發展的方向與開展。在此階段人類不再發覺絕對真理，轉向透過推論與觀察尋覓解釋現象所需要的實際科學律則，並通過這些律則解釋世界的發展與所有狀況。

三階段的應證與應用

三階段的應用可在《實證哲學教程》六卷中的重點得到應證：

第一卷：一般科學和數學。

第二卷：天文學和物理學。

第三卷：化學和生物學。

第四卷：社會學和對一般性科學的結論。

第五卷：社會學的歷史部分。

第六卷：對社會學的補充和一般性的結論。

UNIT 10.5
實用說的主張㈡：實用的真理觀

圖解知識論

從孔德開始，知識的作用被賦予求知以外的價值與內容：知識的作用能幫助人從蠻荒無知的狀態進入科學實證的階段。這種作用賦予知識工具性用途，能提升智力的開發並幫助人面對問題與解決問題。工具性用途乃來自實證主義所呈現之自然科學為根本的真理觀，透過這種真理觀產生的世界觀強調知識產出之真理的作用，以及若有一知識能作為真理，是因其具有工具價值，能幫助我們解決生活中遭遇的問題。這種學說經由威廉·詹姆斯（W. James）及杜威（J. Dewey）提出，形成我們所稱之實用主義（pragmatism）。此真理觀強調，若有一知識為所謂真理，必能成為我們解決問題、遇見並安排未來的手段或方法。既然每個人問題不盡相同，欲安排之未來也不一樣，所以真理呈現一種浮動性的狀態，也不受一時一地之限制。

一、威廉·詹姆斯

在威廉·詹姆斯的哲學理論中，當一個學說可被稱為「實用」時，表示此探討對象所涉及的實際經驗類型，及這些經驗類型可能導致的結果。就此來說學說的實用性是一種歸屬類比的應用方式，因為實用學說的存在一如健康或良善事物的存在：不限於單一原則或絕對固定的狀態，而是能被我們應用且依其預測未來的善之對象。在此前提，個人所擁有的真理及信念雖不一定能被驗證，但依據個人用以解決問題的經驗，都可被認為具有基於解決問題所產出的作用。為此，所謂的真理應視其過程或被利用的結果而確認其作用。以信仰為例，過往符應說的真理觀認為神就是真理自身；但在實用主義中，如果神的存在能幫助我們解決問題（不論心理的或各方面），神的存在就是真理。

二、杜威

實用主義在杜威那裡除承繼實證主義以來的自然科學世界觀外，其也繼承哲學史以來對認識論不同論點的衝突矛盾。在經驗主義那裡，知識的起源來自個人感官經驗，且經驗主義者對自然科學有顯著的關心。既對自然科學有興趣，則不受傳統規範束縛變成前進的動力。與之相對，理性主義主張知識的存在具有抽象而演繹的性質，感官經驗並非是穩定的更是變動無常的。所以理性主義認為真正的知識必須不受感官影響、且具天生理性的運作，甚至在邏輯上獨立於個體目的與存有物的偶然性。經驗主義與理性主義對知識的衝突在康德那裡獲得統一：理性主義被建構為認知世界的範疇，用以解決經驗主義從感官獲得的感覺與料。所以在康德那裡，知識論／真理被建構為一種具系統性且帶有建構世界的能力。杜威接受了康德的綜合，但也拒絕康德以來一些對知識論／真理的假設。他接受威廉·詹姆士對康德的批判，即認為我們必須以嚴密科學的角度理解知識，因為每個人可根據已知或擁有的經驗去理解世界，即便這些經驗可能是模糊的。為此，杜威認為雖然康德對知識提出一種描述，但康德的描述僅只把現象當現實的鏡像反映，呈現出靜態的認識結果。這與我們對知識的使用經驗是不同的。杜威認為知識的存在如同我們所擁有的手或腳一般，能夠應用他們處理生活中實際發生的狀態。所以知識的價值，甚至知識是否正確真實，端看其對我們生活產生作用的成功程度。這種運作等於將知識轉到與人類為中心的實際經驗中，類似於對康德知識論哥白尼革命進行的二次哥白尼革命。在此立場下，杜威的實用主義可被稱為「工具主義」（Instrumentalism）：過往被認為固定性或理想性的真理應該被拋棄，因為真理是動態的，是能被用以解決我們面對的問題。這意味真理不能置身我們經驗以外，更必須用以解決我們生活中的問題。

實用主義真理觀的困難

實用主義的真理觀主張，若有一種知識／真理是真的，必然能被用以解決我們日常生活中的所有問題，因為知識的起源來自我們的經驗與實際運作結果。在此意義下知識／真理會隨環境不同產生改變。沒有不變動的真理，甚至我們所具有的知識／真理在面對不同環境會進行必要的重構與創造。所謂的真理，強調其工具與有用，即對我們生活的實用價值。

實用主義真理觀的問題

1. 就理論而言，實用主義帶有理論上的謬誤	從實用主義真理觀來看，實用與否關係到某種知識是否能對我們生活產生實質幫助：若具有實質幫助則此知識即為真理，反之則不是真理。就理論來說，此種工具價值觀點帶有以下問題：不實用的實用內容。 任何知識基於不同人產生不同有用與否之評判，但所有知識既然彼此交互作用且，則有用與否的知識可能會同時交雜在某些生活實際狀況內。以科技黑箱為例，科技黑箱是指我們可能懂得某項科技產品的使用，但對其背後原理渾然不知。手機是我們日常生活最常接觸的科技產品，我們對如何使用瞭若指掌。但要讓手機運作所需要的原理，例如傳輸、儲存等技術，對我們來說卻毫不實用。於是，對我們毫不實用的科學技術讓對我們實用的手機變的可用，我們等於是使用了不實用的東西達到實用的結果。
2. 相對主義的結果	從前者接續而來，對於何為實用何者又不實用會基於角度不同而有差異。對不同的人來說會有不同，對不同的時空環境也可能所有不同。例如複雜的符號邏輯演算對本書作者而言是重要的基本能力，但對將本書當作興趣閱讀的讀者來說即便不知道邏輯演算也可以生活無憂。在此狀況下究竟何為實用便成為相對的結果，也進一步導出沒有絕對真理的結論。此點在第四章討論懷疑主義時曾被提到。
3. 實用主義的「現實」結果	知識或學問的功用究竟為何？為了要建構對人類有幫助的知識，我們需要看上去沒有實際用途的背景知識作為基礎。就精神層面來看，人類需要文史哲這類看上去無用確有益心靈的學科；從自然科學角度來說，精密的科學需要純理論的數學、物理或化學等學科支持。若只為求有用與否，這些學科有可能被淘汰或被認為不實用：但人類不是只考慮現實，還要面對精神層次的生活。
4. 對描述語言分析上的困難	實用主義若用在對知識論證成觀念的研究上，將引發這樣的結果：在推進知識時，因為被證成的內容無法被視為立刻有用的（因知識的推進需要時間證明某些知識的內容為真／實用），致使實用主義無法說明描述語句與對象間的一致性。

UNIT 10.6
融貫說的論點

融貫說在面對真理的態度是，任何一個（為真的）命題都與其他不同特定命題兼具有連貫性，因此真理應被認為是一種相關命題總合的結果。

一、融貫說的論點

較為早期的融貫說我們可稱之為「一致性版本」：任何一個命題必定與另一組命題的集合彼此相關，若符合這種情況我們可以說命題A與某一組命題B的集合彼此一致。不過這種說法後來遭到羅素（B. Russell）的反駁（見右頁）。所以後來有學者提出修正為更合理的版本，強調融貫應該是指形式上符合含蘊（例如符合A→B，即形式上可以符合條件句的邏輯結構）。含蘊可能如我們所提到較為嚴格符合邏輯結構的狀態，但也可能只是較為寬鬆的關聯性。所以在含蘊的情況下，一個命題A與一組命題B一致若且唯若在此命題A被含蘊在這組命題B裡面時。

不過「整組命題」此一概念對支持融貫說的人而言，內容仍有分歧。支持融貫說的學者們通常接受，一組特定命題C是由一群被認為是正確的命題所組合而成。但這組特定命題由誰認定為真，或何時可被認定為真，支持者卻有不同的主張：其中至少有兩種觀點，且對於實在論對命題的兩種原理主張產生分歧。實在論第一種原理為二元論原則，即強調任何命題必然為真或為假；第二個原理則為超驗原則，即強調一個命題即便無法確定正確與否也可以為真。在此狀況下：

(一) 比較溫和的論點認為，當認知者（例如我們）透過認知能力探究且探究到達能力極限時，我們就能相信這組特定命題C。支持這論點的學者反對上述二元論原理，因為並非

每個命題在特定命題組C裡面必然為真或為假。他們也拒絕超驗原理，因為一個命題A可以與整組特定命題C融貫時已可認知其真假值。

(二) 比較樂觀的論點則主張，我們可以無限制擴充特定命題C的內容，藉而無限擴充我們對真理的理解及認知。在此過程中，不論二元論原則或超驗原則都會在擴充真理的過程內不斷反覆被超越，最終達致人類認知的最大極限。

二、融貫說的基礎

融貫說的成立有其不只於知識論方面的基礎。早年融貫說的基礎建立在古典哲學論述上，近年來這種基礎被轉向純知識論的討論上。

(一) 有的學者認為，融貫說在理性主義那裡已經可以找到論點基礎，因為理性主義者傾向於認為信念在本體論上的存在樣貌與使信念為真的條件不同。為此，實在就是信念的總合：若一個信念A不能與其他信念對應則此信念A無法成立。因此我們在第七章看到理性主義者們會習於將知識進行層級分等，且認定每種知識等級與其他信念間的比較或關係。

(二) 從認識論的角度來看，融貫說的證成推導出真理的融貫說。若存在一組具一致性的信念，我們或許可以認為這組信念可以作為對真理的測試。但若真理是對客觀事實的陳述，則此處信念涉及符應的概念。然而融貫的概念起始於信念間彼此邏輯符合而非與事實上與外在世界相對應，這將致使融貫說在討論上遇到困難。這個問題目前仍有爭論，一個可能的解決方式是通過語意的中介加以理解或處理。

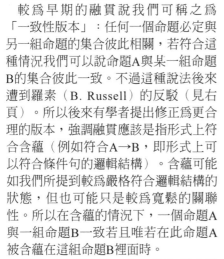

反對融貫說的主張

融貫說基本主張：所有命題／信念間彼此符合並一致

⬇

融貫說以命題間的關聯性作為真理標準的評判受到以下不同理論的反駁

論證矛盾性問題	這個反駁來自羅素（B. Russell）。他認為如果融貫說為真，則支持者必須面對兩個矛盾語句可能同時為真的景況。我們舉出兩個例證： S1某人死於車禍。 S2某人死在床上。 如果真理是基於陳述語句與其他命題間真實性的關聯，那麼既然S1與S2都與其他命題間有部分真實關聯，我們無法說S1與S2何者更為正確。 有的支持者提出可以加上S3「S是可以被相信的」作為輔助認定S1或S2何者為真的條件。但S3卻可能產生無限後退的問題：『「S是可以被相信的」是可以被相信的』。這對問題並無實質解決。
根據超越產生的反對	融貫說無法確認一個沒有相對應信念的命題究竟是真還是假。根據這個理論，真理凌駕在信念之上。我們可以假設一個可以是真但也可以是假的命題，例如「2020年4月1日那天136次自強號通過苗栗站時時速是105公里」。如果這個命題為假，則136次自強號不管以幾公里通過苗栗站都可以被認為是真的。但是這些可以被認為是真的的命題卻仍有可能無法與任何其他一組命題一致。因此，在最低底線，至少會有一個真實命題與其他信念不一致。
根據邏輯產出的反對	任何融貫說的討論預設的邏輯律則的真實性，例如任兩個命題若要能彼此融貫必須符合不矛盾律的預設。融貫論者在此狀況下是透過一組信念的系統而建立起此融貫的內容，但在這個情況融貫論者並不考慮不矛盾律且預設矛盾律為假，然而在此情況下命題並不能彼此融合，為此融貫說是錯的。
通過對獨立世界描述產出的反對	如果有一個獨立於我們可見世界的另一世界A，其存在的方式為形式而非實存（例如某個存在過的歷史事實）。我們用以表達此世界A的單一形式僅是在描述這個世界，而不是與其他信念／表達形式產生關聯。如此一來有這些不同且不能融貫的信念，如此一來我們並不能因而建立起真理：因為我們確實產出與這個世界其他信念無關的某些陳述命題。

* 本節依據James Young ，2018年條目「The Coherence Theory of Truth」所撰寫，於Stanford Encyclopedia of Philosophy網站。

UNIT 10.7
啓示論點的論述㈠：理論基礎

前面關於知識成立的公式「經驗／信念＋證成」，在啓示宗教背景的討論下，證成的來源被認爲是超越世界的神所賜予。然而若要獲得眞理是需要與信仰／教義結合的話，那麼眞理就不是人能憑自己理智獲得的對象，而需透過超越界的啓示。另外，啓示一詞希臘文原意爲「揭開／開啓」，此詞也意謂在人理智以外還有更高層次的律則作爲眞理的依靠。

一、啓示在宗教上的意義

以啓示作爲眞理判斷標準的以超越界的律則爲依歸，並相信有一位超越者存在（我們通常以神爲稱呼）。啓示在宗教意義上表明人的身分地位在神的存在之下，所以人應當遵循神所訂出律則的本分。且唯有在遵循的前提下人才能擁有正確的認識。例如伊斯蘭信仰相信先知穆罕默德接受眞主阿拉的啓示，他約在西元610年獲得神祕經驗：眞主派天使長加百列讓穆罕默德閱讀並撰寫形成今日的《可蘭經》內容。而基督宗教相信神向人啓示／彰顯自己，使人可以認識神自己。由於啓示宗教認爲神與人之間的關係結構爲「創造者──受造者」，所以人需要神的啓示才能正確知道自己應該做什麼或人生的目標爲何。基於此點，啓示宗教信徒相信宗教提供對世界另外一種看法：一種眞正的認識。

二、啓示作爲真正的認識

雖然我們都具有認識世界的能力，但對啓示眞理觀來說，這些認識帶有瑕疵。啓示信仰認爲世界因爲罪惡入侵致使人類認識能力產生瑕疵，或是認爲人類能力有限無法認識超越在感官及理智以外的神聖世界。啓示作爲眞理，在這兩方面能起正確認識的作用：因罪惡產生的認識瑕疵可透過啓示的幫助修正或重新認識眞理（可見我們在第八章討論普蘭丁格時所說明的），人類感官與理智認識的不足也可透過神聖實體的啓示產生正確的直接認識。但是這種認識不只有能力上的補足，還包括人對自身身分的認知。人的身分如前所提，位於「創造者──受造者」的結構中。即便在啓示宗教完整結構的「神──靈界──人」中，其呈現出來的樣貌也僅是「創造者──受造者」原始結構的衍伸。這種結構預設接受啓示眞理觀的人（即信徒）對自己身分的預設：他是所有受造者中最特殊的受造者，與創造者有其他受造物都無法參與的特殊關聯。換個角度來說，正因爲人是如此特殊的受造者，所以他有較其他受造者更特殊，因爲他有靈性。他的靈性使他必須回應創造者，且有責任讓（已經墮落的）世界回復原貌或至少朝向恢復原本面貌的方向前進。確實，神作爲創造者，其與作爲受造物的所有存在之間相隔極爲遙遠的距離，不論受造物如何努力這種差異鴻溝仍然不可能消滅。但當啓示展開，這個距離可以輕而易舉被跨越。

啓示作爲眞認識被認爲是對世界原貌的正確描述，但這種認識因產生兩種不同世界觀──一般人的與信徒所謂認識到的眞實樣貌──致使面對特定議題時容易產生意見衝突。例如近幾年關於同婚合法的討論、墮胎／人工流產的法規等，反對方易基於啓示信仰立場提出反對，從而與支持方產生衝突，即爲這種世界觀差異的例證。

啓示真理觀的世界結構

啓示的字義＝*apokalupsis*＝打開／揭開，意思為開啓或揭開
可用以指稱超越者向人彰顯祂自己
啓示的內容是神聖意志

超越者＝神聖者存在 其意志為神聖律	神聖律的存在作為神聖意志的實踐，對整個世界具有掌管的絕對權威。整個世界的運作都依據神聖律的運作，大致整體世界運作，小至個人心智思維，都受此律則之指導。

自然律＝ 神聖律在此世界的實踐	自然律作為神聖律的實踐，其表現為世界萬物應當遵守的律則。順從自然＝順從神聖應為之行為。

人類應當遵行的律則 人間律	人作為受造物應當在此世界遵守自神聖律——自然律而來之規則。最明顯的兩者為： 1. 道德規範。 2. 法律作為。

作為範例

以基督宗教為例，其教義的呈現具有以下可能

一般啓示，指神工作後留下來的軌跡，包含： 1. 大自然：透過大自然的種種事跡，可以讓人間接的認識到有神的存在。 2. 人的良心：良心是人內在的一種監察機關，督察著人的種種行為。	特殊啓示，是因人已經全然墮落，無法憑著自己的力量產生對神的認識。所以神採用人能夠理解的方式，讓人能夠認識神。包含： 1. 聖經／2. 耶穌基督／3. 歷史。

引發出的問題

關於啓示的爭議問題：
1. 對非信徒而言，啓示並不具指稱真理之作用，僅是信徒的一廂情願。
2. 信徒所謂「真認識」造成與世界他者的對抗與張力。

UNIT **10.8**
啓示論點的論述㈡：卡爾・亨利的例證

卡爾・亨利Carl F. H. Henry是一位不爲我們熟悉的神學家，一方面是因爲他的背景屬於福音派（甚至可以說是基要主義，所以有一些學者並不喜歡），另一方面是他的著作幾乎沒有介紹到國內。他最大的貢獻之一在於爲福音派定下了神學方法上的基礎。由於他以相當長時間討論神的啓示（及帶出的眞理觀點），我們在此概略介紹這位神學家作爲啓示眞理觀的代表。

一、生平

1913年，卡爾・亨利出生在紐約，與其他神學家不太相同的是，他的雙親並非神職人員。青少年時期雖然他在聖公會接受堅振禮，但不久之後就離開了教會。他青少年時期對基督新教的認識，一方面來自於教會的公禱手冊，另一方面則來自於他從教會椅背上偷走的一本聖經。

長大後的卡爾・亨利本來是一位記者。後來因爲與許多爲注重福音派信仰的信徒與學者接觸而慢慢重新被這個信仰所吸引。按照他的日記，他在1933年6月10日經歷了信仰與生命上的重生。1935年他進入惠頓學院攻讀神學，並在1938年攻讀碩士學位。一直到1942年爲止，他取得了數個學士與碩士學位，最後受按牧並取得博士學位。這些經歷一方面幫助他牧養教會，一方面促成他成爲福音派雜誌《今日基督教》的創刊編輯。這本雜誌的發行是爲了對抗自由派的《基督教世紀》而出版的，邀請卡爾・亨利的原因在於他在神學上的態度以及對各宗派神學的瞭若指掌。他擔任編輯12年的時間，帶領這本雜誌成爲基督新教（以及福音派內部）一本極爲重要的刊物。1967年離職後，他開始旅行、寫作、並不斷出版著作，成爲福音派內部元老級的發言人。其最重要的著作是六卷本的《神・啓示・權威》（*God, Revelation and Authority*）。

二、作為福音派的辯護者

卡爾・亨利所處的時代，各種不同的神學主張紛紛出籠。由於多元化的發展，他認爲二十世紀的神學有一種日趨非理性化的危機。在這樣的氛圍中，卡爾・亨利想要證明神是一位理性的神，而基督徒的信仰是一種理性的信仰，可以受到相當程度的檢視。所以他堅信，唯有回到傳統立場，也就是強調信仰的合理，福音派的信徒才能在這個時代重新振興神學。

爲此，卡爾・亨利重新建構了福音派的相關主張。他的方法分爲兩面：一方面是以記者的姿態，報導不同神學學派的主張，並從中指出這些主張彼此矛盾或錯謬的地方何在；另一方面，他透過理性的思維闡明爲何福音派的主張是正確的。在他的思維中，聖經作爲啓示的基礎是建立神學的唯一權威與依據，而神透過聖經所啓示出來的內容合於理性。從人的這部分來說，人之所以能夠接受啓示，是因爲其有著神的形象，所以可以正確的接收到這些啓示。從神的那一方面來說，聖靈所啓示出來的聖經是無誤的，但是這種無誤並非當代科學所謂的那種精準性。

除了神學理論外，卡爾・亨利也相當關注社會倫理的相關問題。因爲他相信，耶穌基督既然要求他的跟隨者作光作鹽，那麼在社會倫理的議題上基督徒是應當要發聲的。

卡爾亨利的主張

> 卡爾・亨利，1913年1月2日－2003年12月7日
> 基督新教福音派重要代表人物之一
> 最重要的著作是《神・啟示・權威》

1913年，出生於紐約。
1929年，開始在報業工作。
1933年信主，並於1935年進入惠頓學院就讀神學。
1940年，結婚。
1942年，擔任美國福音協會董事一職。
1949年，取得博士學位。
1956年，在葛培理的協助下開始出版《今日基督教》雜誌，一直到1968年均擔任該雜誌的主編。
1978年，簽署〈芝加哥無誤宣言〉。
1980年開始，專心寫作與講學，曾受邀來台灣授課。
2003年過世。

*卡爾・亨利著作等身，除了主編《今日基督教》這份重要的雜誌外，還出版極多的著作。
*最重要的著作是六卷本《神・啟示・權威》，這本著作以福音派立場批判自由派神學的重要論述。

重要影響

*極為重要的福音派發言人，建構出有學問福音派學者的形象
*因為身分為基督宗教本位立場，以致受到若干學者們的批評
*提出重要的啟示15命題：
 1. 啟示是神主動作為，並藉此除去自身隱密
 2. 啟示是為人的益處而賜下
 3. 神自身超越所使用的啟示
 4. 啟示來自獨一真神，所以必然完整和諧
 5. 啟示的產生、本質、內容、方式等均由神決定
 6. 啟示的內容與形式均具有獨特性
 7. 神在宇宙及萬國歷史中啟示自己及救贖行動
 8. 啟示的頂點是道成肉身的耶穌基督
 9. 啟示的可能是藉著永恆之道即耶穌基督而來
 10. 啟示是理性的交談，傳遞可理解的概念和有意義的字眼
 11. 聖經是真裡的寶庫和導管
 12. 聖靈管理啟示的傳遞
 13. 聖靈是屬靈生命的賜與者，因而使個人正確理解啟示的內容
 14. 教會是神國的縮影，反應出啟示自身
 15. 自我彰顯的神會在最後審判的啟示中終結歷史

卡爾亨利15命題及其概述見《神・啟示・權威》卷二（1982）。

延伸閱讀

　　本書的完成雖參考許多書籍，然為避免讀者看到參考書單覺得厭煩，以下僅提供延伸閱讀資料作為讀者進一步的參考。推薦閱讀的書單盡量以2000年以後出版的中文書籍為主（除非著作具重要參考價值但目前沒有新版），作者僅在文後列舉幾本英文版本的知識論參考著作。

圖解知識論

第一部分：知識論學科直接相關

1. 王臣瑞，《知識論：心靈與存有》，台北：台灣學生書局，2000年。
2. 李政達，《基本知識論》，台北：哲學與文化月刊社，2006年。
3. 孫振青，《知識論》，台北：五南出版社，1990年。
4. 袁廷棟，《哲學心理學》，台北：輔仁大學出版社，2006年。
5. 彭孟堯，《知識論》，台北：三民書局，2009年。
6. 黃鼎元，《知識論》，台北：五南出版社，2019年。
7. 鄔昆如，《哲學概論》（五版），台北：五南出版社，2007年。
8. 關永中，《知識論卷一：古典思潮》，台北：五南出版社，2000年。
9. 關永中，《知識論卷二：近世思潮》，台北：五南出版社，2008年。
10. 關永中，《謝勒與知識社會學》，台北：五南出版社，2008年。
11. 關永中，《郎尼根的認知理論：「洞察」卷一釋義》，台北：輔仁大學出版社，2011年。
12. C. I. Lewis著，江偉月等譯，《對知識和評價的分析》，北京：科學文獻出版社，2016年。
13. Fumerton, Richard著，傅皓政譯，《知識論：了解知識的第一本書》，台北：五南出版社，2009年。
14. Robert Hodge & Gunther Kress著，周勁松、張碧譯，《社會符號學》，成都：四川教育出版社，2012年。
15. Stephen C. Hetherington著，林逢祺譯，《知識之謎：知識論導引》，台北：學富文化，2002年。
16. Alvin Plantinga著，邢滔滔等譯，《基督教信念的知識地位》，北京：北京大學出版社，2004年。

第二部分：哲學史相關

1. 林玉体，《西洋哲學史（上）：古代哲學到中世紀哲學史》、《西洋哲學史

（中）：16—18世紀哲學史》、《西洋哲學史（下）：19—20世紀哲學史》，台北：五南出版社，2017年。

2. 傅偉勳，《西洋哲學史》，台北：三民書局，2013年。

3. 鄔昆如，《西洋哲學史話》（三版），台北：三民書局，2020年。

4. F. Copleston著，傅佩榮譯，《西洋哲學史卷一：希臘與羅馬》，台北：黎明文化事業，1986年。

5. F. Copleston著，莊雅棠譯，《西洋哲學史卷二：中世紀哲學：奧古斯丁到斯考特》，台北：黎明文化事業，1988年。

6. F. Copleston著，陳俊輝譯，《西洋哲學史卷三：中世紀哲學：奧坎到蘇亞雷》，台北：黎明文化事業，1993年。

7. F. Copleston著，鄺錦倫、陳明福譯，《西洋哲學史卷四：笛卡兒到萊布尼》，台北：黎明文化事業，1993年。

8. F. Copleston著，朱建民、李瑞全譯，《西洋哲學史卷五：近代哲學：霍布斯到休謨》，台北：黎明文化事業，1993年。

9. F. Copleston著，陳潔明、關子尹譯，《西洋哲學史卷六：盧梭到康德》，台北：黎明文化事業，1993年。

10. F. Copleston著，林如心譯，《西洋哲學史卷七：菲希特到尼采》，台北：黎明文化事業，1991年。

11. S. E. Stumpf、J. Fieser著，鄧曉芒、匡宏譯，《西洋哲學史：從蘇格拉底到沙特及其後》，台北：五南出版社，2017年。

第三部分：英文參考資料

1. Deely, John. *Basics of Semiotics*. (6rd ed.)Indiana: Indiana University Press, 1990.

2. Lonergan, Bernard. *Insight: A Study of Human Understanding*(1st ed.). Great Britain: A. Whcaton & Co. Ltd., 1958

3. Lonergan, Bernard. *A Third Collection: Papers By Nernard J. F. Lonergan, S. J.* (1st ed.). New York: Paulist Press, 1985

4. Maritain, Jacques. *Degrees of knowledge*. New York : Charles Scribner's Sons, 1959.

5. Pojman, Louis P. *What can we know? : an introduction to the theory of knowledge*. Belmont : Wadsworth Pub. Co., 1995.

6. Pojman, Louis P. *The theory of knowledge : classical and contemporary readings*. Belmont, CA : Wadsworth Pub., 1999.

延伸閱讀

Note

Note

Note

Note

國家圖書館出版品預行編目資料

圖解知識論／黃鼎元著. -- 初版. -- 臺北
市：五南，2021.02
　　面；　公分
　ISBN 978-986-522-057-0（平裝）

1.知識論

161　　　　　　　　　109008008

1B1F 圖解系列

圖解知識論

作　　　者 — 黃鼎元

發 行 人 — 楊榮川

總 經 理 — 楊士清

總 編 輯 — 楊秀麗

副總編輯 — 黃惠娟

責任編輯 — 范郡庭

校　　　對 — 張耘榕

封面設計 — 姚孝慈

出 版 者 — 五南圖書出版股份有限公司

地　　　址：106台北市大安區和平東路二段339號4樓

電　　　話：(02)2705-5066　　傳　　真：(02)2706-6100

網　　　址：https://www.wunan.com.tw

電子郵件：wunan@wunan.com.tw

劃撥帳號：01068953

戶　　　名：五南圖書出版股份有限公司

法律顧問　林勝安律師事務所　林勝安律師

出版日期　2021年2月初版一刷

定　　　價　新臺幣420元

經典永恆·名著常在

五十週年的獻禮——經典名著文庫

五南,五十年了,半個世紀,人生旅程的一大半,走過來了。

思索著,邁向百年的未來歷程,能為知識界、文化學術界作些什麼?

在速食文化的生態下,有什麼值得讓人雋永品味的?

歷代經典·當今名著,經過時間的洗禮,千錘百鍊,流傳至今,光芒耀人;

不僅使我們能領悟前人的智慧,同時也增深加廣我們思考的深度與視野。

我們決心投入巨資,有計畫的系統梳選,成立「經典名著文庫」,

希望收入古今中外思想性的、充滿睿智與獨見的經典、名著。

這是一項理想性的、永續性的巨大出版工程。

不在意讀者的眾寡,只考慮它的學術價值,力求完整展現先哲思想的軌跡;

為知識界開啟一片智慧之窗,營造一座百花綻放的世界文明公園,

任君遨遊、取菁吸蜜、嘉惠學子!